上海市浦东新区人民法院建院三十周年系列丛书

自贸区商事纠纷疑难问题

司法认定与要案判解

朱　丹　主　编

俞　巍　罗开卷　副主编

法律出版社
LAW PRESS·CHINA
——北京——

图书在版编目(CIP)数据

自贸区商事纠纷疑难问题司法认定与要案判解 / 朱丹主编 ; 俞巍, 罗开卷副主编. -- 北京 : 法律出版社, 2023

ISBN 978 -7 -5197 -7745 -6

Ⅰ. ①自… Ⅱ. ①朱… ②俞… ③罗… Ⅲ. ①自由贸易区-商法-合同纠纷-案例-上海 Ⅳ. ①D927.510.365

中国国家版本馆 CIP 数据核字(2023)第 061544 号

自贸区商事纠纷疑难问题司法认定与要案判解
ZIMAOQU SHANGSHI JIUFEN YI'NAN WENTI SIFA RENDING YU YAOAN PANJIE

朱 丹 主 编
俞 巍 罗开卷 副主编

策划编辑 蒋 橙
责任编辑 蒋 橙
李 军
装帧设计 李 瞻

出版发行 法律出版社
编辑统筹 法律应用出版分社
责任校对 邢艳萍
责任印制 刘晓伟
经　　销 新华书店

开本 710 毫米×1000 毫米 1/16
印张 24 **字数** 460 千
版本 2023 年 4 月第 1 版
印次 2023 年 4 月第 1 次印刷
印刷 永清县金鑫印刷有限公司

地址:北京市丰台区莲花池西里 7 号(100073)
网址:www. lawpress. com. cn
投稿邮箱:info@ lawpress. com. cn
举报盗版邮箱:jbwq@ lawpress. com. cn

销售电话:010 -83938349
客服电话:010 -83938350
咨询电话:010 -63939796

书号:ISBN 978 -7 -5197 -7745 -6
定价:98.00 元

凡购买本社图书,如有印装错误,我社负责退换。电话:010 -83938349

编辑委员会

序

1990年4月，中共中央、国务院作出浦东开发开放的重大战略决策，掀开了我国改革开放向纵深推进的崭新篇章。随着浦东开发开放号角的吹响，浦东法院于1993年6月正式挂牌成立。30年来，浦东法院忠实履行宪法和法律赋予的职责，始终坚持"尚法明辨、善思慎行、勇立潮头、至善致远"的浦法精神，与浦东开发开放同频共振，全力对标最高标准、最好水平，努力为浦东引领区发展提供强有力的司法服务和保障。

党的十八大以来，浦东法院坚持以习近平新时代中国特色社会主义思想为指导，深入贯彻习近平法治思想，全面落实习近平总书记在浦东开发开放30周年庆祝大会上的重要讲话精神，深刻领悟"两个确立"的决定性意义，增强"四个意识"、坚定"四个自信"、做到"两个维护"，全力服务保障国家重大战略落地落实，持续助力一流法治化营商环境建设，始终坚持公正司法、为民司法，努力让人民群众在每一个司法案件中感受到公平正义。

30年来，浦东法院勇担使命、挺立潮头，先后获评"全国优秀法院""全国模范法院""全国文明单位""司法公开示范法院""多元化纠纷解决机制改革示范法院"等荣誉称号。30年来，浦东法院勇于开拓，奏响改革强音，先后成立全国基层法院首个知识产权审判庭、首个金融审判庭、全国法院首个自由贸易区法庭(自由贸易区知识产权法庭)。30年来，浦东法院勇于创新，"二维码扫码立案""司法大数据分析系统""现代诉讼服务中心""知识产权纠纷'三合一'审判模式""涉外商事纠纷'诉讼、调解、仲裁'一站式解决工作室""企业破产府院协调机制""劳动争议'五位一体'平台""春天的蒲公英普法项目"等"浦法名片"愈擦愈亮，大量可复制可推广的经验更从这里走出上海，走向全国。

"一个案例胜过一打文件"。党的十八届四中全会明确提出，要加强和规范司法解释和案例指导，统一法律适用标准。作为全国最大的基层法院之一，自

2014年起,浦东法院年收案量持续保持在10万件以上,2021年收案量更是逼近19万件。与此同时,浦东法院不断创新典型案例培育机制,先后作出一大批具有引领性、示范性、开创性的全国首例判决。如角色扮演类网络游戏作品属性纠纷案、涉外"先裁后审"仲裁条款效力纠纷案、信托公司通道类业务损害赔偿责任纠纷案等。截至2022年年底,浦东法院已有4起案例入选最高人民法院指导性案例,11起案例入选最高人民法院公报案例。这一个个案件的公正裁判,不仅有效地定分止争,营造了良好的法治氛围,彰显了司法裁判的权威,也忠实记录了浦东法院勇毅前行的成长历程,见证了一代又一代的浦法人为浦东开发开放、打造社会主义现代化建设引领区提供坚实司法服务保障所作的奋斗。

在探索中前进,在实践中发展。为充分发挥精品案例对司法实践的指导作用、对社会冲突的预决作用、对市场主体的引导作用、对社会公众的教育作用、对法学研究以及立法的促进作用,浦东法院从近年来审理的案件中精心挑选了一批具有一定时代性、典型性和指导性的案例,编撰成"上海市浦东新区人民法院建院三十周年系列丛书"三册,即《知识产权纠纷疑难问题司法认定与要案判解》《金融纠纷疑难问题司法认定与要案判解》和《自贸区商事纠纷疑难问题司法认定与要案判解》,案件类型涵盖知识产权、金融、自贸区商事三大特色审判领域。

这套丛书具有以下三个特点:**一是时代性。**丛书选编案例紧扣浦东开发开放30年的历史脉搏,详细介绍了浦东法院三大特色审判领域中的精品案例成果,并通过案例分析,展现了不同时期司法实践与浦东发展的深度契合,具有很高的历史参考价值。**二是典型性。**丛书选编的案例中不乏新类型案件和疑难复杂案件,其中既有最高人民法院指导性案例、公报案例,亦有大量审判业务条线、行业机构评选的典型案例,案件类型典型、法律适用典型。每个案例突出裁判要旨和案例评析,注重提炼裁判规则和方法,充分发挥典型案例的示范引领价值。**三是指导性。**实践出真知,真知促实践。丛书选编的案例注重发挥实践引领作用,案件阐述有理有据,论证分析精准深入,不仅可以帮助社会公众深刻领会立法精神,正确把握条文内容,还能成为法律专业人士的办案指南,对指导办案、规范裁判行为、促进法律适用统一具有很强的参考价值。我们希望,这套丛书的出版能够发挥司法裁判的教育、评价、指引和示范功能,弘扬社会主义核心价值观,传播中国法治正能量,这亦是人民法院的职责所在。

三十载踔厉奋发,新征程再创辉煌。浦东法院将以建院30周年为契机,紧扣实现高质量发展这一主题,围绕新发展阶段、构建新发展格局提出的新任务新要求找准工作切入点。紧扣营造市场化、法治化、国际化营商环境这一目标，围绕服务保障浦东引领区建设、长三角一体化发展、自贸试验区建设、科创板上市等国家重大战略找准工作着力点。不断创新工作举措，完善路径方法，全力提升司法服务新发展格局的能力水平。始终胸怀“两个大局”，运用战略思维，努力书写新时代法院工作高质量发展的新篇章。以政治建设引领、司法质效为本、数字改革赋能，奋力推进新时代法院工作现代化，努力让人民群众切实感受到公平正义就在身边！

是为序。

上海市浦东新区人民法院党组书记、院长　朱丹

2023 年 3 月

目录

跨境贸易与服务合同类纠纷案件

股权交易与公司治理类纠纷案件

新型金融与资金融通类纠纷案件

国际航运与货运代理类纠纷案件

人才流动与涉外侵权类纠纷案件

跨境贸易与服务合同类纠纷案件

01

《联合国国际货物销售合同公约》一般原则的确定与适用

——德国坚恩公司(Genuine German GmbH)与上海纺织公司国际货物买卖合同纠纷案

裁判要旨

《联合国国际货物销售合同公约》(以下简称《销售公约》)第7条第2项规定了凡本公约未明确解决的属于本公约范围的问题,应按照本公约所依据的一般原则来解决,在没有一般原则的情况下,才按照国际私法规定适用的法律来解决。然而《销售公约》没有明确解释一般原则为何,亦未就一般原则如何适用作出规定。实践中应当在《销售公约》自身条款文义解释的基础上,结合国际商事惯例和立法目的,明确具体的一般原则,继而在《销售公约》的框架中予以严格适用,从而促进《销售公约》统一适用,确保其与国际私法适用规则的协调。

基本案情

原告:德国坚恩有限公司(Genuine German GmbH,以下简称德国坚恩公司)

被告:上海纺织装饰有限公司(以下简称上海纺织公司)

第三人:杨某

第三人:周某怡

2020年4月17日,德国坚恩公司(作为买方)与上海纺织公司(作为卖方)共同签订了一份编号为STE20/08A11020的《售货确认书》,约定购买300万只一次性保护性口罩(非医用),总价为3,642,000美元,FOB上海,目的地为德国法兰克福。凡因执行本合同或有关本合同所发生的一切争议应由签约双方根据本合同约定解决。

德国坚恩公司于2020年4月17日向上海纺织公司付款3,642,000美元。后因口罩生产厂商山东万康药业有限公司(以下简称万康公司),该批货物未实际交付。2020年4月22日,万康公司向德国坚恩公司的中国子公司坚恩(上海)商贸有限公司退款人民币500万元。2020年6月15日,上海纺织公司向德国坚恩公司退款93万美元;2020年8月5日、8月12日、8月19日、8月26日、9月1日、9月8日、9月17日,上海纺织公司分别向德国坚恩公司退款10万美元;2021年3月9日、3月25日、4月7日,上海纺织公司分别向德国坚恩公司退款5万美元。

2020年7月28日,上海纺织公司员工华某青出具一份《还款计划》,向德国坚恩公司表示:(1)第一批500万元人民币(约70万美元),从2020年8月4日起每周二或周三,还款10万美元;(2)第二批500万元人民币(约70万美元),从2020年11月10日起每周二或周三,还款10万美元;(3)第三批余款约400万元人民币(约58万美元),于2020年年底前再次具体协商。《还款计划》落款为"上海纺织装饰　华某青"。

2021年12月27日,上海纺织公司向第三人杨某、周某怡发送《联络函》,表示:2020年4月,上海纺织公司作为杨某、周某怡的出口代理,负责德国坚恩公司的口罩出口业务,并由杨某、周某怡选定万康公司为口罩生产商。为完成代理出口,上海纺织公司根据杨某、周某怡指示,与德国坚恩公司签订《售货确认书》,并与万康公司签署对应的《采购合同(口罩)》。2020年4月17日,上海纺织公司收到德国坚恩公司支付的合同款364.2万美元,同日上海纺织公司根据第三人指示向万康公司支付口罩款人民币2281.59万元。后因万康公司无法依约交付货物,德国坚恩公司要求返还已经支付的货款。经第三人与万康公司、德国坚恩公司交涉解约及退款事宜,上海纺织公司于2020年4月至5月收到万康公司退款人民币365万元,上海纺织公司于2020年6月至2021年4月陆续向德国坚恩公司归还货款178万美元(折合人民币12,571,606元),其中上海纺织公司垫付资金共计人民币6,379,355.75元。

后因上海纺织公司未能在期限内归还德国坚恩公司剩余货款1,156,811.22美元,故德国坚恩公司向法院提起诉讼请求判令上海纺织公司需要返还剩余货款及相应的利息损失。

上海纺织公司辩称,上海纺织公司仅是本案的出口代理商,代表委托人周某怡及杨某与德国坚恩公司签署涉案的《售货确认书》;德国坚恩公司在《售货确认书》签署前就已经知悉上海纺织公司的出口代理商身份,涉案《售货确认书》应当约束德国坚恩公司及委托人周某怡及杨某,上海纺织公司不是德国坚恩公司的合同相对方,并非本案的适格主体,不应承担还款责任。第三人杨某、周某怡述称,其与上海纺织公司不存在委托代理关系。

【法院裁判】

上海市浦东新区人民法院经审理认为,本案系国际货物买卖合同纠纷,因德国坚恩公司和上海纺织公司的营业地分别位于德国和中国,两国均为《销售公约》缔约国,且双方并未合意排除该公约的适用,故本案应自动适用《销售公约》。《销售公约》未明确解决的属于该公约范围的问题,按照该公约所依据的一般原则解决,在没有一般原则的情况下,适用与本合同具有最密切联系的中华人民共和国法律解决。

《销售公约》虽没有明确规定,但合同的相对性原则是该公约的一般法律原则,适用于任何受该公约调整的合同。同时,"谁主张,谁举证"的举证责任亦是该公约体现的一般法律原则,有相应约束力。

本案中,德国坚恩公司与上海纺织公司订立了《售货确认书》,德国坚恩公司已经向上海纺织公司支付了全部货款,双方之间的买卖合同关系已经成立并开始实际履行。上海纺织公司辩称是第三人杨某、周某怡的出口代理商,第三人是本案系争合同的相对方。但一方面,从合同的磋商和签订看,德国坚恩公司与上海纺织公司签订有《售货确认书》,上海纺织公司和供货商万康公司签订有《采购合同(口罩)》,第三人杨某、周某怡均未出现在上述合同中。周某怡在与德国坚恩公司代表人马某绵、工作人员 Maximilian 的微信群聊中,均以上海纺织公司工作人员口吻参与磋商。周某怡与杨某的微信聊天记录中亦处处显示系争合同的条款均需要上海纺织公司员工华某青确认。并且 2020 年 4 月 13 日晚,马某绵、华某青、杨某和周某怡等在上海纺织公司处见面、磋商。审理中,德国坚恩公司及第三人杨某、周某怡当庭表示上海纺织公司是系争合同相对方。因此,德国坚恩公司有理由相信买卖合同建立在德国坚恩公司与上海纺织公司之间,上海纺织公司没有充分证据证明第三人是合同的实际相对方。另一方面,从实际退款情况看,除人民币 500 万元系供货商万康公司直接退款德国坚恩公司中国子公司外，其余已退款项均由上海纺织公司直接向德国坚恩公司归还。同时，负责本案交易的上海纺织公司员工华某青向德国坚恩公司出具了《还款计划》，明确注明退款时间和金额，落款中注明"上海纺织装饰　华某青"。上海纺织公司虽然否认《还款计划》的真实性，但从上海纺织公司实际向德国坚恩公司的退款金额和退款时间看，与《还款计划》相符。因此，法院认定上海纺织公司是本案系争合同的相对方。

在本案合同的履行过程中，供货厂商万康公司导致上海纺织公司无法按时交货，上海纺织公司已构成违约，应承担相应的违约责任。2020 年 4 月 22 日万康公司向德国坚恩公司的中国子公司退款人民币 500 万元，应视为双方以自己的实际行动宣告系争合同无效。审理中，德国坚恩公司、上海纺织公司对此予以确认，法院依法予以认可。根据《销售公约》第 81 条的规定，宣告合同无效解除了双方在合同中的义务，但应负责的任何损害赔偿仍应负责。已全部或局部履行合同的一方，可以要求另一方归还按照合同供应的货物或支付的价款。第 84 条第 1 款规定，如果卖方有义务归还价款，必须同时从支付价款之日起支付价款利息。现德国坚恩公司主张上海纺织公司退还剩余货款，并从合同宣告无效之日起支付相应的利息损失，法院依法予以支持。

关于剩余货款金额。上海纺织公司已退还德国坚恩公司 178 万美元，双方的争议主要在于 2020 年 4 月 22 日万康公司退还德国坚恩公司人民币 500 万元的汇率计算标准。因德国坚恩公司向上海纺织公司支付的货款均为美元，现德国坚恩公司主张按照 2020 年 4 月 22 日退款当日中国银行公布的美元汇率折算中间价 1 美元兑换 7.0903 元人民币，将 500 万元人民币折算为 705,188.78 美元，并无不当，法院依法予以认可。上海纺织公司尚需退还德国坚恩公司共 1,156,811.22 美元。

关于利息损失的具体计算方式。庭审中德国坚恩公司明确主张以 500 万元人民币以外的剩余货款为本金，每一笔退款从 2020 年 4 月 22 日计算到实际清偿之日止，法院予以认可。因当事人对逾期付款的利息损失标准无约定，故参照中国银行公布的美元同期同类贷款利率计算。

据此，上海市浦东新区人民法院于 2022 年 8 月 29 日作出(2021)沪 0115 民初 103940 号民事判决，判决：原告德国坚恩公司与被告上海纺织公司签订的《售货确认书》于 2020 年 4 月 22 日宣告无效；被告上海纺织公司于判决生效之日起 10 日内返还原告德国坚恩公司剩余货款 1,156,811.22 美元以及相应的利息损失。宣判后,原告、被告未上诉,现判决已生效。

【案例评析】

一、《销售公约》的自动适用

本案涉案当事人营业地分别为中国和德国,均为《销售公约》缔约国,符合《销售公约》第 1 条第 1 款第 a 项的适用规定[①]。此时,除非当事人明确约定排除适用,否则自动适用该公约。一则,2021 年《全国法院涉外商事海事审判工作座谈会会议纪要》第 19 条[②]规定,以及最高人民法院第 107 号指导性案例"中化国际(新加坡)有限公司诉蒂森克虏伯冶金产品有限责任公司国际货物买卖合同纠纷案"均持此观点。二则,从《销售公约》体系解释看,其第一章适用范围均从具体的合同法律关系特征出发,确定该公约能否适用。因此,从《销售公约》的缔约意旨看,其本身即欲达到自动适用国际销售合同纠纷之法律效果,从而满足在国内法的体系外建立起国际货物销售合同统一规则的立法目的。中国作为缔约国,显然需要履行"条约必须遵守"的国际法义务。而第一章共计 6 条,对适用范围进行详尽规定。其中第 6 条是对前五条适用范围之补充,基于对当事人意思自治的尊重,规定当事人"可以不适用本公约"。从其行文逻辑看,前五条已经从客观方面明确了《销售公约》在何种情形下得以适用,第 6 条则是当事人主观能动地排除该公约适用,其言下之意原则上是应当适用的,只有当事人通过意思自治的方式予以排除,方能不适用本公约。三则,从立法目的角度看,联合国国际贸易法委员会也明确表示,基于《销售公约》第 6 条,各国法院需要"提高不排除本公约适用性的要求"[③],即要求各国在适用《销售公约》时,以适用为原则,以不适用为例外。故而本案适用《销售公约》准确。

二、《销售公约》内未决事宜由合理确定的一般原则优先解决

(一)优先由《销售公约》一般原则解决

本案在适用《销售公约》时,上海纺织公司的抗辩并未有条款的明确规定。

---

① 《销售公约》第 1 条第 1 款:(1)本公约适用于营业地在不同国家的当事人之间所订立的货物销售合同:(a)如果这些国家是缔约国;或(b)如果国际私法规则导致适用某一缔约国的法律。

② 《全国法院涉外商事海事审判工作座谈会会议纪要》第 19 条:营业地位于《销售公约》不同缔约国的当事人缔结的国际货物销售合同应当自动适用该公约的规定,但当事人明确约定排除适用该公约的除外。人民法院应当在法庭辩论终结前向当事人询问关于适用该公约的具体意见。

③ 《贸易法委员会关于〈联合国国际货物销售合同公约〉判例法摘要汇编》(2016 年版),第 33 页。

综观上海纺织公司之抗辩，虽书面销售合同所载当事人为德国坚恩公司、上海纺织公司，但是上海纺织公司主张其仅为第三人的代理商，且德国坚恩公司在订立合同前明知其代理关系，因此事实的合同当事人为第三人，故而相应的退款和赔偿义务在于第三人。上海纺织公司之观点实则回归到中国民法框架内，欲通过间接代理之法律关系，将合同之权利义务转移给第三人。此处就需要厘清《销售公约》和适用国际私法规则确定之准据法的适用先后顺序。

依据《销售公约》第 7 条第 2 款，凡该公约未明确解决的属于本公约范围的问题，应按照该公约所依据的一般原则来解决，在没有一般原则的情况下，则应按照国际私法规定适用的法律来解决。《销售公约》已经明确规定，该公约内的未决事宜由该公约依据之一般原则予以处理。因此，若法院依据上海纺织公司的观点，绕开《销售公约》用《民法典》中间接代理的相关规定处理案件，就会发生适用法律错误的问题。因此，若《销售公约》未有明确规定，不能径直寻求准据法处理案件。而是需要结合公约条款，提纯出其中蕴含的一般原则，借助一般原则处理案件。只有明确无法在《销售公约》框架下处理案件，方能回归国际私法规则找寻准据法。

（二）一般原则需要根据《销售公约》条款与国际商事惯例合理确定

从法理上看，对于原则的适用一贯是严苛的①，需要在穷尽规则的前提下，审慎适用原则。因此在《销售公约》框架下，对于一般原则的确定，不宜过分发挥法院的自由裁量权，需要有充分的论据证明该一般原则的合理性。总体上说其需要有《销售公约》条款和国际商事惯例的理论支持。

例如，本案中确定的合同相对性原则，从国内法的视域看，系指依法成立的合同，仅对当事人具有法律约束力，但是法律另有规定的除外。② 从国际法角度出发，主要要求一般情况下合同的权利义务只对合同的当事人发生效力，而不得约束第三人。这一原则当然应归属于《销售公约》的一般原则，理由有三：其一，从《销售公约》的行文表述看，其中文版本用的均为“双方当事人、特定的人、买方、卖方”主体性表述，唯一涉及第三方的情形是要求合同标的“必须是第三方不能提出任何权利或要求的货物”③，在合同订立的“发价—接受”二维模型中亦不

① 参见张文显主编：《法理学》（第 5 版），高等教育出版社 2018 年版，第 85 页。

② 《民法典》第 465 条第 2 款：依法成立的合同，仅对当事人具有法律约束力，但是法律另有规定的除外。

③ 《销售公约》第 41 ~ 44 条。

涉及任何第三人的法律行为。因此从文义解释看,《销售公约》旨在调整最为纯粹普遍的销售合同,并不涉及复杂的涉他合同,亦无意将合同的权利义务施加给合同外第三人。其二,从国际商事惯例看,合同相对性已经是国际贸易的重要原则之一,旨在保护交易双方对交易对象和交易过程的可预见性,确保交易的稳定性,最大可能地降低商业风险。早在罗马法时期就已经形成了任何人不得为他人订约(alteri stipulari nemo potest)的惯例,后根植于英国普通法[①]。其三,联合国贸易法委员会在2016年的《〈联合国国际货物销售合同公约〉判例法摘要汇编》中亦明确提到了合同相当性原则可作为一般原则予以适用。[②] 因此在有充分论据的情况下,可以将合同相对性原则作为《销售公约》之一般原则予以适用。

三、一般原则的适用需要结合合同解释与举证责任之分配

(一)一般原则的适用前提是基于公约对合同内容的客观解释

确定公约的一般原则后,需要在详尽查明案件事实的基础上,对一般原则予以适用。公约适用情形在于销售合同,因此准确解释合同内容是适用一般原则的重要前提。

本案中,法院即在双方主张之间明确了对合同条款之解释。本案签订的《售货确认书》所载之合同当事人为德国坚恩公司、上海纺织公司,故德国坚恩公司在本案中主张承担合同义务之主体为上海纺织公司。但是上海纺织公司以其为代理商为由,主张其虽于《售货确认书》签署了上海纺织公司之名,但是其签署之行为并非表示上海纺织公司受该合同之约束,而是上海纺织公司代第三人签署,由第三人承担合同义务之意思。此时,应当如何理解上海纺织公司签署《售货确认书》之行为呢?根据《销售公约》第8条第1款的规定,一方当事人所作的声明和其他行为,应依照他的意旨解释,如果另一方当事人已知道或者不可能不知道此意旨。该条款对解释当事人行为给出了答案,也即并非单纯地寻求当事人主观意思表示为何,而是需要从客观上为另一方当事人获知。应当采取客观主义解释,同时根据《销售公约》第8条第2款,“应按照一个与另一方当事人同等资格、通情达理的人处于相同情况中,应有的理解来解释”。因此,本案在解释上海纺织公司签署合同行为时,亦需要从一般理性人的角度客观性地解释,故而上海纺织公司签署行为,应当解释为上海纺织公司愿意自己接受该合同约束的意思

① See Editorial Staff, *Privity of Contract* (*What is Privity under Contract Law*), Incorporated Zone.

② 《贸易法委员会关于〈联合国国际货物销售合同公约〉判例法摘要汇编》(2016年版),第44页。

表示。

此时再适用合同相对性原则时,即可确定合同当事人为德国坚恩公司和上海纺织公司,而第三人作为合同外当事人则仅可在特殊情况下受到合同约束,也即德国坚恩公司明确知晓上海纺织公司行为欲使第三人受到约束,而第三人亦和上海纺织公司有代理关系时,其方可突破合同相对性。

(二)一般原则的适用途径借助当事人举证责任的分配

由谁来证明突破合同相对性原则的情形存在并承担相应的举证责任呢?这是一般原则实现的重要途径,需要准确划分合同当事人的举证责任方能正确适用合同相对性原则。举证责任分配确属于民事诉讼问题,单从涉外民事案件审理的角度出发,《民事诉讼法》第266条明确规定涉外民事诉讼"适用本编规定。本编没有规定的,适用本法其他有关规定",由此可知,在处理涉外民事案件时,原则上适用中国的民事诉讼程序,故而民事诉讼法所规定的"谁主张,谁举证"之基础证明责任理应适用。①

《民事诉讼法》第267条规定了国际条约的优先适用性。② 因此,《销售公约》是否有对于举证责任的不同规定,从而准确判断证明责任如何分配。本案中,法院亦从一般原则的角度分析,得出《销售公约》也包含"谁主张,谁举证"的一般原则。一方面,从《销售公约》的体系解释出发,其确实暗含"谁主张,谁举证"的一般证明责任分配,特别在其第79条第1款规定"当事人对不履行义务,不负责任,如果他能证明此种不履行义务,是由于某种非他所能控制的障碍,而且对于这种障碍,没有理由预期他在订立合同时能考虑到或能避免或克服它或它的后果"时,得以免责。该条对于存在障碍情形的举证责任,在于主张因为此障碍而未能履行责任一方,正是"谁主张,谁举证"之举证责任分配方式之体现。另一方面,"谁主张,谁举证"作为最基本的举证责任分配方式,脱胎于罗马法,后于优士丁尼时期抽象得出。其具有深远的法理基础和实践证成,理应适用。③ 此外,《贸易法委员会关于〈联合国国际货物销售合同公约〉判例法摘要汇编》中亦

---

① 《民事诉讼法》第67条第1款:当事人对自己提出的主张,有责任提供证据。另外,根据《最高人民法院关于民事诉讼证据的若干规定》(已被修改)第2条:当事人对自己提出的诉讼请求所依据的事实或者反驳对方诉讼请求所依据的事实有责任提供证据加以证明。没有证据或者证据不足以证明当事人的事实主张的,由负有举证责任的当事人承担不利后果。

② 《民事诉讼法》第267条:中华人民共和国缔结或者参加的国际条约同本法有不同规定的,适用该国际条约的规定,但中华人民共和国声明保留的条款除外。

③ Dale A. Nance, *The Burdens of Proof*, Cambridge University Press 2016.

明确提到，其中证明责任的一般原则为“一方当事人如果想使某项条款产生有利的法律后果，则有责任证明援用该条款所需的事实前提确实存在”①，也即“谁主张，谁举证”。

故而，本案即依据“谁主张，谁举证”分配证明责任。基于合同相对性原则，从客观解释角度出发，合同当事人理应为德国坚恩公司和上海纺织公司，而上海纺织公司主张合同当事人为第三人，则需要就此承担举证责任。但是在本案中，上海纺织公司未能充分证据证明第三人有受销售合同约束的意思表示，亦未证明德国坚恩公司知晓第三人之法律关系，因此其应当承担举证不能的不利后果。基于此，法院在《销售公约》的法律框架下，认定合同关系发生在德国坚恩公司和上海纺织公司之间。

【典型意义】

《销售公约》系国际货物销售领域内的重要国际法源，且对我国《民法典》合同编有重大影响。正是因为其与国内法的诸多相似性，易使法院径直略过《销售公约》而直接用国内法审理案件，此时就会导致严重的法律适用错误，亦不利于中国严格遵守国际条约的国际形象。此外，《销售公约》采用兜底性的“一般原则”立法模式，对属于该公约管辖范畴，但未有明确规定的内容进行了原则性规定。该公约在给予适用法院自由裁量权的同时，也增加了法院适法错误的风险。本案即对《销售公约》第 7 条第 2 款的适用作出了良好的示范，基于对《销售公约》条款的体系化理解以及国际商事惯例的分析，确定具体的一般原则，并基于对合同条款的解释以及举证责任的分配，敲定一般原则最终的适用结果，为正确处理《销售公约》的未决事宜，积累了宝贵的实践经验。

【案例索引】

案号：上海市浦东新区人民法院（2021）沪 0115 民初 103940 号（2022 年 8 月 29 日）

审判组织：黄鑫、徐劲草、郭巍

编写人：万浩

---

① 《贸易法委员会关于〈联合国国际货物销售合同公约〉判例法摘要汇编》（2016 年版），第 44 页。

02

可采用国际贸易术语方式实现跨境退货

——美国西苿莉公司(Cmerit USA Inc.)与舜鑫公司
国际货物买卖合同纠纷案

裁判要旨

即使货物在出货前经过验货合格,仍不应免除供货方的瑕疵担保责任,在货物存在质量问题,导致合同目的不能实现的情况下,供货方构成根本违约,买受方可以行使合同解除权并要求退货。本案因一方涉及境外主体,综合当事人意思自治、国际贸易通行规则、可行性判定,突破性地对退货采用了国际贸易术语的方式,案件审理及裁判均充分体现了在国际商事纠纷中对中外当事人合法权益的平等保护。

基本案情

原告:美国西苿莉公司(Cmerit USA Inc.)

被告:南京舜鑫进出口贸易有限公司(以下简称舜鑫公司)

美国西苿莉公司与舜鑫公司之间有多年业务往来。2011 年 4 月 16 日、2014 年 6 月 3 日,美国西苿莉公司、舜鑫公司分别签署两份订单,明确美国西苿莉公司向舜鑫公司采购商标为 EVOS 的鞋子。两份订单均对各货号鞋子的具体材质、尺码、颜色及数量等列表明确。两份订单均载明测试(材料)要求为:大底不得有异味;大底不得吐酸;大底要耐磨、整鞋、耐寒(-15℃);深色材料不得褪色;白色材料不得变黄;所有货物需符合美国消费品安全法案要求等。两份订单均载有重要说明:此单为特殊客人订单,请生产时特别注意材料品质,鞋子质量必须好,交货期要保证,我处验货员也将按特殊客人要求从严验货。之后,舜鑫公司委托案外人旭升公司生产上述两份订单项下的鞋子。

2011 年 8 月 10 日,美国西茉莉公司质检人员对第一份订单项下鞋子作了出货检验,报告显示:7584 双鞋子抽验结果为合格,但记载存在鞋子大底贴歪、中帮内外侧高低、帮面粘胶、围条透痕变形等缺点;6000 双鞋子抽验结果为翻箱,记载存在中底面衬偏短、后方高低、清洁度差等缺点。

2011 年 9 月 6 日,船公司发运该批系争鞋子。美国西茉莉公司于 2011 年 9 月 21 日收到货物。2011 年 9 月 22 日,美国西茉莉公司发邮件给舜鑫公司并附图片,告知大货 FONZI 款鞋子白色内里后跟处透胶的现象,严重影响卖相,这是不能接受的,请务必处理后方可出货。舜鑫公司于次日回复邮件称,昨日就已安排,皮料供应商已寄出"皮浆",待收到后工厂会立即安排翻箱处理。

2011 年 9 月 23 日上午 10 时 38 分,美国西茉莉公司总裁贾某成发邮件给美国西茉莉公司员工,告知所有 EVOS 货在仓库需 100% 检验并将问题报告发给供货商,所有工厂的货出货前需翻货,出货前美国西茉莉公司质检人员需重检所有货物。

2011 年 9 月 23 日下午 13 时 19 分,美国西茉莉公司发邮件给舜鑫公司及美国西茉莉公司质检人员,要求重验工厂仓库内所有鞋子。舜鑫公司于当日 17 时 1 分邮件回复美国西茉莉公司称,男鞋 FONZI-M 和 LENNY-M,所配 9 月 3 日船期出的货,当时验货时还没有发现大底有透色现象,货走后约 2 周时间工厂自己抽箱检查时发现大底透色的现象,经全部检查发现只有黑色牛筋布 LENNY-M 有大底颜色迁移的问题,工厂立即安排对所有未走货的黑色牛筋布 LENNY-M 进行每双检查,全部检查后约有 100 双的鞋是工厂重新生产包装进去的;黑色 LENNY-M 牛筋布这种化纤成分的材料最容易颜色迁移,即使大生产加活性炭处理,也有可能一段时间后出现颜色迁移,特别是黑色,目前其他颜色包括皮面和牛筋布面的大货鞋子,还没有发现有此问题;LENNY-M 钢色牛筋布帮面起皱的问题,第一批外加工鞋帮一回到旭升工厂就发现有此问题,提出要求对缝帮质量加以改进,也要求工厂对起皱严重的挑出来处理后才能生产,所以大货里面帮面起皱的现象应该不多,只有少量有此问题;其他方面如露底、帮面不干净、后跟高度配双等现象,大生产时虽有强调,但还会发生这种现象,已告知工厂将来生产务必改进;并要求美国西茉莉公司在工厂出货前安排质检部门再次验货后才能出货。

2011 年 11 月 10 日,美国西茉莉公司发邮件给舜鑫公司称,美国西茉莉公司会安排从旭升公司出货,没有很快出货的原因是这批货物对美国市场是迟了,因学生鞋项目错过了销售最重要时间段,所有这些鞋将在下一季销售;上一船期的两款货物发现许多问题,LENNY-M 款黑色染到边上、同一双鞋后跟高低不齐等,FONZI-M 款所有颜色存在溢胶、后跟太低等问题,由此客人大量退货,美国西茉莉公司为此花了大量时间检验整批货物;对于这两款已经出货的及此后要出货的货物,美国西茉莉公司在美国会100%检验;工厂有责任出合格的鞋子,美国西茉莉公司发现任何问题会向工厂索赔。美国西茉莉公司将按时间表安排要货。

2011 年 11 月 15 日,舜鑫公司装箱 7560 双鞋子,其中包括第二份订单项下的本案系争 LENNY-M 型号鞋子 2640 双(220 箱),发票载明该 2640 双鞋子单价 8.45 美元,总值上海离岸价(FOB 上海)22,308 美元。2011 年 11 月 24 日船公司发运该批系争鞋子。美国西茉莉公司于 2011 年 12 月 13 日收到货物。

2011 年 11 月 18 日,美国西茉莉公司驻厂质检人员出具最终检验报告,对 N11019 -2 号订单项下 FONZI-M 型号鞋子 600 双进行了检验,结果为合格,但存在胶水浅变黄、后里透胶未处理好等缺点,并备注:此款后里透胶重新翻箱后重验;对 N11019 -2 号和 N11020 -2 号订单项下 LENNY-M 型号鞋子 7080 双进行了检验,结果为合格,但存在大底溢色、鞋头包头皮颜色橡胶色差及色迁移等缺点。

2011 年 12 月 6 日,美国西茉莉公司发邮件给舜鑫公司称,已出货的两款鞋先前就反映过问题,要求舜鑫公司告知如何处理,并转发美国 2011 年 11 月 23 日反馈的比例情况:LENNY 款,黑色 100% 差,许多客人索赔并退货,已检验仓库里的货 100% 有紫红透出现象;铁色 50% 存在帮面起皱的问题;石油蓝没有问题,次品不超过 2%;深棕色没有问题,次品不超过 2%;FONZI 款,黑色 10% 整鞋黏着差,热切未做好;深棕色 5% 冲裁到坏皮;白色至少 5% 冲裁到坏皮。

2012 年 2 月 18 日,美国西茉莉公司以邮件附件向舜鑫公司发出索赔报告及鞋子图片,索赔报告内容为:索赔原因其一是交货迟于订单要求出口日,严重影响生意,其二是品质存在褪色(移色)、皱、胶渍、黏着差、冲刀等问题,损害美国西茉莉公司的新品牌和销售;索赔合计 150,282.39 美元将从货款中扣;索赔明细是 FONZI-M 款中黑色鞋质量问题率 10%,深棕色鞋质量问题率 9% 及白色鞋质量问题率 48%,LENNY-M 款中黑色鞋质量问题率 100%、不能卖,铁色鞋质量问题率 42%、很难卖,石油蓝色鞋不超过 2% 次品,深棕色鞋质量问题率 11%、很难卖。舜鑫公司于 2012 年 2 月 20 日回复美国西茉莉公司称,对于索赔报告舜鑫公司及工厂根本无法理解、无法接受,要求美国西茉莉公司将舜鑫公司和中商公司出口的货物分开列明,希望美国西茉莉公司、舜鑫公司及工厂三方当面商量解决。美国西茉莉公司于次日再邮件回复舜鑫公司称,美国西茉莉公司是向舜鑫公司下订单,而非工厂,舜鑫公司应对质量控制并负责。

2012年6月4日至7日,美国西茉莉公司委托中国检验认证集团北美有限公司对存放于美国西茉莉公司仓库的鞋子进行检验,该检验公司2012年6月26日出具的货物检验报告载明,对美国西茉莉公司从舜鑫公司2011年9月及12月进口的8040双和2012年1月从中商公司进口的10,704双鞋子至验货日的总库存18,133双,根据不同的收货日期、颜色、型号随机抽取了样本906双进行检验,其中从舜鑫公司进口的8040双鞋子检验数量为395双,发现每双鞋子均有两个或两个以上不同程度的质量问题,具体情况是:LENNY-M款,黑色:全部透色,鞋身塑胶处透色(白色变紫色);棕色:部分鞋身帮面皱;灰色:大部分鞋身帮面皱;蓝色:部分鞋身帮面皱。此款还存在鞋身胶水溢出、包住鞋底的围条在鞋底突出、一双鞋的两只鞋头有明显不同、鞋身脏、鞋的内侧透气孔打得过低或前后不一的问题。FONZI-M款,黑色、棕色、白色均存在鞋后内里胶水外溢(脏)、鞋身的胶水溢胶、包住鞋底的围条在鞋底突出(行走时会导致鞋边的塑胶容易外翻)、一双鞋的两只鞋头有明显不同、鞋身脏(有污点)、鞋的内侧透气孔打的过低及或前后不一的问题。货物检验报告附各款各色鞋的检验数量、各类问题比例及检验照片。

2012年7月25日,美国西茉莉公司、舜鑫公司双方签订协议书,约定双方同意就系争8040双鞋子贸易纠纷起诉至货物起运港即上海外高桥码头所在地法院,并依据中国的法律解决;美国西茉莉公司至今尚未支付给舜鑫公司的系争8040双鞋子货款79,317.20美元等。

2012年7月27日,本案美国西茉莉公司曾向法院起诉舜鑫公司,请求法院判令美国西茉莉公司向舜鑫公司退回出口给美国西茉莉公司的8040双鞋子及舜鑫公司赔偿美国西茉莉公司因出口货物不合格而给美国西茉莉公司造成的各项直接费用损失14,334.11美元。法院于2013年9月16日作出(2012)浦民二(商)初字第S2248号民事判决书,驳回美国西茉莉公司的全部诉讼请求。后美国西茉莉公司提起上诉,上海市第一中级人民法院于2014年2月14日作出(2013)沪一中民四(商)终字第S2085号民事判决书,驳回上诉,维持原判。二审判决除对原审判决关于2011年11月10日上诉人发给被上诉人邮件内容的表述予以纠正外,对原审认定的其余事实予以确认。二审判决书中还载明:"上诉人的退还货物、赔偿损失等诉请应以解除合同为基础,但目前上诉人尚未向被上诉人发出过解除合同的通知,亦未将解除合同作为诉讼请求提出,故其诉请本院在本案审理中难以支持,上诉人可另行向被上诉人主张解除合同,并以此为基础提出相关诉请。原审判决认为系争货物出货时已经通过了上诉人的检验,并据此未采纳上诉人主张的货物质量问题的理由欠妥,但原审未支持上诉人诉请的结果正确,可予维持。”

审理中,美国西茉莉公司与舜鑫公司双方确认 FONZI-M 款鞋子每双 13.90 美元,LENNY-M 款鞋子每双 8.45 美元。美国西茉莉公司表示,如果其实际退货的鞋子数量少于 8040 双,退货不足部分的鞋子价款由美国西茉莉公司承担。美国西茉莉公司、舜鑫公司双方还一致同意,如果法院判决解除合同,以洛杉矶装运港船上交货(FOB 洛杉矶)即美国西茉莉公司将货物交至美国洛杉矶港舜鑫公司指定的船舶退货。

美国西茉莉公司主张,因舜鑫公司提供的货物存在严重质量问题使合同目的落空,且导致美国西茉莉公司遭受与日俱增的损失,应解除双方两份订单的买卖合同关系;以 FOB 洛杉矶方式向舜鑫公司退回上述舜鑫公司出口给美国西茉莉公司的 8040 双鞋子并由舜鑫公司承担美国境内装船前费用 1395 美元;美国西茉莉公司无须支付系争 8040 双鞋子的货款 79,317.20 美元;舜鑫公司赔偿美国西茉莉公司因货物不合格给美国西茉莉公司造成的各项直接损失 14,334.11 美元,以及自 2012 年 7 月开始至实际退货之日止按每月 336 美元计算的仓储费用。

舜鑫公司则认为,本案系争交易曾经过诉讼,一、二审法院已对本案主要事实作出了认定。美国西茉莉公司向舜鑫公司下达两份订单订购 8040 双鞋子,舜鑫公司及工厂向美国西茉莉公司指定的原材料供应商采购。鞋子瑕疵确有存在但属于可接受范围,并经美国西茉莉公司驻厂质检员反复检验认定质量没有问题后才向美国发货,出口时还通过中国强制商检,双方之间业务往来多年,已形成由美国西茉莉公司质检人员驻厂检验确认出货并接受货物质量的交易习惯。就本案系争鞋子,美国西茉莉公司出具的多份检验报告亦存在较大差异,且货物海运、仓储情况不明,不能反映出货时的货物状况,美国西茉莉公司没有证据证明系争货物不符合约定。另,美国西茉莉公司与中商公司是关联企业,均由贾某成控制,两者诉讼真实目的在于向厂家索赔。法院认为该案的判决与本案无关联性及相似性,且舜鑫公司交付的货物符合质量标准,合同应当继续履行,无须退货，舜鑫公司亦不应承担相应的费用和损失，美国西茉莉公司应及时支付货款。

【法院裁判】

上海市浦东新区人民法院经审理认为，根据美国西茉莉公司、舜鑫公司往来邮件及出货时的检验报告确定，系争鞋子虽然出货时检验总体合格，但出货时已存有颜色迁移、溢胶等问题，舜鑫公司在2011年9月23日给美国西茉莉公司的邮件中亦称"所配9月3日船期出的货，当时验货时还没有发现大底有透色现象，货走后约2周时间工厂自己抽箱检查时有发现大底透色的现象"，可见，系争货物确实存有质量瑕疵，与双方约定的质量要求不符。美国西茉莉公司于2011年12月6日通过邮件知会舜鑫公司系争鞋子在美国销售中反映的质量问题比例及客人索赔退货现象，要求处理，并于2012年2月18日向舜鑫公司提出索赔。此后，美国西茉莉公司于2012年6月委托中国检验认证集团北美有限公司对存放于美国西茉莉公司仓库的18,133双鞋子进行抽样检验，检验结果所反映出货物存在的严重质量问题与前述美国西茉莉公司邮件中对质量问题所作出的描述基本相符，二者能够相互印证。据此，能够佐证美国西茉莉公司的主张，故认定舜鑫公司交付美国西茉莉公司的系争鞋子不符合约定的质量要求，且该质量瑕疵已经影响系争鞋子的销售，致使合同目的不能实现。虽然美国西茉莉公司驻厂质检人员对系争鞋子出货前作出表面检验并总体认定为合格，但不能因此免除舜鑫公司作为货物出卖方的物的瑕疵担保责任，舜鑫公司构成根本性违约。《合同法》第111条规定，①"质量不符合约定的，应当按照当事人的约定承担违约责任。对违约责任没有约定或者约定不明确，依照本法第六十一条的规定仍不能确定的，受损害方根据标的的性质以及损失的大小，可以合理选择要求对方承担修理、更换、重作、退货、减少价款或者报酬等违约责任"。该法第148条规定，②因标的物质量不符合质量要求，致使不能实现合同目的的，买受人可以拒绝

① 现为《民法典》第584条："当事人一方不履行合同义务或者履行合同义务不符合约定，造成对方损失的，损失赔偿额应当相当于因违约所造成的损失，包括合同履行后可以获得的利益；但是，不得超过违约一方订立合同时预见到或者应当预见到的因违约可能造成的损失。"

② 现为《民法典》第610条："因标的物不符合质量要求，致使不能实现合同目的的，买受人可以拒绝接受标的物或者解除合同。买受人拒绝接受标的物或者解除合同的，标的物毁损、灭失的风险由出卖人承担。"

接受标的物或者解除合同。本案双方对违约责任没有约定,美国西茉莉公司现行使合同解除权,于法有据,故对美国西茉莉公司要求解除合同的诉请予以支持。

由于本案系国际货物买卖合同纠纷,系争货物处于美国,美国西茉莉公司主张以洛杉矶装运港船上交货(FOB 洛杉矶)的方式退货,并由舜鑫公司承担美国西茉莉公司将货物装船前的费用,该费用参照美国西茉莉公司原收货时支出费用1395 美元计算。舜鑫公司表示如果法院判决解除合同,对美国西茉莉公司主张的退货方式和退货费用无异议。法院对美国西茉莉公司提出的退还 8040 双鞋子的诉讼请求予以支持,并确认上述退货方式和退货费用,美国西茉莉公司尚未向舜鑫公司支付的货款 79,317.20 美元则无须再支付。

舜鑫公司已构成违约,应当承担相应的违约责任。舜鑫公司对于美国西茉莉公司主张的损失没有异议的部分,法院予以支持。对于美国西茉莉公司检验费、律师费的主张,舜鑫公司认为双方对此未作约定,即使解除合同也不应当由舜鑫公司承担。法院认为,检验费用系因舜鑫公司交付的货物存在质量问题,美国西茉莉公司通过检验能够得到相对权威的结论,且该结论也证实本案系争鞋子质量问题的存在,故该检验存在必要性,该检验费用系舜鑫公司违约给美国西茉莉公司带来的损失。关于律师费,由于双方对律师费是否列入违约赔偿范围未作约定,聘请律师系争议发生后美国西茉莉公司为获得法律方面更为专业的支持所采取的行为,是否聘请律师以及要求律师代理业务的范围均系美国西茉莉公司自己根据自身需求决定,美国西茉莉公司主张律师费损失缺少合同和法律依据,故不予支持。关于美国西茉莉公司仓储费的主张,舜鑫公司对 2012 年 7 月前的仓储费 2800 美元无异议,但认为此后按每月 336 美元计算仓储费用标准过高,应当调整为 300 美元以下。对此法院认为,美国西茉莉公司提供了租赁仓库协议,舜鑫公司对该协议的真实性无异议,且未能提供仓储费标准过高的相关依据,故对美国西茉莉公司的该项诉讼请求予以支持。

一审宣判后,舜鑫公司不服,提起上诉,上海市第一中级人民法院判决驳回上诉,维持原判。

【案例评析】

国际货物买卖合同纠纷是自贸试验区的主要商事纠纷类型之一。本案值得关注以下几点:一是在买受方出货前验收合格后,是否视为对货物质量的认可,供货方是否应当承担瑕疵担保责任；二是涉及跨境退货时，如何保障守约方利益，减少退货成本并具备可操作性；三是本案的审理过程及裁判均充分体现了在国际商事纠纷中对中外当事人合法权益的平等保护。

一、买受方质检人员出货前验货合格是否应视为已认可供货方提供的货物质量

本案中，双方在系争鞋子订单上已对鞋子质量作出约定，舜鑫公司应当向原告交付符合约定质量要求的货物。美国西茉莉公司提供的邮件及检验结论已经形成了较为严谨的证据链条，可以证明货物不符合双方质量约定，且该质量瑕疵已经影响了系争鞋子在美国的销售，致使合同目的不能实现，舜鑫公司属于根本违约，美国西茉莉公司有权要求解除系争合同。虽然系争货物从生产厂家出货时已经买受方质检人员检验且检验结果为合格是事实，但这能否认定为买受方已经认可供货方提供的货物质量，应从系争货物出现的质量瑕疵在出货检验时是否能够直接发现作出判断。舜鑫公司在审理中确认相关货物的质量问题可能在一段时间后才会显现，因此，系争货物的质量瑕疵非出货时即已完全出现并可发现的表面瑕疵，运至境外后买受人才发现货物出现质量问题存在合理性，故出货检验合格不等于货物质量合格。从货至境外到原告通知被告货物存在质量问题的时间以及系争货物质量瑕疵性质看，买受方在货到境外后及时进行了检验，并在发现或者应当发现货物质量不符合约定的合理期间内向供货方提出了质量异议。因此，虽然买受方质检人员在生产工厂对系争货物出货前作了检验，但不能因此免除供货方作为货物出卖人的物的瑕疵担保责任。

二、涉及跨境退货时，如何保障守约方利益，减少退货成本并具备可操作性

本案西茉莉公司系美国公司，审理中，法庭征询了双方当事人的退货意愿，充分尊重当事人意思自治，积极寻求双方的利益平衡点并将各种法律风险加以释明，在裁判前先行促使双方对退货方式、退货费用的计算等形成合意。同时也充分考虑到美国西茉莉公司作为境外主体，对国际通行规则认可度更高的实际情况，以及系争货物现处于美国等实际案情，综合考量了跨境退货的可行性，最终适用国际贸易术语 FOB 洛杉矶确定退货方式，并在判决中将双方当事人退货涉及的风险、各项费用的承担及进出口海关手续办理等权利义务予以明确，排除了在后续执行过程中可能出现的不确定因素，具有一定的突破性，亦为类似国际货物买卖合同退货纠纷的解决提供了新思路。本案裁判未采取适用于境内货物买卖退货的通常做法，而是考虑到境外主体的特殊性，极大地降低了守约方退货成本,充分保护其合法权益。

三、本案的审理过程及裁判均充分体现了在国际商事纠纷中对中外当事人合法权益的平等保护

经济全球化给国家带来历史机遇和挑战,人民法院为更好地服务对外开放总体战略布局,要在推动贸易和投资自由化、便利化,努力营造更加公平稳定的国际营商环境充分发挥司法职能作用。作为全国首个自贸试验区,上海自贸试验区承担着探索可复制、可推广经验的任务,而国际化、法治化营商环境的形成,天平和法槌不可或缺。面对自贸区负面清单、准入前国民待遇、“法无禁止皆可为、法无授权不可为、法定职责必须为”等新理念的全面实践,充分发挥审判职能,正确适用法律,平等保护中外当事人合法权益,及时确认规则,充分加强司法引导是人民法院的时代使命。该案的审理和裁判亦是本着坚持“强化法治思维、拓展国际视野、尊重市场规律”三大理念,尊重当事人意思自治、善用国际贸易通行规则,突破性地对退货采用了国际贸易术语的方式,维护国际交易秩序。在案件审理过程中,对于境外商事主体,充分保障其合法诉权,判决时切实保障了其作为守约方的合法权益,体现了平等保护原则以及司法裁判对自贸区国际化、法治化营商环境的培育和维护,为推动建设开放型世界经济提供更有力的司法服务和保障。

【典型意义】

本案审理中,法院尊重当事人意思自治,征询双方当事人退回意愿,并综合考量跨境退货的可行性,同时充分考虑到境外主体对国际通行规则认可度更高的实际情况,最终适用国际贸易术语确定退货方式,并在判决中将双方当事人退货涉及的风险费用承担及进出口海关手续办理等权利义务予以明确,具有突破性,为类似国际货物买卖合同纠纷退货解决提供了新思路。本案裁判未采取适用于境内货物买卖退货的通常做法,而是考虑到境外主体的特殊性,有效地降低了守约方退货成本,充分保护其合法权益,体现了司法裁判对自贸区国际化、法治化营商环境的培育和维护。

【案例索引】

案号:

一审:上海市浦东新区人民法院(2014)浦民二(商)初字第S1099号(2015

年 4 月 24 日)

二审:上海市第一中级人民法院(2015)沪一中民四(商)终字第 S1239 号(2015 年 7 月 17 日)

审判组织:

一审:包蕾、吴琦、周志勇

二审:金成、盛宏观、张文婷

编写人:张曼倩

03

跨境交易中形式发票的法律属性认定

——澳大利亚瑞德公司(Reed Holdings Australia Pty Ltd.)
与琳琅公司买卖合同纠纷案

裁判要旨

合同文本对于判断交易双方的权利义务至关重要,但跨境交易中不签订正式合同的情形并不鲜见。形式发票作为跨境交易的常见载体,除满足报关等基本功能外,通常还起到约定合同基本内容以实现交易的作用。如果形式发票所载内容具备合同的基本要素,且双方当事人对该内容以明示或默示的方式达成合意,则可以认定该形式发票具备合同属性,对交易双方具有法律约束力。

基本案情

原告(反诉被告):澳大利亚瑞德控股私人有限公司(Reed Holdings Australia Pty Ltd.)(以下简称澳大利亚瑞德公司)

被告(反诉原告):琳琅(上海)玻璃制品有限公司(以下简称琳琅公司)

2020年3月5日,琳琅公司向澳大利亚瑞德公司开具形式发票,载明:产品为香水瓶,尺寸为:按客户要求、Logo凸起,模具与样品费为1000美元(一旦下单,钱将退还),数量为5个,支付方式为100%电汇。同年3月10日,澳大利亚瑞德公司向琳琅公司付款1000美元。

2020年3月18日,澳大利亚瑞德公司向琳琅公司采购100,000个24/410型号白色管状泵头,价款共计14,390美元,琳琅公司就该订单向澳大利亚瑞德公司开具形式发票。该份订单已履行完毕,双方当事人无争议。同日,澳大利亚瑞德公司向琳琅公司采购24/410型、28/410型管状泵头各165,000个,价款分别为 17,490 美元、17,820 美元,总价款为 35,310 美元。琳琅公司向澳大利亚瑞德公司开具的形式发票除载明上述事项外,还载明支付方式为 50% 通过银行账号电汇,运输方式为"海运　墨尔本",交付周期为 20 个工作日。次日,澳大利亚瑞德公司向琳琅公司付款 17,655 美元。

2020 年 3 月 24 日,双方在协商确定第 4 批订单项下的交货时间时,琳琅公司表示可以于当年的 5 月 10 日向澳大利亚瑞德公司交付相应的货物。当日,澳大利亚瑞德公司向琳琅公司采购 24/410 7cm 型管状泵头 380,000 套,总价款为 60,420 美元。琳琅公司向澳大利亚瑞德公司开具的形式发票除载明上述事项外,还载明支付方式为 100% 通过银行账号电汇;时间约为 5 月 10 日至 15 日,也许可以提前完成。后澳大利亚瑞德公司向琳琅公司付款 30,210 美元。

2020 年 5 月 8 日,澳大利亚瑞德公司向琳琅公司询问称,因琳琅公司的交货时间过长,澳大利亚瑞德公司的客户取消了给澳大利亚瑞德公司的订单,故是否可以将第 4 批订单的定价转到第 2 批或第 3 批订单。琳琅公司对此回复称,因该两批订单所涉及的货物已经上了产品线,故无法取消。至于是否可以取消第 4 批订单,须询问工厂。

后澳大利亚瑞德公司与琳琅公司就货物交货期过长的问题进行了磋商,澳大利亚瑞德公司因交货期问题向琳琅公司表达了取消第 3 批订单的意思表示,但琳琅公司认为因货物数量较大,且工厂已经安排生产,故无法取消订单。

2020 年 5 月 23 日,澳大利亚瑞德公司向琳琅公司发送律师函,要求解除双方间的第 1、3、4 批订单,并退还澳大利亚瑞德公司针对该三批订单支付的预付款及货款共计 48,865 美元。因双方协商无果,澳大利亚瑞德公司向法院提起了本案诉讼,请求法院判决:(1)确认双方之间第 1、3、4 批订单所涉买卖合同关系于 2020 年 5 月 25 日解除;(2)琳琅公司退还澳大利亚瑞德公司上述批次产品的货款及预付款共计 48,865 美元(要求以澳大利亚瑞德公司付款当日人民币兑美元的汇率折算为人民币计算);(3)本案诉讼费用由琳琅公司承担。

被告琳琅公司辩称:对澳大利亚瑞德公司陈述的双方曾形成 4 批订单、瑞德公司的付款情况及第 2 批订单已履行完毕的事实无异议。因第 1 批订单只需对样品拍照确认,不涉及交货事宜,故琳琅公司已履行合同义务。第 3、4 批订单,经双方沟通,已对交货时间重新达成一致,澳大利亚瑞德公司应于付清全款后提货。现澳大利亚瑞德公司单方解除合同无事实依据。琳琅公司并据此提出反诉,请求法院:(1)判令澳大利亚瑞德公司继续履行原告、琳琅公司之间的买卖合同;(2)判令澳大利亚瑞德公司支付剩余货款共计 47,865 美元;(3)判决本案反诉费由澳大利亚瑞德公司承担。

【法院裁判】

上海市浦东新区人民法院经审理认为,因澳大利亚瑞德公司系澳大利亚联邦法人,本案为涉外买卖合同纠纷。澳大利亚瑞德公司依据《合同法》(已失效)提起诉讼,其诉请所依据的事实以及被告住所地均在中华人民共和国境内,故中华人民共和国法律与本案具有最密切联系,根据《涉外民事关系法律适用法》(以下简称《法律适用法》)第 41 条的规定,本案应当适用中华人民共和国法律。

1999 年《合同法》第 8 条(现为《民法典》第 465 条)明确规定,依法成立的合同,对当事人具有法律约束力,当事人应当按照约定履行自己的义务,不得擅自变更或者解除合同。该法还规定,当事人订立合同,有书面形式、口头形式和其他形式。就本案讼争的第 1、3、4 次交易,双方未签订正式的书面合同,双方的接洽通过社交平台完成,在充分沟通、协商的基础上,琳琅公司针对 3 次交易分别向澳大利亚瑞德公司开具 3 张形式发票,澳大利亚瑞德公司予以接收和确认。在此后双方的沟通以及本次诉讼中,澳大利亚瑞德公司多次援引形式发票的内容主张权利。从琳琅公司的抗辩来看,其认为,"虽然向澳大利亚瑞德公司发送了形式发票,但对于设计、货物数量、批次、运输、交期等合同内容始终在讨论和变更",即琳琅公司亦认为形式发票对双方具有约束力,与澳大利亚瑞德公司观点的不同之处在于,其认为双方已对形式发票中的"设计、货物数量、批次、运输、交期"等内容作出协商变更。从双方当事人的后续沟通情况以及履行完毕的第 2 次交易情况来看,双方并无签订正式书面合同的意向。在跨境贸易实务中,形式发票是较为常见的文件,而在小额贸易中,不签订正式出口合同的情形并不鲜见,此时,形式发票往往起到约定合同基本内容以实现交易的作用,可以认定为具有法律效力的充当合同的文件。本案的 3 张形式发票中,涉及品名、数量、价格、交货期限等合同主要条款,且双方当事人均予以认可,故认定上述形式发票具有合同属性,所对应的合同关系依法成立并有效,对签约双方具有法律约束力。本案的争议焦点在于 3 张形式发票的内容是否经过协商变更,并以此为基础确定承担违约责任的主体。现针对 3 张形式发票交易分析如下:

关于 2020 年 3 月 5 日的形式发票。该形式发票载明的产品为 5 个香水瓶,但对于交付方式未作具体约定。澳大利亚瑞德公司认为琳琅公司须向其交付 5

个香水瓶样品,琳琅公司则认为该订单不涉及交货,只须对样品拍照并由澳大利亚瑞德公司确认即视作琳琅公司履行完合同义务。从双方当事人的聊天记录来看,琳琅公司于2020年3月5日即形式发票出具的当日表示,做样品需要12~15天,由澳大利亚瑞德公司先支付1000美元,琳琅公司作出图纸,待澳大利亚瑞德公司确认图纸后,琳琅公司开模并打样,再把样品寄给澳大利亚瑞德公司,待澳大利亚瑞德公司下单后,退还样品款。其中涉及样品的交付方式为"寄给澳大利亚瑞德公司"。同年4月28日,琳琅公司收到了澳大利亚瑞德公司签字确认的图纸,若按琳琅公司的理解,此时其已完成交付。但至同年5月7日,澳大利亚瑞德公司仍在询问琳琅公司:"我们什么时候能够拿到样品?"琳琅公司的回复为:"关于样品的话,一般来说,要10到15天。"澳大利亚瑞德公司回复:"样品准备好了的话请告诉我。"经审查所有的聊天记录,并无交付方式为澳大利亚瑞德公司确认图纸的内容,相反,澳大利亚瑞德公司坚持要求"拿到样品"。根据通常的理解,在形式发票载明的产品为香水瓶的情况下,对图纸的确认不能等同于产品的交付。迄今,琳琅公司未向澳大利亚瑞德公司交付相关产品即履行合同义务,构成违约,故一审法院对澳大利亚瑞德公司主张解除该份合同并返还模具与样品费1000美元的诉讼请求予以支持。

关于2020年3月18日的形式发票。该形式发票载明的产品为24/410型、28/410型管状泵头各165,000个,交付周期为20个工作日,由此可知,双方当事人对交货时间已作出明确约定。琳琅公司称交期已协商变更,并提供微信聊天记录以佐证。从双方当事人的微信聊天记录来看,澳大利亚瑞德公司于2020年3月24日询问琳琅公司:"其他的订单是可以在4月10日发货的对吗?"琳琅公司回复:"我们会尽快完成,可能会有提前,也可能会有延后。"琳琅公司询问:"你能接受相似的类型吗? 一样也是白色。"澳大利亚瑞德公司回复:"可以,先发第一批10万只,如果你们完成了后面的第二批订单,我们可能会决定空运一部分,剩下的装上集装箱。"并要求琳琅公司发一张不同类型的照片。在上述聊天记录中,琳琅公司提到交期可能会有提前或延后,其提出了两种可能性,并未提出具体的交付时间。而澳大利亚瑞德公司的回答仅表明其可以接受相似的类型,并对运输方式提出设想,双方未进一步就交货时间进行沟通并重新达成一致,因此,琳琅公司关于双方对交期已协商变更的主张不能成立,交货期限应以形式发票为准。此外,该订单涉及的产品为24/410型、28/410型管状泵头各165,000个,但直至2020年5月10日,琳琅公司明确表示能够交货的仅为24/410型管状泵头165,000个,占全部数量的50%,就澳大利亚瑞德公司而言,其已付清该部分产品的价款。在此情况下,琳琅公司却要求澳大利亚瑞德公司付清该订单的全部款项再行发货,并以澳大利亚瑞德公司未付清全款为由拒绝发送完全满足交付条件的货物。庭审后,琳琅公司提供了一份由慈溪市赛尔威塑业有限公司出具的《催款发货库存清单》,即琳琅公司自认该订单所涉的另外165,000只28/410型管状泵头至2020年6月25日才生产完毕。琳琅公司的拒绝交货、迟延履行行为显属违约,由此导致澳大利亚瑞德公司的合同目的无法实现,据此,一审法院对澳大利亚瑞德公司主张解除该份合同并返还17,655美元的诉讼请求予以支持。

关于2020年3月24日的形式发票。该形式发票载明的产品为24/410 7cm型管状泵头380,000套,交付时间为"5月10日至15日,也许可以提前完成"。由此可知,双方当事人对交货时间亦作出明确约定。琳琅公司称交期已协商变更,并提供微信聊天记录以佐证。从双方当事人的微信聊天记录来看,澳大利亚瑞德公司虽于2020年5月8日询问琳琅公司:"如果你的工厂还没有开始进行我们的泵头的订单,你们能不能忽略最后一个订单?把最后一个订单的定金转到第二个订单上,你方交货时间太长了,我们的客户取消了下给我们的订单。"即澳大利亚瑞德公司提出解除该份合同,但琳琅公司未接受澳大利亚瑞德公司的要求,并称工厂已安排生产,即未同意取消该订单。与此同时,双方当事人亦未就该订单的交货时间重新协商并达成一致,故交货期限应满足形式发票的约定。2020年5月8日,澳大利亚瑞德公司明确表示:"告诉你们的工厂他们花了太长时间了,客户已经要求取消订单,如果他们不能在5月10日完成,那么订单就取消了。"但根据琳琅公司于庭审后提供的由慈溪市赛尔威塑业有限公司出具的《催款发货库存清单》,琳琅公司自认至2020年6月15日才生产完毕上述产品,远迟于双方约定的"5月10日至15日,也许可以提前完成"。琳琅公司未能按约定时间履行交货义务,其迟延履行行为构成违约,由此导致澳大利亚瑞德公司的合同目的无法实现,据此,一审法院对澳大利亚瑞德公司主张解除该份合同并返还30,210美元的诉讼请求予以支持。

鉴于琳琅公司存在上述违约行为,澳大利亚瑞德公司于2020年5月23日发送的主题为"退还货款及预付款"的律师函具有法律效力,该函件于同年5月25日到达琳琅公司,故确认涉案3份合同的解除时间为2020年5月25日。

此外,因涉案合同于2020年5月25日解除,澳大利亚瑞德公司于函件中给予琳琅公司 3 天的合理期间,琳琅公司至迟应于 2020 年 5 月 28 日返还澳大利亚瑞德公司款项 48,865 美元,折合人民币 345,933.47 元。

据此,上海市浦东新区人民法院于 2021 年 7 月 7 日作出(2020)沪 0115 民初 85024 号民事判决:(1)确认与 2020 年 3 月 5 日、2020 年 3 月 18 日(涉及 24/410 型、28/410 型管状泵头各 165,000 个)、2020 年 3 月 24 日 3 张形式发票所对应的原告(反诉被告)澳大利亚瑞德公司与被告(反诉原告)琳琅公司之间的合同关系于 2020 年 5 月 25 日解除;(2)被告(反诉原告)琳琅公司应于本判决生效之日起 10 日内返还原告(反诉被告)澳大利亚瑞德公司模具及样品费、货款共计人民币 345,933.47 元;(3)驳回被告(反诉原告)琳琅公司的全部反诉请求。

宣判后,被告澳大利亚瑞德公司向上海市第一中级人民法院提起上诉,上海市第一中级人民法院于 2021 年 9 月 30 日作出(2021)沪 01 民终 10621 号民事判决:驳回上诉,维持原判。

【案例评析】

一、问题的提出:形式发票法律属性的认知差异

形式发票在跨境交易中较为常见,英文为 proforma invoice,"proforma"一词来源于拉丁文,意为"纯为形式的"。因此,从字面意思理解,形式发票概指纯为形式的、无实际意义的发票,其基本功能多在于成本估算、报关申请等。较之正式商业发票,形式发票并非制式文件,其内容可繁可简,有些形式发票包含订单号等事项,甚至涉及争端解决方式事宜。

在跨境交易中,形式发票的用途可以归结为以下三类[①]:(1)作为非正式的报价单使用;(2)作为正式报价单使用;(3)作为简易贸易合同使用。在涉外商事审判中,形式发票是较为常见的证据类型,但不同的功能定位导致了形式发票在审判实践中产生了认知差异。如有判例认为[②],"形式发票不是合同,不是财务上的结算发票……",而是"代表了一个交易过程"。有判例认为[③],形式发票是单方的意思表示,未经对方确认,均不对对方产生约束力。但也有持相反观点的判例

① 参见吴晓雨:《形式发票在外贸实践中的应用及如何正确缮制形式发票——以郑州泽华贸易有限公司外贸业务为例》,载《对外经贸实务》2019 年第 4 期。

② 浙江省温州市中级人民法院民事判决书,(2008)温民三初字第 186 号。

③ 浙江省高级人民法院民事判决书,(2010)浙商外终字第 77 号。

认为①,形式发票所载明的内容具备了国际买卖合同的要素,可以作为认定当事人之间成立买卖合同关系的依据。同时,有判例认为②,卖方向买方开具形式发票后,买方依据形式发票进行付款,则形式发票所载明的内容可以认为是要约,而对方付款的行为构成对要约的接受。

本案所涉及的是较典型的跨境交易。因语言、沟通成本等方面的因素,双方在交易过程中并未签订正式的买卖合同,而是借由形式发票来沟通货物的品名、规格和数量。该种交易安排不仅突破了形式发票传统意义的用途,还切实起到约定合同基本内容以实现交易的作用。对形式发票法律属性的认定,构成了本案的审理基础。

二、合同成立的基本要素

在涉外商事审判中,对形式发票法律属性的审查,重点在于认定其是否具备合同属性。而该属性的认定,首先取决于形式发票是否具备了合同的基本要素。对此,应结合国际条约与国内法关于合同要素的规定作综合判断。

(一)《销售公约》语境中的合同基本要素

国际货物买卖合同的成立,主要是通过一方提出要约,另一方对要约表示承诺而成立。其中,要约有效的前提之一便是要约内容的有效性。要约人应当在要约中明确提出买卖合同的主要条件,该等条件一经承诺人的承诺,双方即达成了买卖的合意。在《销售公约》的语境下,当事人的要约应当“十分确定”。《销售公约》第 14 条规定:“向一个或一个以上特定的人提出的订立合同的建议,如果十分确定并且表明发价人在得到接受时承受约束的意旨,即构成发价。一个建议如果写明货物并且明示或暗示地规定数量和价格或规定如何确定数量和价格,即为十分确定。”同时,《销售公约》第 55 条也明确规定:“如果合同已有效的订立,但没有明示或暗示地规定价格或规定如何确定价格,在没有任何相反表示的情况下,双方当事人应视为已默示地引用订立合同时此种货物在有关贸易的类似情况下销售的通常价格。”

就《销售公约》第 14 条而言,一个有效的要约(发价)应当包含货物、数量和价格或者确定价格的方法。但结合《销售公约》第 55 条的规定,当事人未就货物价格达成合意的,并不影响合同的成立。而货物的价格,仍可依据相关的规定进

① 山东省高级人民法院民事判决书,(2001)鲁民四终字第 13 号。

② 广东省佛山市中级人民法院民事判决书,(2005)佛中法民四初字第 60 号。

行推定。从这个意义上说,价格条款的欠缺并不直接影响当事人的订约意图,从而不会影响合同的成立。[①] 因此,依照《销售公约》的规定来看,国际货物买卖合同订立中的必要内容是:当事人、货物和数量。[②]

(二)国内法语境中的合同基本要素

我国民法的通说观点认为,当事人、意思表示一致和标的共同构成合同成立的要件。[③] 根据我国《民法典》的相关规定,当事人之间具有法律约束力的合意是通过要约与承诺来达成的。对于"要约"与"承诺"是否一致,其判断规则是所谓的"镜像规则",即承诺与要约的内容应当一致。受要约人通过承诺作出同意要约的意思表示时,不能对要约进行实质性变更。实践中,有观点认为[④],既然承诺不能对要约进行实质性变更,那么要约就要具备全部实质性的内容。对于要约是否明确具体,从我国的立法模式和司法实践来看,主要是通过该项要约是否具备三项基本要素,即当事人、标的物和数量,至于价款、质量等要素则被排除在影响合同成立的因素之外。这一立法模式的制度逻辑在于"标的物"是交易主体所有行为活动的目标指向,若"标的物"缺失,则合同关系缺乏建立的根本;"数量"条件则是确立合同标的且保障标的相互区别的重要特征,同时,也是对当事人正确全面履行合同的重要保障。[⑤]

(三)合同形式对合同属性判断的影响

合同的形式是当事人合意的表现形式,是合同内容的外部表现,也是合同内容的重要载体。对此,我国《民法典》的规定相对宽泛,即当事人订立合同,可以采用书面形式、口头形式或者其他形式。所谓的书面形式,是与口头形式、其他形式相对的概念,它既可以以纸张作为载体,构成我们通常意义理解的合同书;也可以以电子数据作为媒介,当事人通过数据电文的互换达成合意。因此,判断一份书面文件是否为合同书,不可只看其名称,而应依据其内容[⑥]。换言之,如果书面文件记载了当事人合意的事项,就可以称为合同。但如果书面文件虽名为

---

① 参见刘长霞、秦岭南:《国际货物贸易中价格待定合同的效力认定》,载《江西社会科学》2013 年第 5 期。

② 参见邓辉:《合同必要条款比较研究》,载《南海法学》2017 年第 4 期。

③ 参见崔建远:《合同成立探微》,载《交大法学》2022 年第 1 期。

④ 参见刘贵祥:《关于合同成立的几个问题》,载《法律适用》2022 年第 4 期。

⑤ 参见齐鹏、王荐举:《〈联合国国际货物销售合同公约〉中"镜像规则"之突破——兼评我国合同立法下要约与承诺的合意判定》,载《法学杂志》2017 年第 5 期。

⑥ 参见朱广新:《书面形式与合同的成立》,载《法学研究》2019 年第 2 期。

合同,但只是记载了当事人磋商的过程,或者缺少合同成立的基本要素,则不能认为是合同成立的书面凭证。

本案中,双方当事人并未就案涉交易签订书面合同,而主要是通过形式发票就货物的品名、价格、数量、交货时间等国际货物买卖合同的主要条款达成一致。案涉形式发票在内容上列明了美元所标示的价格,包括货物的单价和总价等,同时,还约定了货物的交付周期和交付方式等内容。因此,本案形式发票所载明的内容,根据我国国内法的相关规定,可以认为具备了买卖合同的基本要素。而在跨境交易中,被要约人作出承诺的方式主要包括以下两种:一是声明(statement),即受要约人明确表示接受要约人的要约;二是通过行为作出接受要约的默示意思表示,即受要约人通过实际作出可以反映承诺意思的行为,例如,通过履行行为、受领行为等来表明愿意受到合同的约束。承诺的行为于作出时生效,合同成立,无须另行作出承诺的通知,亦非于承诺的通知到达时生效。①

本案澳大利亚瑞德公司在收到形式发票后并未向琳琅公司发出对应的订购单,而是支付了相应的货款或预付款。该等付款行为是当事人之间约定的,应由澳大利亚瑞德公司作为买方所履行的主要合同义务,系澳大利亚瑞德公司以其行为表示对要约的接受,即构成默示承诺。因此,在案涉的交易中,琳琅公司出具形式发票的行为并非缔约过程中的磋商行为或是"财务上的结算行为",而是有合同法意义的缔约行为。案涉形式发票经双方的缔约和履行行为,成为认定双方之间的国际货物买卖合同关系的书面凭证。在琳琅公司未能证明双方于此后已就变更交货时间达成合意的情况下,应依据形式发票来认定违约责任的承担主体。

三、形式发票法律属性的司法审查

(一)不同交易阶段中形式发票的法律属性

以时间划分,买卖合同的交易环节可分为三个阶段:(1)磋商阶段。买方向卖方发出要约,双方就交易的细节进行反复的沟通、磋商,直至达成买卖的合意。(2)签订阶段。买卖合同双方通过面签,或是交换数据电文的方式将交易的合意进行固定,包括通过电子邮件达成一致,或是签订正式的书面合同等。(3)履行阶段。双方各自履行自身的合同义务,买方付款,卖方向买方交付货物等。在上

① 参见韩世远:《默示的承诺与意思实现——我国〈合同法〉第22条与第26条的解释论》,载《法律科学(西北政法学院学报)》2003年第1期。

述三个阶段,形式发票的法律属性会随着不同的交易阶段发生变化,具体如下。

1. 磋商阶段的形式发票。卖方在磋商阶段中单方面出具的形式发票,其主要用途是报关和开立信用证,但因形式发票载明的内容一般包括货物的名称、数量和型号,具备了买卖合同的基本要素,其要约属性较为明显。如果买方接受了该等形式发票,并对形式发票签字确认并回传,或是以函电等形式声明接受形式发票,则表明买方对卖方的要约作出了承诺。

2. 签订阶段的形式发票。如果卖方在向买方出具形式发票后,原告、被告就案涉交易签订了正式的合同书,或是卖方向原告出具了订购单等文件,则形式发票不宜认定具有合同属性。对于合同书或订购单与形式发票内容相同的部分,可以认为双方达成了合意。但对于内容不同的部分,应当结合交易双方的磋商过程、合意的形成时间,以最终达成的合意作为确定双方权利义务的依据。在这一阶段,形式发票可以认定为是交易过程的书面证明文件,而不能替代合同的效力。

3. 履行阶段的形式发票。如果双方未订立正式的合同书,而是由买方通过履行合同义务的方式,以其履行行为作出默示承诺,则自行为作出之时,合同即成立且实际履行。此时,形式发票取得了合同书的效力,是国际货物买卖合同的载体,其载明的内容起到约定合同基本内容以实现交易的作用,应当认定具有合同属性。

(二)形式发票合同属性认定的阻却事由

1. 形式发票载明了保留条款。如形式发票中注明了“不具有约束力”(without engagement)或是“仅供申请进口许可证之用”“仅为海关之用途”,则上述保留条款说明当事人就形式发票的性质作出了相应的约定。因此,根据当事人意思自治原则,对这类形式发票进行司法审查时,不宜确认其具有合同属性。

2. 当事人在磋商阶段明确形式发票不具有合同属性。如当事人在形式发票中载明“成交条件包括价格将以我方最后确认为准”,或是在往来函件中标明形式发票仅供参考,则无法表明卖方单方面出具形式发票有受其约束的意思表示,此时的形式发票不宜认定为要约,更不宜认定具有合同属性。

【典型意义】

形式发票是跨境贸易中常见的书面载体,也是跨境贸易案件中常见的证据类型。在当前的跨境交易中,买卖双方往往通过会微信等社交平台进行交易磋商,不签订书面合同的情形并不鲜见。一旦发生纠纷,如何确定交易双方的权利义务,是法官查明事实作出裁判的关键。形式发票是否具有合同属性,能否作为确定交易双方权利有无的依据,在涉外商事审判实务中的观点和做法不一。本案裁判认为,如果形式发票所载内容具有合同法律关系的基本要素,且双方当事人对该内容以明示或默示方式达成合意,可以认定该形式发票具备合同属性,对交易双方具有法律约束力。该案对同类案件的审理具有一定参考意义。

【案例索引】

案号:

一审:上海市浦东新区人民法院(2020)沪0115民初85024号(2021年7月7日)

二审:上海市第一中级人民法院(2021)沪01民终10621号(2021年9月30日)

审判组织:

一审:徐慧莉

二审:庞闻淙、吴慧琼、赵琛琛

编写人:徐慧莉、沈伟杰

04

任意解除权的效力认定

——正达盛宝公司与宝洁公司买卖合同纠纷案

裁判要旨

除我国《民法典》合同编中已明确规定合同当事人享有任意解除权的部分特定有名合同外，在其他类型的合同中，合同当事人对于任意解除权的约定，如系双方的真实意思表示，不属于无效格式条款，且不违反诚实信用原则及公序良俗，则应认定为合法有效，合同当事人可依约行使任意解除权解除合同。

基本案情

原告：山西正达盛宝贸易有限公司（以下简称正达盛宝公司）

被告：宝洁（中国）营销有限公司（以下简称宝洁公司）

正达盛宝公司系宝洁公司的合同经销商之一，负责向下游经销商和零售商分销宝洁公司的各品牌产品。2015年2月3日，宝洁公司向正达盛宝公司出具《宝洁分销商身份情况说明》。2015年2月6日，双方签订《销售协议》。双方约定，宝洁公司指定正达盛宝公司为宝洁公司产品在中国的非独家销售商，产品送达交货地并由正达盛宝公司接收后，产品的所有权转移到正达盛宝公司，产品损失的风险亦由正达盛宝公司承担；正达盛宝公司应在约定的交货地收货后30天内支付每笔货物的货款，该购货金额应在宝洁公司给正达盛宝公司的信用额范围内，正达盛宝公司不按约付款将被视为根本违约；宝洁公司有权以正达盛宝公司目前或将来可能根据本协议或其他交易行为而欠宝洁公司的债务抵冲本协议规定的宝洁公司应付款项；协议有效期为自协议签订之日起1年，除非任一方于期满前提前30天书面通知另一方终止协议，否则协议将逐年自动延展1年；任何一方可以提前30天书面通知终止本协议而无须任何理由；本协议的解除或期满并不解除支付任何在本协议项下应付款项的义务，除非宝洁公司提出以当初正达盛宝公司购买产品的价格收回，否则正达盛宝公司可以正常价格卖掉其仍存有的产品；本协议的任何变动或更改，只有以书面形式作出并经双方之充分授权人签署，方可生效；协议附件A为《销售服务条款》，附件B为《残损品不退货折扣规定》，附件C为《优惠付款条款》，附件D为《直接向宝洁公司下单采购的分公司名单》，附件E为《销售协议补充协议》，如果本协议与附件有差异或冲突，以本协议为准。

同日，双方还签订《覆盖服务支持协议》及《销售折扣协议》。双方在《覆盖服务支持协议》中约定，宝洁公司基于《销售协议》希望正达盛宝公司在其地域拓展分销渠道、提升分销宝洁公司产品的数量和品类，宝洁公司愿意为正达盛宝公司提供的此类覆盖服务提供必要财务支持，正达盛宝公司愿意提供这样的服务并获取相应的财务支持；宝洁公司根据正达盛宝公司提供的宝洁品牌产品推广覆盖服务执行情况，按月向正达盛宝公司提供覆盖服务费支持，正达盛宝公司应开具增值税专用发票交给宝洁公司，用来报销该费用等。双方在《销售折扣协议》中约定，为增进正达盛宝公司的销售业绩和质量从而加速宝洁公司的业务发展，宝洁公司同意在正达盛宝公司满足协议约定的条件下，给予正达盛宝公司销售折扣，折扣种类包括核心业务驱动发展项目折扣(KBDI)、优质分销项目折扣(QDD)。

双方于2015年2月6日签订的《销售协议》在到期后自动延展。2016年7月，双方签订《覆盖服务支持协议》。2016年7月18日，双方签订《服务补充协议》及《销售折扣协议》。2017年8月8日，双方签订《覆盖服务支持协议》及《销售折扣协议》。

2018年3月27日，宝洁公司向正达盛宝公司出具《宝洁分销商身份情况说明》。内容涉及：正达盛宝公司是宝洁公司的合同经销商之一，负责向下游经销商和零售商分销宝洁公司的各品牌产品，包括海飞丝系列，潘婷系列等；正达盛宝公司主要负责覆盖山西的部分区域，但不受区域及下游经销商种类限制；正达盛宝公司与保洁公司之间的经销合同从双方正式签字盖章之日起生效，没有限定期限，至双方协商确定的日期终止；正达盛宝公司覆盖的区域包括太原市、清徐县、阳曲县等。

2018年7月25日，双方签订《服务补充协议》、《覆盖服务支持协议》及《销售折扣协议》。双方在《服务补充协议》中约定,双方均有权以书面形式提前30天通知对方解除本协议,而无须获得对方许可,并无须承担任何法律责任;如双方之间的《销售协议》或《覆盖分销服务协议》因任何原因解除,本协议自动解除。双方在《覆盖服务支持协议》中约定,本协议从2018年7月1日开始生效,有效期为半年,期限届满前30天内,任何一方均可书面通知另一方终止协议,如到期未提出终止,则自动延期半年,双方均可提前30天书面通知终止本协议,并无须承担任何法律责任;双方在本协议生效日之前签署的覆盖服务协议均相应终止。双方在《销售折扣协议》中约定,本协议的有效期限为2018年7月1日至2019年6月30日,除非任何一方在到期前提出终止,否则到期后自动延展1年,任何一方均可以提前30天书面通知对方,无须任何理由亦无须承担任何责任。

2019年10月24日,宝洁公司向正达盛宝公司发出《协议终止通知》。内容为:“由于我司业务调整的原因,我司决定于2019年11月24日终止与贵司签订的《销售协议》。另外,双方签订的《覆盖服务协议》和《覆盖折扣协议》等其他相关协议也因《销售协议》的终止而随之同时终止,但其中担保或保证合同将在主合同债务清偿完毕后终止。现我司根据《销售协议》的约定提前正式函告贵司。希望贵司对此予以理解。我司真诚感谢贵司多年来的友好合作与帮助。”

2020年4月17日,宝洁公司发电子邮件给正达盛宝公司,主题为“宝洁清算邮件2”。宝洁公司在邮件中告知正达盛宝公司,《CID票扣部分》是需要开红字发票通知单的,三个压缩包里面一共是35个活动,《红字发票手工报销单模板》及下面的流程仅作初步参考,待宝洁公司进一步确认。2020年4月21日,宝洁公司发电子邮件给正达盛宝公司,表示附件中都是已经出来的费用,正达盛宝公司再手工加上8640元含税的玉兰油券和24,380元含税的化妆品店订货会费用就可以了;宝洁公司汇总的数据为红字发票支付金额共计含税6,662,252.14元,服务型发票开票支付金额共计含税1,290,949.50元;正达盛宝公司的应付账款包括正达盛宝公司应付未付货款含税4,971,113.64元,应退还付款折扣含税99,422.27元,正达盛宝公司欠宝洁公司货款共计含税5,070,535.91元。2020年5月8日,宝洁公司向正达盛宝公司付款1,250,647.57元。

《销售协议》解除后,宝洁公司与正达盛宝公司就货款和促销补贴费用的结算发生争议,正达盛宝公司遂向法院提起诉讼,请求法院判令确认宝洁公司解除《销售协议》的行为无效,支付正达盛宝公司货款并赔偿各项经济损失。宝洁公司辩称,根据《销售协议》的约定,双方均享有任意解除权,宝洁公司的解除行为理应认定有效。正达盛宝公司主张的包括预期利润、销售返利、库存货物以及房租在内的各项损失，没有事实依据，不应予以支持。合同解除后，正达盛宝公司出售库存，正达盛宝公司自行降价处理与宝洁公司无关，正达盛宝公司降价处理及产生的运输费等不应由宝洁公司承担。同时，正达盛宝公司在合同解除后应当自行处理房租及安置人员事宜。对于正达盛宝公司另主张的推广费用，因该笔费用尚不满足支付的前提条件，故宝洁公司亦不同意支付。

【法院裁判】

上海市浦东新区人民法院经审理认为，正达盛宝公司与宝洁公司之间签订的《销售协议》《服务补充协议》《覆盖服务支持协议》《销售折扣协议》等系列协议系双方当事人的真实意思表示，内容于法不悖，法院依法予以确认，双方均应恪守。正达盛宝公司与宝洁公司在主协议即《销售协议》中约定，任何一方可以提前 30 天书面通知终止本协议而无须任何理由。宝洁公司抗辩称，其系根据该条约定提前 30 天书面通知原告解除合同，其解除行为符合双方约定，故不应承担违约责任。本案主要争议焦点在于：(1)宝洁公司能否根据《销售协议》中有关解除权的约定解除合同；(2)正达盛宝公司欠付宝洁公司的货款能否与宝洁公司应付费用相抵销。

关于焦点一，《合同法》第 93 条(现为《民法典》第 562 条)规定："当事人协商一致，可以解除合同。当事人可以约定一方解除合同的条件。解除合同的条件成就时，解除权人可以解除合同。"正达盛宝公司与宝洁公司在《销售协议》中约定，双方均享有提前 30 天解除合同的权利。该约定系双方真实意思表示，合法有效，不属于无效格式条款，宝洁公司可依约解除合同。《销售协议》的有效期虽逐年自动延展 1 年，最近一次延展至 2020 年 2 月 5 日止，但宝洁公司有权在期满前提前 30 天通知正达盛宝公司终止，《销售协议》并非一直延展下去而无限期，正达盛宝公司与宝洁公司每年会签署新的《覆盖服务支持协议》及《销售折扣协议》等，也表明相关协议能否续签并不具有必然性。宝洁公司有选择合作经销商的权利，正达盛宝公司作为商事主体，应对宝洁公司可能会根据双方约定提前 30 天解除合同具有前瞻性准备。宝洁公司在通知正达盛宝公司解除合同后，与正达盛宝公司就业务期间的货款及费用等进行了对账，并没有禁止其处理库存，同时正达盛宝公司根据惯例也可就库存等问题与新的经销商进行洽谈、交接，正达盛宝公司在合同解除后有解决后续事宜的途径。

因此,宝洁公司解除《销售协议》等相关协议,符合双方约定且不违反法律规定,其解除行为有效。正达盛宝公司基于宝洁公司解除合同的行为要求被告赔偿其利润、奖励、库存、房租、安置人员等损失,无相应事实及法律依据,不予支持。至于正达盛宝公司主张 2018 年 3 月 27 日的《宝洁分销商身份情况说明》中有关经销合同没有限定期限,至双方协商确定的日期终止的约定,实际上变更了《销售协议》中任意解除权的约定,双方未能就终止合同协商一致,故宝洁公司无权单方解除。法院对此认为,《宝洁分销商身份情况说明》中并无变更《销售协议》中合同解除条款的内容,且《销售协议》中明确约定"本协议的任何变动或更改,只有以书面形式作出并经双方之充分授权人签署,方可生效",《宝洁分销商身份情况说明》也不符合变更《销售协议》的形式要件。此外,在该情况说明之后形成的《覆盖服务支持协议》及《销售折扣协议》中仍然约定了合同有效期及双方有权提前 30 天解除合同等内容,故法院对正达盛宝公司的该项主张不予采纳。

关于焦点二,根据正达盛宝公司提供的 2020 年 4 月 21 日电子邮件,宝洁公司应支付正达盛宝公司费用计 7,986,221.64 元,宝洁公司于 2020 年 5 月 8 日向正达盛宝公司付款 1,250,647.57 元,故宝洁公司尚应支付正达盛宝公司费用 6,735,574.07 元,该邮件中同时载明正达盛宝公司应付宝洁公司货款 5,070,535.91 元。现双方之间的合同关系已经解除,相关款项应予以结算,宝洁公司应付正达盛宝公司的费用金额大于正达盛宝公司应付宝洁公司的货款,且两项均为给付货币性质,正达盛宝公司要求将货款进行抵销,并无不当,法院予以支持。由此,宝洁公司尚应支付正达盛宝公司费用 1,665,038.16 元。至于宝洁公司在审理中抗辩称正达盛宝公司欠付的货款金额应为 5,072,564.83 元,因与宝洁公司在电子邮件中确认的金额不符,宝洁公司未能提供证据推翻其已确认的金额,故法院对宝洁公司的该项抗辩意见不予采纳。宝洁公司还抗辩称正达盛宝公司尚未向其开具费用发票,故不能与货款进行抵扣。因宝洁公司欠付费用的具体金额有电子邮件为证,而开具发票系合同附随义务,宝洁公司支付费用系合同主义务,故法院对宝洁公司的该项抗辩意见不予采纳。但因正达盛宝公司尚未向宝洁公司开具全额发票,故法院对正达盛宝公司主张的逾期付款利息损失起算日期不予采纳,法院支持从本判决生效之日起算。

上海市浦东新区人民法院于 2020 年 6 月 29 日作出(2020)沪 0115 民初 25676 号民事判决:(1)被告宝洁公司于本判决生效之日起 10 日内支付原告正达

盛宝公司1,665,038.16元;(2)被告宝洁公司于本判决生效之日起10日内偿付原告正达盛宝公司逾期付款利息损失(以1,665,038.16元为基数,自本判决生效之日起至实际清偿之日止,按同期全国银行间同业拆借中心公布的贷款市场报价利率计付);(3)驳回原告正达盛宝公司的其他诉讼请求。

宣判后,正达盛宝公司向上海市第一中级人民法院提起上诉,上海市第一中级人民法院于2020年9月29日作出(2020)沪01民终9520号民事判决:驳回上诉,维持原判。

【案例评析】

任意解除权是合同当事人所享有的不附带任何条件的随时解除合同的权利。目前我国现行法律仅针对特定有名合同如委托合同、承揽合同等规定了任意解除权,但未对任意解除权作出总体的概括性规定。因此,有一种观点认为,任意解除权属于一种特殊的法定解除权,只有法律明确赋予解除权的一方当事人才能无须理由随意地解除合同,而基于意思自治而产生的约定任意解除权应属无效。然而,约定任意解除权在司法实践中又是广泛存在的,如对此一概予以否定,又有违合同自由原则及当事人意思自治。虽然最高人民法院在其《〈全国法院民商事审判工作会议纪要〉理解与适用》中认为,除委托合同等基于人身信赖关系订立的合同外,其他类型的合同中,原则上不应允许当事人在合同中约定一方或双方享有任意解除权,否则既容易造成社会资源的浪费,也不符合当事人缔约的真实目的。① 但笔者认为,如何理解"原则上不应允许"仍值得探讨,因约定任意解除权并不违反法律或行政法规的强制性规定,且约定任意解除权目前已是现代国际商事合同中的常见条款——便利终止条款(termination for convenience),该权利的日渐流行,必然有其合理之处,随着涉外商事合同类纠纷数量的逐年上升,我们在司法实践中不宜仅依据合同类型对任意解除权的效力进行否定。笔者尝试从约定任意解除权的渊源出发,探寻约定任意解除权的法理价值,并结合诚实信用原则解析司法实践中如何对约定任意解除权的效力进行认定。

---

① 参见最高人民法院民事审判第二庭编著:《〈全国法院民商事审判工作会议纪要〉理解与适用》,人民法院出版社2019年版,第315页。

一、约定任意解除权的渊源

约定任意解除权,旨在通过双方意思自治而赋予一方或双方当事人因便利而终止合同的权利。在英美法系下,该项权利在合同中通常体现为便利终止条款,该条款源于美国政府合同。美国内战期间,联邦政府与私有主体签订了大量的军备采购合同,考虑到战争一旦结束,这些军备采购合同便没有必要继续执行,便利终止条款由此而生,给予了联邦政府一方无理由终止合同的权利。在当时,这种便利终止的权利仅允许作为公有主体的一方行使,基于合同的公平正义,行使终止权的公有主体会对私有一方的损失进行赔偿。① 随着私有主体渐渐意识到约定便利终止条款的益处,该条款在国际商事交易领域中的应用变得日渐广泛,但私有主体间约定的便利终止条款是否有效,根据美国法院的相关裁决,需要取决于终止行为是否符合诚实信用原则和公平交易原则。与美国法不同,英国法并没有普遍适用的诚实信用原则,英国法院认为便利终止条款的约定属于双方意思自治的范畴,不承认诚实信用原则对行使便利终止权的限制,其理由是双方明示约定的便利终止条款,赋予了任何一方无论是否提出理由、提出何种理由,均可以在合同期限内任意解除合同,这是双方在签订合同时自愿承担的风险。②

大陆法系的任意解除权通说系源于罗马法的无偿委托,现代大陆法系国家如德国、日本等,均与我国类似,系在成文法中针对特定有名合同规定了任意解除权,且设定了一定的限制,但对于约定任意解除权一般未有明确规定,态度不一。

二、约定任意解除权的法理价值

(一)性质分析

约定任意解除权允许合同的一方或双方当事人不附带任何条件地随时解除合同,其从性质上看,与法定解除权、约定解除权均不相同。法定解除权、约定解除权的行使均必须满足一定的条件,而约定任意解除权有所不同,约定任意解除权一经设立,其成立要件就已全部实现,系一种既得权,行使任意解除权的主体只需发出解除通知,而不需要再满足任何其他条件就可以享有合同解除权所承载的利益。

---

① 参见李晶:《论约定任意解除权与诚实信用原则》,载《法制与社会》2017 年第 19 期。

② 参见李晶:《论约定任意解除权与诚实信用原则》,载《法制与社会》2017 年第 19 期。

(二)与契约严守原则的背离

契约严守原则自罗马法时期确立,一直延续至今,意在维护交易的稳定和安全,体现的是法的秩序价值。法的秩序价值要求合同当事人的活动需遵循一定的秩序和规则,应严守契约,按照合同的约定行使权利、承担义务,在没有合理事由的情况下,当事人一般不得随意终止合同。而约定任意解除权允许合同当事人可以随时随地、不具理由地解除合同,使合同时刻处于一种不稳定的状态,会破坏依法订立的合同,也会破坏交易秩序,进而破坏法的秩序,这就与契约严守原则的精神相背离。但契约严守原则并非一个绝对原则,会有很多例外,例如,在合同实际履行不能或履行成本过高的情形下,如果一味坚持契约严守原则,势必会导致更多的问题产生。因此,我们并不能仅仅因为约定任意解除权与契约严守原则相背离,就否定约定任意解除权存在的合理性。

(三)契约自由原则

在现代合同法理论中,除了契约严守原则,还有一项非常重要的原则——契约自由原则,体现在当事人可以根据自己的意志,自由决定是否缔约、与谁缔约以及缔约的具体内容,而解约自由也是其中的重要内容。根据契约自由原则,当事人选择订立何种约定属于意思自治的范畴,只要不违反法律或行政法规的强制性规定,即应该有效。契约自由原则是为了实现法的自由和效率价值而确立的,在实现社会资源的有效配置方面有着更高的优越性,法律之所以认可任意解除权的存在,在一定程度上是出于任意解除权不会过分损害法的秩序价值的考量。约定任意解除权虽然对于一方或双方当事人赋予的合同权利过大,且使合同陷于不稳定的状态,但合同当事人能否接受不稳定的合同存在是另一个问题。商事交往过程中的具体合同情形千差万别,合同当事人对于任意解除权的约定或许是基于其他因素的考量。作为相对理性的合同当事人,其自身应该足以认识到此种约定的风险所在,所作的约定应该是在充分考虑的基础上作出的。因此只要是基于合同当事人的自愿,又不违反诚实信用原则及公序良俗,允许合同当事人约定任意解除权亦无不可。

(四)法的效率价值

法律虽然追求公平正义,但效率价值也是法律所追求的重要价值之一,而约定任意解除权的最根本目的便在于追求效率价值。合同当事人通过约定设立任意解除权,在任何一方出现某种导致继续履约陷入困境的情由时,当事人可以无须提出任何理由而轻易地从这种困境中解脱出来,从而提高解约的效率,将资源要素投入其他更有价值的领域中。这种做法反而有利于鼓励资源向高效率领域流动,优化资源配置,促进市场流通和经济繁荣,并不会损害公共利益。约定任意解除权旨在通过合同自由而对双方当事人的商务风险进行分配,这种经济上的风险分配并没有违背合同的任何一项基本规则,也并未突破法律所作出的任何强制性规定,在非解约方的损失得以合理补偿时,实现解约的效率,这是良好的积极价值,应得以肯定。而且,只有当法律赋予了市场主体更多的自由,赋予了当事人更多的合同内容的空间,市场交易才会更加流畅,如果仅仅是为了保障市场秩序而禁止合同当事人约定任意解除权,颇有因噎废食之嫌。

三、约定任意解除权的效力认定

(一)诚实信用原则的限制

虽然笔者认为约定任意解除权在一定程度上契合了法的自由和效率价值,在不违反法律或行政法规的强制性规定的情况下,应对合同当事人的此种约定予以认可。但由于这种解除权无须提出理由即可随时行使,赋予了合同当事人很大的自由,极易导致权利的滥用,造成对另一方利益的肆意损害。为了避免约定任意解除权的滥用,以及由此造成的消极后果,大部分国家都采用了被奉为"帝王规则"的诚实信用原则对约定任意解除权的行使作出限制。

我国法律目前虽然没有对约定任意解除权作出明确规定,但对于约定解除权,最高人民法院在2019年《全国法院民商事审判工作会议纪要》中明确,要根据诚实信用原则来认定约定的解除条件是否成就。① 这为我国约定任意解除权的行使限制提供了借鉴,即约定任意解除权的行使应当符合诚实信用原则,并应符合公序良俗。具体到司法实践中,我们可以根据诚实信用原则及公序良俗予以裁判矫正,综合约定任意解除权条款是否为格式条款、任意解除权的行使是否存在恶意、是否提前发出了书面解约通知以及解约方是否对非解约方进行了损失赔偿等因素,对约定任意解除权的效力予以认定,从而实现在保障合同当事人约定任意解除权行使的同时,兼顾当事人利益的平衡及社会经济秩序的维护。

(二)司法实践中的认定标准

第一,是否为格式条款。约定任意解除权条款应当以醒目方式注明,不得以

① 《全国法院民商事审判工作会议纪要》第47条:合同约定的解除条件成就时,守约方以此为由请求解除合同的,人民法院应当审查违约方的违约程度是否显著轻微,是否影响守约方合同目的的实现,根据诚实信用原则,确定合同应否解除。违约方的违约程度显著轻微,不影响守约方合同目的的实现,守约方请求解除合同的,人民法院不予支持;反之,则依法予以支持。

格式条款的形式出现,该约定必须是合同当事人经过磋商合意的结果。合同当事人应清楚知晓该约定的法律后果,并愿意就此承担风险。在合同当事人地位不平等的情况下,要具体判断优势一方是否利用其优势地位迫使劣势一方接受任意解除权条款,也要依据合同当事人是否均有任意解除权,以及劣势一方接受该任意解除权条款是否基于其他商业因素考量等来具体判断约定任意解除权的效力。

第二,任意解除权的行使是否存在恶意。虽然约定任意解除权允许合同当事人可以无须提出理由而随时解除合同,但无须提出理由并不代表不存在解约的理由,而这个真实存在的理由必须是善意的、诚信的。解除合同是一项救济手段,其目的在于将双方当事人从继续履行合同的僵局中解脱出来,而不是赋予一方藐视合同神圣效力的权利。因此,司法实践中,需要对合同当事人解约的动机进行查明,恶意任意解除合同的行为应当属于明示毁约。

第三,是否提前发出了书面解约通知。为了减轻非解约方潜在的商业损失,行使任意解除权的效果不能是即时的,解约方必须提前向非解约方发出解约通知,预留充分的时间和机会使非解约方得以对后续的商业利益进行重新安排并处理资源,最大限度地减小因任意解约而带来的风险和损失。任何立即解除合同的行为都在很大程度上隐含解约方不诚实、不善意的动机。如解约方因为故意或重大过失致使解除时间不当,那么对非违约方的损失赔偿则不可避免。

第四,是否进行了损失赔偿。任意解除权的行使实质上有违约的特征,法律之所以规定这样的权利,是为了追求更高的法律价值,但即便如此,也不应允许合同中权利义务的配置出现严重失衡,从而违反公平正义的价值理念。因此,为实现合同的公平公正,解约方应当赔偿另一方因解约行为而产生的损失,而且只有在解约方试图去弥补非解约方的经济损失时,才能证明其行为是善意且符合诚实信用原则的,这也与我国《合同法》关于任意解除权的规定相吻合。至于赔偿的范围,笔者认为应与解除效力所及范围相对应,限于解除行为实际造成的损失。至于信赖利益,因为在订立可任意解除的合同时,理性的合同当事人应当清楚地认识到合同可能被随时终止的风险,那么对合同持续履行的信赖本身就相对较低,故信赖利益不应包括在赔偿范围内,但恶意行使任意解除权的除外。

【典型意义】

除我国《民法典》合同编中已明确规定合同当事人享有任意解除权的部分特

定有名合同外，在其他类型的合同中，合同当事人对于任意解除权的约定，不应一概予以否定，如系双方的真实意思表示，不属于无效格式条款，且不违反诚实信用原则，则应认定为合法有效，合同当事人可依约行使任意解除权解除合同。本案通过对约定任意解除权的效力认定进行探索，有助于缓解法律的滞后性，保障当事人的合同自由，实现效率价值。

【案例索引】

案号：

一审：上海市浦东新区人民法院（2020）沪0115民初25676号（2020年6月29日）

二审：上海市第一中级人民法院（2020）沪01民终9520号（2020年9月29日）

审判组织：

一审：蔡婷婷

二审：李兴、许军、陈蓓蓉

编写人：蔡婷婷、陈曦

05

合同有效型缔约过失责任的适用规则

——联翱公司(Unical Aviation Inc.)与上海高登公司服务合同纠纷案

裁判要旨

缔约一方在合同缔结过程中存在违反诚实信用原则的情形,即使合同有效并且已履行完毕,无过错一方也可主张适用缔约过失责任要求另一方承担责任。在该种合同有效型的案件中,缔约过失责任赔偿数额的确定需要同时受与有过失、损益相抵、可预见性等规则的限制。

基本案情

原告:联翱航空有限公司(Unical Aviation Inc.)(以下简称联翱公司)

被告:上海高登商业展览有限公司(以下简称上海高登公司)

联翱公司系注册地位于美国加利福尼亚州的外国公司,上海高登公司系注册地位于上海自贸区,提供会展服务的中国公司。上海国际航空维修及工程技术展(Mro China 2016)系上海国际航空服务产业博览会(Asce China 2016)的一个主题展会,上海国际航空服务产业博览会系开放性展会,共有125家参展商参展,涉案上海国际航空维修及工程技术展有12家参展商参展。

2015年9月30日,上海高登公司向联翱公司发送电子邮件一封招展邮件,主题为"上海国际航空维修及工程技术展——Mro China 2016(www.mroexpo.com.cn),上海国际机上内饰与翻新展览——Aie China 2016(www.aircraftinteriorsexpo.com.cn)"。

2015年10月19日,上海高登公司向联翱公司发送招展电子邮件一封,该邮件附件为2016第五届上海国际航空服务产业博览会以及包括航空维修及工程技术展览会在内的主题展会的相关宣传材料。

2015年10月22日，上海高登公司向联翱公司发送招展电子邮件一封，该邮件附件一为Mro China 2016第三届上海国际航空维修及工程技术展展位图，附件二为上海国际航空维修及工程技术展部分参展企业名录，显示参展企业数量为152家。

2016年1月14日，联翱公司向上海高登公司发送电子邮件一封，要求上海高登公司提供已经报名的参展商位置的展位平面图，同时联翱公司想选择一个位置，并希望看到竞争对手的展位，另特别询问了AJW公司是否参展。

2016年1月15日，上海高登公司向联翱公司回复电子邮件，表示AJW公司今年与上海高登公司仍然保持友好的联系，AJW公司对Mro China 2016给予了高度的重视和支持，联翱公司可以在展位图上找到推荐给AJW公司的展位，同时上海高登公司为联翱公司推荐了一个展位。该邮件附件一为Mro China 2016第三届上海国际航空维修及工程技术展展位图，其中显示AJW公司位置为T045－048。该邮件附件二为上海国际航空维修及工程技术展部分参展企业名录，显示参展企业数量为152家。

2016年1月20日，上海高登公司向联翱公司发送电子邮件一份，该邮件附件一为Mro China 2016第三届上海国际航空维修及工程技术展展位图，其中显示AJW公司位置为T045－048。该邮件附件二为上海国际航空维修及工程技术展部分参展企业名录，显示参展企业数量为152家。该邮件附件一为空白的《申请表与协议》。

2016年1月22日，联翱公司与上海高登公司签订了编号为GD-ASCE20160122－5的《申请表与协议》，约定了参展形式、展位面积、展位号，费用合计17,280美元。协议签订后，联翱公司于2016年2月23日向上海高登公司支付了上述款项。

为参加涉案展览，联翱公司委托新加坡Connexions设计公司设计搭建展台，并实际支出展台搭建费用合计29,174美元。联翱公司共有3人参加涉案展览，共产生差旅费4732.32美元、住宿费人民币9520元。

参展后，联翱公司发现展馆整体布局与上海高登公司提供的展位图不符且实际参展人数与参展商目录亦存在较大出入。联翱公司认为上海高登公司存在欺诈行为，故向法院提起诉讼，请求法院判令上海高登公司各项经济损失

58,045.70美元。上海高登公司辩称,案涉合同已经实际履行完毕,上海高登公司并不存在欺诈行为。会展的地址名称、价格等均是公开信息,联翱公司可通过展会官网进行了解再决定是否参展。目录上的参展商是否实际参展及展位布局并不构成本案双方当事人的合同内容,即使上海高登公司在招展中存在一定瑕疵,上海高登公司也只承担缔约过失责任,联翱公司无法依据已生效履行的合同主张违约责任。

【法院裁判】

上海市浦东新区人民法院经审理认为,本案争议有二:一是上海高登公司应否承担责任以及应当承担何种责任;二是上海高登公司应当承担责任的范围。

关于争议焦点一,法院认为,根据《合同法》第42条[①]的规定,当事人在订立合同过程中故意隐瞒与订立合同有关的重要事实或者提供虚假情况,给对方造成损失的,应当承担损害赔偿责任,上海高登公司行为符合上述法律规定的情形,应承担缔约过失责任。

首先,上海高登公司将招展对象作为参展企业向联翱公司披露的行为存在过失,属于提供虚假情况。本案中上海高登公司向联翱公司发送电子邮件中的附件"上海国际航空维修及工程技术展部分参展企业"名单中列明参加涉案展览的企业有152家,上海高登公司在庭审过程中确认,该名单中所列企业系上海高登公司的招展对象,系因工作失误而将招展对象误列为部分参展企业。法院认为,上海高登公司作为专业从事会展服务的企业,理应能够区分招展对象与参展企业,同时作为招展方,其有义务向参展企业披露真实的参展企业信息。因此,在招展过程中上海高登公司将招展对象标明为参展企业通知联翱公司的行为显然存在过失。

其次,上海高登公司行为造成了联翱公司信赖利益的损失。本案中上海高登公司发送给联翱公司的部分参展企业名单对合同缔结及履行具有重要意义,虽然该名单不构成双方签订《申请表与协议》的合同内容,但在以展览为主要内容的服务合同纠纷中,展会的规模、参展商的数量对参展商决定是否参与展会以

① 现为《民法典》第500条:"当事人在订立合同过程中有下列情形之一,造成对方损失的,应当承担赔偿责任:(一)假借订立合同,恶意进行磋商;(二)故意隐瞒与订立合同有关的重要事实或者提供虚假情况;(三)有其他违背诚信原则的行为。"

及如何参与展会具有重要影响,通常是需要考虑的首要和基本要素。因为上海高登公司的过失行为,导致联翱公司对涉案展会的规模、水准产生了合理的信赖,并基于该信赖的规模和水准与上海高登公司签订参展合同、搭建展台、派驻相关工作人员参加展会。根据上海高登公司庭审中的自认,与航空维修及工程技术相关的主题展览实际参展企业仅为12家,即使按照上海高登公司单方提供的会刊,上海高登公司在招展邮件中所附的参展企业中除联翱公司外也仅有5家参展,均与其招展时所披露的参展企业152家差距巨大。由此导致联翱公司签订《申请表与协议》时对参与展览所能起到的宣传效果、参与展览过程中可能接触的潜在交易对象的数量、可能达成的交易机会等合理信赖利益受到损害,造成联翱公司合同目的实现效果的折损。而且,一般而言,展会的规模与水准对于参展商的展台设计、参展人员配备等具体参展事项具有重要影响。现联翱公司基于上海高登公司披露的参展商名单所产生的展会规模、水准等的信赖而聘请设计公司、搭建展台、调配参展工作人员等各项工作超出展会的实际水平,造成了联翱公司履行费用支出的必要性相应减损。

综上,上海高登公司的过失行为导致联翱公司签订并履行《申请表与协议》过程中产生了信赖利益损失,上海高登公司的行为构成缔约过失,应当承担联翱公司在签订并履行《申请表与协议》过程中产生的合理信赖利益损失。

关于争议焦点二,上海高登公司应当承担损失的范围。第一,对于损失的具体项目,本案中双方对于参展的形式约定为光地形式,上海高登公司对于联翱公司需要自行或者委托他人设计并搭建展台应当有所预见,而联翱公司为境外企业,参加涉案展览需要支付必要的差旅费与住宿费用,上海高登公司亦应当预见,且涉案展览的展位费上海高登公司已收取,故联翱公司因展台设计、搭建以及参展所发生的差旅费、住宿费、展位费等费用上海高登公司应当合理预见,法院予以确认。

第二,关于联翱公司为参展产生的实际费用的金额,联翱公司、上海高登公司双方对展位费用17,280美元、展台设计搭建费用29,174美元均予以确认,对此,法院予以认可。对于差旅费用,涉案展览时间为2016年6月14日至16日,联翱公司订购机票的往返时间与展览时间相吻合,住宿费用联翱公司也仅主张了展会期间的费用,而且根据现有证据,联翱公司主张实际产生费用的参展人数为3人,亦属合理范围,因此联翱公司在涉案展览中产生的差旅费用、住宿费用标准及金额并无不当,就涉案展览联翱公司产生差旅费4732.32美元、住宿费人民币 9520 元,法院予以确认。

第三,关于上海高登公司应当承担的联翱公司相关损失的具体数额。法院认为,首先,虽然上海高登公司在与联翱公司缔约过程中存在过失,但联翱公司已实际参展,且涉案展会亦非完全封闭,不能排除联翱公司的潜在客户自行观展、接洽的可能,联翱公司作为参展方,在发现展会规模与预期不一致时,仍有可能主动接洽中国境内的潜在客户并获取交易机会,故联翱公司参加涉案展会具有一定作用,难谓合同目的全部无法实现。故联翱公司亦应承担部分已产生的参展费用。上海高登公司辩称联翱公司在展会同期参加了高峰论坛,并从中获得交易机会,实现参展目的,但上海高登公司提供的证据不足以证明联翱公司参加了高峰论坛,且该高峰论坛系联翱公司与上海高登公司合同内容以外的收费项目,不足以认定联翱公司可据此实现主要合同目的从而减少上海高登公司应承担的责任。因此,法院综合本案双方的缔约、履约情况以及过错程度,酌定上海高登公司赔偿联翱公司展位费、展台设计搭建费、差旅费、住宿费合计 30,000 美元,剩余费用由联翱公司自行负担。

【案例评析】

一、缔约过程中各方所作承诺的性质认定

在涉案展览合同缔约过程中,上海高登公司对展商数量、参展主体均作出了误导性的陈述,联翱公司基于此与上海高登公司签订涉案展览合同。而展商数量、参展主体以及展会的规模等并未归入最终缔结的合同条款。关于缔约过程中的虚假陈述,理论以及司法实践对此均有不同的认识。第一种观点认为,上海高登公司的虚假陈述构成欺诈,联翱公司可行使法定撤销权,撤销与上海高登公司签订的展览合同,进而要求上海高登公司承担缔约过失责任。第二种观点认为,就涉案合同的履行情况而言,联翱公司已超过了撤销权的行使期间,此种情况下法律并未规定有明确的救济途径,联翱公司只能以上海高登公司违反了诚实信用原则来要求上海高登公司承担损失赔偿责任。第三种观点认为,要约邀请的内容如果不为要约所否定,则自动进入要约之中,要约的内容不为新要约所否定,自动进入新要约之中,即“容纳规则”。据此关于展会的规模、展商的数量等均构成双方合同条款的内容,上海高登公司对此义务的违反构成违约,联翱公司可据此向上海高登公司主张违约责任。

对于第一种观点,如果以欺诈为由解除合同,联翱公司需要证明上海高登公司具有欺诈的双重故意,即上海高登公司故意作出虚假陈述并希望联翱公司因该虚假陈述作出有瑕疵的意思表示。根据《民事诉讼法》的相关规定,欺诈的证明标准需要达到排除合理怀疑的程度。就本案案情而言,上海高登公司所作抗辩之事由,显然也具有合理性,无法达到排除合理怀疑的程度。而且,即使联翱公司能够举证证明,该合同已履行完毕超过 1 年,显然已过撤销合同的除斥期间。第二种观点也是目前处理此类案件的主要方式,通过适用诚实信用原则来弥补法律漏洞。但是,此种解决方式会造成诚实信用原则的滥用。对于法律的适用应当优先适用法律规定,在法律确有漏洞时才能引用原则解决问题。对于第三种观点,虽然可以很好地解决此类问题,但终归属于理论上的探讨,尚未获得立法以及司法实践的认可。而且,此理论有一个难以绕开的问题是存在滥用默示意思表示方式之嫌。

二、合同有效型的缔约过失责任

我国传统民法理论认为,缔约过失责任只存在于合同不成立、无效、被撤销、被解除等效力瑕疵的合同类型当中。对于合同成立、生效并已履行的合同,不存在适用缔约过失责任的可能性。但此种观点显然难以符合法律实践的实际要求。首先,从成文法规定上看,缔约过失责任的产生不以合同存在成立或效力瑕疵为前提。我国《合同法》第 42 条规定,当事人在订立合同过程中有下列情形之一,给对方造成损失的,应当承担损害赔偿责任:(1)假借订立合同,恶意进行磋商;(2)故意隐瞒与订立合同有关的重要事实或者提供虚假情况;(3)有其他违背诚实信用原则的行为。[①] 一般认为,上述条款系关于缔约过失责任的规定。从文义解释看,该条款并未排除成立、生效型合同的适用。

其次,从权利保护的角度看,承认合同成立生效型缔约过失责任对于权利受损人的保护更为周全。传统民法排斥合同有效型缔约过失责任的依据主要理由在于,《民法通则》(已失效)规定,因欺诈、胁迫或乘人之危而订立的合同无效,因行为人对合同内容有重大误解而成立的合同和显失公平的合同可以

① 现为《民法典》第 500 条:“当事人在订立合同过程中有下列情形之一,造成对方损失的,应当承担赔偿责任:(一)假借订立合同,恶意进行磋商;(二)故意隐瞒与订立合同有关的重要事实或者提供虚假情况;(三)有其他违背诚信原则的行为。”

变更或撤销,[①]有的法规中含有瑕疵担保责任,所以,对于具有专门知识的卖方与无经验的买方订立的合同可以区分实际情况,分别用无效、变更或撤销、瑕疵担保制度加以解决。同样是适用缔约过失责任,对于合同无效的情形,缔约过失责任的主张是受诉讼时效的限制。而对于可撤销合同而言,一旦除斥期间经过,合同便因确定有效而无法适用缔约过失责任,即可撤销合同缔约过失责任的适用是受除斥期间的限制。对于具有可撤销情形的合同,无过失一方很容易在协调赔偿事宜的过程中经过除斥期间,导致权益无法得到保护。

最后,从缔约过失责任类型的发展过程看,其应当适用于有效合同。从比较法看,产生于1861 年缔约过失责任是以无效合同的图式为蓝本,而合同有效型缔约过失责任于1896 年提出,1912 年得到德国法院的采纳,自此承认合同有效型缔约过失责任成为德国法上的通说。而从我国国内法的发展看,缔约过失责任的适用范围与诚信意识的提升、合同类型的丰富有着密切关系。《民法通则》(已失效)首先确立了在合同无效、被撤销的情况下缔约过失责任的适用规则。随着市场化改革的推进,适用范围扩大至合同不成立的情形。而随着市场化改革的进一步推进,社会诚信意识的觉醒,要求缔约过失责任适用范围继续扩大。

我国合同法总则是以买卖合同为蓝本建立的。随着现代服务业的发展,服务类合同纠纷数量日益增多。而服务类纠纷与权利转移型的纠纷有诸多不同,仍固守传统的缔约过失理论显然无法满足现实权利保护的需求。本案中,由于联翱公司为境外主体,而涉案合同为服务类合同,履行上具有时效性的特点。上海高登公司存在虚假陈述的行为,显然属于缔约过程中的不诚信行为,适用缔约上过失责任也利于与国际通行做法接轨,平等保护中外投资者利益。

三、合同生效型缔约过失责任的赔偿范围

一般而言,缔约过失责任的范围是以缔约过失造成的实际损失为标准,包括为缔约所支出的费用、违反前合同义务而产生的损失,以及由于对方的过失而造成的订约机会丧失而产生的损失。缔约过失赔偿责任的范围包括直接损失与间

---

① 现为《民法典》第 147 条:"基于重大误解实施的民事法律行为,行为人有权请求人民法院或者仲裁机构予以撤销。"第 148 条:"一方以欺诈手段,使对方在违背真实意思的情况下实施的民事法律行为,受欺诈方有权请求人民法院或者仲裁机构予以撤销。"第 149 条:"第三人实施欺诈行为,使一方在违背真实意思的情况下实施的民事法律行为,对方知道或者应当知道该欺诈行为的,受欺诈方有权请求人民法院或者仲裁机构予以撤销。"第 150 条:"一方或者第三人以胁迫手段,使对方在违背真实意思的情况下实施的民事法律行为,受胁迫方有权请求人民法院或者仲裁机构予以撤销。"

接损失。直接损失是指缔约费用支出。间接损失主要是指交易机会的损失。关于缔约过失责任的赔偿范围,合同法并未提供明确的标准。但理论以及实践的通说均认为,首先,《合同法》第 113 条第 1 款①规定的可预见性规则也可适用于缔约过失责任的场合,即原则上不得超过当事人在订立合同时所应当预见的损失。其次是过失相抵规则。过失相抵是指除过错行为人的行为外,受损害方自己也对损害后果的发生与扩大存在一定的过失时,法院可以根据过失程度的大小及其对损害的原因,相应地减轻或免除行为人的赔偿责任。从理论上讲,过失相抵是过错损失赔偿领域中一项基本原则,在缔约过失损害赔偿中适用毫无疑问。因此,在缔约过失责任中,受有损害的一方存在过失,仍可以适用过失相抵规则。

但具体到合同有效型的缔约过失责任,甚至包括已经无效但已部分履行的继续性合同,因为合同已经实际履行,如果利益受损人在履行该合同过程中所获得的利益不从其主张范围内予以扣除,也显然不符合损失赔偿领域内的填平原则,即损益相抵原则在缔约过失责任中亦有适用之余地。

在本案中,联翱公司在缔约过程中存在不实陈述行为,应当承担相应的缔约过失责任。该会展合同已实际履行完毕,虽然规模与内容与联翱公司预期存在差距,但参加会展对于联翱公司的企业形象塑造、经营业绩提升等显有裨益,这些可视为联翱公司信赖利益的部分实现,而与之相对应的服务费、参展费用等亦应当由联翱公司自行承担。因此,法院综合本案双方的缔约、履约情况以及过错程度,酌定上海高登公司赔偿联翱公司展位费、展台设计搭建费、差旅费、住宿费合计 30,000 美元,剩余费用由联翱公司自行负担。

【典型意义】

本案以判决的方式明确了会展活动举办方在招展过程中应遵守诚实信用原则。会展举办方在招商招展过程中应当对展会名称、主体、展会规模、参展企业名单等信息如实披露,不得提供虚假信息或作出虚假宣传,否则据此与参展企业签订参展合同的,将可能承担因此所产生的合同责任。值得注意的是,本案在法

① 现为《民法典》第 584 条:“当事人一方不履行合同义务或者履行合同义务不符合约定,造成对方损失的,损失赔偿额应当相当于因违约所造成的损失,包括合同履行后可以获得的利益;但是,不得超过违约一方订立合同时预见到或者应当预见到的因违约可能造成的损失。”

律适用方面准确认定了会展领域缔约过失责任的适用范围。我国传统民法理论认为缔约过失责任的适用前提是合同无效、被撤销或不成立。但本案中,在参展合同已经履行完毕,且双方对于合同效力并无异议的情况下,高登公司违反先契约义务,进行了不实陈述,给联翱公司预期信赖利益造成了损失,此时追究高登公司违约责任显然依据不足。在此情况下,法院最终依据1999年《合同法》第42条(现为《民法典》第500条)规定,认定高登公司在订立合同过程中存在故意隐瞒与订立合同有关的重要事实或者提供虚假情况的情形,给联翱公司造成了损失,应当承担缔约过失责任。在认定赔偿范围时并不以高登公司所收取的展位费作为参考,而应以双方在签订时能预见到损失作为考量依据,综合双方的缔约、履约情况以及过错程度,最终判定支持其部分诉请。本案在法律适用及裁量标准方面对于同类纠纷的处理具有较高的参考性。

【案例索引】

案号:

一审:上海市浦东新区人民法院(2017)沪0115民初91539号(2018年4月18日)

二审:上海市第一中级人民法院(2018)沪01民终8371号(2018年9月30日)

审判组织:

一审:曹克睿、徐劲草、陈国华

二审:陆文芳、何玲、敖颖婕

编写人:王源超

06

网络服务合同中“刷单”的识别及合同附随义务的司法认定

——深圳尊爵公司与邮乐网络公司等网络服务合同纠纷案

裁判要旨

随着网络科技及物流的发展，各种网络购物平台兴起，网络购物已经成为主流的消费方式。网络购物平台作为中介服务方，与销售商之间存在服务合同关系，两者密切联系，共同构成了销售一方。销售一方开展促销活动，是以降低利润率的方式达到增加销售额或扩大品牌影响力等目的，如存在“刷单”等虚假交易行为，则难以实现促销活动的目的。因此，对于“刷单”引发的网络服务合同纠纷，法院除了要审查是否存在刷单行为之外，还需从合同目的出发，审查服务合同各方是否有违诚实信用原则及合同的附随义务，以合理划定平台方与销售商之间的责任。

基本案情

原告：深圳市尊爵珠宝有限公司（以下简称深圳尊爵公司）

被告：上海邮乐网络技术有限公司（以下简称邮乐网络公司）

被告：上海邮乐网络技术贸易有限公司（以下简称邮乐贸易公司）

深圳尊爵公司系从事珠宝销售的公司，邮乐网络公司系网络平台公司，邮乐贸易公司系邮乐网络公司的委托收款方。2014 年 12 月 22 日，邮乐网络公司（作为甲方）与案外人东韵公司（作为乙方）签订《邮乐平台服务协议》，协议签订后，东韵公司在邮乐网上开设了名为“东韵珠宝”的网店，经营销售各类珠宝等业务。2015年6月,经邮乐网络公司的同意,东韵公司将其在上述《邮乐平台服务协议》中的权利义务一并转让给深圳尊爵公司,由深圳尊爵公司作为商家在邮乐网(www.ule.com)经营,深圳尊爵公司的商家ID与东韵公司的ID一致。2015年6月26日至7月25日,邮乐网络公司开展了投票领红包的活动,红包中包括一种"满500减100"的优惠券,优惠券的有效期为2015年6月26日至9月30日,优惠券仅限中国的邮乐注册用户领取,每个邮乐用户名每次活动只能领取一次优惠券;优惠券只能用于购买活动中指定的商品,且同一订单只能使用一张优惠券;单笔交易成交价格(不包括运费及其他费用)必须大于或者等于活动指定优惠券最低使用金额。2015年8月4日至7日,深圳尊爵公司将其邮乐网店铺中的数种商品的单价变更为508元。同年8月1日至24日,深圳尊爵公司店铺产生收货人为"陈某"的订单3460笔,其中购买"貔貅3D金玛瑙/虎眼石手串"603笔、"心系列-3D硬金心形"403笔、"梵文3D硬金红玛瑙手串"678笔、"3D硬金福袋"858笔、"吉祥如意花生"252笔、"加星皇冠"309笔、"和田玉转运路路通"357笔,总金额为1,792,308.60元,所有订单均使用了"满500减100"优惠券,优惠金额为345,760元。此外,用于购买系争3460笔货物的邮乐网账户均在2015年7月5日至20日注册,每个账户均在注册后即领取了优惠券。2015年8月27日,邮乐网络公司向深圳尊爵公司发送电子邮件,告知深圳尊爵公司因涉嫌优惠券套现,故结算时扣除优惠券补贴金额345,760元。

后因邮乐网络公司拒绝向深圳尊爵公司支付结算货款,深圳尊爵公司遂向上海市浦东新区人民法院提起诉讼,请求法院判令邮乐网络公司、邮乐贸易公司两被告共同向深圳尊爵公司支付结算货款370,346.65元、逾期利息以及违约损害赔偿金5万元。邮乐网络公司、邮乐贸易公司共同辩称,邮乐网络公司与深圳尊爵公司之间是网络平台服务法律关系,而非商品买卖关系,并且本案涉案交易存在虚假,邮乐网络公司没有任何义务向深圳尊爵公司支付所谓的优惠券金额。邮乐网络公司认可原告的账户余额为22,686.65元,同意支付给原告。对于原告的第二项和第三项诉请,因为货款利息及赔偿损失均是以真实的交易为基础,但涉案交易不真实,故深圳尊爵公司的诉请均缺乏事实和法律依据,故而不同意赔偿。

【法院裁判】

上海市浦东新区人民法院经审理认为,依法成立的合同对当事人具有法律约束力。当事人应当按照约定履行自己的义务。东韵公司与邮乐网络公司签订的《邮乐平台技术服务协议》合法有效,受法律保护。经邮乐网络公司的同意,深圳尊爵公司继受了东韵公司在《邮乐平台技术服务协议》合同项下的权利义务,故深圳尊爵公司与邮乐网络公司存在网络服务合同关系,双方均应根据上述《邮乐平台技术服务协议》的约定,全面严格地履行协议约定的各项权利义务。本案的争议焦点在于收货人为"陈某"的 3460 笔订单是否属于真实的交易,是否为"刷单"行为。由于"陈某"身份难以查实,无法作为第三人参与诉讼说明交易经过,故法庭只能根据现有证据,并结合交易惯例、社会常识进行判断。

首先,邮乐网显示,优惠券是商城推出的一种购物优惠,优惠券活动通用规则:优惠券仅限中国的邮乐注册用户领取,每个邮乐用户名每次活动只能领取一次优惠券;优惠券只能用于购买活动中指定的商品,且同一订单只能使用一张优惠券;单笔交易成交价格(不包括运费及其他费用)必须大于或者等于活动指定优惠券最低使用金额。通过本案邮乐网络公司、邮乐贸易公司提供的证据来看,2015 年 8 月 5 日至 12 日,共 62 个 IP 地址用了 3460 个账户名通过邮乐网向深圳尊爵公司购买了 3460 笔货物,但所有订单的收货地址均为"广东省深圳市罗湖区北斗路新天地名居×座××××室",收货人均为"陈某"。另外,该 3460 个账户均在优惠期间、交易发生前集中注册,且众多账号注册时间间隔极短,无论是从前述账号的注册情况,还是从交易数量、交易方式来看,该 3460 笔订单都异于正常交易。由于该异常交易与网络平台即邮乐网络公司、邮乐贸易公司利益关联甚巨,故作为合同相对方的深圳尊爵公司应提供足够的证据证明其对前述异常交易不存在故意或重大过失,并已完全履行合同义务。

其次,本案深圳尊爵公司在交易过程中的义务为发货,其提供了 42 份顺丰速运的物流单据欲证明其已分批次将 3460 笔订单货物全部邮寄给收货人,并经收货人签收。法院认为,该顺丰速运单据仅能证明深圳尊爵公司将 42 件包裹送达收货人"陈某",尚不足以排除对是否真实发送货物的合理怀疑,理由在于:第一,本案 3460 笔货物均为黄金制品的手链、手串及吊坠等,一般来说,黄金首饰由于材质的原因对外包装要求较高,以防止产生刮痕等瑕疵,而深圳尊爵公司陈述其与收货人"陈某"经过沟通后,为安全起见对饰品与外包装分别寄送,该邮寄方式明显有违常理。此外,深圳尊爵公司陈述通过公司员工将部分包装盒亲自运送给收货人“陈某”,但并未提供任何证据加以证明。第二,深圳尊爵公司共通过顺丰速递邮寄了42个包裹,物流单显示包裹中最少的包含2件商品,最多的为120件商品,所有包裹均按照1千克计重收费,但法院注意数个包裹的实际重量远超出包裹标注的重量,仍按照1千克计重收费显属异常。

最后,《民法通则》第4条(现为《民法典》第4~7条)规定“民事活动应当遵循自愿、公平、等价有偿、诚实信用的原则”,《合同法》第6条(现为《民法典》第7条)规定“当事人行使权利、履行义务应当遵循诚实信用原则”,从两者的立法目的来看,均在于倡导诚实信用原则,维护正常的市场交易活动。邮乐网络公司、邮乐贸易公司开展网络促销活动,其目的在于向不特定的消费者发放优惠券以促进交易,在扩大平台影响力的同时,也促进商家的货品销售。无论是平台还是商家,均应以诚信为原则,促进共同受益目的的实现,而非片面追求自身利益造成他方利益受损。本案深圳尊爵公司作为服务合同的一方当事人,面对如此明显大量异常交易未予以核实,亦未向被告提示风险以避免损失,其对异常订单的放任态度,有违网络服务合同的附随义务及诚实信用原则。

综上,法院认为本案所涉交易存在诸多异常,而深圳尊爵公司未能对违反交易惯例及一般认知的异常行为作出合理说明,深圳尊爵公司提供的证据不足以证明3460笔系争交易的真实性,且深圳尊爵公司的行为违反合同的附随义务及诚实信用原则,故其要求邮乐网络公司、邮乐贸易公司支付优惠券金额345,760元的诉请,法院不予支持。因邮乐网络公司在庭审中确认深圳尊爵公司账户尚余22,686.65元,这部分金额属于深圳尊爵公司销售的货款,故根据《邮乐平台服务协议》约定,由邮乐网络公司予以返还。对于诉请中开票金额1900元,因深圳尊爵公司未提供证据证明该货物的实际情况,故法院不予支持。关于利息部分,法院认为,《邮乐平台服务协议》第9.2条约定了货款结算条件:用户在邮乐网确认签收。现双方确认邮乐网络公司账户尚余22,686.65元未支付给深圳尊爵公司,故深圳尊爵公司主张邮乐网络公司支付自2015年9月1日起按照年利率5.35%计算至实际支付止的逾期付款利息,并无不当,法院予以支持。对于深圳尊爵公司要求邮乐网络公司、邮乐贸易公司承担律师费及差旅费损失的主张,并无合同依据与法律依据,法院不予支持。深圳尊爵公司主张的关闭网店后的实际经营损失15,000元,因其未提供证据予以证明,故法院亦不予支持。此外,邮乐贸易公司仅为邮乐网络公司委托的收款方及付款方,并非服务合同的主体,故深圳尊爵公司诉请其承担付款责任于法无据,不予支持。综上,依据1999年

《合同法》第8条(现为《民法典》第465条)、第60条第1款(现为《民法典》第509条第1款)、第88条(现为《民法典》第545条)、第107条(现为《民法典》第577条)之规定,判决如下:邮乐网络公司于本判决生效之日起10日内支付深圳尊爵公司结算货款22,686.65元;邮乐网络公司于本判决生效之日起10日内支付深圳尊爵公司逾期付款利息(该利息以22,686.65元为本金、自2015年9月1日起按年利率5.35%计算至实际支付日止);驳回深圳尊爵公司的其他诉讼请求。

宣判后,深圳尊爵公司向上海市第一中级人民法院提起上诉,上海市第一中级人民法院于2017年12月13日作出(2017)沪01民终11826号民事判决:驳回上诉,维持原判。

【案例评析】

随着淘宝、京东等众多网络平台的发展,网络购物在社会消费品零售中所占的比重越来越大。根据国家统计局的数据,2021年全年,全国社会消费品零售总额440,823亿元,其中全国网上零售额130,884亿元,同比增长14.1%。在网上零售中,实物商品网上零售额108,042亿元,增长12%,占社会消费品零售总额的24.5%;在实物商品网上零售额中,吃、穿和用类商品分别增长17.8%、8.3%和12.5%。[①] 网络购物由于其便捷性成为越来越多人的首选,但由其引发的法律问题不容忽视。

一、网络"刷单"行为的识别与司法认定

网络"刷单"并无明确的定义,一般是指行为人通过注册虚假身份信息冒充买家,利用网络购物平台大量虚构网络交易的行为。"在众多参与网络虚构交易的主体中,既有为提升店铺信用等级或获得红包套现、返利等而进行虚构交易的店铺,也有为赚取酬劳而受雇佣、专门或兼职从事虚构交易的'买家'(俗称'刷手'),还有以营利为目的,通过设立网站或通讯群组组织店铺和刷手进行虚构交易的单位或个人(俗称'炒信平台'、'刷单公司')。"[②]由于网络购物中消费者信息、购买流程等都为电子数据,容易虚构和篡改,因此如何识别虚假交易是审理

---

① 参见国家统计局:《中华人民共和国2021年国民经济和社会发展统计公报》,载国家统计局网站,www.stats.gov.cn,最后访问日期:2022年10月20日。

② 李玉萍:《对组织网络虚构交易行为的认定》,载http://c2j.hshfy.sh.cn/c2c/caj/info.jhtmi? db = zyk_shenpyj,最后访问日期:2017年12月28日。

的第一难题。结合本案情况,可以通过以下4个方面进行审查。

(一)用户注册信息

网络“刷单”的目的在于短时间内获取大量交易量或者骗取返利,因此需要大量的虚假账户来进行交易。这些账户通常具有如下特征:第一,注册时间短,如本案中进行交易的3460个账户均在2015年7月5日至20日注册;第二,账号活跃度低,虚假账户只为特定目的进行交易,因此一般活跃度较低,如本案中的账户注册后仅仅是在领取返利优惠券后进行了一笔交易;第三,注册所使用的手机号为空号。现在网络购物平台通常在用户注册时都要求提供身份信息或手机号码,但是虚假账户在注册时所提供的通常为不存在的手机号码,因此拨打时通常提示为空号。

(二)订单发生IP地址和订单发生时间

刷单交易中虽然交易量较大,但是由于系电脑程序自动下单,因此下单所用的IP地址多为重复性地址,订单发生时间往往也较为集中,本案中的3460笔订单仅使用了62个IP地址下单,每天下单时间均保持在上午9时至凌晨1时之间,每两个订单相隔时间大多集中在数分钟之间,显然非3460个用户购买。

(三)货物交付信息

由于“刷单”交易中并无真实的交易发生,买方的目的并不在于取得货物,因此在此类交易中通常并无实际的货物交付。随着网络购物平台打击虚假交易力度的增加,行为人为了规避打击,使交易更加真实,通常会和快递公司合作制作虚假物流信息或者发送空包裹,在此种情况下,需要根据具体情况进行分析。本案中3460件货物为珠宝首饰,但卖方仅提供42份顺丰速运的物流单据,其解释为将一个时间段内的订单货品集中合并在一个包裹内发货,但物流单显示包裹中最少的包含2件商品,最多的为120件商品,所有包裹均按照1千克计重收费,实际重要与标注重量严重不符。此外,物流快递单货物内容中有的标注为“黄金首饰”,有的则标注为“文件”,且如此贵重物品均未进行保价,有违常理,卖方亦无法解释其合理性。

(四)商家的异常行为

无论是“刷单炒信”[①]还是“刷单套利”,商家都是直接获利者,也是直接参与者,因此其常常根据网络平台的交易规则作出不同的调整。在“刷单套利”时,商

① “刷单炒信”是指网店卖家为了提高网店信誉等级而进行的虚假交易行为。

家往往会根据网购平台的优惠政策对商品价格作出调整，以符合平台的返利政策。在本案中，网络平台规定的优惠券使用规则为“满 500 减 100”，在优惠券可用期间，商家将涉案商品进行了第一次调价，即将原价为 299 元、399 元、499 元、599 元的涉案商品价格全部调整为 508 元。调价完毕以后，即出现了系争 3460 笔订单集中下单的情形，而在该 3460 笔订单全部完成的次日，商家又将所有涉案商品集中进行了第二次调价，调整后的价格相较于原价有高有低，调价时间与下单时间高度匹配。

（五）买家的异常行为

在正常的交易中，买家都希望购买到质高价优的商品，因此，对质量和价格的忽略通常也是识别是否虚假交易的因素。在本案中，商家对商品进行了调价，将部分商品由低价调成了高价，买家即使在使用优惠券后，所付出的金额亦远高于优惠前的金额，显然不符合常理。而且，涉案商品为珠宝首饰，同一收件人在短时间内购买 3460 笔、价值 179 万元的珠宝首饰亦非普通的消费行为。

在审理此类案件时，商家通常可以提供交易流程单、物流单等证据来证明交易的发生，而网络平台如不能及时发现异常订单并采取措施，往往只能在事后提供注册信息、下单信息等间接证据来证明交易异常。因此，法院需要通过以上诸多因素来判断涉案交易是否虚假。如对有违日常生活经验及常理的诸多交易环节，商家不能作出充分合理的解释，则应根据民事证据高度盖然性原则认定待证事实。

二、保障交易安全是合同双方的附随义务

（一）附随义务概念辨析

合同义务依其种类，可分为给付义务①和附随义务，分别规定于《合同法》第 60 条第 1 款及第 2 款（现为《民法典》第 509 条）。基于诚实信用原则，除给付义务外，在债之关系发展过程中发生的一系列义务统称为附随义务。② 通常而言，附随义务不能独立诉请履行，并且其义务内容具有不确定性特征，并非自债的关系之始就已确定，需要根据债的关系的发展，依据其性质、目的和交易而逐步确定。附随义务可以分为广义上的附随义务与狭义上的附随义务。广义上的附随义务包括先合同义务，即缔约过失责任；合同履行中的义务与后合同义务，即一

① 给付义务又分为主给付义务和从给付义务。

② 参见韩世远：《合同法总论》（第三版），法律出版社 2011 年版，第 246 页。

系列合同终了后的通知、协助、保密等义务。狭义的附随义务则特指合同关系存续期间及履行过程中的义务。附随义务就其功能言,可分为两类:(1)促进实现主给付义务,使债权人的给付利益得到最大可能的满足(辅助功能);(2)维护他方当事人人身或财产之利益(保护功能)。[①]

随着理论的发展,附随义务的概念日趋明晰,但在司法实践中如何认定违反附随义务的情形及违反后如何承担民事责任依然是难点。"债的关系存在于以给付义务为核心的义务群。对于实现合同目的类的附随义务,其存在的确定性根据其与主给付义务的距离远近呈现不断递减的特征。在合同中,附随义务必须与实现合同目的紧密相关。"[②]因为附随义务的内容具有不确定性,法官在处理具体案件的时候,往往需要根据诚实信用原则及目的论解释,以确定当事人是否负有以及负有何种附随义务。

(二)附随义务的归责原则

一般认为在合同关系中认定违约责任时适用严格责任原则,亦即当违约行为出现时,违约方就应该承担相应责任而不问其是否存在主观过错。目前,违反附随义务时是否仍然适用严格责任则尚无统一定论。第一种观点认为,由于我国合同法中并没有构建统一的附随义务概念,不存在统一的适用于所有附随义务类型的损害赔请求权基础,故应根据附随义务所处阶段适用相应归责原则,当违反先合同义务时采用过错推定原则,违反合同履行中的附随义务则采用无过错责任。[③] 第二种观点认为,应该根据附随义务的类型适用相应归责原则,对违反辅助功能类附随义务,因其直接指向合同给付利益,应遵循合同法一般归责原则适用无过错责任原则;对违反保护功能类附随义务,因其直接指向当事人的固有利益,应适用过错推定归责原则为宜。[④] 本书同意第二种观点,即根据附随义务类型适用不同的归责原则,在违反保护功能类附随义务时,应适用过错推定归责原则,只有违反义务方能举证证明其不存在过错时才能免责。

就本案而言,深圳尊爵公司在邮乐网络公司的网上商城进行销售目的在于出售商品获取利益,邮乐网络公司的目的在于获取佣金。邮乐网络公司在合同

---

① 参见王泽鉴:《债法原理》,北京大学出版社2009年版,第32页。

② 刘力:《附随义务三题——以审判实践为中心兼及对理论之检讨》,载《法学》2005年第11期。

③ 参见李伟、单晓光:《中德附随义务的比较思考》,载《德国研究》2006年第3期。

④ 参见孙猛:《违反合同附随义务的归责原则辨析》,载国家法官学院编:《全国专家型法官司法意见精粹·合同与担保卷》,中国法制出版社2013年版,第40页。

有效期间内通过发放优惠券的形式促销,既是为了扩大影响力,客观上也提高了深圳尊爵公司的销售量,因此,双方都有义务维护交易的安全,防止“刷单”等损害交易的行为。邮乐网络公司虽无直接证据证明深圳尊爵公司串通他人“刷单套利”,但从合同义务来看,深圳尊爵公司作为买卖合同的出售方,应保护交易安全,面对如此明显大量异常交易未予以核实,亦未向被告提示风险以避免损失,其对异常订单的放任态度,应推定其存在过错。深圳尊爵公司未提供任何证据证明其不存在过错,显然违反了合同的附随义务,理应承担责任。

【典型意义】

网络购物已经成为主流的消费方式,各种与网络相关的平台和产业也随之兴起,网络购物平台如淘宝、京东和拼多多等,相关产业如网络直播带货等。新兴事物的兴起与发展过程中必然伴随着诸多问题,如货物质量问题、“刷单”造假问题。本案即为典型的“刷单”造假案例,案例中的交易虽然流程链条完整,但非真实交易,实为套利所做的虚假交易,理应为法律所禁止。本案的处理为当前火热的直播带货数据造假等法律问题的解决提供了可供参考的裁判思路。

【案例索引】

一审:上海市浦东新区人民法院(2016)沪 0115 民初 83024 号(2017 年 7 月 21 日)

二审:上海市第一中级人民法院(2017)沪 01 民终 11826 号(2017 年 12 月 13 日)

审判组织:

一审:吴智永、张玮、张忠良

二审:沈竹莺、王涛、朱瑞

编写人:戴姣

股权交易与公司治理类纠纷案件

07

被借名股东提起股东资格消极确认诉讼的审理思路

——朱某珺与菲霓公司等股东资格确认纠纷案

裁判要旨

被借名股东请求否定其股东身份的消极确认诉讼是一种特殊的股东资格确认诉讼。审理此类案件,需要对此类纠纷是否具有可诉性、诉讼主体如何列置加以分析。同时,此类案件审理还可能涉及七类实体及程序因素,包括债权人利益、其他股东利益、诉讼请求类型、出资义务履行、实际出资人意见、隐名投资协议、股东资格限制,对案件的影响进行阐述,以明晰此类纠纷的审理思路。

基本案情

原告:朱某珺

被告:上海菲霓教育科技有限公司(以下简称菲霓公司)

第三人:邓某东(系中国香港特区居民)

自2013年起,朱某珺在邓某东为实际控制人的一家商务咨询公司担任财务。菲霓公司于2015年10月21日注册成立,系一家以从事青少年英语教学为主的机构。邓某东系菲霓公司的实际控制人,因其为中国香港特区居民,不便担任内地一人公司的法定代表人和股东,故委托案外人作为菲霓公司的名义股东,并担任菲霓公司的法定代表人,邓某东实际缴付了菲霓公司的注册资本。2016年10月,邓某东通知朱某珺,因菲霓公司业务发展要求,需变更朱某珺为菲霓公司的名义股东及法定代表人,实际工作为担任菲霓公司的财务专员,工作服从邓某东的指示。

2017 年 10 月,因邓某东决定关闭一家门店,造成菲霓公司运营问题。朱某珺认为邓某东的行为及菲霓公司的状态存在较大风险,故向邓某东提出不再担任菲霓公司的名义股东及法定代表人,邓某东虽口头应允但始终未配合办理变更登记。在与邓某东交涉无果后,朱某珺于2019 年1 月4 日提起诉讼,请求确认朱某珺非菲霓公司股东;菲霓公司、邓某东配合朱某珺办理股权变更手续。

【法院裁判】

2019 年2 月11 日,朱某珺以邓某东已同意办理股东登记变更为由申请撤诉,法院经审查后裁定准予朱某珺撤诉。

【审理思路】

股东资格确认诉讼分为股东资格积极确认之诉和股东资格消极确认之诉两类。股东资格积极确认之诉较为多见,一般为实际出资人主张自己为公司的实际股东,请求确认本人的股东身份。股东资格消极确认之诉相对较少,通常分为两类:一类是被冒名股东与冒名股东之间的纠纷,冒名股东是指以不存在之人(如该人已去世或虚构者)的名义登记,或者盗用真实之人(本人不知情)的名义登记并行使股东权利的当事人;另一类是被借名股东与借名股东之间的纠纷,借名股东是指实际出资人约定以被借名人(本人知情)名义登记并行使股东权利的当事人。上述两类纠纷中,名义股东往往并非实际的投资人,故意图通过股东资格消极确认之诉,请求法院确认否定其股东身份。实践中,对于被冒名股东提出的股东身份消极确认之诉,其处理规则在理论和司法实务上也已渐趋统一。而被借名股东提出请求否定其股东身份的消极确认诉讼的情况较为少见,是一种比较特殊的股东资格确认诉讼。① 客观上,由于商事活动的复杂性和公司治理方式的多样性,特别是在外商投资领域尚未完全放开等背景下,借名投资的情况仍将存在。在借名投资关系中,名义股东因公司经营不善,担心承担法律风险,与隐名投资人存在矛盾等原因,主张自己非公司股东的情况,也必然会出现。目

① 被借名股东提起的消极确认诉讼中,原告目的系否定股东身份,而非确认股东资格,因此,用“股东身份消极确认诉讼”的表述更为准确。但考虑到最高人民法院发布的《民事案件案由规定》中明确的相关案由名称为“股东资格确认纠纷”,且已成为此类纠纷的惯常说法,为与之统一,本书仍采“股东资格消极确认诉讼”的表述。

前,对此类案件的审理规则和审判思路鲜有论及,其中存在的程序及实体法律问题均值得研究。笔者拟就该类案件的审理思路作分析。

一、纠纷的可诉性

(一)诉的利益界定

纠纷具有可诉性的核心在于其是否存在诉的利益。我国《民事诉讼法》第3条规定:“人民法院受理公民之间、法人之间、其他组织之间以及他们相互之间因财产关系和人身关系提起的民事诉讼,适用本法的规定。”第122条也规定原告起诉的条件必须是与本案有直接利害关系。可见,民事诉讼的前提在于纠纷应当与财产关系和人身关系相关联,且当事人自己的民事权益受到侵害或与他人发生争议。从诉的利益的角度分析,即民事纠纷应与特定主体的财产利益和人身利益相关,无利益即无诉讼。近年来,对于诉的利益范围的认识,均呈现不断扩大的趋势。由于社会的不断发展和社会关系形态的不断变化,成文法越来越难以全面涵盖和及时回应社会的变化,新的人身利益和财产利益不断扩展,因此,诉的利益不能再局限于法律明文规定的权利范围,而应扩展到更宽泛的、可能的利益范围。2015年立案登记制的实施,进一步从实践上强化了上述普遍认识。

对于原告否定其股东身份的诉讼主张是否具有诉的利益,需从公司股东特定的法律义务角度分析。《公司法》对股东的法定义务作出了具体而明确的规定,如第3条规定了股东对公司承担责任的形式;第20条规定了股东滥用股东权利损害公司或者其他股东的利益,以及滥用公司法人独立地位和股东有限责任损害公司债权人的利益的责任;第21条规定了公司控股股东利用关联关系损害公司利益的责任;第28条规定了股东认缴出资的责任及未按规定缴纳出资的违约责任;第63条规定了一人公司股东与公司人格混同的责任等。可见,股东身份不仅代表权利,同时也承载了法定的义务。

同时,基于股东身份产生的法律后果也是具体的:一是当股东权利受到侵害时,股东可以提出诉讼,以保护自身权益。二是当股东违反《公司法》规定的股东义务时,利益相关方如公司、其他股东、债权人等均可追究股东的法律责任;当股东未及时履行义务或承担责任时,还会产生社会信用体系的负面评价,如被纳入失信黑名单等。为此,在市场监管部门登记备案的名义股东,主张自己被不当登记为公司股东,或者由于代持股权等原因,自己并非公司实际股东,请求法院确认否定该身份的,均体现了诉的利益,也就是通过诉讼来消除应由其承担的股东义务,包括上述的各项财产利益和人身利益。综上,被借名股东提起的股东资格消极确认之诉,具备了诉的基本客观条件,具有可诉性,法院应予受理。

(二)民事案由确定

《民事案件案由规定》在"与公司有关的纠纷"项下规定了"股东资格确认纠纷"。最高人民法院相关课题组对其定义为:"股东资格确认纠纷是指股东与股东之间或者股东与公司之间就股东资格是否存在,或者具体的股权持有数额、比例等发生争议而引起的纠纷。"[①]从该定义可见,股东资格确认之诉的一项重要内容是确认股东资格是否存在,既包括确认股东资格存在的积极之诉,也包括确认股东资格不存在的消极之诉。本案中,原告主张确认自己并非被告公司的股东,即属于请求确认股东资格不存在的情形,其内容包含于该案由确定的诉的利益范围之内,故该类案件应以股东资格确认纠纷来确定案由,属于股东资格消极确认之诉的范畴。

二、诉讼主体的列置

(一)被告如何确定

对于股东资格积极确认之诉中诉讼主体的列置,《最高人民法院关于适用〈中华人民共和国公司法〉若干问题的规定(三)》(以下简称《公司法解释三》)第21条规定:"当事人向人民法院起诉请求确认其股东资格的,应当以公司为被告,与案件争议股权有利害关系的人作为第三人参加诉讼。"股东资格消极确认之诉作为股东资格确认诉讼的一种,可参照适用该规定。其中,被告应为公司,对此没有争议。因为"股东资格是相对于公司而言的,股东资格被确认后,其可以在公司中行使相应的权利,公司不得拒绝,所以为确定股东资格及股东身份,在该股东资格确认之诉中应当列公司为被告,给公司提供发表意见的机会"。[②]

(二)第三人如何确定

股东资格消极确认之诉中诉讼主体列置的难点在于第三人的确定,核心在于如何认定"是否与案件争议股权有利害关系"。一种观点认为,股东资格消极确认之诉中,应将所有可能的利害关系人均列为第三人,如实际出资的股东、公司的其他股东乃至公司的已知债权人。另一种观点认为,此类诉讼中,应根据案

---

① 最高人民法院民事案件案由规定课题组编著:《最高人民法院民事案件案由规定理解与适用》(2011年修订版),人民法院出版社2011年版,第378页。

② 最高人民法院民事审判第二庭编著:《最高人民法院关于公司法解释(三)、清算纪要理解与适用》,人民法院出版社2011年版,第332页。

件的实际情况列置第三人，如确认之诉的可预期结果不会影响第三人利益的，不应随意列置其为当事人。笔者持第二种观点，认为应秉持适度追加原则，以案件处理结果与当事人存在实质利害关系作为追加第三人的判断标准。

首先，应秉持适度追加原则。一方面要防止遗漏利益相关方，另一方面要防止随意将无关的人员拉入诉讼。第三人制度的目的在于保障与诉讼相关的利害关系人的利益。《民事诉讼法》第 59 条第 2 款规定："对当事人双方的诉讼标的，第三人虽然没有独立请求权，但案件处理结果同他有法律上的利害关系的，可以申请参加诉讼，或者由人民法院通知他参加诉讼。人民法院判决承担民事责任的第三人，有当事人的诉讼权利义务。"这里的利害关系，既包括权利关系，也包括义务关系，即案件结果会导致第三人享有某种实质权利或承担某种实质义务。如果案件的处理与案外人并不会发生该种权利或义务后果，就不能随意将其列置为案件第三人。对此，《最高人民法院关于在经济审判工作中严格执行〈中华人民共和国民事诉讼法〉的若干规定》（法发〔1994〕29 号，现已废止，被《最高人民法院关于适用〈中华人民共和国民事诉讼法〉的解释》代替）中对无独立请求权的第三人的列置作了限定："受诉人民法院对与原被告双方争议的诉讼标的无直接牵连和不负有返还或者赔偿等义务的人，以及与原告或被告约定仲裁或有约定管辖的案外人，或者专属管辖案件的一方当事人，均不得作为无独立请求权的第三人通知其参加诉讼。"对此，可作为把握适度追加无独三标准的重要依据。

其次，案件处理结果与当事人应存在实质利害关系。在股东资格确认诉讼中，最为常见的关联主体包括名义股东、实际出资人、其他股东这三类人员，特殊情况下，还包括公司的特定债权人。通常而言，股东资格的确认会影响公司的股东结构，从而上述前三类人员与股东资格确认诉讼的后果均会有一定联系，但这种联系是否会达到影响其实质权利、义务的程度，换言之，是否构成需追加第三人的启动要件，则要视情而定。笔者认为，需考量以下三个因素。

第一，实质利益影响的依据是否充分。《公司法解释三》和《最高人民法院关于审理外商投资企业纠纷案件若干问题的规定（一）》（以下简称《外商投资规定一》）对隐名股东显名的实质条件作出了明确规定，包括有隐名投资协议约定和实际出资行为。同样，在股东资格消极确认诉讼中，由于股东身份确认会对公司内外部关系带来一系列的影响，因此这些条件属于法定条件，不能仅凭当事人自认来确定事实，而必须有充分的证据支持，原告对此有法定的举证义务。如果原告未能提交初步证据证明符合司法解释规定的显名条件，则法院不能支持原告的诉讼请求，当然也不会产生对所谓的“实际出资人”的法律后果，此时就不宜追加其为第三人。反之，如果原告提交的证据初步符合法律规定的条件，则法院的裁决很可能会涉及“实际出资人”是否显名为公司的实际股东，必然影响其后续股东权利义务，此时，法院就应当追加“实际出资人”为无独立请求权第三人。本案中，原告在起诉时申请追加所谓的“实际出资人”为第三人，该人原告称系中国香港特区居民，追加与否将影响案件的审理程序，因此，案件处理结果是否与其有法律上的利害关系，需审慎判断。依原告提供的证据，股东资格消极确认的条件并不充分，如缺乏实际出资人出资凭证、缺乏实际出资人与名义股东之间的隐名投资协议等初步证据，甚至连实际出资人的基本身份证明信息均无法提供，因此，原告提供的证据尚无法达到会影响第三人实质权利、义务的程度，不符合《民事诉讼法》规定的“法律上的利害关系”，故本案无须追加第三人。

第二，有无替代的诉讼参与方式。实践中，如果第三人参与诉讼所涉及的利益结果已经确定，则无须追加第三人。例如，《公司法解释三》第 24 条规定了实际出资人显名的法定条件，即显名需经公司其他股东半数以上同意。对此，因其他股东的意见将决定案件的处理，且案件的处理结果也会影响其他股东的利益，故一般情况下，可追加公司其他股东为第三人。但是，一旦原告提供了足够表明其他股东真实意思表示的证据，比如其他股东一致同意实际出资人显名的公证文书，则其他股东的法律利益已通过具有很强公信力的公证文书加以确定，此时，原本需通过追加第三人的方式参与诉讼的，即可由公证文书证明的方式替代。

第三，原告诉请客观上有无实现可能。股东资格消极确认诉讼中，原告的诉讼请求能否得到支持，取决于多种因素。既可能与被追加的第三人的抗辩相关，也可能基于其他与第三人无关的因素。在某些案件中，如根据其他与第三人无关的因素，已可判断原告股东资格消极确认的诉请不具备实现可能的，则可直接驳回原告诉请，不需要再追加第三人。例如，内资公司的名义股东提起股东资格消极确认诉讼，实际投资人为境外主体，该公司投资领域属于我国现有政策规定的外商投资负面清单的，因该公司不属于允许外商投资范围，故可直接驳回原告诉请，无须再追加公司其他股东。

三、案件审理的考量因素

被借名股东提起的股东资格消极确认诉讼可能会对公司、公司其他股东及债权人产生相关影响，不同因素反过来也会影响诉讼结果。同时，此类案件中，涉及需要审查的实体和程序因素较为烦琐。就如何准确判断其对案件处理的影响及如何明确相关审理思路,论述如下。

（一）债权人利益

被借名股东提起的股东资格消极确认诉讼中,名义股东身份一旦被否定,是否会对债权人利益主张造成影响;以及债权人利益是否为该类案件审理的必要考量因素,对此,存在不同理解。

一种观点认为,一旦名义股东身份被否定,裁决的既判力会对债权人主张权利产生影响。因此,被借名股东提起的股东资格消极确认诉讼中应充分考虑债权人因素。其主要理由有三:一是债权人的信赖利益应充分保护。经登记机关登记的公司股东身份具有很强的外观公示效力,善意债权人正是出于对公司登记的合理信赖而与公司进行交易,出于保障交易安全和效率的目的,理应优先保护善意债权人。在股东资格确认诉讼中,最大的风险在于通过虚假诉讼损害公司、公司其他股东及公司债权人的利益。例如,名义股东为逃避责任,虚构借名出资的事实,伪造隐名出资协议,意图将不具有清偿能力的人作为隐名股东请求法院予以确认,从而损害公司债权人的利益。二是存在程序风险。如法院支持了某被借名股东提起的股东资格消极确认诉讼请求,判决否定了其股东身份。此后,债权人认为该名义股东未履行出资义务,另案主张其承担股东未出资责任时,会与前判否定其股东身份的判决结果产生矛盾,造成追究股东责任的前提不存在。三是存在事实查明风险。实践中,名义股东一般不会主动披露公司债权人,因此难以查明公司债权人情况,故无法排除是否存在损害公司债权人利益的可能性。由此可得出的结论是:从充分保护债权人利益的角度出发,此类案件应坚持“形式要件”审查标准,即经过登记的被借名股东提起的股东资格消极确认诉讼,应一律驳回原告的诉讼请求,原告与所谓“实际出资人”的关系可以基于隐名出资协议的约定另行处理。

另一种观点认为,原告与所谓的“实际出资人”的关系涉及的是公司投资人的内部关系,而名义股东是否需要向公司、公司其他股东及公司债权人承担股东责任,属于公司股东基于其特定身份的外部关系,法院否定名义股东的身份与否,不影响其对外责任的承担,故只要符合股东资格消极确认诉讼其他所有的条件,法院可支持原告股东资格消极确认的诉讼请求。

笔者赞同第二种观点。就隐名股东的认定问题,理论界一直存在“实质要件说”和“形式要件说”的分歧。随着立法的明确,该问题的理论认识逐步统一到

"折中说"或"区别说"上来。首先,《公司法》明确了公司登记信息的对外优先性。《公司法》第32条规定,股东只要未变更登记,就不能产生对抗善意第三人的效力。该规定强调了公司股东登记事项的对世性和推定效力。换言之,公司的实际股东是谁,并不影响善意的第三人对公司登记的股东信息的信赖,即便法院裁决变更公司股东,第三人仍可以诉请登记的名义股东承担相关责任。其次,《公司法解释三》进一步明确了隐名投资情况下,对实际出资人股东资格的确认应区别对待,并坚持"双重标准,内外有别"的原则。[①]《公司法解释三》第24条规定:"有限责任公司的实际出资人与名义出资人订立合同,约定由实际出资人出资并享有投资权益,以名义出资人为名义股东,实际出资人与名义股东对该合同效力发生争议的,如无法律规定的无效情形,人民法院应当认定该合同有效。前款规定的实际出资人与名义股东因投资权益的归属发生争议,实际出资人以其实际履行了出资义务为由向名义股东主张权利的,人民法院应予支持。名义股东以公司股东名册记载、公司登记机关登记为由否认实际出资人权利的,人民法院不予支持。实际出资人未经公司其他股东半数以上同意,请求公司变更股东、签发出资证明书、记载于股东名册、记载于公司章程并办理公司登记机关登记的,人民法院不予支持。"可见,实际出资人与名义股东之间的投资关系属于内部关系,在处理公司内部关系引发的纠纷时应依契约自由、意思自治原则来解决。

从上述规定可以得出结论,一是在公司外部,法律注重对善意第三人的优先保护;二是在公司及投资人内部,法律允许按契约原则确定股东权利义务。二者并行不悖,可以同时适用。例如,某案件中,法院基于借名投资约定和实际出资等事实,否定了登记的名义股东身份,确认实际出资人为真正的股东;同时,公司债权人另案起诉名义股东承担出资责任。此时,两个判决互不矛盾、互不影响,即使名义股东身份被否定,也不影响债权人依据《公司法》第32条另行主张其权利。此外,实践中,公司债权人的情况往往并不明朗,尤其是原告存在刻意逃避债务的意图时,更不会向法院披露债权人的情况,因此,在此类案件中过于考量债权人因素,缺乏实际操作的可能。

因此,审理思路如下:(1)法院在审理被借名股东提起的股东资格消极确认诉讼过程中,无须过于考虑债权人的因素;(2)如有债权人提出异议,可以允许其

① 参见最高人民法院民事审判第二庭编著:《最高人民法院关于公司法解释(三)、清算纪要理解与适用》,人民法院出版社2011年版,第378页。

到庭发表意见,并不必须作为第三人追加;(3)可以向债权人释明依据《公司法》第32条主张其权利。

(二)其他股东利益

股东资格确认诉讼一般发生于有限责任公司。由多名股东设立的有限责任公司具有人合性的特点,股东资格确认诉讼涉及公司股东的身份认定,一般会对公司的股权架构和其他股东产生影响。因此,对于涉及多人公司的股东资格消极确认诉讼,应着重考量其他股东的合法利益。在股东资格积极确认诉讼纠纷中,司法解释对其他股东的利益和意见予以了充分保障。如《公司法解释三》第24条第3款规定:"实际出资人未经公司其他股东半数以上同意,请求公司变更股东、签发出资证明书、记载于股东名册、记载于公司章程并办理公司登记机关登记的,人民法院不予支持。"《外商投资规定一》第14条规定,实际投资者请求确认其在外商投资企业中的股东身份或者请求变更外商投资企业股东的重要条件之一,是名义股东以外的其他股东认可实际投资者的股东身份。可见,股东资格确认案件中,其他股东的意见具有实质意义。然而,上述司法解释针对的均为实际出资人主张股东资格积极确认之诉的情况,对于股东资格消极确认诉讼中,是否需听取其他股东意见,并未作出明确规定。

笔者认为,可以参照上述司法解释规定执行。首先,从诉讼结果来看,股东资格积极确认之诉与消极确认之诉二者并无二致,均为否定名义股东身份,确认实际出资人的股东身份,一般而言,登记于名义股东名下的股权应同时变更至相应的实际出资人名下。其次,从对其他股东的影响来看,二者由于均涉及后续股东的变更,必然打破公司原有的股东架构,换言之,对其他股东选择权的影响是相同的,因此,上述司法解释针对股东资格积极确认之诉中对其他股东的保障措施,同样应适用于消极确认之诉。

因此,审理思路如下:在此类涉及多人公司的股东资格消极确认诉讼中,应根据上述司法解释的规定,征询公司其他股东的意见,或追加其他股东为第三人,如未能满足司法解释规定的其他股东同意的要求,则实际出资人无法显名,登记的名义股东当然也无法请求确认否定其股东身份,原告提出的股东资格消极确认的诉讼请求不能支持。

(三)诉讼请求的类型

涉及股东资格消极确认诉讼的诉讼请求实践中比较复杂,一般有三种情况:第一种是原告仅诉请确认自己并非公司股东;第二种是原告仅诉请将股东登记变更为实际出资人;第三种是原告在一案中同时提出上述两项诉请。对此,需注意以下问题的处理。

1. 区分是简单之诉还是复合之诉。上述第一种情况是单纯的股东资格消极确认诉讼,属于简单之诉,案由应确定为股东资格确认纠纷。第二种情况从诉请本身来看,也属于简单之诉,案由对应为请求变更公司登记纠纷,即当事人对于公司登记中记载的股东事项请求予以变更而产生的纠纷。需要注意的是,在处理该种诉请时,法院不可避免会审查实际出资人的情况,如要支持原告诉请,必然要认定原告并非公司股东,审理的内容与第三种情况相同。第三种情况属于复合之诉,包含了股东资格确认纠纷和请求变更公司登记纠纷两类诉请,从诉讼类型分析,股东资格确认纠纷属于确认之诉,请求变更公司登记纠纷属于形成之诉。为准确审理此类纠纷,法院首先应对诉请的类型和性质进行清晰认定。

2. 原告仅诉请确认自己并非公司股东时的处理。此时,原告仅提出股东资格消极确认诉讼请求,但未要求变更股东登记,法院能否直接支持原告诉请。对此,有观点认为,股东资格消极确认诉讼与实际出资人变更登记为股东必须同步进行,原告不能单独提起股东资格消极确认诉讼。理由是:一旦法院否定登记股东的身份,认定其并非公司股东后,如不同步变更登记,则公司股东登记将处于缺位状态,尤其是一人公司,将出现公司没有股东的情况,可能会损害公司及债权人的利益。笔者不赞同该观点,认为股东资格消极确认诉讼与实际出资人显名无须同步进行,原告可以单独提起股东资格消极确认诉讼。理由是:首先,单独的股东资格消极确认诉讼具有独立的诉的利益,其诉讼后果在于,一旦法院否定登记股东的身份,在公司内部或投资人之间即产生法律效力,被否定股东身份的显名人自确认判决生效之日起,在公司内部即不再具有股东身份。其次,仅否定名义股东身份,不会损害公司外部第三人的利益。如前所述,目前司法解释对股东资格确认采取了"内外区别"的原则,股东资格消极确认诉讼解决的是公司内部问题,即便否定了登记股东的身份,也仅产生对公司内部的效力,在公司变更登记之前,公司外部的善意债权人等利益相关方,仍可援引《公司法》第 32 条第 3 款获得救济,其权利不受股东资格消极确认诉讼结果的影响。换言之,原告仅提出股东资格消极确认诉请,未同步要求变更的,产生的后果是不影响其内部身份确认诉讼的结果,但不能免除其对外部善意第三人的责任。当然,如果原告在诉讼中愿意增加诉请,主张将股东登记变更为实际出资人的,法院可一并处理。

因此,审理思路如下:(1)在原告仅诉请确认自己并非公司股东时,法院首先可向原告释明仅提出股东资格消极确认诉请的风险,并询问其是否增加变更股东登记的诉请。(2)原告同意增加诉请的,两项诉请可一并处理;原告不同意变更的,由其自行承担《公司法》第32条的后果,法院仅处理股东资格消极确认的诉请,但不能以原告未同时主张变更股东登记为由,直接驳回原告的诉讼请求。

3. 原告仅诉请将股东登记变更为实际出资人时的处理。股东登记变更的前提是确认真正的股东是谁,因此,在股东登记变更诉讼中,必然涉及对真实股东身份的审查。问题在于,原告未提出股东资格消极确认的诉请时,能否直接支持原告变更股东登记的诉请。笔者认为答案是肯定的。首先,原告单独诉请股东登记变更具备完整的诉的条件。《民事案件案由规定》中,将"请求变更公司登记纠纷"作为独立的一类诉讼,允许对于公司登记的股东事项请求予以变更,但并未设定变更的理由及前提。换言之,在此类纠纷中,法院通过对变更的理由及条件进行审查,只要具备了合理的事由并符合登记条件,法院可直接作出变更登记的判决。其次,对于主张否定股东身份的当事人而言,提起股东资格消极确认诉讼属于请求对变更原因的确认,而提起变更登记诉讼属于请求变更的结果。后一种诉讼显然包含了对原因的审查,具有完整而独立的诉讼构成。因此,原告仅提出变更股东登记的诉请,而未提出股东资格消极确认的诉请时,法院仍可以直接就变更登记与否作出判决。

因此,审理思路如下:(1)法院可向原告释明股东登记变更的前提为否定其登记股东的身份,并询问其是否增加确认自己非股东身份的诉讼请求。(2)原告同意增加诉请的,两项诉请一并处理;原告不同意增加的,法院仍应审查实际出资人的情况,并对公司实际股东作出事实认定。(3)如原告不增加诉请,法院判决内容应限定于股东登记变更,不能就确认原告非股东或确认实际出资人为公司股东的内容径行判决,否则会超出原告的诉请范围。

(四)出资义务的履行

在股东资格积极确认诉讼中,实际出资人获得法院确认股东身份的前提是已实际出资。对于内资公司,《公司法解释三》第24条第2款规定:"前款规定的实际出资人与名义股东因投资权益的归属发生争议,实际出资人以其实际履行了出资义务为由向名义股东主张权利的,人民法院应予支持。名义股东以公司股东名册记载、公司登记机关登记为由否认实际出资人权利的,人民法院不予支持。"对于外资公司,《外商投资规定一》第14条就实际投资者请求确认其在外商投资企业中的股东身份或者请求变更外商投资企业股东的条件作出了规定，其中一个重要的条件就是实际投资者已经实际投资。可见，无论是哪种公司类型，实际出资人显名的必备条件就是已实际履行了出资义务。相反，在股东资格消极确认诉讼中，名义股东主张否定其股东身份的必然结果，就是实际出资人的股东身份将得以确认，而其真实股东的身份能否得以确认，取决于对其出资情况的审查结果。如实际出资的事实缺乏证据支持时，其股东身份也无法得到确认，相应地，名义股东请求否定其股东身份也就丧失了基础。因此，在股东资格消极确认诉讼中，实际出资人的出资情况应作为法院的重点审查内容。

需要特别说明的是，在公司资本实缴制的情况下，审查是否实际出资到位没有问题。但在目前公司资本认缴制的背景下，是否仍需审查出资情况有待明确。笔者认为，仍应以实际出资作为审查标准。首先，从法律规定来看，《公司法》对出资方式从实缴制改为认缴制后，相关的司法解释也作了修订，但对于实际出资人显名的标准并未变更，实际出资仍然是必要条件之一。其次，在认缴制背景下，只要实际出资人在确认股东资格诉讼时已按章程规定的认缴期缴纳了应缴款即可，而不需要其提前缴纳全部认缴资金。

因此，审理思路如下：(1)在股东资格消极确认诉讼中，法院应对实际出资人是否已实际履行出资义务进行主动审查。(2)认缴制下，实际出资的标准可按章程规定的认缴期确定，无须提前缴纳全部认缴资金。

(五)实际出资人意见

借名股东提起股东资格消极确认诉讼中，实际出资人往往是重要的利益相关方，通常会作为第三人被追加。其加入诉讼后，一般会表达同意或不同意显名的意见，该意见对此类案件的处理是否有影响。笔者认为，总体上，实际出资人是否同意显名，不影响股东资格消极确认诉讼的结果。确认之诉的功能是对事实和法律关系的认定，是将客观体现的错误的法律关系予以纠正和确定。股东资格消极确认诉讼的基础在于实际出资人投资的意思表示和实际出资行为的事实认定，其结果即据此事实来否定名义股东身份或认定实际出资人的股东身份。而实际出资人是否同意显名，并不会影响上述客观事实，因此也不会影响该类案件的处理结果。同时，司法解释规定了股东资格积极确认诉讼案件的实质审查标准，只要符合其规定的条件，实际出资人即可主张显名，显然不需要听取名义股东的意见，其理论基础也是出于在内部关系的范围对实质正义的考量。同样，股东资格消极确认诉讼的前提限定于内部关系的处理，核心在于对真实法律关系的反映,因此,只要查明的事实证据充分,且满足了实际出资人显名的条件,法院即可判决否定名义股东的身份,确认真实法律关系,而实际出资人的意见对投资事实的确认没有影响,故无须听取其是否同意显名的意见。

因此,审理思路如下:(1)名义上的实际出资人同意显名,但不具备其他显名条件的,原告的诉讼请求不能支持。(2)实际出资人不同意显名,但案件已具备显名条件的,实际出资人的意见不影响案件处理。(3)实际出资人不同意显名时,原告可增加起诉变更公司股东登记,也可另案起诉变更登记。

(六)隐名投资协议

隐名投资关系中,一个重要的内容就是隐名投资协议,也称为代持股协议。这是当事人隐名投资意思表示的重要载体,也是判断是否存在隐名投资关系的重要事实依据。股东资格消极确认诉讼中,对隐名出资协议的审查是不可或缺的内容。审理中,应注意以下方面。

1. 审查是否存在真实的隐名投资协议。实践中,存在隐名投资协议虚假的情况。如基于逃废债务的目的,名义股东与他人虚构隐名投资协议,意图放弃股东责任,将股权转给不具清偿能力的所谓“实际出资人”。因此,法院需结合出资情况、实际出资人是否参与公司经营等情况,综合判断隐名投资协议的真实性。此外,由于资本认缴制允许约定期限出资或分期出资,隐名投资协议有时实质上成为判断股东资格的唯一要件,如果没有隐名投资协议,那么当事人的投资意思表示就无法判断,所以对隐名投资协议存在与否及其真实性的审查,具有重要的实际意义。

2. 审查隐名投资协议约定的内容对股东资格确认存在的影响。例如,投资协议约定隐名股东不显名或约定了显名期限(如公司设立3年后办理显名变更登记),该约定是否有效及法院如何处理有不同观点。一种观点认为,对股东资格确认的基础在于对股权实质要件的判断,即是否存在出资的意思表示和实际出资的事实,因此,只要双方签订了隐名投资协议,也完成了出资,即可认定实际出资人的股东身份。另一种观点认为,法院应尊重当事人在隐名投资协议中的约定,除非约定无效,否则应根据合同约定判断显名条件是否已成就。笔者同意第二种观点,主要理由是:首先,出资人向公司出资是基于契约的商事行为,名义股东与隐名的实际出资人之间对公司设立、出资及股权行使等内容作出的约定与一般合同并没有区别,只要双方的合意是真实有效的,就应当尊重其法律约束力。其次,股东资格消极确认诉讼是公司内部纠纷,核心是处理名义股东与实际出资人的投资关系，这种投资关系源于双方约定，理应按照约定的内容进行审查。最后，对股权实质要件的判断范围，不仅仅局限于是否存在出资的意思表示和实际出资的事实，也应包括当事人就股权投资作出的其他有效约定，观点一中将显名的实质要件单一化、唯一化，将意思表示和实际出资这两个股东资格确认的必要条件理解为充分条件，有失准确。

3. 审查隐名投资协议的约定是否有效。实践中，隐名持股的目的不排除规避法律。例如，为了规避投资领域限制（如外商投资负面清单）、投资主体限制（如禁止国家工作人员经商）、投资比例限制（如外方投资不得低于某一比例）、法律责任限制（如一人公司股东的严格责任）等，部分实际投资人采用隐名的方式投资，以达到规避相关法律及责任的目的。因此，在股东资格消极确认诉讼中，也应秉持主动审查和严格审查的原则。如果发现投资协议的约定，特别是实际出资人显名的条件违反法律规定时，法院应确认其无效，对相关诉讼请求不予支持。

因此，审理思路如下：(1)综合当事人履行情况，审查双方是否签订了真实的隐名投资协议。(2)全面审查隐名投资协议约定的内容，是否对股东资格确认存在实质影响。(3)根据法律规定判断双方隐名投资协议的效力，如违反法律规定的，应认定无效，原告诉讼请求不予支持。

（七）股东资格限制

在外商投资企业的股东资格确认纠纷中，实际出资人显名的一个重要条件是不得违反我国的产业投资政策。《外商投资规定一》第 14 条就实际投资者请求确认其在外商投资企业中的股东身份或者请求变更外商投资企业股东的条件作出了规定，其中一个重要条件就是人民法院或当事人在诉讼期间就将实际投资者变更为股东征得了外商投资企业审批机关的同意。目前，我国采取的是负面清单的投资管理模式，在负面清单的范围内，对外商投资的领域和条件仍有一定制约。因此，在涉及外商投资企业的股东资格消极确认诉讼中，如确认或变更的主体涉及境外人员或组织，法院需要主动审查案件是否涉及负面清单管理，必要时，仍需按照《外商投资规定一》第 14 条的规定，征询外商投资企业审批机关的意见。

例如，本案中，原告主张否定其股东身份，后果必然是认定其主张的实际出资人邓某东为公司股东，假设该企业为外商投资负面清单明确的禁止或限制投资领域，则名义股东与实际出资人之间的隐名投资协议即违反了相关法律规定，属无效约定,原告诉请不予支持。反之,如本案实际出资人的显名符合法律规定的条件,且经征询外商投资企业管理部门意见,该投资企业不属于负面清单,则具备了股东资格消极确认的基本条件。

因此,审理思路如下:(1)股东资格消极确认纠纷中,如涉及外商投资企业的,应审查股东资格确认是否违反负面清单管理规定。(2)涉及股东身份认定或股东登记变更的,应征询外商投资企业审批机关的意见。

【典型意义】

股东资格既意味着股东权利,也包含股东义务,因被登记为股东导致利益受损而无法通过其他途径救济时,通过诉讼否定股东资格的诉求是合理且必要的。本节通过对司法实践中常见的股东资格"消极确认之诉"裁判规则进行梳理分析,从该类纠纷是否具有可诉性、诉讼主体如何列置、案件审理涉及的七类实体及程序因素几个角度展开论述,为未来的司法工作提供便利和借鉴。

【案例索引】

案号:上海市浦东新区人民法院(2019)沪 0115 民初 3088 号(2019 年 2 月 14 日)

审判组织:曹克睿、蔡文霞、赵传伟

编写人:曹克睿

08

外籍隐名股东要求显名的司法审查标准

——程某某(Carson Junping Cheng)与上海纽鑫达公司等股东资格确认纠纷案

裁判要旨

《外商投资法》实施后,根据《外商投资规定一》第 14 条确立的"外籍隐名股东的股东资格确认及变更登记"的三项司法审查标准应作相应调整:(1)实际投资者已经实际投资;(2)名义股东外的其他股东半数以上同意;(3)对外商投资负面清单内的限制类领域,人民法院及当事人在诉讼期间将实际投资者变更为股东,应征得外商投资企业主管机关的同意,对负面清单外大多数准入类领域,无须再征得外商投资企业主管机关的同意。

基本案情

原告:程某某(Carson Junping Cheng)

被告:上海纽鑫达进出口有限公司(以下简称上海纽鑫达公司)

第三人:张某

第三人:程某

2009 年,原告程某某(美国籍)与第三人张某、程某(均为中国籍)决定在国内新设一家贸易公司从事对美贸易。鉴于当时的政策,程某某无法与国内自然人成立合资公司,三方遂决定以第三人张某、程某两人名义成立。2009 年 11 月,程某某与第三人张某、程某签订一份《股份协议书》,约定以第三人张某、程某名义成立上海纽鑫达公司,但实际投资比例为程某某占 51%,第三人张某占 25%,第三人程某占 24%。

同月，程某某通过第三人程某向第三人张某打款人民币（以下币种均相同）458,762元。审理中，程某某和第三人程某均表示，该款项中的26万元系程某某以第三人张某名义缴纳的出资，但上海纽鑫达公司和第三人张某均予以否认。

2009年11月11日，上海纽鑫达公司成立，类型为有限责任公司，注册资本为100万元，第三人张某占股51%、第三人程某占股49%，经营范围为：从事货物与技术的进出口业务，机械设备、五金交电、电子产品、建材、化工产品（除危险化学品、监控化学品、烟花爆竹、民用爆炸物品、易制毒化学品）、纺织品、橡胶塑料制品、光学仪器、体育运动器材、机电产品、一类医疗器械、工艺品的销售。

2012年10月，程某某与第三人张某、程某又签订一份《股份协议书》，约定上海纽鑫达公司收购案外A公司，根据三人对上海纽鑫达公司的持股比例，三人对A公司的占股比例为程某某占51%，第三人张某占25%，第三人程某占24%。

2018年8月，上海纽鑫达公司向程某某出具一份《出资证明书》，载明程某某于2009年向上海纽鑫达公司缴纳出资51万元。审理中，上海纽鑫达公司和第三人张某认为《出资证明书》系第三人程某事后擅自在空白盖章页上伪造。

另查明，2009年至2018年，第三人张某与程某某、第三人程某之间有众多电子邮件往来，汇报上海纽鑫达公司的运营情况。其中，2013年9月，第三人张某向程某某发送的上海纽鑫达公司分红方案中，拟分配程某某510万元、第三人张某250万元、第三人程某240万元。

后因程某某向上海纽鑫达公司请求恢复登记为显名股东未果，故向法院提起诉讼，诉请：(1)确认第三人张某名下26%的上海纽鑫达公司股权系程某某所有；(2)上海纽鑫达公司配合程某某将第三人张某持有的上海纽鑫达公司26%的股权变更登记到程某某名下；(3)本案诉讼费由上海纽鑫达公司承担。

上海纽鑫达公司辩称：(1)程某某未向上海纽鑫达公司出资或认缴出资。(2)程某某与第三人签订的《股份协议书》未实际履行。(3)即使程某某出资行为成立，亦违反了《中外合资经营企业法》第1条的规定，应属无效。

第三人张某的陈述意见与上海纽鑫达公司一致。

第三人程某的陈述意见与程某某一致。

【法院裁判】

上海市浦东新区人民法院经审理认为，本案系一起典型的涉外股东资格确认纠纷，根据《法律适用法》第14条的规定，法人的股东权利义务等事项，适用登记地法律。被告登记于国内,故本案应当适用中华人民共和国法律。

本案的争议焦点一:第三人张某是否代持了程某某所有的26%上海纽鑫达公司股权。首先,《股份协议书》及分红方案等一系列证据均印证程某某实际享有上海纽鑫达公司51%股权,其中26%股权由第三人张某代持。其次,《出资证明书》和转款凭证等均证实程某某已履行了对上海纽鑫达公司的出资义务,上海纽鑫达公司和第三人张某虽然否认458,762元中的26万元系程某某的出资,但没有证据予以佐证。最后,从一系列往来电子邮件看,程某某参与了上海纽鑫达公司的经营管理,履行了作为大股东的权利义务。因此,程某某确系上海纽鑫达公司的隐名股东,第三人张某代持了程某某26%的上海纽鑫达公司股权。

本案的争议焦点二:程某某要求办理股权变更登记是否存在法律或政策上的障碍。一方面,新生效的《外商投资法实施条例》第3条明确允许中国自然人与外国人共同成立外商投资企业。且根据《最高人民法院关于适用〈中华人民共和国外商投资法〉若干问题的解释》第2条的规定,投资合同签订于《外商投资法》施行前,但人民法院在外商投资法施行时尚未作出生效裁判的,人民法院应当认定其合同效力。因本案判决于《外商投资法》实施后,故应当认定程某某与第三人张某、程某之间的投资合同有效。另一方面,《外商投资法》生效后,我国对外商投资实行准入前国民待遇加负面清单管理制度。本案中,上海纽鑫达公司的经营领域不属于外商投资负面清单范围内,将程某某变更登记为上海纽鑫达公司的股东,不存在法律或政策上的障碍。同时,根据国民待遇原则,上海纽鑫达公司的另一股东第三人程某明确认可程某某的股东身份,符合《公司法》关于隐名股东显名需要经过公司其他股东半数以上同意的规定。

综上,依照《法律适用法》第14条,《外商投资法》第2条、第4条,《外商投资法实施条例》第3条,《公司法解释三》第22条、第24条,《最高人民法院关于适用〈中华人民共和国外商投资法〉若干问题的解释》第2条的规定,上海市浦东新区人民法院作出一审判决:确认登记在第三人张某名下的上海纽鑫达公司26%股权系程某某所有,上海纽鑫达公司应将该26%股权变更登记到程某某名下,第三人张某应当予以配合。

宣判后,上海纽鑫达公司向上海市第一中级人民法院提起上诉,上海市第一中级人民法院于2020年5月14日作出(2020)沪01民终3024号民事判决:驳回上诉,维持原判。

【案例评析】

一、准入前国民待遇与负面清单管理制度

2020 年 1 月 1 日,《外商投资法》正式实施,该法是我国在外商投资领域的基础性法律,《中外合资经营企业法》《中外合作经营企业法》《外资企业法》(以下简称原外资三法)同时废止,根据原外资三法设立的企业仅在 5 年内保持原有组织形式。此次《外商投资法》最明显的变化之一是对外商投资全面实施准入前国民待遇加负面清单管理制度。所谓准入前国民待遇,是指在投资准入阶段给予外国投资者及其投资不低于本国投资者及其投资的待遇;所谓负面清单管理,是指国家规定在特定领域对外商投资实施的准入特别管理措施,国家对负面清单之外的外商投资,给予国民待遇。事实上,该制度最早试行于中国(上海)自由贸易试验区,后推广于全国各大自贸区,此次进一步在全国实施,是我国深化改革、扩大开放的重要制度体现。根据国家发改委和商务部发布的《外商投资准入特别管理措施(负面清单)》(2019 年版),境外投资者不得投资《外商投资准入特别管理措施(负面清单)》(2019 年版)中禁止外商投资的领域;投资《外商投资准入特别管理措施(负面清单)》(2019 年版)之内的非禁止投资领域,须进行外资准入许可;《外商投资准入特别管理措施(负面清单)》(2019 年版)之外的领域,按照内外资一致原则实施管理。可见,在负面清单管理制度下,外商投资领域可分为禁止准入、限制准入以及清单外的准入领域。准入领域,改以往的逐案审批制为报备制;限制准入领域,仍保持审批制。该变化对涉外商事审判,特别是相关投资合同的效力认定、审查标准等均产生重大影响,本案即为典型。

二、国内自然人与外国投资者成立外商投资企业的合同效力

《中外合资经营企业法》(已失效)第 1 条规定,允许外国公司、企业和其他经济组织或个人……同中国的公司、企业或其他经济组织共同举办合资企业。显然,该法规定的中方合资人未包括中国的自然人。此次《外商投资法》则没有这方面的限制。该法第 2 条明确规定:外商投资企业,是指全部或者部分由外国投资者投资,依照中国法律在中国境内经登记注册设立的企业。同时,《外商投资法实施条例》第 3 条进一步明确:《外商投资法》第 2 条中的其他投资者,包括中国的自然人在内。显然,在国内自然人与外国投资者能否共同设立外商投资企业问题上,法律已经明确允许。

本案中,上海纽鑫达公司及第三人张某以当时的《中外合资经营企业法》否定国内自然人与外国人设立合资公司为由,要求确认程某某与两名第三人共同成立上海纽鑫达公司的行为无效。这涉及《外商投资法》及其实施条例的溯及力问题。根据《最高人民法院关于适用〈中华人民共和国外商投资法〉若干问题的解释》第2条规定：对外商投资准入负面清单之外的领域形成的投资合同，当事人以合同未经有关行政主管部门批准、登记为由主张合同无效或者未生效的，人民法院不予支持。前款规定的投资合同签订于《外商投资法》施行前，但人民法院在《外商投资法》施行时尚未作出生效裁判的，适用前款规定认定合同的效力。显然，最高人民法院以生效判决日作为时间标准来认定相关合同的效力。本案中，程某某与两名第三人共同成立上海纽鑫达公司时，虽然不符合当时的法律法规，但本案判决系在《外商投资法》正式实施后，根据最高人民法院前述司法解释的精神，应当认定当事人之前的投资合同合法有效。

三、外籍隐名股东要求显名的三项司法审查要件

长期以来，由于我国在外商投资领域实施审批制，对外籍隐名股东要求显名的诉讼，司法实践中采取了特殊的审查要求。2010年《外商投资规定一》第14条规定："当事人之间约定一方实际投资、另一方作为外商投资企业名义股东，实际投资者请求确认其在外商投资企业中的股东身份或者请求变更外商投资企业股东的，人民法院不予支持。同时具备以下条件的除外：（一）实际投资者已经实际投资；（二）名义股东以外的其他股东认可实际投资者的股东身份；（三）人民法院或当事人在诉讼期间就将实际投资者变更为股东征得了外商投资企业审批机关的同意。"可见，在原有审查标准中，要确认外籍隐名股东的股东身份并进行显名登记，必须同时满足上述三项条件。但该司法解释系基于原外资三法所设，现外资三法已被《外商投资法》取代，理应根据《外商投资法》的最新规定和精神，重新审视该三项标准。

1. 实际投资者是否已经实际投资。隐名股东要求显名，无论是内资公司，还是外资企业，隐名股东已经实际投资都是前提条件。司法实践中的主要判断标准是隐名股东是否已经实际出资。"隐名股东最重要的两大特征是出资与隐名。首先，所谓出资即是对公司实际出资，这是隐名股东的首要特征，如果不符合这一条件，就没有其是否享有股权或股东资格的讨论基础……"①因此，在这一项司法审查标准上，并没有因《外商投资法》的实施和原外资三法的废止而发生任何改变。

---

① 杜瑶：《有限责任公司隐名股东股权确认及相关问题研究》，载《公司法评论》2006年第3辑。

2. 名义股东以外的其他股东是否认可实际投资者的股东身份。企业，尤其是公司，不仅是股东资合性的产物，也体现了股东之间的人合性。因此，要打破既有的股东格局，加入新的股东，法律一般都要求一定比例的原有股东同意，并赋予其优先购买权。在外商投资企业中，隐名股东要求显名，按照以往的司法审查标准，必须经过名义股东以外的全体其他股东同意。但对内资公司来说，根据《公司法解释三》第 24 条的规定：实际出资人请求公司变更股东、签发出资证明书、记载于股东名册、记载于公司章程并办理公司登记机关登记的，应当经公司其他股东半数以上同意。可见，在其他股东同意问题上，外商投资企业的原有标准要高得多。追根溯源，《中外合资经营企业法》(已失效)第 4 条明确规定：合营者的注册资本如果转让必须经合营各方同意。《中外合作经营企业法》(已失效)第 10 条亦规定：中外合作者的一方转让其在合作企业合同中的全部或部分权利、义务的，必须经他方同意，并报审查批准机关批准。但《外商投资法》没有这方面的明确限制。根据《外商投资法》负面清单外的投资领域享受国民待遇的原则，外商投资企业应当与内资企业享有同等待遇，即外商投资企业如果是公司制企业，在其他股东同意问题上，应当按照《公司法解释三》第 24 条的审查标准，由名义股东以外的其他股东半数以上同意即可，不应再适用《外商投资规定一》中其他股东全体同意的标准。本案中，被告的另一股东第三人程某明确认可原告的股东资格，故原告要求确认其为被告股东，符合该司法审查要件。

3. 人民法院或当事人在诉讼期间是否就将实际投资者变更为股东征得了外商投资企业主管机关的同意。由于《外商投资法》采取了准入前国民待遇加负面清单管理制度，把外商投资领域区分为禁止准入类、限制准入类和负面清单外的准入类，该项司法审查要件显然也要发生变化。(1)对于禁止准入类投资领域，《外商投资法》明确禁止外资进入，相关投资合同自然无效，不存在外籍投资人显名的可能性。(2)对于限制准入类投资领域，因仍然保留审批制，即只有经过外商投资企业主管机关的审批，外资才能进入，故在外籍隐名股东要求显名的诉讼中，人民法院或当事人仍然应当按照《外商投资规定一》的要求，在诉讼期间征得外商投资企业审批机关的同意。对于外商投资企业审批机关不同意的，人民法院应当驳回隐名股东要求显名的诉讼请求。(3)对于负面清单外的准入类投资领域，因《外商投资法》规定外资享有国民待遇，实施内外资一致原则进行管理，故将实际投资者变更为股东事项，无须再征得外商投资企业审批机关的同意，人民法院可径行根据具体案件是否符合前述两项条件的要求作出判决。当然，在司法实践中，由于判断企业的经营范围是否在负面清单范围内具有一定的专业性，同时可能涉及《外商投资法》中关于国家安全审查、反垄断审查等新的要求，在具体案件司法判决前，向相关外商投资企业主管机关进行咨询并无不可。本案中，法院就被告的经营范围是否属于负面清单等问题向外商投资企业主管机关征询了意见，外商投资企业主管机关明确表示被告的经营范围不属于负面清单范围内，将原告变更登记为被告的股东，不存在法律或政策上的障碍。故法院综合上述司法审查标准，判决支持了原告的所有诉讼请求。

综上，在外籍隐名股东要求显名的司法审判标准上，根据《外商投资法》的最新精神，应将《外商投资规定一》第14条确立的三项标准变更为：(1)实际投资者已经实际投资；(2)名义股东以外的其他股东半数以上同意；(3)对外商投资负面清单内的限制准入类领域，人民法院或当事人在诉讼期间就将实际投资者变更为股东应征得外商投资企业主管机关的同意，对负面清单外的准入类领域，无须再征得外商投资企业主管机关的同意。

【典型意义】

2020年1月1日，《外商投资法》正式实施，原外资三法同时废止。《外商投资法》对外资实施准入前国民待遇加负面清单管理制度，同时放开了国内自然人与外国投资者共同成立外商投资企业的限制。上述变化对司法实践中确认外籍隐名股东的股东资格及变更登记之诉的审查标准产生重大影响。本案是《外商投资法》实施后全国法院判决的首例外籍隐名股东要求显名的股东资格确认纠纷案。该案对如何落实《外商投资法》有关国民待遇的规定、如何理解负面清单的有关规定、如何衔接外商投资法与公司法等法律法规进行了有益的探索。该案也表明了中国法院在涉外商事审判中注重与国际通行经贸规则对接的鲜明态度。2022年3月，该案入选最高人民法院"人民法院服务保障自由贸易区建设典型案例"。2022年9月，该案被最高人民法院"涉外商事海事审判服务保障高水平对外开放新闻发布会"点名肯定。

【案例索引】

案号：

一审：上海市浦东新区人民法院(2019)沪0115民初6248号(2020年1月2日)

二审：上海市第一中级人民法院（2020）沪01民终3024号（2020年5月14日）

审判组织：

一审：黄鑫、包鸿举、赵传伟

二审：郑天衣、敖颖婕、成阳

编写人：黄鑫

09

外商投资企业公司章程约定股权转让限制条款的效力审查

——思佰益投资公司与上海新证财经公司等请求变更公司登记纠纷案

裁判要旨

外商投资企业股东以公司章程中规定股东对外转让股权需经董事会董事一致同意，且不得以侵害股东的“出售跟随权”为由不同意其他股东对外转让股权的，法院应审查公司章程的约定是否与我国《公司法》的规定相冲突。如公司章程的约定与《公司法》的规定相悖，则应适用《公司法》的规定。

基本案情

原告：思佰益(中国)投资有限公司(以下简称思佰益投资公司)

被告：上海新证财经信息咨询有限公司(以下简称上海新证财经公司)

第三人：摩尔数字科技信息服务有限公司(Moore Digital Technology Information Service Ltd.)(以下简称摩尔数字科技公司)

第三人：中国证券报有限责任公司(以下简称中国证券报公司)

第三人：远洋控股集团(中国)有限公司(以下简称远洋控股集团公司)

上海新证财经公司成立于2010年11月30日，注册类型为有限责任公司(中外合资)，登记股东为思佰益投资公司(持股比例15%)、第三人中国证券报公司(持股比例40%)及远洋控股集团公司(持股比例45%)。摩尔数字科技公司于2014年2月19日在中国香港特别行政区注册成立，原名玖富普惠金融信息服务有限公司,于2020年7月29日变更为现名称。

2018年9月14日,思佰益投资公司(转让方)与北京玖富联银科技有限公司(受让方,以下简称北京玖富公司)签订《股权转让协议》,约定思佰益投资公司将其所持有的上海新证财经公司的15%股权转让给北京玖富公司,转让价格为人民币12,978.6万元。2018年9月25日,北京玖富公司向《股权转让协议》约定的账户转款12,978.6万元。

2018年10月19日,思佰益投资公司、中国证券报公司及远洋控股集团公司共同签订《上海新证财经信息咨询有限公司章程》(以下简称《章程》),对公司股东、组织形式、股权的转让、董事会等内容进行了明确规定。

《章程》第7章"股权的转让"规定各方同意,任何一方未经其他各方事先书面同意,不得转让、出售或以其他方式作出其他可能导致其持有的公司股权发生变动的行为。任何根据本章程和合资合同进行的股权转让,都应报有关备案机关备案,且公司应在登记机关办理变更登记手续。任何一方自愿向其他各方之外的第三方转让任何数目的股权应当遵守以下规定:(1)如果一方并不转让其持有的全部股权,则各方和拟受让方应当公平合理地就一份新合资合同的条款和条件达成一致意见以取代合资合同;(2)如果一方拟转让其持有的所有股权,在拟议转让后仍为合资公司股东的其他方应公平、合理行事,就新合资合同的条款和条件与拟议受让人达成一致,以取代合资合同以及该等转让应符合《章程》约定的优先购买权的规定。

《章程》在优先购买权中规定任一股东进行的任何股权转让,均受如下规定限制:(1)转让方应当在其收到第三方要约或向第三方提出转让该等股权的要约(以下简称拟议转让)后30个工作日内向其他股东(以下简称非转让股东)发送一份书面通知(以下简称要约通知)。该要约通知构成一份转让方拟以优惠程度不低于拟议转让中所确定的条款和条件向非转让股东转让拟转让股权的要约。该要约通知应载明拟议转让的详细资料,即拟议转让的受让方(以下简称计划受让方)的全称和地址以及该拟议转让的全部条款和条件,包括拟转让股权的数目、价格、转让对价支付的时间和方式(以下简称对价)。(2)非转让股东收到要约通知后应有90日的期限考虑接受购买或者拒绝购买拟转让方拟转让的股权,以及同意或不同意计划受让方作为股权受让方及合资合同的继受方,该项同意不应无理由地被拒绝给出。(3)不晚于收到要约通知后90日,非转让股东有权以书面方式通知转让方接受要约(以下简称接受通知),条件是非转让股东应按优惠程度不低于要约通知的条款和条件购买拟议转让的全部或部分股权,且经非转让股东全部酌情决定,非转让股东可以相当于对价的等值现金接受要约,非转让股东可接受要约通知的时期称为“权利行使期”。在权利行使期内,非转让股东未向转让方发出书面接受通知的,视同非转让股东同意拟议转让。

《章程》在出售跟随权中规定,在权利行使期内,如果非转让股东不接受要约通知,且明确书面表示不接受计划受让方作为拟转让股权的受让方和合资合同的继受者,则非转让股东可以选择:(1)或者向转让方发出书面要约(以下简称附随要约),条件是转让方应按优惠程度不低于要约通知的条款和条件购买非转让股东持有的合资公司的全部或部分股权;(2)或者向计划受让方发出附随要约,条件是计划受让方应按优惠程度不低于要约通知的条款和条件购买非转让股东持有的合资公司的全部或部分股权;(3)若上述第(1)条被转让方明确拒绝或上述第(2)条被计划受让方明确拒绝,或者非转让股东发出上述附随要约后90日内,各方和计划受让方仍无法就拟议转让及附随要约达成一致意见的,则转让方不得向计划受让方转让其所持有的任何公司股权。

《章程》第8章“董事会”规定董事会由7名董事组成,其中2名由中国证券报公司任命,1名由原告思佰益投资公司任命,3名由远洋控股集团公司任命,另外1名由三方共同任命。董事会是公司的最高权力机构,讨论并决定公司所有重大事宜,其中涉及:(1)公司章程的修改;(2)公司的中止、终止和解散;(3)公司的投资总额或注册资金的增加或减少,或任何一方转让其持有的公司股权权益;(4)公司与其他经济组织的合并,或公司的分立、清算或变更公司形式的决议须经全部在职董事一致同意方能通过。

2018年12月31日,思佰益投资公司与北京玖富公司及摩尔数字科技公司签订《〈股权转让协议〉之补充协议》,约定北京玖富公司在2018年9月14日签署的《股权转让协议》中的权利和义务由摩尔数字科技公司继承。

2019年2月,中国证券报公司和远洋控股集团公司均向思佰益投资公司出具《放弃优先购买权、出售跟随权的承诺函》,均承诺“同意思佰益(中国)投资有限公司将其所持上海新证财经信息咨询有限公司15%的股权转让给JIUFU Financial Information Service Limited(玖富普惠金融信息服务有限公司),并同意放弃行使优先购买权、出售跟随权”。

2019年5月14日,上海新证财经公司召开第五届董事会第二次会议,审议

《关于公司外资股东变更后续工作相关议案》等五个议案,《关于公司外资股东变更后续工作相关议案》内容为:"各位董事:思佰益(中国)投资有限公司拟将持有本公司15%股权转让给JIUFU Financial Information Service Limited(玖富普惠金融信息服务有限公司)。春节前后已取得远洋控股集团(中国)有限公司和中国证券报有限公司放弃优先购买权、出售跟随权的承诺函。根据上述事项,我们调整了公司合资合同、章程(具体请详见附件),此次调整内容无实质性变化,仅就外方股东信息进行了修正,前后版本对比文件附后……"董事会对该议案进行了审议,7名董事中2名董事未投赞成票。后由于上海新证财经公司未为思佰益投资公司与摩尔数字科技公司办理股权变更手续,思佰益投资公司诉至法院,请求判令上海新证财经公司将登记在思佰益投资公司名下的上海新证财经公司15%的股权变更登记至第三人摩尔数字科技公司名下。

上海新证财经公司辩称,不同意思佰益投资公司的诉讼请求,理由在于:第一,思佰益投资公司主体不适格,与本案无直接利害关系。根据《公司法》的相关规定,在股权转让的情况下,有权请求公司变更公司登记的主体应为股权的受让方而非出让方,思佰益投资公司作为出让方主体不适格。第二,思佰益投资公司拟向摩尔数字科技公司转让对上海新证财经公司持有的全部股权未获上海新证财经公司最高权力机构董事会的批准,思佰益投资公司无权要求上海新证财经公司办理股东变更登记。上海新证财经公司为2010年成立的中外合资企业,现行《章程》第8.5条规定,"董事会是公司的最高权力机构,讨论并决定公司所有重大事宜";第8.7条进一步规定,"任何一方转让其持有的公司股权权益,须经全体在职董事一致同意方能通过"。2019年5月14日,上海新证财经公司召开了第五届第二次董事会会议,7名在职董事均出席了会议,审议事项之一即为《关于公司外资股东变更后续公司相关议案》,并附修改后的新章程及合资合同,但最终仅有5名董事投赞成票,该议案未获全体在职董事的一致同意。因此,上海新证财经公司不同意由摩尔数字科技公司受让思佰益投资公司所持15%的股权,摩尔数字科技公司并未取得上海新证财经公司的股东身份,因此上海新证财经公司不能变更股东名称及办理公司变更登记。第三,无论上海新证财经公司的股东是否同意涉案股权转让,上海新证财经公司的董事有权依据自身专业和经验独立作出对上海新证财经公司最为有利的决定。第四,在缺少新公司章程和新合资合同等必要文件的情况下,上海新证财经公司无法办理股东变更登记手续。上海新证财经公司的登记机关自由贸易试验区市场监督管理局要求上海新证财经公司在办理股东变更登记时,除董事会决议外,还应提交经新旧股东盖章的新公司章程及新合资合同两份文件,但上海新证财经公司董事会并未批准新公司章程,拟议受让人与老股东也未签署新合资合同,因此思佰益投资公司要求上海新证财经公司办理股东变更登记显然缺乏必要的客观条件和可执行性。第五,思佰益投资公司虽与摩尔数字科技公司签署了《股权转让协议》及补充协议,但思佰益投资公司并未放弃行使其享有的股东权利。

【法院裁判】

上海市浦东新区人民法院经审理认为,本案系请求变更公司登记纠纷案件。因摩尔数字科技公司系注册于中国香港特别行政区的企业,故本案系涉港案件。《法律适用法》第14条规定,法人及其分支机构的民事权利能力、民事行为能力、组织机构、股东权利义务等事项,适用登记地法律。本案标的公司即上海新证财经公司登记地位于中华人民共和国内地,故本案应适用中华人民共和国内地法律进行审理。本案的主要法律争点在于:(1)思佰益投资公司与摩尔数字科技公司签署股权转让协议转让思佰益投资公司所有的摩尔数字科技公司的股权,是否侵害了中国证券报公司的"出售跟随权"。(2)上海新证财经公司公司章程约定任何一方转让公司股权需经全体在职董事一致同意方能转让是否因违反公司法的禁止性规定而无效。

关于思佰益投资公司与摩尔数字科技公司签署股权转让协议转让思佰益投资公司所有的上海新证财经公司的股权,是否侵害了中国证券报公司的"出售跟随权",法院认为思佰益投资公司在股权转让协议中明确了转让股权的数量、股权转让价格、受让方价格的支付方式等关键条款,在摩尔数字科技公司承继北京玖富公司的权利义务后亦告知了中国证券报公司,该事实在中国证券报公司出具的承诺函中可以得到佐证。中国证券报公司在承诺放弃行使优先购买权和出售跟随权以后,又以出售跟随权受侵害为由不同意思佰益投资公司转让股权,该意见无事实和法律依据,法院不予采纳。

关于上海新证财经公司公司章程约定任何一方转让公司股权需经全体在职董事一致同意方能转让是否因违反公司法的强制性规定而无效,法院认为上海新证财经公司公司章程约定任何一方转让公司股权需经全体在职董事一致同意方能转让的规定限制了股权权利,违反《公司法》的强制性规定,应属无效。思佰益投资公司与摩尔数字科技公司的股权转让协议合法有效,未侵害中国证券报公司的优先购买权和"出售跟随权"，思佰益投资公司主张上海新证财经公司将登记在思佰益投资公司名下的上海新证财经公司15%的股权变更登记至摩尔数字科技公司名下的诉讼请求，法院予以支持。

综上，上海市浦东新区人民法院判决：上海新证财经公司应于本判决生效之日起15日内将思佰益投资公司名下的上海新证财经公司15%的股权变更登记到摩尔数字科技公司名下，摩尔数字科技公司应当予以配合。

一审判决后，各方均未提起上诉，该判决已生效。

【案例评析】

本案争议主要在于依照《中外合资经营企业法》（已失效）成立的中外合资企业在公司章程中规定股东对外转让股权需董事会董事一致同意是否违反了公司法的规定。《公司法》虽然规定公司股东可以通过公司章程对股权转让进行一定的限制，但是限制不等于禁止，限制必须符合立法目的和不违反法律的强制性规定。如果造成事实上的股权转让不能，则应认为公司章程的规定不适用。

一、公司章程约定任何一方转让公司股权需经全体在职董事一致同意方能转让违反了《公司法》的强制性规定

"公司章程是公司设立时必须提交的文件。同时，公司章程也是公司在日常行为过程中需要遵守的基本准则，是公司行为的依据。"①公司章程是在法律规定的范围内，由全体股东的意思表示而形成的决议，是公司对内管理的依据，是公司赖以实现公司自治的自治规则。因此，《公司法》中多处条文均规定了"公司章程另有规定的，从其规定"。《公司法》第71条规定："有限责任公司的股东之间可以相互转让其全部或者部分股权。股东向股东以外的人转让股权，应当经其他股东过半数同意。股东应就其股权转让事项书面通知其他股东征求同意，其他股东自接到书面通知之日起满三十日未答复的，视为同意转让。其他股东半数以上不同意转让的，不同意的股东应当购买该转让的股权；不购买的，视为同意转让。经股东同意转让的股权，在同等条件下，其他股东有优先购买权。两个以上股东主张行使优先购买权的，协商确定各自的购买比例；协商不成的，按照转让时各自的出资比例行使优先购买权。公司章程对股权转让另有规定的，从

① 赵万一、李倩丽：《论公司自治的法律边界》，载《河南财经政法大学学报》2013年第3期。

其规定。”从该条规定来看，公司章程作为股东意志的集合，可以对股权转让作出比一般性规定更为严格的限制性约定，但公司章程不得与公司法的强制性规范及《公司法》的基本精神、原则相冲突。“基于民商法一般原理，公司章程的此类条款不得违反强制性法律规范，同时还应受到社会公共利益、诚实信用、公序良俗、平等公平等一般性法律原则的限制，以实现股东之间的利益平衡，防止股东滥用章程自治权利。”①

最高人民法院在第96号指导案例“宋文军诉西安市大华餐饮有限公司股东资格确认纠纷案”中确定如下裁判要点：“国有企业改制为有限责任公司，其初始章程对股权转让进行限制，明确约定公司回购条款，只要不违反《公司法》等法律强制性规定，可认定为有效。”从该指导案例的裁判要点来看，判断公司章程对股权转让作出另外规定是否有效，应审查该另外规定是否违反《公司法》的强制性规定。不违反则有效，反之，则无效。就本案而言，即审查上海新证财经公司公司章程约定任何一方转让公司股权需经全体在职董事一致同意方能转让是否违反了《公司法》的强制性规定。

首先，在有限责任公司中，由于各股东往往是基于相互信任才出资设立公司，股东更替意味着原有信任关系的断裂和新信任关系的建立，如果不能恰当处理股权转让问题将会影响公司未来的正常经营。因此，《公司法》赋予了公司股东自主决定股权转让事项的权利，亦即公司股东可以通过公司章程对股权转让进行一定的限制。但是限制不等于禁止，限制必须符合立法目的和不违反法律的强制性规定。股东享有的股权是一种财产性权利，任何财产权皆具有处分权能，公司章程对股权转让的限制不得违反财产权的本质。如果公司章程通过其他条件和程序的设置，实际造成股东股权转让极度困难或根本不可能，则因违反《公司法》的规定而无效。本案上海新证财经公司的公司章程约定股东转让股权必须经董事会一致同意方能转让，该约定明显比《公司法》规定的经其他股东过半数同意的规定苛刻。同时，在董事反对股权转让时，上海新证财经公司的公司章程未约定转让股东的救济程序，使转让股东的股权转让目的落空，实质上无法通过转让股权退出公司经营，显然有违《公司法》的规定。

其次，上海新证财经公司是依法成立于2010年的中外合资企业，设立和经

① 宁金成、张安毅：《有限责任公司章程强制股权转让的效力探讨》，载《郑州大学学报（哲学社会科学版）》2013年第3期。

营既要符合我国法律对中外合资经营企业的特殊规定,也要符合我国《公司法》的一般规定和基本精神。上海新证财经公司设立时所依据的《中外合资经营企业法》(已失效)和《中外合资经营企业法实施条例》(已失效)虽然规定董事会是合营企业的最高权力机构,决定合营企业的一切重大问题,但同时也明确了需由董事会会议的董事一致通过方可作出决议的事项的范围。1983 年颁布施行的《中外合资经营企业法实施条例》规定需由董事会会议的董事一致通过方可作出决议的事项包括:(1)合营企业章程的修改;(2)合营企业的中止、解散;(3)合营企业注册资本的增加、转让;(4)合营企业与其他经济组织的合并。其他事项可以根据合营企业章程载明的议事规则作出决议。1987 年修订的《中外合资经营企业法实施条例》沿袭了该规定,但 2001 年修订的《中外合资经营企业法实施条例》对上述第三项进行了修改,将"(三)合营企业注册资本的增加、转让"修订为"(三)合营企业注册资本的增加、减少",将注册资本的转让排除在需要董事一致通过的事项之外。2014 年修订的《中外合资经营企业法实施条例》未对该条进行修改。上海新证财经公司成立于 2010 年,公司章程对董事会决议事项的规定理应符合当时的《中外合资经营企业法实施条例》的规定,不再将股权转让纳入需董事一致同意方可作出决议的事项范围。

最后,根据上海新证财经公司的公司章程约定,上海新证财经公司的董事会由 7 名董事组成,其中 2 名由中国证券报公司任命,1 名由思佰益投资公司任命,3 名由远洋控股集团公司任命,另外 1 名由三方共同任命。董事虽然根据法律规定和公司章程的约定履行职责,但从董事的任命过程来看,各董事在履职过程体现的是各股东的意志。本案中,中国证券报公司在同意思佰益投资公司将股权转让给摩尔数字科技公司,并书面承诺放弃优先购买权和"出售跟随权"后,又通过自己选任的 2 名董事在董事会会议中不同意《关于公司外资股东变更后续工作相关议案》,引发本案诉争,显然有违诚信。

二、公司章程约定的股东"跟随出售权"可参照优先购买权处理

有限责任公司兼具"资合性"与"人合性"的特征,因此有限责任公司的股东对外转让股权并非完全自由的行为。"因股东向与股东无关的第三人转让出资将直接影响到有限责任公司股东间的信任及其良好关系,因此各国公司立法对此均有限制。”[①]世界各国立法对有限责任公司股权对外转让的限制主要从公司或股东的同意权和优先购买权着手,大致可以分为“仅规定同意权,不规定优先购买权”“仅规定优先购买权,不规定同意权”“既规定同意权,又规定优先购买权”“授权公司章程规定或协议约定同意权、优先购买权或其他限制”等几种类型。[②] 我国《公司法》既规定其他股东享有同意权和优先购买权,还规定公司章程可以对股权转让作出其他规定。我国法律并未明确规定股东的“出售跟随权”或者“共同出售权”,亦即出售跟随权并非法律规定的股东权利,但“共同出售权”作为一种创新性的商业模式,越来越多地出现在股权投资领域。“在投资人与公司大股东签订协议时,可以约定共同出售权(co-sale rights)即自动跟随控股股东出售股权的权利;也可以约定拖带权(drag-along right)即投资人要求控股股东以同样的价格和条件与自己一起向第三方转让股份的权利,客观上达到了通过债的功能行使投票权的效果。”[③]在公司股东因转让股权而发生变动时,如果说股权优先购买权是为了保障其他股东能以优先权购买的形式维护公司的稳定性,那么共同出售权则是为了保障其他股东能够以合理、便捷的方式退出公司。

从行权效果来看,共同出售权对于保护小股东权利至关重要。比如,公司的其他大股东欲对外转让股权退出公司,或者引入其他外部股东时,如果小股东不愿意该外部股东进入公司,但其又无资力行使优先购买权购买大股东的股权,则可以要求行使共同出售权将自己的股权一并转让从而达到退出公司的目的。共同出售权是公司的股东在遇到因股权转让导致股东更替时,基于公司经营和自身利益的考虑而作出的股权处分安排,是全体股东协商一致达成的约定,并未违反《公司法》的强制性规定,理应予以尊重。

本案中的上海新证财经公司的公司章程将“出售跟随权”定义为在权利行使期内,如果非转让股东不同意转让方的股权转让,且明确书面表示不接受计划受让方作为拟转让股权的受让方和合资合同的继受者,则非转让股东可以选择向转让方股东或者计划受让方发出附随要约,要求后者应按优惠程度不低于股权转让条款和条件购买非转让股东持有的合资公司的全部或部分股权。如果转让

① 王艳丽:《对有限责任公司股权转让制度的再认识——兼评我国新〈公司法〉相关规定之进步与不足》,载《法学》2006 年第 11 期。

② 参见王艳丽:《对有限责任公司股权转让制度的再认识——兼评我国新〈公司法〉相关规定之进步与不足》,载《法学》2006 年第 11 期。

③ 季境:《股权交易创新与传统财产法理论反思》,载《华东政法大学学报》2019 年第 4 期。

股东或计划受让方明确拒绝,或者非转让股东发出上述附随要约后 90 日内,各方和计划受让方仍无法就拟议转让及附随要约达成一致意见的,则转让股东不得向计划受让方转让其所持有的任何公司股权。从前述约定来看,公司股东在遇到其他股东转让股权时,该股东可以选择以同样的转让条件将股权转让给其他股东或者计划受让股权的新股东。思佰益投资公司在股权转让协议中明确了转让股权的数量、股权转让价格、受让方价格的支付方式等关键条款,在摩尔数字科技公司承继北京玖富公司的权利义务后亦告知了中国证券报公司,该事实在中国证券报公司出具的承诺函中可以得到佐证。中国证券报公司在承诺放弃行使优先购买权和出售跟随权以后,又以出售跟随权受侵害为由不同意思佰益投资公司转让股权,显然与事实不符,其提出的出售跟随权受侵害的理由不能成立。

【典型意义】

2020 年 1 月 1 日,《外商投资法》和《外商投资法实施条例》施行,《中外合资经营企业法》及《中外合资经营企业法实施条例》相应废止。《外商投资法》规定外商投资企业的组织形式、组织机构及其活动准则,适用《公司法》等法律的规定。《外商投资法实施条例》进一步规定外商投资法施行前依照《中外合资经营企业法》(已失效)设立的外商投资企业,在外商投资法施行后 5 年内,可以依照《公司法》的规定调整其组织形式、组织机构等,并依法办理变更登记,也可以继续保留原企业组织形式、组织机构等。自 2025 年 1 月 1 日起,对未依法调整组织形式、组织机构等并办理变更登记的现有外商投资企业,市场监督管理部门不予办理其申请的其他登记事项,并将相关情形予以公示。

中外合资企业虽然存在一定的特殊性,但也应符合《公司法》的相关规定,不得与《公司法》的规定相违背。在本案中,系争公司章程中规定股东对外转让股权需董事会董事一致同意,较之《公司法》的规定更加苛刻。《公司法》虽然规定公司股东可以通过公司章程对股权转让进行一定的限制,但是限制不等于禁止,限制必须符合立法目的和不违反法律的强制性规定。如果造成事实上的股权转让不能,则应认为公司章程的规定不适用。本案裁判既界定了公司章程对股权转让进行例外规定的原则,更进一步明确了《外商投资法》对中外企业平等保护的《公司法》精神,为未来类似案件的审理提供思路借鉴。

【案例索引】

案号:上海市浦东新区人民法院(2020)沪0115民初81228号(2021年10月26日)

审判组织:徐劲草、戴姣、包鸿举

编写人:戴姣

10

外籍隐名股东要求显名不构成对有限责任公司人合性的破坏

——赵某融与格普公司等请求变更公司登记纠纷案

裁判要旨

有限责任公司的外国实际投资人诉请显名登记纠纷的审理路径为：首先，依《法律适用法》确认应当适用我国《公司法》及相关司法解释作为案件裁判准据法，且在我国法项下具有可诉性；其次，以是否破坏公司人合性为审查标准，判断该显名登记是否符合“其他股东过半数同意”的标准；最后，以负面清单等外商投资政策、制度为依托，查明变更登记的可履行性，尽可能预先排除裁判落地的法律与事实障碍，保障外国投资人投资权益依法实现。

基本案情

原告：赵某融

被告：上海格普进出口有限公司（以下简称格普公司）

第三人：施某扬

第三人：王某

原告赵某融系美国公民。被告格普公司系成立于2002年6月3日的国内合资有限责任公司，注册资本为人民币（以下币种相同）100万元。2005年1月24日，经股权转让与变更登记，格普公司登记股东变更为第三人施某扬（出资50万元、出资比例为50%）与第三人王某（出资50万元、出资比例为50%）。

2006年3月20日，赵某融及施某扬、王某共同出具《证明》，确认“上海格普进出口贸易有限公司成立于2002年6月，现法人为王某。该公司由施某扬和赵某融各出资人民币伍拾万元，总注册资本为人民币壹佰万元。施某扬和赵某融各占50%的股份。上海格普进出口贸易有限公司的所有的债权和债务由上述两个股东按股份比例承担"。

2016年7月1日，赵某融向上海市浦东新区人民法院提起诉讼，要求确认其具有格普公司股东资格、持有50%股权。2016年8月1日，格普公司形成股东会决议，同意施某扬受让王某持有的格普公司42%股权；股权转让后施某扬认缴出资92万元（出资比例为92%），王某认缴出资8万元（出资比例为8%）。赵某融得知后，向法院要求确认该股权转让无效，并表示无须施某扬、王某将股权比例恢复，仅需确认赵某融持有格普公司50%股权，其中42%隐名于施某扬名下，8%隐名于王某名下。

上海市商务委员会经上海市浦东新区人民法院通过上海市高级人民法院发函询问，回函载明，格普公司的经营范围不属于外商投资产业指导目录外商投资准入负面清单范围，如法院判决确认公司原外籍隐名投资人股东资格，格普公司可至注册地商务部门办理股东及企业性质变更备案手续。庭审中，赵某融、格普公司、施某扬和王某经法庭询问后亦确认，如果将赵某融登记为格普公司股东，虽然公司性质发生改变，但至相关管理部门办理备案手续并无法律障碍。

上海市浦东新区人民法院于2018年7月11日作出（2016）沪0115民初46726号民事判决书，确认赵某融具有格普公司股东资格，持有该公司50%股权；确认施某扬、王某于2016年8月1日签订的股权转让协议无效。后施某扬、王某提起上诉，上海市第一中级人民法院于2018年10月31日作出（2018）沪01民终10808号民事判决书，判决驳回上诉、维持原判。

原告赵某融诉称，前案生效判决确认其股权份额后，其要求格普公司将其登记为公司股东，但一直遭到施某扬、王某拒绝。被告格普公司辩称，施某扬名下42%、王某名下8%的格普公司股权确实属于赵某融所有，但前案生效判决中已明确施某扬为"名义股东外的其他股东"，根据《公司法解释三》的规定，在施某扬不同意办理变更手续的情况下，不应办理变更登记。此外，赵某融在前案诉讼中未要求将股权转让恢复原状，在本案中提出则不应支持。第三人施某扬、王某表示同意格普公司的答辩意见。

【法院裁判】

上海市浦东新区人民法院经审理认为,依据《法律适用法》及民事诉讼法相关司法解释的规定,本案系涉外股东权利纠纷,应适用公司登记地即中华人民共和国法律解决本案纠纷。本案系因相关股权转让协议被依法认定无效、原告股东资格及持股比例被依法确认后,处理相应后果的延伸诉讼。

首先,就赵某融的股东资格,赵某融具有格普公司股东资格并持有公司 50% 股权,已为生效判决所确认。根据《公司法》第 32 条的规定,公司应当将股东的姓名或者名称向公司登记机关登记;登记事项发生变更的,应当办理变更登记,故对股东姓名及变更情况进行登记,系公司的法定义务。本案中,格普公司辩称,根据《公司法解释三》第 24 条之规定,实际投资人未经公司其他股东半数以上同意,请求公司变更股东、办理公司登记机关登记等,人民法院不予支持,因此不应在施某扬不同意的情况下办理格普公司股东变更登记手续。对此,法院认为,该条文系指办理股权变动须以发生合法的股权转让为前提,并非股权变动应经多数股东同意之意,本案赵某融的股东身份已为生效判决所确认,相关事实已不属上述司法解释所涉之情形。与此同时,经前案审理中法院向上海市商务委员会询问及向当事人确认,格普公司的经营范围不属于外商投资产业指导目录外商投资准入负面清单范围,如果将赵某融登记为格普公司股东,虽然公司性质发生改变,格普公司至注册地商务部门办理股东及企业性质变更备案手续并无法律障碍。

其次,就赵某融持有的格普公司 50% 股权,目前 42% 登记于施某扬名下、8% 登记于王某名下,施某扬、王某于 2016 年 8 月 1 日进行的股权转让无效,亦已为前案生效判决所确认。虽前案判决载明,赵某融在该案庭审中曾表示无须施某扬、王某将股权比例恢复,仅需确认其持有股权的份额及隐名于两人名下状况,但该意思表示并非对其股东身份及要求显名权之放弃,现赵某融于本案诉讼中提出,系其对自身权利主张的处分与安排,于法不悖。赵某融在已有生效判决确认其股东资格及股权份额的基础上,主张将登记于施某扬、王某名下之部分股权变更登记至原告名下,于法有据,亦无法律障碍,故对赵某融诉请予以支持。

据此,上海市浦东新区人民法院于 2019 年 4 月 28 日作出(2019)沪 0115 民初 15207 号民事判决,判令格普公司于判决生效之日起 10 日内将施某扬名下格普公司 42% 的股权、王某名下格普公司 8% 的股权变更登记至赵某融名下;施某扬、王某对上述第一项判决内容,履行相应的配合义务。

宣判后，施某扬、王某向上海市第一中级人民法院提起上诉，上海市第一中级人民法院于2019年11月29日作出(2019)沪01民终8101号民事判决：驳回上诉，维持原判。

【案例评析】

外国实际投资人显名权的行使，由于将引起企业性质的变更，与我国投资人显名权的行使在程序与法律适用上有所差异。《外商投资法》第4条规定，国家对外商投资实行准入前国民待遇加负面清单管理制度；第31条规定，外商投资企业的组织形式、组织机构及其活动准则，适用《公司法》《合伙企业法》等法律的规定。但截至目前，以行使显名权为代表，对于外国投资人或股东在司法诉讼中的程序权利与实体权利问题，《外商投资法》与《公司法》、《法律适用法》及其司法解释的具体衔接问题，以及因外国投资人投资引起的企业性质变更、企业经营范围与负面清单的关系辨别、企业变更手续办理等关联问题的处理，并无明确、详细的司法解释予以规定，案例方面全国范围内也仅仅零星出现，相关裁判规则尚不明确。应在国内实际投资人行使显名权案件的审理思路基础上，结合《外商投资法》依法平等保护中外投资者合法权益的精神，在依法适用《法律适用法》的前提下，将裁判后续登记变更问题的实际履行考量在内，形成明确统一的审理思路。

一、外国投资人显名登记诉求：适用我国法，具有可诉性

(一)依《法律适用法》路径判断法律适用

外国实际投资人主张行使股东显名权、要求变更登记的案件，属于涉外案件，应依照《法律适用法》规定的冲突规范确定案件准据法。《法律适用法》第2条第1款规定，涉外民事关系适用的法律，依照本法确定，其他法律对涉外民事关系法律适用另有特别规定的，依照其规定。第14条规定，法人及其分支机构的股东权利义务等事项，适用登记地法律。《外商投资法》第31条规定，外商投资企业的组织形式、组织机构及其活动准则，适用《公司法》等法律的规定。显名权虽然不是《公司法》明文规定的股东权利，但股东在股东名册及登记机关登记为股东具有重要的法律意义，因此应当认为，上述法律中"股东权利"的表述包含了股东要求被登记、显示、载明为股东的权利。因此，首先应当确定，外国实际投资人主张行使股东显名权、要求变更登记而引起的纠纷，应当适用我国《公司法》。对于外国实际投资人向在我国注册登记的外商投资企业主张行使显名权的相关诉求，应当适用《公司法》及其司法解释的相关规定进行审查。

(二)实际投资人单独诉请变更登记具有可诉性

依据我国《公司法》第32条的规定,公司应当将股东的姓名或名称向公司登记机关登记;登记事项发生变更的,应当办理变更登记,否则不得对抗善意相对人。因此,对于实际投资人而言,变更事项登记不仅仅具有自"隐名"变更为"显名"的字面意义,而是具有向社会不特定多数人公示的功能并随之产生对抗效力,是股东凭借其身份而得以依法行使的重要权利。

在《公司法》语境与逻辑下,股东身份登记是商事行为"外观主义"的重要表现。根据我国《公司法》,对股东姓名及变更情况进行登记的法定义务人是公司。与此同时,《公司法》并未就股东要求公司进行股权变更登记的时间、方式、条件等作出限制,可以理解为,一方面,《公司法》并未对股东要求变更登记的具体路径设置规则,要求变更登记属于股东对其权利依法自行安排或处分的范畴,故按照惯常理解,在没有明示放弃的前提下,权利人保有对其自身权利的合法行使权限。因此,实际投资人有权在同一个诉讼中要求同时确认股权归属并进行变更登记,也可以依照诉讼策略安排分别主张权利,属于当事人意思自治的决定范围。另一方面,由于按照实际情况及时变更登记备案信息是公司的法定义务,与其称股东"怠于"主张行使显名权,不如称为公司"怠于"履行其变更登记法定义务。此外,从诉的利益角度,股权变更登记是股权转让行为的重要履行部分,股东对于变更登记具有诉的利益,诉请变更登记具有法律上和事实上的可诉性与可执行性。

二、解读"公司其他股东半数以上同意":以是否事实上破坏有限责任公司人合性为标准

(一)对有限公司人合性的理解

有限责任公司因其人合性而与股份有限公司存在明显区别。人合性是贯穿于有限责任公司形成、存续和发展始终,存在于投资者之间的相互信赖与长期合作的基础性关系。有限责任公司的人合性在实践中经常表现为股东人数较少、不对外公开募集资本、所有权与经营权重叠一致、股权转让受限等。在谈及法律对有限责任公司的行为引导与权益保护时,必须考虑到人合性作为其基础特性而对公司良性治理所起到的作用,充分回应其制度需求。实际投资人作为公司的"隐形"投资人,如果以不适当的方式要求显名,则必然将破坏公司的人合性,引起公司经营秩序的动荡。鉴于此,应当将是否影响有限责任公司人合性作为审查实际投资人显名登记诉求合法性的基础性原则。

(二)对“公司其他股东半数以上同意”的理解

对《公司法解释三》第24条的理解,实践中长期以来存在分歧。一种观点认为,“公司其他股东半数以上同意”仅限于明示的同意,需要公司半数以上其他股东作出明确的意思表示,如代持协议、决策文件、聊天记录等,以确认实际投资人的股东身份,实际投资人才得以主张登记为公司股东。另一种观点则认为,该同意既可以是明示的同意,也可以是默示的、推定的、行为上的同意,即“同意”可以扩展为“知晓”且“不反对”,亦即对实际投资人在公司运营过程中行使股东权利的行为未提出异议,即可视为同意,实际投资人可要求登记显名。

司法实践中,两种观点之下对实际投资人的举证责任、证明程度与认定标准亦相应存在差别。实际上,如果追溯到该条文的立法本意,实际投资人由“隐名”走向“显名”需征得其他多数股东的同意,是基于对有限责任公司的人合性的考量,亦即隐名股东显名化不应当破坏公司的人合性。鉴于此,如果其他多数股东在明知实际投资人存在的前提下,从未对其行使股东权利的行为提出过异议,则应当理解为系该些股东对实际投资人股东身份的接受和默许,即实际投资人的股东身份及行为被容纳于公司的人合性之中,此时赋予其显名的股东身份,并不会对公司的实际经营、股东之间的信赖关系产生影响,可理解为实际投资人与其他多数股东之间亦存在信赖关系,公司内部形成了新的人合性。在此情形下,实际投资人要求“浮出水面”时,如果半数以上其他股东对实际投资人正当行使股东权利造成不必要的障碍,则应认为是违反诚信原则的恶意行为,故不应将“同意”绝对化地理解为明示的同意,而人为地赋予公司其他股东超出其权利范围之外的又一“同意权”。

本案中,格普公司的登记股东有且仅有施某扬、王某,如果将前案判决中对施某扬确认的“其他股东”身份完全机械地等同于《公司法解释三》第24条中的“其他股东”,则明显扭曲了立法本意,事实上在法律规定之外为实际投资人行使显名权人为地制造了阻碍。此外,在外国投资人要求显名的场合,因其较少参与实际经营且对我国法律规定不甚熟悉的可能性较大,还需结合具体案情,将其举证能力等客观情况考量在内。

2019年11月8日印发的《全国法院民商事审判工作会议纪要》(法〔2019〕254号)亦明确,实际投资人能够提供证据证明有限责任公司过半数的其他股东知道其实际出资的事实,且对其实际行使股东权利未曾提出异议的,对实际投资人提出的登记为公司股东的请求,应当依法予以支持,公司以实际投资人的请求不符合《公司法解释三》第 24 条的规定为由抗辩的,不予支持。值得指出的是,这并非对《公司法解释三》第 24 条的更改,而是从尊重当事人真实意思表示、保护实际投资人合法权益的角度出发,所作出的进一步解释。

三、查明显名登记的可履行性:结合负面清单排除事实与法律障碍

美国公民赵某融作为格普公司投资人的显名主张如果实现,将使格普公司的企业性质由内资企业变为外商投资企业。对于该性质变更是否存在事实与法律上的障碍,2016 年修正的《中外合资经营企业法》(已废止)即已将不涉及国家规定实施准入特别管理措施的中外合资企业由审批管理改为备案管理。《外商投资法》第 4 条规定,国家对外商投资实行准入前国民待遇加负面清单管理制度。前款所称准入前国民待遇,是指在投资准入阶段给予外国投资者及其投资不低于本国投资者及其投资的待遇;所称负面清单,是指国家规定在特定领域对外商投资实施的准入特别管理措施。国家对负面清单之外的外商投资,给予国民待遇。负面清单由国务院发布或者批准发布。但由于负面清单系范围较大的投资领域禁止的列举(如制造业,除专用车、新能源汽车、商用车外,汽车整车制造的中方股比不低于 50%,同一家外商可在国内建立两家及两家以下生产同类整车产品的合资企业),[①]而企业经营范围系详细项目的具体罗列(如汽车配件制造企业,开发、制造、销售汽车、零部件、配件;汽车维修,清洗车辆,汽车装饰服务;二手车经销等),实践中,负面清单内容与企业经营范围并不易于完全对应,使变更登记本身的合法性、可履行性存在疑问。

本案中,法院采取向上海市商务委员会发函询问的方式,明确格普公司的经营范围不属于外商投资产业指导目录外商投资准入负面清单范围,格普公司可实际履行变更备案手续。即由于格普公司的营业范围在现行负面清单之外,赵某融作为外国投资者,其显名登记仅须依法履行一定程序,并不存在事实和法律上的障碍。根据 2020 年 1 月 1 日起施行的《外商投资法》及其实施条例,外商投资准入负面清单以外的领域,按照内外资一致的原则实施管理,并建立了外商投资信息报告制度。《市场监管总局关于贯彻落实〈外商投资法〉 做好外商投资企业登记注册工作的通知》则进一步对外商投资企业的报告制度进行了细化规

① 参见《外商投资准入特别管理措施(负面清单)》(2020 年版),载中华人民共和国中央人民政府网,http://www. gov. cn/zhengce/zhengceku/2020 - 06/24/5521520/files/be781ea640f445b3bb13ac3ad08604b1. pdf,最后访问日期:2021 年 8 月 23 日。

定。随着实践推进，外商投资企业的登记制度将更加完备。由于国家发改委、商务部将依国家政策适时发布新版本《外商投资准入特别管理措施（负面清单）》，上载内容变动将直接影响当事人诉求的实现概率与效果，故在审查相关问题时，需要查阅以负面清单为代表的相关政策性文件及规范性文件，以避免案件裁判实际执行力的缺失。

综上所述，在审理有限责任公司的外国投资人诉请显名登记纠纷的法律逻辑为：首先，依《法律适用法》规定，确认应当适用我国《公司法》及相关司法解释作为案件裁判准据法，且在我国法项下具有可诉性；其次，以是否破坏公司人合性为审查标准，判断该显名登记是否符合“其他股东过半数同意”的标准；最后，以负面清单等外商投资政策、制度为依托，实时查明变更登记的可履行性，尽可能预先排除裁判落地的法律与事实障碍。

【典型意义】

近年来，我国自贸区内乃至全国范围内外国投资人的国民待遇问题备受国际社会关注。然而由于法律固有的滞后性，即使《外商投资法》及其实施条例、司法解释均已颁布实施，规则本身均无法完全涵盖庞大复杂的商事活动现状，需要法院综合把握。本案裁判可以作为今后类似案件的审判参考，为统一同类案件的审判尺度与审理思路积累了宝贵的实践经验，起到了良好的示范效果。

【案例索引】

案号：

一审：上海市浦东新区人民法院（2019）沪 0115 民初 15207 号（2019 年 4 月 28 日）

二审：上海市第一中级人民法院（2019）沪 01 民终 8101 号（2019 年 11 月 29 日）

审判组织：

一审：徐慧莉

二审：郑军欢、胡瑜、胡玉凌

编写人：秦男

11

场外承诺对产权交易所场内交易具有约束力

——LT 公司(LT & Partners Inc.)与浦东土控公司等股权转让纠纷案

裁判要旨

股权出让方在产权交易所挂牌出售股权的行为,是向不特定主体发出的以吸引或邀请相对方发出要约为目的的意思表示,属于要约邀请;股权受让方交纳保证金并通过产权交易所报价系统报价成功的行为,属于要约。双方尚未签订《产权交易合同》,股权交易合同未成立。同时,股权受让方关于股权转让的场外承诺,对在产权交易所的场内交易具有约束力。受让方不履行场外交易承诺的,另一方可以拒绝签订《产权交易合同》,撤回交易。

基本案情

原告:LT 与合伙人公司(LT & Partners Inc.)(以下简称 LT 公司)

被告:上海浦东土地控股(集团)有限公司(以下简称浦东土控公司)

第三人:上海联合产权交易所(以下简称上海联交所)

第三人:上海广慈医学高科技公司(以下简称广慈公司)

第三人:上海瑞东医院有限公司(以下简称瑞东医院)

2018 年 4 月 12 日,浦东土控公司向第三人上海联交所递交申请书,拟转让浦东土控公司持有的第三人瑞东医院 14.82% 股权,转让底价 12,689,480.31 元。2018 年 4 月 28 日,第三人上海联交所在其网站等公布了浦东土控公司的挂牌公告,该挂牌公告还载明:标的企业的股权结构:LT 公司占 55%、广慈公司占 30.18%、浦东土控公司占 14.82%。其他应披露内容:截至评估基准日,被评估单位瑞东医院欠股东广慈公司款项41,637,020.01元,本次转让方将采取债权加股权的转让方式,意向受让方须同意标的企业转让涉及的企业债权债务由转让后的标的企业继续承继。其他条件:(1)意向受让方充分了解产权标的情况,并在交易资格被确认后3个工作日内,按产权转让公告的约定递交交易保证金380万元到产权交易机构指定的银行账户,即为意向受让方在《产权受让申请书》中对转让方作出接受交易条件并以不低于挂牌价格受让产权标的承诺的确认,成为产权标的竞买人。竞买人被确定为受让方,且采取协议转让方式的,该交易保证金转为立约保证金,并在产权交易合同签订后转为部分交易价款。本次股权转让一经确认有效受让方后,受让方应根据下述相关规定签订《产权交易合同》,支付交易价款。受让方不得以任何原因或理由,拖延或不签订产权交易合同,并支付交易价款。(2)信息发布期满,如只征集到一个符合条件的竞买人递交保证金的,采用协议方式转让。竞买人应当以不低于挂牌价格的价格受让产权,并按照产权交易机构的通知要求在规定时限内通过产权交易系统进行报价,报价高于或等同于挂牌价格的,则该报价成为受让价格。竞买人被确定为受让方后,应在3个工作日内与转让方签订产权交易合同。

2018年5月28日,LT公司向上海联交所递交了产权受让申请。2018年5月30日,上海联交所向浦东土控公司发送《受让资格反馈函》,表示瑞东医院14.82%的股权项目公告期满,征集到1个意向受让方即LT公司,经审核LT公司符合受让条件要求。要求浦东土控公司在5个工作日内提交《意向受让方资格确认意见书》,对意向受让方的受让资格予以确认。同日,浦东土控公司向上海联交所递交了《意向受让方资格确认意见书》,确认已经收到上海联交所《受让资格确认意见函》,经对意向受让方进行审核,对LT公司的受让资格予以确认。

2018年6月4日,LT公司向上海联交所支付保证金380万元。2018年6月11日,上海联交所向LT公司发送《网络报价结果通知单》,载明:项目名称"瑞东医院14.82%股权",转让方"浦东土控公司",报价人"LT公司",报价结果"12,689,480.31元"。2018年6月25日,上海联交所向LT公司、浦东土控公司发送《组织签约通知》,组织双方签约,但浦东土控公司未与LT公司签订《产权交易合同》。

2018年7月23日,广慈公司的全资股东向上海联交所发函,阐述交易背景及LT公司未能履行托底收购广慈公司股权和债权的承诺,要求上海联交所关注LT公司与浦东土控公司股权交易的适当性和合规性。

同时,2016 年 11 月 4 日和 2017 年 7 月 4 日,瑞东医院的三方股东分别作出《关于中方退出瑞东医院项目的股东会决议》和《补充决议》,明确:广慈公司所持 30.18% 股权、浦东土控公司所持 14.82% 股权,以及瑞东医院对广慈公司的债务同时在上海联交所公开转让。广慈公司和浦东土控公司将共同委托同一家评估公司进行资产评估,共同委托同一家经纪公司完成本次股权交易。

第三人瑞东医院董事会还形成一份《关于瑞金医院和浦东土控公司退出瑞东医院项目的董事会决议》,载明:(1)浦东土控公司所持 14.82% 股权委托具有相关资质的评估公司以 2017 年 4 月 30 日为基准日进行资产评估,并在上海联交所以不同于下列第(2)项的一个单独标的公开挂牌出售;挂牌日期应先于下列第(2)项挂牌日期至少 1 个工作日,并在出让公示内容中披露现有股东可行使有限购买权的信息。(2)广慈公司所持 30.18% 股权委托具有相关资质的评估公司以 2017 年 4 月 30 日为基准日进行资产评估,并和瑞东医院对广慈公司债务及产生的利息同时在上海联交所以不同于上述第(1)项的另一个标的公开挂牌出售,且挂牌日期须晚于上述第(1)项的挂牌日期至少 1 个工作日。(3)如上述第(2)项挂牌交易在第一次 20 个工作日公示期结束时,未有其他符合资质的企业提出竞标,则现有股东 LT 公司或其相关公司将行使优先购买权以及必要措施以避免流拍。(4)如 LT 公司购得第(1)项标的,但交易最终结果导致第(1)项标的在上海联交所成交的每股价格低于第(2)项标的每股最终出让价格,则 LT 公司可履行对浦东土控公司作出的差价弥补协议。(5)如上述股权转让挂牌交易条件不符合本决议要求,或因债务偿还使得标的性质产生变化,董事会同意任何一方股东撤回挂牌,交易形式可再行商议。瑞东医院当时的 9 名董事在该董事会决议上签字。

2018 年 5 月 2 日,广慈公司将其持有的瑞东医院 30.18% 的股权及对瑞东医院 41,637,020.01 元债权通过上海联交所挂牌出售,转让底价为 67,478,350.36 元。后,案外人因未能提交资信证明最终未摘牌,导致广慈公司的此次股权和债权转让流标。

第三人瑞东医院的《公司章程》另载明:瑞东医院为合资经营的有限责任公司,公司注册资本为 4719 万元,其中 LT 公司占注册资本的 55%;广慈公司占注册资本的 30.18%;浦东土控公司占注册资本的 14.82%。公司董事会由 9 名董事组成,由三方分别委派。董事会是合营公司的最高权力机构,决定合营公司的一切重大事宜。

因LT公司与浦东土控公司未能完成案涉股权的变更登记,LT公司遂向法院提起诉讼,请求判令浦东土控公司将其持有的14.82%瑞东医院股权变更至LT公司名下,并配合办理相关工商登记手续。

被告浦东土控公司辩称,双方没有就股权转让协议达成一致,更没有签署协议。浦东土控公司与第三人广慈公司约定共同退出标的公司,股权和债权也要一并转让,但LT公司在实际履行中没有参与对广慈公司拥有股权和债权的竞拍,导致广慈公司相应股权流拍,广慈公司要求浦东土控公司暂停与LT公司的交易,故交易没能继续。

【法院裁判】

上海市浦东新区人民法院经审理认为,本案系股权转让纠纷,因原告系英属维尔京群岛注册的公司,故本案系涉外案件。《法律适用法》第14条规定,法人及其分支机构的民事权利能力、民事行为能力、组织机构、股东权利义务等事项,适用登记地法律。本案标的公司即瑞东医院登记地位于中华人民共和国,故本案应当适用中华人民共和国法律进行审理。本案的争议焦点是:在LT公司与浦东土控公司尚未签订《产权交易合同》的情况下,LT公司能否要求浦东土控公司将其持有的14.82%瑞东医院股权直接变更至LT公司名下。

本案中,浦东土控公司委托上海联交所在其网站等处发布涉案股权转让信息公告,LT公司作为唯一符合条件的竞买人,应当通过协议转让的方式购买系争股权。现LT公司通过了受让资格审核、交纳了380万元保证金,并通过上海联交所系统报价成功,但尚未签订《产权交易合同》。从上述行为的性质看,我国1999年《合同法》第15条(现为《民法典》第473条)明确规定,寄送的价目表、拍卖公告、招标公告、招股说明书、商业广告等为要约邀请。本案涉及的股权转让信息公告虽然载有挂牌转让的价格、期限和交易方式等信息内容,但实际上是向不特定主体发出的以吸引或邀请相对方发出要约为目的的意思表示,故应当认定为要约邀请。相应地,LT公司通过上海联交所交纳保证金并报价的行为系要约。因浦东土控公司尚未与LT公司签订《产权交易合同》,故浦东土控公司尚未承诺,LT公司与浦东土控公司之间涉及14.82%瑞东医院股权的转让合同关系尚未成立。对此,股权转让信息公告也明确交纳的保证金为立约保证金,待《产权交易合同》签订后转为交易价款。此外,我国《合同法》第32条(现为《民法典》第490条)规定,当事人采用合同书形式订立合同的,自双方当事人签字或者盖章时合同成立。本案中,双方尚未签订《产权交易合同》,故股权转让合同关系尚未成立。因此,LT 公司要求浦东土控公司履行合同义务,直接将股权变更登记到其名下的诉讼请求,法院难以支持。

退一步讲,即使双方的股权转让合同关系已经成立,浦东土控公司也在股权转让公告中对系争股权的权属、转让及批准等事项作出过承诺,但从 2016 年 11 月 4 日瑞东医院全体股东作出的《关于瑞金医院和浦东土控公司退出瑞东医院项目的股东会决议》、2017 年 7 月 4 日《关于瑞金医院和浦东土控公司退出瑞东医院项目的股东会补充决议》,以及瑞东医院董事会形成的《关于瑞金医院和浦东土控公司退出瑞东医院项目的董事会决议》来看,浦东土控公司所持瑞东医院股权以及广慈公司持有的瑞东医院股权及债权,系约定同时对外转让,且 LT 公司有托底收购以避免流拍的义务。特别是《关于瑞金医院和浦东土控公司退出瑞东医院项目的董事会决议》第 3 条明确约定,在广慈公司的挂牌未有其他符合资质的企业提出竞标,LT 公司及其相关公司要采取必要措施避免流拍。该董事会决议第 5 条进一步约定,如股权转让挂牌交易条件不符合决议要求,或因债务偿还使标的性质产生变化,董事会同意任何一方股东撤回挂牌,交易形式可再行商议。瑞东医院系中外合资经营企业,其《公司章程》明确规定,董事会是合营公司的最高权力机构,决定合营公司的一切重大事宜。同时,董事会的 9 名董事是 LT 公司、浦东土控公司及广慈公司按比例委派,代表了各方的实际利益和诉求,故经全体董事签名通过的《关于瑞金医院和浦东土控公司退出瑞东医院项目的董事会决议》对瑞东医院及其股东均有约束力。在广慈公司所持瑞东医院股权和债权最终流拍的情况下,浦东土控公司有权根据上述股东会决议和董事会决议撤回交易,不与 LT 公司继续签订《产权交易合同》。

据此,上海市浦东新区人民法院于 2020 年 11 月 30 日作出(2019)0115 民初 81418 号民事判决,驳回原告 LT 公司的全部诉讼请求。宣判后,LT 公司向上海市第一中级人民法院提起上诉,上海市第一中级人民法院于 2021 年 5 月 27 日作出(2021)沪 01 民终 3622 号民事判决:驳回上诉,维持原判。

【案例评析】

本案是一起典型的通过公开的产权交易所挂牌交易国有资产的涉外股权转让纠纷。本案判决对于规范国有资产流转,促进双方诚信交易,保护我国重大国有资产具有典型意义。

一、产权交易所挂牌和出价的性质认定

本案的争议焦点是双方的股权转让合同是否已经成立。这需要判断股权转让方在产权交易所挂牌行为的性质和股权受让方在产权交易所出价行为的性质。两者是要约和承诺的关系,还是要约邀请和要约的关系,存在一定争议。关于要约,我国1999年《合同法》(已失效)第14条和《民法典》第472条的规定是一致的:要约是希望与他人订立合同的意思表示,该意思表示应当符合下列条件:(1)内容具体确定;(2)表明经受要约人承诺,要约人即受该意思表示约束。关于要约邀请的定义,《合同法》(已失效)和《民法典》的规定也是一致的:要约邀请是希望他人向自己发出要约的表示。但关于要约邀请的具体表现形式,《合同法》(已失效)和《民法典》的规定略有不同。《合同法》(已失效)第15条将“寄送的价目表、拍卖公告、招标公告、招股说明书、商业广告等为要约邀请”。《民法典》第473条则在《合同法》(已失效)的基础上,进一步明确“拍卖公告、招标公告、招股说明书、债券募集办法、基金招募说明书、商业广告和宣传、寄送的价目表等为要约邀请”。从《民法典》对《合同法》(已失效)的补充和完善来看,本案涉及的股权出让方在上海联交所挂牌股权的行为,类似于招标公告或招股说明书,虽载明有挂牌转让的价格、期限和交易方式等信息内容,但实际是向不特定主体发出的以吸引或邀请相对方发出要约为目的的意思表示,故应认定为要约邀请。股权受让方向上海联交所交纳保证金,并通过交易所报价系统报价成功的行为应视为要约,需要股权转让方进一步承诺以确定合同成立。本案中,被告通过产权交易所发出了股权转让的要约邀请,原告通过出价和保证金进行了要约,但被告尚未对原告的要约进行承诺,故双方合同尚未成立。原告据此要求被告继续履行合同,法院不能予以支持。

二、产权交易所场外承诺对场内交易的约束力

本案中,从当事人提供的一系列证据看,标的公司瑞东医院的全体股东之间曾有过场外约定,即被告所持有的标的公司股权以及第三人广慈公司持有的标的公司股权及债权,需要同时对外转让,且原告有托底收购以避免流拍的义务。问题是,股权转让双方在产权交易所场外的交易承诺,对场内交易是否具有约束力?

通常,产权交易所是固定进行股权、知识产权及国有产权交易的场所。产权交易所作为产权交易的中介服务机构,本身并不参与产权交易,只是为产权交易双方提供必要的场所、设施及交易规则,审查交易双方的资格及转让行为的合法性,保证产权交易过程顺利进行,并根据国家有关规定对产权交易活动进行监督。目前,国有资产转让一般都要求通过产权交易所进行交易,以保证交易公开、透明,防止国有资产流失。实践中,为提高交易成功率,产权交易所的场内交易并不排斥交易双方在场外进行磋商和沟通,只要这种磋商和沟通是在国家法律法规和交易规则允许的范围内。

当然,场外承诺对场内交易的影响是有区别的,不能一概而论。在产权交易所挂牌进行的交易,按意向受让人的数量,采取竞价转让方式或协议转让方式。在竞价转让方式下,因有多个意向受让人,交易条件应仅限于产权交易所股权转让公告公示的内容。但在协议转让方式下,因意向受让人与股权转让人有场外交易条件的约定,在双方的内部关系中,该约定仍然有效,即场外承诺对场内交易构成约束。

本案中,浦东土控公司在上海联交所的挂牌公告中明确,拟转让标的为其持有的"瑞东医院 14.82% 股权,转让底价 12,689,480.31 元"。同时,该公告还明确"瑞东医院欠股东广慈公司 41,637,020.01 元""本次转让方将采取债权加股权的转让方式""意向受让方须同意标的企业转让涉及的企业债权债务由转让后的标的企业继续承继"。上述条件属于场内交易条件,约束全体意向受让人。但《关于瑞金医院和浦东土控公司退出瑞东医院项目的董事会决议》第 3 条约定"在广慈公司的挂牌未有其他符合资质的企业提出竞标,LT 公司及其相关公司要采取必要措施避免流拍"。第 5 条约定"如股权转让挂牌交易条件不符合决议要求,或因债务偿还使得标的性质产生变化,董事会同意任何一方股东撤回挂牌,交易形式可再行商议"。显然,上述约定属于 LT 公司、浦东土控公司及第三人广慈公司之间的场外约定,该约定并不违反法律法规的强制性规定以及上海联交所的场内规则,在三方当事人之间具有约束力。在广慈公司所持标的公司股权和债权最终流拍的情况下,浦东土控公司有权根据场外约定撤回交易,不与 LT 公司继续签订《产权交易合同》。故法院依法驳回了 LT 公司的全部诉讼请求。

【典型意义】

随着我国进一步扩大对外开放,外国投资者参与国内企业股权交易,特别是国有股权交易的情况越来越常见。如何平等保护中外投资者的合法权益,既使外国投资者享受到应有的国民待遇,又不偏离国内外市场主体的平等竞争关系,避免外国投资者的“超国民待遇”,始终是自贸区司法者需要深入思考的问题。本案是一起典型的通过产权交易所挂牌交易国有资产的涉外股权转让纠纷,明确了股权受让方对股权转让的场外承诺,对在产权交易所的公开交易具有约束力。本案也进一步明确了通过产权交易所挂牌股权的行为应视为要约邀请;股权受让方向产权交易所缴纳保证金,并通过交易所报价系统报价成功的行为应视为要约。本案判决对于维护我国国有资产的重大利益,促进双方诚信交易,规范国有资产合法合规流转,平等保护国内外市场主体合法权益,具有一定的借鉴意义。

【案例索引】

案号:

一审:上海市浦东新区人民法院(2019)沪0115民初81418号(2020年11月30日)

二审:上海市第一中级人民法院(2021)沪01民终3622号(2021年5月27日)

审判组织:

一审:黄鑫、包鸿举、陈美娣

二审:卢颖、何玲、樊蕾

编写人:黄鑫

12

关联公司法人人格否认的司法认定

——立成公司与万利公司等买卖合同纠纷案

裁判要旨

公司滥用关联关系，对其关联公司进行不正当支配和过度控制的，可以认定为控制公司滥用其关联公司法人独立地位。关联公司存在人员、业务、场所、财产混同情形，导致交易相对方无法区分关联公司彼此，可以综合认定为关联公司人格高度混同。公司人格独立是其作为法人独立承担责任的前提，当公司对其关联公司进行不正当支配和过度控制，或者关联公司人格高度混同，导致交易相对方无法区分关联公司彼此，关联公司丧失独立人格时，就丧失了独立承担责任的基础，关联公司中控制公司应对被控制公司债务承担连带清偿责任。

基本案情

原告：上海立成石油化学贸易有限公司（以下简称立成公司）

被告：杭州万利合成有机化工有限公司（以下简称万利公司）

被告：浙江杭宝集团有限公司（以下简称杭宝公司）

2016年6月、7月，立成公司和万利公司签订四份《化工原料供销合同》，约定万利公司合计向立成公司采购丙烯酸丁酯1,215,000元，结算方式及期限为货到后根据数量1个月内邮寄6个月内银行承兑汇票，违约赔偿合同货值10%的违约金。合同签订后，立成公司向合同约定交货地点杭州市钱江经济开发区龙船坞路80号暨杭宝公司注册地和经营地实际交付1,208,180元货物，其中一批货物的收货人徐某平由杭宝公司缴纳社会保险。审理中，杭宝公司确认，上述四份合同需方单位落款处被告万利公司公章均由杭宝公司委托诉讼代理人暨员工朱某敏经杭宝公司股东暨总裁章某恩同意而加盖,万利公司、杭宝公司的公章均由杭宝公司办公室统一集中保管,万利公司公章由杭宝公司控制,使用万利公司、杭宝公司公章均需要章某恩批准;涉案四份合同的磋商、签订过程以及收发货联系、货款催讨沟通都由杭宝公司法定代表人章某虎及总裁章某恩接洽、落实、决定,并由杭宝公司员工盛某琴出面沟通并承诺付款。

后因万利公司未在规定的期限内支付货款,立成公司遂向法院提起诉讼,请求判令杭宝公司支付货款 1,208,180 元并赔偿违约金 120,818 元。同时万利公司、杭宝公司经营地相同,人员、经营及财务混同,导致两者人格混同并逃避债务,杭宝公司应对万利公司的上述付款义务承担连带清偿责任。

万利公司未作答辩。

杭宝公司辩称,万利公司确应支付立成公司货款 1,208,180 元及违约金 120,818 元,但万利公司、杭宝公司是各自做账的,有各自的财务人员,双方之间可能存在代收货物,双方不存在人格混同,万利公司不是杭宝公司的子公司。综上,不同意由杭宝公司对万利公司的上述债务承担连带清偿责任。

【法院裁判】

上海市浦东新区人民法院经审理认为,立成公司和万利公司签订的四份《化工原料供销合同》,系当事人真实意思表示,合法有效,双方均应恪守。现立成公司按约于 2016 年 6 月及 7 月交付价值 1,208,180 元的货物,被告万利公司理应按约在货到后 1 个月内付款,违约按合同约定应赔偿立成公司合同货值 10% 的违约金。鉴于万利公司至今未付款,立成公司要求万利公司支付货款 1,208,180 元及违约金 120,818 元的诉讼请求,符合合同约定且违约金金额亦属合理,故法院予以支持。万利公司未到庭应诉,应视为其放弃了对立成公司所主张之事实和证据进行辩驳的权利,对因此而可能产生的不利法律后果,应由其自行承担。

关于杭宝公司是否应对万利公司的上述债务承担连带清偿责任。首先,根据相关法律规定,关联关系是指公司控股股东、实际控制人、董事、监事、高级管理人员与其直接或者间接控制的企业之间的关系,以及可能导致公司利益转移的其他关系。关联企业是指有下列关系之一的公司、企业和其他经济组织:(1)在资金、经营、购销等方面,存在直接或者间接的拥有或者控制关系;(2)直接或者间接地同为第三者所拥有或者控制;(3)在利益上具有相关联的其他关系。本案中,根据查明的事实,杭宝公司确认四份《化工原料供销合同》落款处加盖的万利公司公章由杭宝公司员工实际加盖，万利公司的公章由杭宝公司保管控制，表明杭宝公司对万利公司在涉案四份合同相关的经营、购销方面存在控制关系，另杭宝公司确认万利公司、杭宝公司的公章使用均需杭宝公司股东暨总裁章某恩批准，章某恩本人在录音中亦认可两公司为关系企业，故可以认定万利公司与杭宝公司在本案中具有关联关系，双方为关联公司。

其次，公司滥用关联关系，对其关联公司进行不正当支配和过度控制的，可以认定为公司滥用其关联公司法人独立地位。本案中，杭宝公司通过控制万利公司的公章签订四份《化工原料供销合同》，杭宝公司还参与涉案合同履行的收发货联系、承诺付款等方面，而万利公司并未直接参与上述过程，其法人独立地位因杭宝公司的上述过度控制行为受到严重影响。因此，可以认定杭宝公司滥用了其关联公司万利公司的法人独立地位。

再次，关联公司存在人员、业务、场所、财产混同情形，导致交易相对方无法区分关联公司彼此，可以综合认定为关联公司人格高度混同。本案中，万利公司与杭宝公司存在以下混同情形：一是人员混同。两者工商登记手续经办人均为万利公司董事赵某玲，且赵某玲的社保由杭宝公司缴纳。章某恩曾担任过万利公司法定代表人，本案中还批准其公章使用，同时还是杭宝公司股东暨总裁。二是业务混同。万利公司经营范围包括生产加工化工产品，杭宝公司经营范围则包括批发、零售化工产品，经营范围具有关联性。涉案四份合同是万利公司与立成公司签订的，但合同上万利公司公章由杭宝公司员工加盖，合同的磋商、签订过程以及收发货联系、货款催讨的沟通、承诺付款均由杭宝公司员工出面负责。上述事实中除涉案四份合同加盖有万利公司公章外，反映不出万利公司独立从事交易活动的意思表示，表明万利公司涉案经营业务由杭宝公司控制，双方业务存在混同。三是场所混同。涉案货物送到合同约定交货地点万利公司工厂杭州市钱江经济开发区龙船坞路 80 号，而该地址同时亦是杭宝公司注册地和经营地，两者经营场所存在混同。四是财产混同。根据成品交运单，其中 29.83 吨货物由徐某平签收，但徐某平的社保由杭宝公司缴纳，表明杭宝公司参与涉案交易收货履行。万利公司经查未为任何人缴纳社保，但其股东暨法定代表人陈某虎、股东章某伟、董事赵某玲的社保均由杭宝公司缴纳，意味着杭宝公司要为万利公司相关人员支出费用。综上，可以认定两者存在财产混同。同时，2008 年 12 月至 2012 年 5 月，万利公司曾为一人有限责任公司，股东为杭宝公司，杭宝公司在 2017 年对外招聘公司简介中亦表示万利公司为全资子公司。综上，万利公司、杭宝公司存在人员、经营、场所、财产混同，致使立成公司无法区分是和万利公司交易，还是和其关联公司杭宝公司交易，可以认定关联公司万利公司、杭宝公司存在人格高度混同。

最后，公司人格独立是其作为法人独立承担责任的前提。当公司对其关联公司进行不正当支配和过度控制，或者关联公司人格高度混同，导致交易相对方无法区分关联公司彼此，关联公司丧失独立人格时，就丧失了独立承担责任的基础。根据法律规定，公司股东滥用公司法人独立地位和股东有限责任，逃避债务，严重损害公司债权人利益的，应当对公司债务承担连带责任。本案中，关联公司万利公司、杭宝公司人格高度混同，杭宝公司还滥用其关联公司万利公司的法人独立地位，对其进行不正当支配和过度控制，致使立成公司对万利公司的债权至今未实现，杭宝公司也未提供证据证明万利公司具有清偿能力，上述情形严重损害万利公司债权人立成公司的利益，违背了法人设立的宗旨和诚实信用原则，再考虑到杭宝公司员工在录音中曾承诺付款的实际情况，参照上述法律规定，杭宝公司应当对其关联公司万利公司在本案中的上述债务承担连带清偿责任。杭宝公司虽抗辩其和万利公司人格未混同，但未提供任何证据加以证明，法院不予采信。

据此，上海市浦东新区人民法院于2018年1月3日作出(2017)沪0115民初20431号民事判决，判决：(1)被告万利公司应于本判决生效之日起10日内支付原告货款1,208,180元；(2)被告万利公司应于本判决生效之日起10日内支付原告违约金120,818元；(3)被告杭宝公司对被告万利公司的上述第(1)、(2)项付款义务承担连带清偿责任。

【案例评析】

公司的独立人格与股东的有限责任是公司人格制度最基本的特征，公司的独立人格表现为独立的意志和独立的财产、人员、业务、场所，公司人格独立是其作为法人独立承担责任的前提。为防止公司股东滥用公司法人独立人格，《公司法》第20条第3款规定，公司股东滥用公司法人独立地位和股东有限责任，逃避债务，严重损害公司债权人利益的，应当对公司债务承担连带责任。至此，我国立法确认了公司法人人格否认制度，但上述立法仅适用于公司股东和公司相互之间债务承担问题。对于关联公司之间可否适用公司法人人格否认制度法律未作规定，本案从公司过度控制关联公司导致其丧失独立意志和公司与其关联公司人格混同导致交易相对方无法区分关联公司彼此两个角度出发，参照并扩张适用《公司法》规定的公司法人人格否认制度，否认关联公司的独立人格，以维护债权人的合法权益。

一、关联企业的认定标准

法律虽未明确界定关联企业的概念，但从关联关系和关联方角度阐释了何谓关联企业。例如，《公司法》规定，关联关系是指公司控股股东、实际控制人、董事、监事、高级管理人员与其直接或者间接控制的企业之间的关系，以及可能导致公司利益转移的其他关系。《企业所得税法实施条例》进一步规定，关联方是指与企业有下列关联关系之一的企业、其他组织或者个人：(1)在资金、经营、购销等方面存在直接或者间接的控制关系；(2)直接或者间接地同为第三者控制；(3)在利益上具有相关联的其他关系。因此，关联企业形式不仅包括股权控制型、协议控制型关联企业，还包括资金、经营、购销、公章等控制型关联企业。司法实践中，对于企业集团名下的母子公司、姐妹公司，法院可从股权角度认定为关联企业。对于母公司与其设立的一人有限责任公司，《公司法》第 63 条特别规定，一人有限责任公司的股东不能证明公司财产独立于股东自己的财产的，应当对公司债务承担连带责任。但对于工商登记公示信息缺乏股权关联的企业，需要综合考虑是否具备协议、资金、经营、购销、公章等方面控制因素，依法认定企业间是否具有关联关系。本案即从上述角度出发，综合认定被告杭宝公司与万利公司属于关联企业。

二、关联公司法人人格否认的适用情形

关联公司法人人格否认属于扩张适用公司法人人格否认制度，两者适用情形具有类似性，是为了有效规制控制公司滥用被控制公司法人独立地位来逃避债务，以保护严重受损的被控制公司债权人利益。司法实践中，控制公司滥用被控制公司法人独立地位的具体情形包括以下几点。

（一）控制公司滥用关联关系，对其关联公司进行不正当支配和过度控制的，可以认定为公司滥用其关联公司法人独立地位

由于关联公司之间存在天然的联系，公司利用关联关系合法控制被控制公司是法律允许的。不正当支配和过度控制关注的则是控制公司将其意志强加于被控制公司，将被控制公司作为实现目标的工具，致使被控制公司丧失独立意志和决策能力。司法实践中，其主要表现形式为关联公司间利用关联关系进行关联交易，非法隐匿、转移公司财产，也可以表现为被控制公司的公章、合同签订与

履行均由控制公司控制，被控制公司仅是一个“空壳”，本案即属于该类情形。

（二）关联公司间存在财产、人员、业务、场所混同情形，导致交易相对方无法区分关联公司彼此，可以综合认定为关联公司人格高度混同

关联公司人格混同中最根本的是财产混同，财产混同将导致公司法人财产独立性的丧失，一般表现形式为关联公司间资金混同、财务管理不作清晰区分，但证据举证难度较大。司法实践中，还可以从交易货物的实际收货人在关联公司间不作区分、关联公司经营地不作区分、关联公司社保缴纳情况不作区分等角度加以认定。关联公司人员、业务、场所混同常导致交易相对方无法区分关联公司彼此，大多属于“一套班子，两块牌子”、业务范围重合或交叉、使用同一办公场所的情形。在上述混同情形中，财产混同是必备要素，人员、业务、场所混同可以选择使用，以综合认定关联公司人格是否高度混同。

需要指出的是，过度控制和人格混同虽有所区别，但两者在案件中常同时出现，或存在一定程度的交叉，司法适用时可根据案件情况加以灵活运用。

三、关联公司法人人格否认的审慎适用

鉴于关联公司法人人格否认属于扩张适用公司法人人格否认制度，且公司利用关联关系合法控制被控制公司受法律保护，因此，必须审慎加以适用。在司法个案中，要严格把握严重损害债权人利益的认定标准，即使存在控制公司滥用被控制公司法人独立地位的情形，被控制公司如未清偿债务，但有清偿债务可能时，法院应要求被控制公司提供证据证明其清偿能力；只有在被控制公司未提供证据或者提供的证据不足以证明其具备清偿能力时，才应依法认定为严重损害债权人利益。

综上，关联公司法人人格否认是司法个案中保护债权人合法权益的有效举措，特别是在控制公司“掏空”被控制公司，被控制公司成为其实现目的的工具时，需要法院审慎适用以维护社会公平正义。

【典型意义】

我国《公司法》仅规定了公司股东滥用公司法人独立地位和股东有限责任类型的公司法人人格否认，关联公司法人人格否认则属于参照并扩张适用公司法人人格否认的情形，司法实践中，对于如何予以准确适用存在模糊地带。本案从过度控制和人格高度混同两个角度开展探索，依法适用关联公司法人人格否认，平等保护外商投资企业的合法权益，对类案审判具有一定的参照适用意义。

2021 年 12 月,全国人大常委会公布的《公司法(修订草案)》第 21 条第 2 款规定:公司股东利用其控制的两个以上公司实施前款规定行为的,各公司应当对任何一个公司的债务承担连带责任。该法律条文草案属于股权控制型的关联公司法人人格否认规则,由于关联企业形式不仅包括股权控制型、协议控制型,还包括资金、经营、购销、公章等控制型关联企业,本案对如何进一步完善关联公司法人人格否认立法、司法具有一定的借鉴意义。

【案例索引】

案号:上海市浦东新区人民法院(2017)沪 0115 民初 20431 号(2018 年 1 月 3 日)

审判组织:包鸿举、赵传伟、周志勇

编写人:包鸿举

13

法定代表人登记涤除纠纷案件的审判思路

——邱某婕与波驷公司姓名权纠纷案

裁判要旨

法定代表人登记的选任和变更属于公司的内部治理事项。但当公司内部治理出现失灵,损害了法定代表人的合法权益时,司法的介入和干预殊为必要。在审查此类纠纷时,应当注意公司股东与公司债权人之间的外部利益平衡,与公司的内部利益平衡,兼顾公司内部治理的程序性正义。

基本案情

原告:邱某婕

被告:波驷贸易(上海)有限公司(以下简称波驷公司)

波驷公司成立于2009年4月17日,营业期限至2039年4月16日,登记机关为上海市自由贸易试验区市场监管局。公司章程载明:投资方为Cement Land Trading(L. L. C)、Al Serat Trading(L. L. C)。法定代表人为Arab Nia Sar Manouchehr,国籍为伊朗。股东会由投资方组成,行使修改公司章程等职权,对股东会职权事项,股东以书面形式一致表示同意的,可以不召开股东会议,直接作出决定,并由全体股东在决定文件上签字(法人股东盖章)。股东会会议由执行董事召集并主持。股东会议由股东按照出资比例行使表决权。公司设执行董事1名,由投资方(股东会)任免。执行董事每届的任期为3年,任期届满,投资方继续委派的,可以连任。执行董事是公司的法定代表人。执行董事因故不履行职责期间,可委托其他股东代理行使其职权。

2012年10月10日,波驷公司的股东Cement Land General Trading(L. L. C)

决定:免去 Manouchehr Arab Nia Sar 执行董事职务,任命邱某婕为执行董事。当日,波驷公司任命邱某婕为执行董事。

2013 年 4 月 1 日至 2015 年 3 月 31 日,邱某婕被对外服务公司派遣至波驷公司处工作。

2018 年 9 月 12 日,《中国商报》A2 版刊登了邱某婕 2018 年 9 月 6 日的声明:上海市对外服务有限公司、波驷公司以及本人于 2012 年至 2015 年存在劳务派遣关系,本人在被派遣至波驷公司提供劳动期间,于 2012 年 10 月被波驷公司任命为法定代表人。2015 年 3 月 31 日三方终止派遣关系及劳动关系。我因离职多次要求波驷公司变更法定代表人,波驷公司未予变更。现本人重申:本人于 2015 年 4 月 1 日辞去波驷公司法定代表人职务,波驷公司应依法办理工商变更登记,波驷公司所从事的所有行为与本人无关。

波驷公司在本案中的登记状态为吊销,未注销,吊销日期为 2018 年 5 月 3 日。

后因邱某婕拟应聘至其他金融机构工作,但因邱某婕担任外资企业法定代表人不符合金融机构聘用人员规定,不予录用,邱某婕再度寻找波驷公司希望解除法定代表人身份,但波驷公司仍未予变更。故邱某婕向法院提起诉讼,请求判令波驷公司停止侵犯邱某婕姓名权的侵权行为,涤除邱某婕作为波驷公司法定代表人的登记事项。

被告波驷公司未应诉答辩。

【法院裁判】

上海市浦东新区人民法院经审理认为,当事人的姓名权受法律保护。法定代表人是公司拟制人格的外在表现,代表公司对外作出法律行为,履行法律义务,承担法律责任。故法定代表人的登记和变更,非依自然人个人意志,须经相关的决议程序形成公司意志。因此,邱某婕同意担任法定代表人以及不同意担任法定代表人的意志,须经公司内部的相关程序予以解决,法定代表人的变更属于公司内部治理范畴,法律并不强加干涉。但是在公司内部治理失灵侵害他人合法权益并造成损害之情形,应予以纠正。邱某婕担任波驷公司之法定代表人,系其自愿接受委托行为,其姓名被登记为波驷公司法定代表人的行为,并不构成侵权行为。此后,邱某婕作出不再担任法定代表人的声明,该声明系邱某婕单方解除委托的个人意思表示,该意思表示并不当然产生公司法上的法律效力,并未形成公司意志。

但是，综合考虑如下因素，波驷公司拒绝作出公司意志，其行为构成侵犯了姓名权的侵权行为，理由如下。

第一，根据波驷公司的章程规定，法定代表人属于章程载明事项，修改公司章程等职权由股东会行使，对股东会职权事项，股东以书面形式一致表示同意的，可以不召开股东会议，直接作出决定，并由全体股东在决定文件上签字（法人股东盖章）。股东会会议由执行董事召集并主持。股东会议由股东按照出资比例行使表决权。邱某婕向公司作出不再担任法定代表人，该意思表示视为委托关系解除的意思表示，波驷公司股东为一人，不存在股东协商不能之情形，波驷公司的股东理当予以决议。

第二，波驷公司已经处于吊销未注销之状态，公司犯逃汇罪被判处刑罚，其直接负责的主管人员 Arab Niasar Manouchehr 被驱逐出境，波驷公司长期处于吊销未注销状态，本案中波驷公司亦下落不明无法联系，公司实际已经处于无法经营和无法正常运行的状态，邱某婕已经作出声明，波驷公司在合理期限内仍未作出股东会决议，应视为拒绝决议。

第三，邱某婕并未承担波驷公司的主要管理职责，亦非波驷公司股东，对波驷公司不享有股东权利，也不承担股东的出资、债务清偿等义务，对公司及其股东承担外部债务并不构成影响。被告波驷公司经法院公告传唤未到庭应诉，应视为其放弃了庭审质证及辩驳的权利，相应后果由其自负。

据此，上海市浦东新区人民法院于 2019 年 10 月 8 日作出一审判决，判决：被告波驷公司协助原告邱某婕办理涤除原告邱某婕作为被告波驷公司法定代表人的登记事项。

【案例评析】

涤除登记中的法定代表人具有一体两面，一方面，作为公司拟制人格的代表，法定代表人的登记与变更属于公司的内部自治事项，应当充分尊重公司股东的意思表示，外力不得随意介入与干预。另一方面，法定代表人作为独立的民事主体，享有姓名权等基本民事权利保障。因此在法定代表人登记涤除案件中，如过度强调公司的意思自治，则会无视法定代表人作为自然人的权利保障。而随意干涉公司代表的选任与变更，则会影响公司基本制度的运作。

明确公司自治与司法干预的边界，是审理法定代表人登记纠纷案件难点。

只有法定代表人已经穷尽所有的公司治理的内部救济,而公司仍明示拒绝或者合理期间内未作出相关决议或决定的,则表明公司自治已经失灵,司法介入成为保护法定代表人权益的最终保障,为司法干预提供法理基础。在审理此类纠纷案件时,应当注重审查以下几个方面。

一、法定代表人的登记与变更须形成公司意志

作为公司拟制人格的代表,法定代表人的变更和登记,非依自然人的个人意志,须经相关决议程序形成公司意志。然法定代表人作为独立的民事主体,亦有其使用或不使用其姓名的权利。在公司职责与民事权利的冲突下,法定代表人登记的涤除须满足法律规定或章定事项。并且非经公司的决议程序并形成公司意志,不得随意变更。

二、法定代表人的诉请须具备正当事由

法定代表人诉请涤除登记事项,必须具备法律或章程规定的事由。虽有裁判观点认为,担任公司的法定代表人须具备董事或经理身份,即使法定代表人未在诉前向公司作出过辞任的意思表示,也可以通过诉讼的方式行使基于委托关系的任意解除权,故在此类纠纷中,应当支持法定代表人的诉请。但上述观点值得商榷之处在于,一是法定代表人代表公司系源于公司股东的授权,而非董事或经理身份,故其变更须形成公司意志;二是判决涤除是司法干预公司内部自治的结果,法定代表人的诉请并不具备正当事由,如法定代表人早已离任但公司始终将其登记为公司代表的情形下,法院一般不应支持法定代表人的涤除请求。

三、法定代表人穷尽了内部权利救济途径

作为公司的内部治理事项,法定代表人得须穷尽公司治理的内部救济途径,方可请求司法予以干预和介入。一般而言,法定代表人应先向公司股东或实际控制人作出辞任的意思表示,表明不再担任公司的法定代表人。如公司法定代表人同时担任公司董事长的,还应当根据《公司法》第 39 条之规定,召开临时股东会,公司未通过其不再担任法定代表人的决议,方可认定其已经用尽了内部权利救济手段。

四、公司股东拒绝或消极作出变更决议

司法干预公司治理的界限在于公司治理的各参与方是否能够按照法律或章程的规定,实施自我的内部治理。在法定代表人穷尽内部的权利救济途径后,股东会在合理期限内未作出变更的决议,或是直接拒绝进行变更,则可以视为公司内部治理出现了失灵的情形。同时,在诉讼过程中,法院应尊重公司的意思自治，释明不及时召开股东会并进行变更决议的法律风险，给予其充分的合理期限。如公司仍拒不变更或消极变更的，则法院可以此为基础，判决涤除法定代表人的登记事项。

五、法定代表人是否与公司不存在实质性关联

对于名义法定代表人登记纠纷案件，判断实质性关联关系是否存续是案件审理的焦点。我国《公司法》第 13 条规定，公司法定代表人依照公司章程的规定，由董事长、执行董事或者经理担任。就公司法人来说，其法定代表人与公司之间的实质关联性，就在于法定代表人要参与公司的经营管理。根据《公司法》第 13 条的立法宗旨，一个不参与公司经营管理的人，并非公司适格法代表，因其根本就不具备对外代表公司的基本条件和能力。

在判断实质性关联时，应遵循“实质重于形式”的原则，即综合名义法定代表人是否继续领取劳动报酬，是否对外继续以法定代表人的身份对外代表公司开展活动等情形进行判断。名义法定代表人离职后的情形可以分为以下两种：一是董事或经理身份解除后，仍继续参与公司的实际经营管理，即“无名有实”；二是离职后，不再领取公司的报酬，不再参与公司的经营管理，即“无名无实”。对于后者，因名义法定代表人不再从公司领取劳动报酬，亦与公司无利益瓜葛，因而可以认定其与公司无实质性关联。但对于前者，在辞去董事或经理后，继续涉入公司的经营管理，即虽无管理之名，却行管理之实，故对存在此种情形请求涤除登记的诉请，不应予以支持。

六、涤除登记是否有害于外部人的债权

公司法的本质是维持公司大股东与小股东之间的平衡，公司外部利益与内部利益的平衡。在审理法定代表人登记涤除纠纷案件时，多数法院判决主要站在公司内部的角度看待问题，鲜有考虑公司外部债权人的利益。但在处理相关纠纷案件时，如对债权人的利益不加以考虑，只注重审查公司内部之间的利益平衡，而忽视涤除事项对外部债权人的利益影响，则无疑将外部债权人处以一个不利地位。对此，在审理相关案件时，须考虑法定代表人请求涤除登记的时点，公司是否已经被列为失信被执行人，公司对外负担债务是否有公司法定代表人具有实质性关联，以防止法定代表人借力涤除判决逃避法律责任。

七、冒名登记的涤除

对于法定代表人诉请涤除冒用其名义为工商登记的情形，因登记行为并未获得法定代表人的授权，其本质是一种侵害法定代表人姓名权的行为。在冒名

登记的情形中,法定代表人的姓名系非自愿嵌入公司的制度中,所要解决的是公司与民事主体之间的纠纷,与公司治理无涉,故在审理此类案件时无须考虑以上几点。

【典型意义】

法定代表人登记涤除问题近年来不断增多,原因在于:第一,自 2017 年以来政府出台的投资贸易便利措施增多,商事主体数量总体上升;第二,"放管服"背景下,工商部门的行政审批权力弱化,商事登记更依赖于企业报送信息的真实性;第三,司法案件执行力度加大,对失信被执行人的制裁举措多元化,名义法定代表人更加注重保护自身的信用信息。在自贸区临港新片区商事主体登记确认制度试行后,企业登记由行政审批变为行政确认,商事主体的成立将更加便利。

当前,司法实践对名义法定代表人请求变更或涤除代表人登记的纠纷案件持不同的态度,部分法院认为该类纠纷在性质上属于公司内部事务,司法不应加以干预;而持相反观点的法院则认为,虽然选任法定代表人属于公司内部事务,但《公司法》要求法定代表人与公司之间具有实质性关联,当公司股东滥用其自治权时,司法应当介入以调整失衡的利益关系。本案中,法院通过审查名义法定代表人与公司是否存在实质性关联、名义法定代表人是否用尽了权利救济途径等因素,支持名义法定代表人之合理诉请,既符合公司法之精神,亦有利于维护名义法定代表人的合法权益,实现公司自治与司法干预的平衡,为迎接浦东新区全方位高水平开放带来的新挑战做好准备。

【案例索引】

案号:上海市浦东新区人民法院(2019)沪 0115 民初 31371 号(2019 年 10 月 8 日)

审判组织:吴智永、顾铭洲、王志屏

编写人:沈伟杰

新型金融与资金融通类纠纷案件

14

融资租赁案件中名实不符的法律性质分析

——远东公司与锦华建工公司等民间借贷纠纷案

裁判要旨

融资租赁机构对融资租赁物实际不存在具有明知或重大过失的，对融资租赁法律关系失去可信赖性，应当按双方成立民间借贷法律关系处理，双方间的合同效力根据民间借贷相关规定处理。名为融资租赁实为借贷案件中，保证人知道或应当知道融资租赁法律关系不存在的，应当就实际成立的法律关系承担保证责任。

基本案情

原告：远东国际租赁有限公司（以下简称远东公司）

被告：云南楚雄锦华建工集团有限公司（以下简称锦华建工公司）

被告：楚雄锦华房地产开发有限公司（以下简称锦华房地产公司）

被告：陈某道

被告：周某兰

被告：陈某刚

被告：陈某龙

被告：陈某梅

原告远东公司诉称，2013 年 11 月 7 日，远东公司与被告锦华建工公司签订《售后回租赁合同》和《所有权转让协议》。上述合同约定：锦华建工公司将其所有的设备出让给远东公司，远东公司取得了该设备所有权，并将设备作为租赁物出租给锦华建工公司使用。锦华建工公司应向远东公司支付租金，锦华建工公司如在租赁期间未按时足额支付任一期租金或合同项下其他应付款项，远东公司有权解除合同，要求锦华建工公司赔偿远东公司所遭受的损失，按每日8‰的标准偿付逾期违约金以及承担远东公司行使权利所发生的律师费用支出和其他合理支出。为担保锦华建工公司履行上述《售后回租赁合同》，被告锦华房地产公司与远东公司签订《保证合同》，被告陈某道、周某兰、陈某刚、陈某龙、陈某梅向远东公司出具了《保证函》，承诺就锦华建工公司在上述《售后回租赁合同》项下的租金、利息、违约金、赔偿金、留购价款及其他应付款项等付款义务承担连带保证责任。起租后，锦华建工公司自2015年8月13日支付第21期租金后，未再支付剩余租金。远东公司认为，锦华建工公司已构成违约，应承担违约责任，保证人亦应承担连带保证责任，遂诉至法院请求判令锦华建工公司返还远东公司《售后回租赁合同》项下的租赁物并赔偿原告按全部未付租金数额计算的损失及违约金，同时要求锦华房地产公司、陈某道、周某兰、陈某刚、陈某龙、陈某梅对锦华建工公司承担连带保证责任。

法院经审理查明：2013年11月7日，远东公司与锦华建工公司签订《售后回租赁合同》及《所有权转让协议》，上述合同约定：远东公司向锦华建工公司购买租赁物件，并回租给锦华建工公司使用，锦华建工公司向远东公司承租、使用该租赁物并向远东公司支付租金；租赁设备为装载机等机器设备，购买价款为1380万元，租金计算方式为等额年金法，租赁年利率为6.60%；如果在合同签署后任何时间，锦华建工公司未按时、足额支付远东公司任一期租金或合同项下其他应付款项，远东公司有权加速到期，要求债务人和保证人立即付清全部到期和未到期租金及其他应付款项，并偿付违约金，违约金按延迟付款金额的日5‰计算。

同日，锦华房地产公司与远东公司签订《保证合同》，陈某道、周某兰、陈某刚、陈某龙、陈某梅向原告出具《保证函》，承诺为锦华建工公司在涉案《售后回租赁合同》项下的全部和任何付款义务承担连带保证责任，保证范围为被告锦华建工公司应向原告支付的租金、利息、违约金、损害赔偿金、租赁物留购价款及其他应付款项和原告为实现权利支出的诉讼费、律师费、执行费等费用。保证期间为租赁合同项下主债务履行期届满之日起两年。

同日，锦华建工公司向远东公司出具《付款通知书》，通知远东公司将扣除保证金180万元后的实际支付金额1200万元付至指定账户，锦华建工公司同时出具收据确认收到1380万元。

后因锦华建工公司在租赁期间未按时、足额支付租金，远东公司遂起诉至法院,请求法院判令锦华建工公司返还远东公司《售后回租赁合同》项下的租赁物并赔偿原告按全部未付租金数额计算的损失及违约金,同时要求锦华房地产公司、陈某道、周某兰、陈某刚、陈某龙、陈某梅对锦华建工公司承担连带保证责任。

被告锦华建工公司辩称,原告与被告锦华建工公司之间并不存在融资租赁法律关系,双方恶意串通,以合法形式掩盖企业之间资金借贷的事实,扰乱金融秩序,违反法律禁止性规定,《售后回租赁合同》和《所有权转让协议》属无效,原告第一项和第二项诉讼请求缺乏事实和法律依据。原告基于无效合同获取的租金应当返还作为归还原告的借款本金,故实欠原告借款本金9,030,931.46元。

被告锦华房地产公司、陈某道、周某兰、陈某刚、陈某龙、陈某梅共同辩称,原告与被告锦华建工公司以合法形式掩盖非法目的,涉案《售后回租赁合同》系虚假合同,六被告不应对该合同所产生的租金债务承担保证责任。

【法院裁判】

上海市浦东新区人民法院经审理认为,本案的争议问题在于以下三个方面。

1. 关于本案合同的性质。被告锦华建工公司辩称租赁物并不存在,对此远东公司确认其并未收到租赁物发票原件,亦未进行现场查验和巡视查验,亦不知晓租赁物现处何处。因远东公司从未查验过设备,且未能提供进一步证据证明租赁物的实际存在,故法院采信被告意见,本案涉案租赁物并不实际存在。根据法律规定,标的物不存在,合同不成立,故双方之间的融资租赁法律关系不成立,应当以双方实际构成的法律关系处理。根据合同约定,远东公司向锦华建工公司提供资金,锦华建工公司使用并偿付利息,双方之间实际构成企业间借贷关系,即本案合同的性质是名为融资租赁,实为企业间借贷。

2. 关于借款合同的效力。法院认为,借款合同有效,理由如下:(1)远东公司作为融资租赁企业,虽未取得发放贷款的资质,但没有证据证明其以发放贷款为主要业务或主要利润来源。(2)尽管锦华建工公司的真实意思系从远东公司处获得借款,但没有证据证明远东公司与锦华建工公司合谋以合法形式掩盖非法目的,即该借款合同不违反法律、行政法规的强制性禁止规定。故远东公司与锦华建工公司之间的借款合同有效,双方仍应当依约履行各自义务。根据双方约定,本案中,远东公司向锦华建工公司支付的租赁成本1380万元即为出借本金,锦华建工公司在3年时间内共计支付15,355,724.67元,系双方关于利息金额的约定,该约定于法不悖,法院予以确认。因锦华建工公司未能依约支付相应价款,远东公司请求法院判决确认涉案《融资租赁合同》于2016年6月15日解除的主张,既符合双方合同的约定,亦于法有据,法院予以支持。关于保证金,双方约定系被告锦华建工公司未履行债务而提供的现金质押,且远东公司实际以专门账户予以保管,并非预扣利息,故不从本金中予以扣除。远东公司主张将180万元保证金按照截至2016年6月15日的违约金314,349.14元、借期利息235,481.12元和本金6,573,898.98元的顺序作相应抵扣,不违反双方约定和法律规定,法院予以准许。抵扣后,被告锦华建工公司尚应支付远东公司本金5,323,729.24元,并应支付以5,323,729.24元为本金,按日5‰的利率标准自2016年6月16日起计算的逾期付款违约金。关于服务咨询费,系其他费用,与本案无关,法院不作处理。

3. 关于保证的效力。被告锦华房地产公司、陈某道、周某兰、陈某刚、陈某龙、陈某梅在庭审中表示,其在签署保证合同时,知道主合同名为融资实为借贷的事实。法院认为,保证人知道主合同名为融资实为借贷,系其承担保证责任的真实意思表示,故应当按照保证合同的约定,承担保证责任。现被告锦华建工公司构成违约应承担相应的违约责任,保证人亦应按约承担连带清偿责任,承担保证责任后,有权向被告锦华建工公司追偿。

上海市浦东新区人民法院于2016年8月15日作出(2016)沪0115民初7349号民事判决,判决被告锦华建工公司于判决生效之日起10日内归还原告远东公司借款本金5,323,729.24元;偿付原告远东公司逾期付款违约金;被告锦华房地产公司、陈某道、周某兰、陈某刚、陈某龙、陈某梅对被告锦华建工公司的上述还款义务承担连带保证责任;驳回原告远东公司的其他诉讼请求。宣判后,当事人均未提出上诉。

【案例评析】

民法中名实相符是指当事人的外在表示行为与内心意思相一致,具体在合同法领域是指当事人的真实意思表示与最终形成的书面合同内容所载明的权利义务相符合。如果名实不符,就要受民法中错误、诈欺、掩盖真意、虚伪表示、合法形式掩盖非法目的等规则的规制。当前,融资租赁产业作为金融创新和扩大开放的重点领域,行业规模不断壮大、覆盖领域不断拓展,向相关产业的辐射力不断增强,企业对资金的庞大需求与资金市场对资金利用效率的追求相叠加,融资租赁业务呈现新的发展特点,一些市场主体迂回适用法律规则和市场交易模式在融资租赁业务中掩盖其真实交易目的,并逐渐显现在审判实务中。

一、融资租赁案件中的名实不符现象

融资租赁机构区分为各商业银行开设的金融融资租赁机构及商业融资租赁机构,因两者资金来源不同,金融融资租赁业务纳入信贷规模管理,故以融资租赁中的名实不符,主要体现在商业融资租赁业务中。主要有以下情形。

(一)以融资租赁为名,实为借贷

利用融资租赁业务的融资属性,虚构或伪造融物的事实,有意追求或者掩盖资金借贷的意图,规避行业监管和法律风险。

1. 共同虚构租赁物。出租人与承租人通过共同合意,以并不存在的租赁物签订融资租赁合同,将借贷的合意分散表述在合同文本中,掩盖资金借贷的目的。

2. 单方虚构租赁物。多发生于售后回租赁业务,承租人夸大租赁物的价值或伪造租赁物发票,套取融资租赁机构的回购价款。作为专业机构的融资租赁机构,虽然其业务流程已经高度专业化、规范化,各类法律手续完备,要求承租人签署所有权转移证明、租赁物接收函等法律文件,并有各类查验、巡视记录,以减轻自身的法律风险和责任,但疏于对发票及租赁物的真实性进行实质审查,从而造成事实上的名为融资租赁实为借贷。

3. 名义租赁。以价值难以评估、难以转移占有(如脚手架、玻璃幕墙、供排水管道等与土地、房屋难以分割或分割后价值大幅贬损的设备)、难以特定化或价值随使用而消耗较大的设备(如各类办公消耗品打包租赁)、表面价值与实际价值不符的设备(如拆分整体生产线后以各部分为单独设备进行售后回租)作为租赁物。此种模式中,承租人和出租人虽签订融资租赁合同,但双方真实的动机均为资金往来,出租人虽享有名义上的租赁物所有权,但承租人一旦违约,出租人并不打算收回租赁物,极少主张收回租赁物,而是放弃对租赁物所有权的主张,转而依据加速到期条款主张全部未付租金。

(二)以融资租赁为名,实为投资

1. 合同投资。融资租赁企业与投资公司等其他机构通过合同方式确定投资内容,同时签订融资租赁合同,融资租赁合同的承租人即为投资的合作方,融资租赁款或物即为融资租赁企业的投资款或物,租金即为投资收益。

2. 项目投资。表现形式为融资租赁企业 A 与其他机构 B 共同投资其他公司或项目 C(如承包医院的某科室),融资租赁公司 A 以支付融资租赁物购买款项的方式作为其对C的投资，融资租赁公司的合作机构B以实际承担租金或与A约定租金费用分担的方式作为其对C的投资，融资租赁公司A及其合作机构B将该租赁物放置于其C处使用并参与C的经营以获得盈利，融资租赁公司A与其投资对象C签订《融资租赁合同》，C为名义上的承租人，但C并不实际承担租金支付义务，而是将B实际支付的租金费用转付给A以完成表面上的租金支付行为。C的经营盈利即为A、B的投资收益，由A、B按约定分成；经营亏损即为A、B的投资亏损，由A、B按约负担(通常表现为A、B之间分担租金费用)。

(三)以融资租赁为名，实为买卖

所谓以融资租赁为名，实为买卖，所采取的交易方式为在买卖交易中嵌入融资租赁模式，具体交易结构设计为产品出卖方A将产品出卖给买方B后，又从买方B处回购设备，从而形成相同主体之间的两次往来买卖，该两次买卖的两笔货款支付均不实际发生，之后卖方A将回购后的设备交付并出租给买方B，B按租期(一般为2~3年)分期向A支付租金，租金总额略高于该产品卖价。该交易结构中，双方的真实合同目的往往是买卖，而为减轻买方短期内的货款压力，设计为“买卖+售后回租”方式，由买方分期向卖方支付融资租赁租金。

二、融资租赁中名实不符涉及的相关法律问题及审理思路

(一)问题一：售后回租合同订立时承租人对租赁物没有所有权或处分权，嗣后又取得的，是否认定为名为融资租赁实为借贷

实践中，主要有两类情形。一是关联公司之间进行设备转移，如A与B为关联性公司，A以B名下的设备订立售后回租赁合同，嗣后B将设备所有权转移给A。二是路货的售后回租赁，承租人已经与出卖人签订了买卖合同并已经支付相应的货物价款，但设备尚处于承运人运输途中，承租人以此设备订立售后回租赁合同，多发生于进口设备的融资租赁业务中。

笔者认为，第一类情形属于无权处分行为，根据2012年发布的《最高人民法院关于审理买卖合同纠纷案件适用法律问题的解释》第3条第1款的规定，“当事人一方以出卖人在缔约时对标的物没有所有权或者处分权为由主张合同无效的，人民法院不予支持”(本条款已经被《民法典》第597条吸收上升为法律规定。《民法典》第597条规定：“因出卖人未取得处分权致使标的物所有权不能转移的，买受人可以解除合同并请求出卖人承担违约责任。法律、行政法规禁止或者限制转让的标的物，依照其规定。”)，因此，无权处分行为并不当然无效，但无权处分人的行为不具有合法性和合理性，其自身的动机、目的难言善意，而交易相

对人的融资租赁机构亦难言善意,对于资金借贷的意图至少处于明知而放任的状态,故该行为应当认定为名为融资租赁实为借贷。第二类情形则属于正常的市场交易形态,承租人虽未取得所有权,但已支付价款,取得合理的期待权,具有相当的可信赖性,故不宜认定为名为融资租赁实为借贷。

(二)问题二:重大过失和一般过失的认定标准

是否构成名为融资租赁实为借贷,重点和难点在于判断融资租赁机构的过错程度。虚构租赁物以及因无权处分而导致的"一物两融"情形中,出租人往往存在如仅审查设备买卖合同未审查增值税发票、未查验发票真伪、未现场查验设备等业务漏洞,这些均构成了过失,但何为一般过失,何为重大过失,对于融资租赁机构是否构成善意至关重要。如认定出租人具有重大过失,则应认定双方对虚构租赁物均非善意;如仅具有一般过失,则出租人系因承租人单方虚构租赁物而受诈欺。民法理论中,善意标准的表述有多种,但几乎所有的标准均认定如有重大过失则不构成善意,因为重大过失使信赖失其合理性,可以说不具有重大过失是构成善意的最低标准。长期以来,善意及重大过失虽频繁出现在各类法律规范中,但具体判断标准直到《最高人民法院关于适用〈中华人民共和国物权法〉若干问题的解释(一)》(已于2021年1月1日被废止)出台后才予以明确。该解释第15条第1款对善意取得中受让人善意的认定作出了规定:"受让人受让不动产或者动产的,不知道转让人无权分权,且无重大过失的,应当认定受让人为善意。"(现为《最高人民法院关于适用〈中华人民共和国民法典〉物权编的解释(一)》第14条)第17条对动产善意取得中受让人重大过失的认定予以明确:"受让人受让动产时,交易的对象、场所或者时机等不符合交易习惯的,应当认定受让人具有重大过失。"(现为《最高人民法院关于适用〈中华人民共和国民法典〉物权编的解释(一)》第16条)据此,以是否符合交易习惯作为判断依据,为判断"重大过失"提供了明确的指引。

但是,所谓交易习惯,在《最高人民法院关于适用〈中华人民共和国合同法〉若干问题的解释(二)》(已于2021年1月1日被废止)中给出了循环性的解释,特别是对行业习惯采取了主观限定的认定标准,该解释第7条规定:"下列情形,不违反法律、行政法规强制性规定的,人民法院可以认定为合同法所称'交易习惯':(一)在交易行为当地或者某一领域、某一行业通常采用并为交易对方订立合同时所知道或者应当知道的做法;(二)当事人双方经常使用的习惯做法。对于交易习惯,由提出主张的一方当事人承担举证责任。"这就造成理解和适用上的困难,判断重大过失的标准是违反交易习惯,但交易习惯的判断尤其是行业性习惯又要求当事人知道或者应当知道。如果一方违反了行业性的交易习惯却提出不知的抗辩,而交易习惯的举证责任在对方,实践中难以证明,则会造成一方违反了交易习惯却以不知为由免责。我们认为,我国法律对行为标准的设定多采取比较严格和趋于探究内心真意的规定,而不过于强调行为外观的效力,此盖因我国法律采民商合一体制,合同法、物权法等规制市场经济活动的重要法律既规范商事行为,也规范民事行为,故其标准设定多以民事主体和行为为依据而非以专业要求更高的商主体和商行为为依据。但商行为毕竟有其特殊性,商主体对其所处专业领域的交易惯例、秩序、操作方法,有着高度的领域性和行业性共识,即我们通俗所说的"圈子",所以对于交易习惯应当更加注重区分行业性的交易惯例与个体间的交易习惯,所谓交易惯例,更加侧重于"例",是行业性和专业性的规范,需要证明例外之形予以排除;而习惯,则侧重于"惯",即惯常性做法,需要证明惯常之情予以确认。故审判中对于商事主体应高度重视违反交易惯例的客观性行为外观标准,违反交易惯例的,应由违反一方承担证明无重大过失的举证责任。

实践中,承租人常以发票虚假或租赁物实际不存在为理由抗辩,因缺乏全国统一的查验平台,融资租赁机构对增值税发票常仅进行形式审查,甚至在缺少增值税发票的情况下仅凭现场查验记录而订立合同。我们认为,增值税专用发票既具有商事凭证功能,又具有完税凭证功能,我国对于增值税专用票的管理相当严格,增值税专用票的开具须与合同一致、资金流一致,如果增值税专用发票开具的购货人与实际付款人不一致,还需作出如代为付款等合理说明,而收到增值税专用发票后,相关设备即可计入企业资产,融资租赁标的物虽为动产,交付增值税专用发票已经成为市场交易尤其是买卖的交易惯例,仅依靠"占有"判断所有权并不符合融资租赁业务的交易惯例。且国家税务总局已于2016年启用了全国增值税发票查验平台,取得增值税专用发票的单位和个人可登录查验平台查验发票信息,故即使增值税专用发票造假,其难度也大大高于买卖合同,持有增值税专用发票对于买卖法律关系的存在及货物所有权的证明力还是比较强的,除非有相反证据予以推翻。综上,笔者认为,只要未能审查增值税专用发票或现场查验均属于重大过失,不构成善意。

(三)问题三:保证担保的连续性问题

融资租赁被转性认定为借贷后,原保证人是否还应当承担保证责任,实务中颇有争议。第一种观点认为,原合同不成立或无效,保证自然不成立或无效;第二种观点认为,保证内容均为金钱给付之债,故转性认定后不影响保证人的保证责任;第三种观点认为,参照《最高人民法院关于适用〈中华人民共和国担保法〉若干问题的解释》(已于2021年1月1日被废止)第30条的规定,减轻债务人债务的,保证人继续承担保证责任,加重债务人债务的,保证人对加重部分不承担保证责任(现为《民法典》第695条);第四种观点认为,法院根据事实认定主合同真实性质对于第三人提供担保效力的影响,取决于担保人的真实意思表示是否限于为名义上的主合同提供担保,保证人知道或应当知道名为融资租赁实为借贷的,应当继续承担保证责任。① 笔者认可第四种观点。

第一种观点缺乏理论基础,合同的转性认定,并非合同无效,亦非合同成立成效后的变更或更改,而是依据意思表示的内容对已经成立的法律关系性质的确定。第二种观点忽略了合同同一性的判断,区分合同要素变更及非要素变更,对于区分合同更改和变更,进而判断合同是否为同一性,并据此判断保证责任的存在和消灭,具有重要意义。② 虽然保证责任的承担方式均为金钱给付,合同转性认定对保证责任的承担方式不产生影响,但主合同性质发生了变化,主合同已失其同一性,作为从属性合同,保证合同亦失其同一性,故该观点法律依据亦不充分。第三种观点与第二种观点类似,以保证责任的承担结果作为标准,同样未能考虑合同已失其同一性的因素,即使减轻了保证人的保证责任,但保证责任所从属的主合同之债的发生原因和基础产生了性质变化,保证责任的产生基础发生了变化,势必对保证人的决策和利益产生重大影响。第四种观点符合保证的法律意义,比较好地平衡了债权人和保证人之间权利。视为保证人知道合同转性事实的情形主要有近亲属作为保证人、同一法定代表人(实际控制人)的公司作为保证人、人格混同的关联公司作为保证人、保证合同内容体现主合同真实法律性质、保证人对于主合同审查有重大过失、交易链中的“内部人”等。

(四)问题四:融资租赁被转性认定后原合同约定的处理

首先须明确,合同的转性认定并不是外观合同无效后的新合同,而是双方合意性质不同导致成立的法律关系不同,如认定融资租赁行为无效,则直接导致双方的返还责任,并不需要考虑双方的约定内容。共同虚构租赁物情形在《最高人

---

① 参见郑杰:《主合同被转性认定时的担保人责任》,载微信公众号“民商辛说”2016年7月5日。

② 参见韩世远:《合同法总论》,法律出版社2004年版,第531页。

民法院关于审理民间借贷案件适用法律若干问题的规定》出台之前,因双方合意借贷易被法院判定无效,故实践中此种形态较为少见。在该解释出台后,法院对企业间为生产经营之需,临时性的资金拆借行为总体持开放态度,只要融资租赁企业不以放贷为业,没有合谋转贷牟利行为,一般个案不宜认定为无效,宜以双方实际约定的金额、期限,按照民间借贷法律关系予以处理。在单方虚构租赁物情形,实践中多是违约方即承租人抗辩称双方串通名为融资租赁实为借贷,但融资租赁机构是否串通,承租人极难证明,审判中亦难查实。一般来说,融资租赁机构作为专业机构,未能审查发票、租赁物的真实性,应视为未尽到与其专业能力相一致的注意义务,具有专业上的过失,从而认定为租赁物在法律事实上不存在,但融资租赁机构的过失程度的判断对于法律适用依据的选择具有决定性的影响:如为一般过失,系出租人对承租人的虚假陈述产生了合理信赖,属可撤销行为,在除斥期间不行使撤销权或表示同意,应按双方实际约定内容予以处理;如为重大过失,则要慎重考虑出租人是否对承租人存在合理信赖,如不能构成合理信赖,则难以构成诈欺,应按双方共同虚构租赁物处理;如果发现融资租赁机构以借贷为业或转贷牟利,则该合同归于无效。

(五)问题五:融资租赁与投资两种资金运用和收益方式结合时交易性质的认定

该种业务模式应当认定为投资还是一种新类型的融资租赁模式,是判断的难点。我们认为,法律规制的对象为行为,行为被赋予了法律意义和效力即为法律行为,而判断法律行为性质的标准就是行为设定的权利和义务是否与法律所设定的行为模式相吻合。融资租赁与投资的最大区别在于租金获得的稳定性,不因承租人经营状况的变化而变化,而投资行为的特点在于收益的不固定性,既要共享收益,也要共享风险。故此类交易模式应为投资,而非融资租赁。

在项目投资模式下,真实的投资关系发生在众多的投资人之间,融资租赁合同仅仅是其中占比非常小的一个环节,在法院将融资租赁合同转性认定为投资后,是否应当继续审理,实践中产生争议。一种观点认为,根据《最高人民法院关于审理融资租赁合同纠纷案件适用法律问题的解释》第1条第2款“对名为融资租赁合同,但实际不构成融资租赁法律关系的,人民法院应按照其实际构成的法律关系处理”。另一种观点则认为,该规定主要针对名为融资租赁实为借贷的行为,如果仅是当事人之间法律关系性质发生了变化,可视为诉未失其同一性。但如将融资租赁合同从繁杂、冗长的交易链条中截取出来,或故意在众多的投资人中选择性起诉，则视为诉已失其同一性，应当以缺乏事实和法律依据为理由，判决驳回诉讼请求。笔者认可第二种观点，所谓诉的同一性，法律上并没有如此概念，仅有《最高人民法院关于适用〈中华人民共和国民事诉讼法〉的解释》第247条关于一事不再理原则及判断标准的规定，依据该标准，如果当事人、诉讼标的、诉讼请求三个标准有一个不符合，就构成不同之诉，应当另行起诉。在项目投资模式下，投资人众多，而融资租赁合同当事人仅为出租人和承租人，如果继续审理，首先当事人就要发生变化，甚至是完全的变化。且一方当事人在明知其与他人之间存在投资行为，却仅仅截取融资租赁合同提起诉讼，有欺瞒和违反诚信之嫌，待法院耗费精力审理发现存在其他众多投资主体和投资模式，此时再行更改当事人，无疑是司法资源的极大浪费。

（六）问题六：买卖套嵌融资租赁时应认定存在买卖和融资租赁两个法律关系，还是仅存在一个所有权保留的法律关系

当前一些商事交易结构中，往往包含了多个具有独立法律意义的交易关系，比如，售后回租、售后回购、P2P资金池等，如不能准确把握这些繁复的交易结构，将对审判造成极大的困扰。笔者认为，商事行为中交易外观与内心意思互为表里，同时也相互印证、相互解释，内心意思表示只有在一定的外观映衬下才能展现和明确，否则将其理解为纯粹的内心活动，将沦为任人随意理解和解释的粉饰和曲解，市场交易秩序将陷于混乱。面对纷繁复杂的商事行为，只有将意思表示置于交易习惯、交易场景的相互解释中，才能得出相对合理的结论。

在双方订立多份交易合同情形下，判断合意和法律关系是单一还是多重，应当有三个判断标准：首先看对价，这是判断交易是否符合常理和常规的重要标准，如果一个交易的对价明显不合理，比如，租金构成明显过高，或者高买低卖，做赔本生意，那么就要怀疑是名实不符；其次看资金和单据流向，如果在多重交易合同构成的交易结构中，部分合同项下的交易并未实际发生，仅有一头和一尾交易链之间直接的一次性的资金和单据流，则可视为一个交易行为；最后看交付，比如，仓单转让以及前期的钢材贸易，短期内集中连续发生转让，而交易的标的物均未实际发生占有转移，甚至仍在第一手出卖人手中，属于典型的融资性买卖，当按一个交易行为对待。

具体到买卖套嵌融资租赁这一交易结构，从表面来看，双方存在多个独立的合意，订立了多份独立的合同，形成了多重的法律关系，此时，合同的履行情况就成为探求当事人内心意思表示和双方法律关系的重要切入口，如果双方每个交

易环节都有相应的资金流、单据流，则可以视为双方存在买卖和融资租赁法律关系，因为双方所订立的每一个合同的确已经得到了履行；如果在整个交易流程中仅产生了一次或者没有产生资金流和单据流，则双方之间显然是在通过一系列的名义交易来架构一个新的交易模式，而这个交易模式从其本质的权利义务内容来看，与所有权保留性质相同，故应当认定为名为融资租赁实为买卖。

（七）问题七：无融资租赁资质的主体在买卖中套嵌融资租赁的行为效力如何认定

有观点认为，双方订立了融资租赁合同，如没有取得相应营业资质，应归于无效。笔者认为，合同的性质必须名实相符方可确认，在没有审查租金构成、租赁物形态和价值前，仅凭双方订立的合同名为融资租赁就判定无效，过于武断。更何况，目前尚无效力性、强制性规定禁止未取得商业融资租赁营业资质的企业从事融资租赁业务。且如果买卖中套嵌的融资租赁行为被认定为无效，那么其之前进行的买卖行为效力应当如何认定？这一作为整体业务操作模式不可分的一部分的买卖行为是否需要继续履行？这都是该类业务模式审判中的理论难点。因此，笔者认为，仍应将买卖及售后回租两个法律关系作为一种业务模式的两个组成部分通盘考虑，据此探究交易双方在该业务模式中的真实意思表示，而不应机械地拘泥于分别认定买卖及售后回租的行为效力。

【典型意义】

融资租赁业务中的名实不符，归根结底其目的均为融资，亦即依靠资金产生资金，其核心特征就是弱化实体租赁物在资金生产中的功能和比重，使资金的收益与租赁物自身价值产生了脱离，虽然交易外观与融资租赁一致，但法律关系性质产生了根本变化。这就需要分析繁复的交易结构和流程，抓住最核心的法律行为，厘清各类法律关系，分清主次，准确认定法律性质。

本节在总结六种具体业务模式的基础上，总结出了审判实践中争议较大的七个问题。其中，对于实践中商业融资租赁业务中租赁物客观不存在的后果，本节提出了区分商业融资租赁机构在业务开展中的规范程度，以过失程度判断融资租赁合同的效力；针对实践中融资租赁合同被认定名为融资租赁，实为借贷后保证人保证责任的承担问题，本节根据实践中的经验，认为应当区分保证人对融资租赁业务过程的知晓程度和注意义务的承担，区别承担保证责任，而非一概认定不予承担保证责任或以保证责任为金钱债务为由一概承担保证责任；针对实践中市场主体采取融资租赁的模式,设置交易模式,本节跳出以市场主体准入门槛确定合同效力的传统观点,承认双方的意思自治,结合合同履行情况,探寻双方真实意思表示,从而确定法律关系。

【案例索引】

案号:上海市浦东新区人民法院(2016)沪0115民初7349号(2016年8月15日)

审判组织:吴智永、徐劲草、周志勇

编写人:吴智永、徐劲草

15

隐蔽型保理的法律关系分析

——创普公司与上海金广大道公司等保理合同纠纷案

裁判要旨

保理合同按照是否将应收账款转让的事实通知债务人,可区分为公开型保理和隐蔽型保理。隐蔽型保理是一种独立的保理形式,具有现实意义并为实践所接受,应确认其保理合同效力。判断隐蔽型保理是否构成保理法律关系,核心是约定转让的应收账款是否真实、合同双方是否具有成立保理关系的真实目的,以及保理人的收益是否实际源于受让的应收账款本身。对形式上符合保理要求的隐蔽型保理,若其债权转让金额与实际债权金额相差悬殊、双方无建立保理关系的真实目的,且保理人并非通过应收账款债务人的清偿而获利的情况,应认定为借贷法律关系。

基本案情

原告:创普商业保理(深圳)有限公司(以下简称创普公司)

被告:上海金广大道物流科技有限公司(以下简称上海金广大道公司)

被告:何某某

被告:马某某

被告:李某某

被告:范某某

被告:上海巴士化工物流有限公司(以下简称上海巴士化工公司)

2016 年 11 月 15 日,创普公司与上海金广大道公司签订了《有追索权保理合同》及两份《有追索权保理业务额度清单》。《有追索权保理合同》约定:上海金广大道公司作为卖方，以其与买方关于购销或服务合同项下的应收账款转让给创普公司，并向创普公司申请获得有追索权保理业务服务，该等服务包括保理融资、应收账款管理与催收等。创普公司为上海金广大道公司核定的保理融资最高额为1300万元，双方选择的保理类型是针对不同买方选择不同类型保理，具体以合同项下《有追索权保理业务额度清单》确定为准。无论何种原因，在已转让的应收账款到期日，若创普公司尚未收妥全部款项，则有权要求上海金广大道公司无条件回购该等应收账款，包括创普公司未受偿的保理融资本金、利息、逾期违约金等。保理手续费详见各笔《保理融资支用单》，按次收取。上海金广大道公司如未能按约足额支付回购价款，则应支付费率为保理手续费率1.5倍的逾期违约金。在公开型有追索权保理中，上海金广大道公司保证将应收账款已转让的事实通知买方，并出具创普公司所要求的应收账款债权转让通知书，指示并保证买方付款至保理收款专户，并按照创普公司要求办妥全部应收账款转让事宜。在隐蔽型有追索权保理中，上海金广大道公司保证已按创普公司要求向买方发送《账号更改通知书》，指示并保证买方付款至保理收款专户。附件《有追索权保理业务额度清单》有两份，其中一份列明两位买方（案外人1~2），载明保理类型为公开；另一份列明五位买方（案外人3~7），载明保理类型为隐蔽。同日，创普公司与被告马某某、何某某、李某某、范某某、上海巴士化工公司签订了三份《最高额保证合同》。

2016年11月15日、16日，上海金广大道公司向创普公司提交了《保理融资支用单》，申请支用保理合同项下保理融资款1000万元，保理手续费率为5.4%，从保理融资放款金额中一次性先行扣收，融资期限6个月，还款方式为等额本息。同日，创普公司向上海金广大道公司付款946万元。审理中，创普公司提交了上海金广大道公司向案外人3~7开具的《应收账款转让通知书》及附件，五份附件中载明转让的应收账款金额均为1500万元，但创普公司与上海金广大道公司承认并未实际向五家公司发送该通知书。

2016年12月9日、10日，上海金广大道公司向创普公司提交了《保理融资支用单》，申请支用保理融资款300万元，保理手续费率为3%，从保理融资放款金额中一次性先行扣收，融资期限为3个月。当日，创普公司向上海金广大道公司付款291万元。同时，上海金广大道公司向案外人1~2发送了《应收账款转让通知书》，案外人1~2向原告发还了《应收账款转让通知书回执》，确认应收账款转让事宜。

截至2018年1月30日,创普公司共收到还款9,915,642.36元。

【法院裁判】

上海市浦东新区人民法院经审理认为,本案中,对于创普公司主张的1300万元保理融资款,创普公司与上海金广大道公司等一致确认涉及案外人1~2的300万元融资是保理合同关系,也在三份《最高额保证合同》的担保范围内,法院依法予以确认。本案的争议焦点是:涉及案外人3~7的1000万元融资的法律性质以及被告实际应当归还的款项。

法院认为,具有真实的应收账款转让关系,是判断构成保理法律关系的关键要素。庭审中,创普公司向法庭提交了2016年11月15日上海金广大道公司向案外人3~7开具的《应收账款转让通知书》及附件,五份附件中载明转让的应收账款金额均为1500万元。但创普公司与上海金广大道公司承认双方并未实际向五家公司通知债权转让的事实,且从上海金广大道公司与五家公司之间的基础债权债务合同看,双方虽有一定的应收账款,但与约定转让给创普公司的应收账款金额相差悬殊。同时,从创普公司的收款看,案外人3~7均无实际还款。因此,从整体判断,创普公司与上海金广大道公司之间的1000万元融资,交易目的不在于通过应收账款转让获得债务人清偿以获得收益,而是出借资金后获得固定收益,性质上属借贷法律关系。

在借贷法律关系下,由于保理手续费是创普公司在本合同中约定能够取得的唯一收益,应当认定为借款利率,双方对此均有明确预期,也在法律允许的范围内,故创普公司将全部1300万元融资的该项收益调整为以实际发放款项为本金,按照双方约定的手续费率计算,在融资履行期届满时收取,法院予以认可。双方约定逾期违约金率按照保理手续费费率的1.5倍计算,创普公司自愿下调逾期违约金率,与法不悖,法院予以准许。据此,将创普公司已收到的还款9,915,642.36元,先行冲抵双方无争议的保理款及相应手续费299.73万元,剩余6,918,342.36元按约定的债权偿付顺序对上海金广大道公司的欠款依次进行冲抵后,上海金广大道公司尚欠创普公司融资本金3,636,900元及截至2018年1月30日的逾期违约金11,200元。

据此,上海市浦东新区人民法院作出一审判决,判令被告上海金广大道公司支付原告创普公司融资本金3,636,900元、截至2018年1月30日的逾期违约金11,200元以及自2018年1月31日起至实际清偿之日止的逾期违约金,被告何某某、马某某、李某某、范某某、上海巴士化工公司对上海金广大道公司的付款义务承担连带保证责任。

宣判后，何某某、马某某、李某某、范某某、上海巴士化工公司向上海市第一中级人民法院提起上诉，上海市第一中级人民法院于 2018 年 1 月 30 日作出(2017)沪 0115 民初 63999 号判决：驳回上诉，维持原判。

【案例评析】

一、保理合同的特征及判定标准

《民法典》对保理合同进行了专章规定，使保理合同成为有名的典型合同。根据《民法典》第 761 条，保理合同是应收账款债权人将现有的或者将有的应收账款转让给保理人，保理人提供资金融通、应收账款管理或者催收、应收账款债务人付款担保等服务的合同。因此，保理合同具有混合合同的特征：(1)保理合同成立的前提是债权人因与债务人达成的基础交易合同而享有的应收账款；(2)保理合同的核心是债权人和保理人之间的债权转让关系；(3)保理合同还包含了保理人向债权人所提供的资金融通、应收账款管理或者催收、应收账款债务人付款担保等金融服务。但司法实践中并不要求保理合同必须具备所列金融服务的所有内容，原则上只要有债权转让和资金融通就可认定保理合同依法成立。[①] 有观点认为，保理合同以应收账款转让为必须具备之要素，同时融资、应收账款管理、应收账款催收、应收账款债务人付款担保作为偶素只需具备其中一项即可。[②] 鉴于保理合同的上述特点，其与纯粹的债券转让、融资担保及借贷关系相区别。

实践中，按照是否将应收账款转让的事实通知债务人，保理可分为公开型保理和隐蔽型保理。本案涉及的 1300 万元融资，其中 300 万元系典型的公开型保理，双方并无争议，即债权人或保理人将债权转让的事实明确通知债务人。本案双方争议的 1000 万元，从形式上看系隐蔽型保理。隐蔽型保理又称暗保理，指在保理合同签订后，保理人或债权人均未通知债务人债权转让之事宜，仅在约定期限届满或约定事由出现后，保理人可将应收账款转让事由通知债务人的保理

① 参见最高人民法院民法典贯彻实施工作领导小组主编：《中华人民共和国民法典合同编理解与适用》，人民法院出版社 2020 年版，第 1768 页。

② 参见李宇：《保理合同立法论》，载《法学》2019 年第 12 期。

交易关系。对于隐蔽型保理的性质认定、合同效力判断及与借贷法律关系的区分等是审判实践中的难点所在。

二、隐蔽型保理的性质及其合同效力

有观点认为,为减少或避免买方提出抵销、已向卖方清偿等抗辩事由的发生及避免应收账款不确定所生法律风险,应尽可能摒弃隐蔽型保理。① 然而,在交易实践中,很多作为债权人的企业并不希望债务人知晓其将应收账款转让并进行融资;对保理人而言,隐蔽型保理则可避免债务人直接面对保理人,便于应收账款的管理和催收。因此,隐蔽型保理作为一种独立的保理类型在商业交易中具有现实意义。近年来,在法院受理的保理案件中有相当数量涉及隐蔽型保理。比如,在上海市浦东新区人民法院 2014～2019 年审理的 472 件涉自贸区商业保理案件中,暗保理 182 件,占比达 38.5%。② 可见,隐蔽型保理在商业实践中应用广泛。

然而,目前我国对于隐蔽型保理的规定仅见于一些规范性文件中。如中国银行业协会制定的《中国银行业保理业务规范》第 6 条、《天津市高级人民法院关于审理保理合同纠纷案件若干问题的审判委员会纪要(一)》第 11 条第 13 项。虽然我国未有明确的法律就隐蔽型保理作出规定,但在契约自由和债权转让规则存在的情况下,并不妨碍隐蔽型保理作为保理的一个种类而实际存在和运行。③ 有观点认为,隐蔽型保理业务中应收账款的转让未能生效,保理商无权向债务人主张债权,其名为保理实为借贷,应根据其合同的实际约定与履行情况予以认定处理。④ 但本书认为,隐蔽型保理的性质仍属于保理交易关系,不应仅以未通知债务人债权转让就否定隐蔽型保理的保理合同性质。理论上,债权转让是通过债权人与作为第三人的受让人之间达成的准物权契约而完成的,根据私法自治原则,债权转让契约并不需要债务人的参与即可在让与人与受让人之间产生让与之效力。⑤ 让与通知制度的唯一目的在于保护债务人,而不是用于决定债权是否移转、决定债权让与是否可以对抗债务人以外的第三人。⑥ 同时,我国

---

① 参见陈光卓:《保理案件审理中的法律问题和司法对策》,载《人民司法·应用》2015 年第 13 期。

② 参见王鑫、顾天翔:《涉上海自贸区商业保理案件的审判实践:理念、现状与路径——基于 472 件商业保理案件的实证分析》,载《法律适用》2020 年第 12 期。

③ 参见李永军:《合同法》(第五版),中国人民大学出版社 2020 年版,第 344 页。

④ 参见冯宁:《保理合同纠纷案件相关法律问题分析》,载《人民司法·应用》2015 年第 17 期。

⑤ 参见黄茂荣:《债法通则之三:债之保全、移转及消灭》,厦门大学出版社 2014 年版,第 120 页。

⑥ 参见李宇:《保理合同立法论》,载《法学》2019 年第 12 期。

司法实践中也倾向于认定隐蔽型保理的保理合同有效，如《深圳前海合作区人民法院关于审理前海蛇口自贸区内保理合同纠纷案件的裁判指引(试行)》第 12 条亦规定，“下列情形不影响保理合同的效力……(五)债务人仅以未收到债权转让通知进行抗辩的”；又如，上海金融法院在其判决中指出：“在保理合同签订后不将债权转让的事实通知债务人属于隐蔽型保理，隐蔽型保理合同依法有效。”[①]《民法典》第 546 条同样没有否定未通知债务人时债权转让本身的效力，仅仅是规定在未通知的情况下该债权转让对债务人不发生效力。

需要注意的是，应准确区分保理合同关系和保理交易关系，保理合同关系仅涉及保理人和应收账款债权人，而要让保理交易顺利完成则还涉及有效的基础交易合同、应收账款债权人与保理人之间的债权转让，以及对债务人的通知，故而保理合同的生效并不需要应收账款债务人的参与，而保理合同的实际履行则涉及两份合同和三个主体。[②] 在隐蔽型保理中，保理交易虽未完成，但只要保理人和应收账款债权人达成合意且符合保理合同的相关要件，那么保理合同仍然成立，只是此时保理合同的履行仍需完成对应收账款债务人的通知。但这种通知并非一定是明示的通知，也可以是暗示的通知，如本案中双方约定上海金广大道公司向买方发送《账号更改通知书》，指示并保证买方付款至保理收款专户。因此，本案中双方对隐蔽型保理的相关约定以及未为债权转让通知之事实，均不能单独成为否定创普公司与上海金广大道公司之间 1000 万元融资构成保理合同关系的理由。

三、隐蔽型保理中“名为保理实为借贷”的认定及处理

司法实践中，存在不少借保理合同之名行其他法律关系之实的案件，较典型的是“名为保理实为借贷”的情况。特别在隐蔽型保理中，由于并未向应收账款的债务人通知债权转让事项，因此在无债务人参与的情况下，更容易出现保理合同双方通过签订形式上的保理合同进行借贷融资的情形，以逃避监管和法律法规的约束。通常，可以从三个方面来判断是保理合同关系还是借贷关系。

第一，合同所约定的应收账款是否真实存在。在保理合同中，必须存在真实的债权转让，因此作为基础债权债务关系的应收账款必须真实存在。应当指出

---

① 上海金融法院民事判决书，(2019)沪 74 民终 1071 号。

② 参见李志刚：《〈民法典〉保理合同章的三维视角：交易实践、规范要旨与审判实务》，载《法律适用》2020 年第 15 期。

的是,应收账款不真实存在的情况既包括应收账款全部不存在,也包括应收账款虽存在但与真实债权数额不符,即部分不存在。① 本案中,上海金广大道公司与案外人3~7之间实际的应收账款总额与约定转让给创普公司的应收账款金额相差悬殊,故应认定本案涉嫌虚构应收账款,不构成保理合同。

第二,合同双方是否具有成立保理关系的真实目的。在保理合同中,保理人旨在受让应收账款并通过债务人的清偿而获得收益,而应收账款债权人则旨在从保理人处获得资金融通及其他相关金融服务。双方在订立合同时的真实意思表示往往可以通过案件的相关细节得以推断。本案中,无论是保理人还是债权人,均未按照约定向案外人3~7发送《账号更改通知书》以指示债务人付款至保理收款专户。同时,案外人3~7始终未进行还款,无论是作为保理人的创普公司,还是债权人的上海金广大道公司均未进行任何形式的催收,因此可以推断出该交易的最终目的并非创普公司通过上述债务人的清偿而获利,而是出借资金后获得固定收益。又如,上海市高级人民法院在"美臣保险公司与熠生投资公司等借款合同纠纷"再审裁定中指出:"各方当事人为达到融资目的,签订了回购型《商业保理合同》,但各方当事人并无真实买卖应收账款的意思表示,让与应收账款的目的在于为将来履行'回购'义务提供担保。"②

第三,保理人的收益是否实际源于受让的应收账款本身,即应收账款债务人的清偿,而非应收账款债权人的其他金钱支付。在部分案件中,虽然存在真实的应收账款,但保理合同的约定并非基于基础债权债务关系,而是直接约定应收账款债权人向保理人还本付息,此情况下应判定为借贷关系而非保理关系。如本案中,原告在合同项下约定预期能够取得的唯一收益仅为固定的保理手续费。又如,在"中原公司与合肥龙盛公司等借款合同纠纷案"中,最高人民法院认定:"龙盛公司实际上是依照固定的融资期限而非依照应收账款的履行期限偿还本息,融资期限与基础债权债务关系的履行期限不具有关联性,亦不符合保理法律关系的基本特征。故原审将双方之间的关系认定为借贷法律关系,并无不当。"③

当名义上的保理法律关系被认定为实际的借贷法律关系时,根据《民法典》第146条的规定,"行为人与相对人以虚假的意思表示实施的民事法律行为无

① 参见黄薇主编:《中华人民共和国民法典合同编解读》,中国法制出版社2020年版,第913页。
② 上海市高级人民法院民事裁定书,(2018)沪民申3123号。
③ 最高人民法院民事判决书,(2019)最高法民终1449号。

效。以虚假的意思表示隐藏的民事法律行为的效力，依照有关法律规定处理"，在"名为保理实为借贷"的情况下，可以通过认定合同双方所为的"保理之名"为虚假意思表示订立的合同关系，而"借贷之实"则是以虚假的意思表示隐藏的民事合同关系。此时，双方之间的合同实际上转换为了借款合同，双方当事人间的权利义务关系可根据借款合同的相关法律规定及司法解释进行认定。[①] 故本案中的1000万元融资，法院最终以借贷合同性质确定了双方的权利义务。

【典型意义】

保理作为一种新型融资手段，最初在上海自由贸易区发展迅猛，目前已被《民法典》吸纳作为一种典型合同。通常公开型保理是典型的保理形式，为各界所普遍接受。对于隐蔽型保理是否为一种独立的保理形式，理论上还有一定争论。争论的焦点在于隐蔽型保理的性质：究竟是独立的保理形式，还是应当被定性为借款法律关系。本案判决很好地回答了这个问题：不能一概而论。判断隐蔽型保理是否构成保理法律关系，核心是约定转让的应收账款是否真实、合同双方是否具有成立保理关系的真实目的，以及保理人的收益是否实际源于受让的应收账款本身。如果债权转让金额与实际债权金额相差悬殊、双方无建立保理关系的真实目的，且保理人并非通过应收账款债务人的清偿而获利的情况，应认定为借贷法律关系。反之，隐蔽型保理应当被认定为一种独立的保理形式。本案判决对于隐蔽型保理性质的准确认定具有一定的参考意义。

【案例索引】

案号：上海市浦东新区人民法院(2017)沪0115民初63999号(2018年1月30日)

审判组织：黄鑫、余韬、黄玉娟

编写人：黄鑫、庄雨晴

① 参见黄薇主编：《中华人民共和国民法典合同编解读》，中国法制出版社2020年版，第903页。

16

非法期货交易的司法认定及责任承担

——李某元与年泰公司等委托理财合同纠纷案

裁判要旨

期货交易的定性应当结合交易的形式要件和目的要件综合判断，如交易具备期货交易的核心形式要件且交易目的系以对冲平仓获取差额利益而非以转移商品所有权为目的，则应认定交易为期货交易；未经批准组织期货交易的，相关交易应属无效。非法期货交易平台向交易者收取的手续费属于因无效交易而取得的财产，应予返还；因交易而产生的其他损失，交易平台与交易者本身根据各自的过错比例进行分担，为交易者推荐交易平台并承担部分交易账户管理责任的交易平台会员单位对此与交易平台承担连带责任。

基本案情

原告：李某元

被告：上海年泰投资有限公司（以下简称年泰公司）

被告：湖北九汇贵金属经营有限公司（以下简称九汇公司）

九汇公司在互联网上提供“九汇贵金属交易系统”（以下简称涉案交易系统）供客户进行白银买卖操作，年泰公司是九汇公司在上海的会员单位之一，在上海地区为九汇公司招揽客户开户入金炒“现货白银”。李某元与九汇公司之间未签订合同，但与年泰公司签订《客户协议书》约定：年泰公司是九汇公司的授权综合会员单位；交易商品为由九汇公司审核通过的挂牌交易品种；交易方式为通过九汇公司提供的网络系统交易平台进行贵金属电子现货交易，采用预付款形式；李某元需支付交易手续费、仓储费等费用；李某元通过年泰公司在九汇公司开设交易账户，并在银行开立同名结算账户，实现与九汇公司专用账户之间的资金划转；年泰公司以持仓风险率来计算李某元的持仓风险，当李某元的持仓风险率小于或等于50%时，其交易预付款已不足以承担相应数量贵金属的浮动涨跌，需要追加交易预付款，否则年泰公司将李某元的未平仓合约进行全部强行平仓。同日，李某元与年泰公司签署《风险告知书》，载明李某元对进行贵金属交易业务的风险已进行了充分的认知及了解。九汇公司未在上述《客户协议书》及《风险告知书》上签章，但九汇公司在其官方网站的“风险共知”页面，也载明了相关风险，且对《客户协议书》及《风险告知书》的内容没有异议。

后九汇公司为李某元提供了交易席位号，该席位号系九汇公司开设在银行商户结算账户下的二级子账户，二级子账户密码及数字签名由李某元掌握。李某元向该二级子账户存入预付款后，可在九汇公司网站下载“九汇贵金属行情分析系统”，凭交易账号（席位号）及密码、验证码登录“九汇贵金属交易系统”进行白银交易操作。交易方式为日内开平仓，当日买卖次数不限，每笔买卖可下买单和卖单两种方式，九汇公司向李某元收取相应交易手续费。李某元在涉案交易系统中就商品“白银 100 公斤”进行了 137 笔买卖，入金 1,480,200 元，出金 911,652 元，合计亏损 568,548 元，其中向九汇公司支付的手续费为 266,520 元、买卖亏损为 302,028 元。李某元进行的涉案 137 笔交易均以对冲平仓方式了结，未进行白银实物交付。年泰公司分两次向其支付返还佣金 155,700 元。

后因李某元认为九汇公司所经营的白银交易平台并未取得国家合法审批手续，年泰公司与九汇公司存在恶意串通、骗取保证金的嫌疑，故向法院提起诉讼，请求判令两公司连带返还其 568,548 元以及相应利息，并连带赔偿其经济损失 2 万元。

被告年泰公司辩称：第一，李某元与年泰公司之间的《个人代理合作协议书》是合理合法的；第二，李某元已经了解过投资风险，签署过《客户风险告知书》，李某元在投资前期是盈利的，后来因资金周转需要而出金，出金后李某元又主动入金，后白银交易行情波动，是李某元自己的操作造成亏损；第三，不同意支付利息，李某元的亏损是自己造成的，不应产生利息，即使要支付利息，也应按照正常的标准计算；第四，不同意赔偿经济损失，李某元自己造成亏损，费用应当自担，故对李某元的全部诉讼请求不予认可。

被告九汇公司辩称：第一，李某元诉讼对象错误，九汇公司不是诉讼主体，只是一个交易平台，赚取的只是平台手续费，而非与李某元的对赌资金，九汇公司与李某元之间不是买卖关系,不存在无效的交易;第二,九汇公司设立合法,是经湖北省政府批文设立并在工商部门注册的提供交易平台服务的公司;第三,李某元的操作是其自行在自己开设的账户中完成,与九汇公司没有直接关系,九汇公司没有实际占有这笔钱,李某元对亏损应当自行承担;第四,李某元根据虚构的事实向九汇公司主张经济赔偿,在没有事实和法律依据的情况下,九汇公司不予认可,故要求驳回李某元的全部诉讼请求。

【法院裁判】

上海市浦东新区人民法院经审理认为,第一,李某元在涉案交易系统中所发生的137笔白银交易符合期货交易的形式要件和目的要件,认定属于期货交易。根据《期货交易管理条例》第4条和第6条的规定,期货交易应当在依法设立的期货交易所或者国务院期货监督管理机构批准的其他交易场所进行。九汇公司未经批准,在其交易平台中组织进行期货交易,违反了法律、行政法规的强制性规定,因此涉案的137笔交易应属无效。

第二,根据《合同法》第58条(现为《民法典》第157条)的规定,合同无效或者被撤销后,因该合同取得的财产,应当予以返还,有过错的一方应当赔偿对方因此所受到的损失,双方都有过错的,应当各自承担相应的责任。李某元自年泰公司处获得佣金返还155,700元应从其主张的损失中扣除,扣除后的实际损失为412,848元。涉案交易中李某元向九汇公司支付手续费266,520元,应由九汇公司向李某元如数返还。剩余的146,328元为李某元在涉案交易平台上进行白银买卖造成的亏损,因现有证据不足以证明九汇公司系涉案交易的合同相对方,也不足以证明该146,328元买卖亏损由九汇公司取得,故该损失不应由九汇公司直接进行返还。但九汇公司未经批准,在其交易平台中组织期货交易,造成李某元损失,应当按照其过错程度向李某元赔偿损失。除九汇公司原因外,李某元自行操作也是造成亏损的原因,李某元作为完全民事行为能力人,对白银买卖操作的市场风险应当具有一定认知,对此产生的损失亦应自行承担一定责任。综合李某元与九汇公司对买卖亏损形成的过错比例,酌定九汇公司对146,328元的买卖亏损承担70%的比例,即九汇公司应赔偿李某元102,429.60元,剩余部分由李某元自行负担。

第三,266,520元手续费收款方为九汇公司,因交易无效导致该笔款项的返还义务应当由九汇公司承担,年泰公司不负连带责任。九汇公司应当向李某元赔偿 102,429.60 元损失,根据李某元与年泰公司的《客户协议书》,年泰公司系取得九汇公司授权的综合会员单位,有权要求李某元填写开户资料、有权在协议书约定情况下对李某元未平仓合约进行强行平仓,据此,应当认为年泰公司根据九汇公司的授权,享有对涉案交易平台内投资者进行管理的部分权限,且李某元系经年泰公司介绍进入涉案交易平台进行交易,故年泰公司应当对九汇公司赔偿李某元 102,429.60 元损失的义务承担连带赔偿责任。

此外,李某元要求年泰公司与九汇公司按同期中国人民银行基准利率 1.5 倍的标准支付利息的诉请,于法无据,不予支持。

上海市浦东新区人民法院于 2015 年 11 月 20 日作出(2014)浦民二(商)初字第 4355 号民事判决,确认李某元在被告九汇公司"九汇贵金属交易系统"中关于"白银 100 公斤"的交易无效;九汇公司应于本判决生效之日起 10 日内向李某元返还手续费人民币 266,520 元并赔偿损失 102,429.60 元;被告年泰公司对被告九汇公司赔偿李某元损失 102,429.60 元的义务承担连带责任;驳回李某元的其他诉讼请求。

宣判后,李某元与九汇公司向上海市第一中级人民法院提起上诉,上海市第一中级人民法院于 2016 年 5 月 12 日作出(2016)沪 01 民终 3065 号民事判决:驳回上诉,维持原判。

【案例评析】

一、对期货交易的认定及其效力

期货交易可有狭义和广义的理解。狭义上,期货交易指客户委托期货经纪公司在期货交易所进行期货交易的行为;广义上,期货交易还包括期货结算机构的结算行为及期货交易所的交易管理行为等一切与交易有关的行为。从其他角度来看,也可认为狭义的期货交易指商品和金融衍生品期货交易,而广义的期货交易还包括期权交易。

认定本案中的 137 笔白银交易是否属于期货交易,应当结合目的要件和形式要件两个方面进行判断。就形式要件而言,判断要素主要包括:第一,交易对象是否为标准化合约,即是否除价格、交货地点、交货时间等条款外,其他条款相对固定的合约;第二,是否采取保证金交易模式,即订立合同时是否无须全额付款,而只需交纳商品价值的一定比例作为保证金即可买入或卖出;第三,是否可通过反向操作、对冲平仓方式了结自己的权利义务;第四,是否通过集中交易方式进行交易,即是否由交易平台安排众多买方、卖方集中在一起,通过集合竞价、连续竞价、电子撮合、匿名交易、做市商机制等方式进行交易,交易平台为促成交易提供各种设施和便利安排。就目的要件而言,判断标准为交易是以实物交收、转移商品所有权为目的,还是只以在价格波动中通过对冲平仓获取差额利益为目的。

分析涉案的137笔交易,第一,交易品种均为“白银100公斤”,根据被告九汇公司网站、被告年泰公司网站、李某元与被告年泰公司签订的《客户协议书》,在涉案交易系统中,李某元在建仓单时只能选择买、卖、手数,并不能对交易商品的其他参数进行选择,因此,应当认为交易标的具有同质性或可替代性,相对固定,系标准化合约。第二,涉案交易中,李某元以1.5%预付款的方式在涉案交易系统中进行买入和卖出的交易,杠杆比例为66.6,被告九汇公司在其网站的“风险共知”页面也明确表明“现货延期交收业务具有低保证金和高杠杆比例的投资特点……根据亏损程度,投资者必须有条件随时满足追加保证金的要求,否则其持仓将会被强行平仓”,因此,涉案交易采取保证金交易模式。第三,涉案的137笔交易,均系以对冲平仓方式了结,未发生白银实物交收。第四,就交易方式而言,原告、被告双方存在争议,李某元认为被告九汇公司系采取做市商机制,在137笔交易中李某元与被告九汇公司互为买卖对手方;被告九汇公司认为其并非李某元的买卖对手方,只是作为交易平台,为多家交易商及其客户提供平台并赚取平台佣金。但无论被告九汇公司采取何种交易方式,均需安排相关交易主体集中在交易平台中进行交易,且交易系统由被告九汇公司提供,交易资金结算也通过被告九汇公司的E商贸通商户结算账户进行,应当认为被告九汇公司为促成交易提供各种设施和便利安排,该种交易方式属于集中交易方式。

同时,从交易目的上看,涉案137笔交易均以对冲平仓方式了结,未发生实物交收,李某元在没有白银现货的情况下,在涉案交易平台上进行的首笔交易即为卖出交易,涉案交易平台亦允许李某元进行这样的操作,因此,应认为涉案交易并不以白银实物交付为交易目的,被告九汇公司也不要求在其平台上的交易以白银实物交付为必要。被告九汇公司虽辩称其有能力进行白银实物交付,且在其交易平台运行历史上曾发生过白银实物交付,涉案交易未发生实物交收是因为李某元没有提出申请也没有补足剩余货款。但是,被告九汇公司未提供证据证明其曾发生过白银实物交付,且即使曾经发生过白银实物交付,亦不能否定或改变涉案137笔交易非以实物交付为目的,涉案交易实质属性仍是在价格波动中通过对冲平仓获取差额利益。综合上述理由,法院认为,涉案137笔交易在形式要件和目的要件上均符合期货交易的特征,应认定为期货交易。

基于以上认定,效力问题显而易见。根据湖北省人民政府发布的《关于成立湖北九汇贵金属经营有限公司的批复》,九汇公司不得将任何权益差分为均等份额公开发行,不得采取集中交易方式进行交易,不得将权益按照标准化交易单位持续挂牌交易,权益持有人累计不得超过200人,不得以集中交易方式进行标准化合约交易。因此,九汇公司并无从事与组织期货交易的资质。九汇公司组织期货交易未经国务院批准,违反了行政法规的强制性规定,根据《合同法》第52条第1款第5项(现为《民法典》第153条)规定,涉案的137笔交易无效。

二、期货交易确认无效后的损害赔偿问题

本案中因涉案期货交易造成李某元亏损的损害赔偿范围及其归责问题,涉及三个关键点:合同无效的法律后果、交易风险自担原则与不真正连带责任的认定。

(一)交易无效的法律后果

根据我国《合同法》第58条(现为《民法典》第157条)的规定,合同无效的法律后果有两个:(1)因合同取得的财产均需予以返还;(2)财产返还后如还有损失的,则应根据各当事人的过错程度,分配损失赔偿责任。根据现有证据,被告九汇公司仅为其会员单位提供期货交易平台,仅仅从会员单位收取手续费,并不参与会员单位之间的交易。因此,首先可以明确的是,本案中因涉案137笔期货交易无效,九汇公司向李某元收取的平台交易手续费266,520元应予如数返还,而除此之外,因交易盈亏导致李某元的损失,则应由相应的过错方承担赔偿责任。在扣除了李某元确认其自被告年泰公司处获得的佣金返还155,700元后,李某元主张的损失金额应为146,328元,该损失也系李某元入金与出金之间的差额。

(二)不鼓励轻率投资的价值取向

对于李某元主张的146,328元交易损失,其产生确实主要地、前提性地、显然地系因被告九汇公司违法组织期货交易所导致。但同时,值得注意的是,李某元在没有白银现货的情况下,在被告九汇公司交易平台上进行的首笔交易即为卖出交易,表明其具有独立操作白银期货买卖进行投资赚取差额利益的主观意愿,其间亦取得过盈利。李某元作为投资者,未妥善选择合法投资平台,未进行必要的审慎操作,导致发生该损失。由此,李某元及被告九汇公司对交易亏损具有不同程度的过错,双方的过错对于损失的最终产生缺一不可。而综合考量之下，本案纠纷之所以发生，主要是因为被告九汇公司违法组织期货交易在先，故被告九汇公司应当承担主要责任，但司法在价值取向上亦不鼓励投资者轻率选择投资平台，据此，法院判定由被告九汇公司承担70%的责任，由李某元自行承担30%的责任。至于该部分钱款是否由被告九汇公司收取，被告九汇公司是否李某元的直接交易对手，均不影响当事人对上述损失的承担范围。

（三）期货平台推荐者和管理者的不真正连带责任

在侵权责任法中，有一种特殊的侵权责任形态，是与竞合的侵权行为相对应的，由两个以上的主体对同一个民事主体负有法定义务，当他们实施的侵权行为侵害了该法律所保护的民事主体的民事权益时，被侵权的民事主体就产生了两个以上的损害赔偿请求权，分别针对负有不同法律义务的侵权人。对于这种侵权行为，法律规定采用不真正连带责任的侵权责任形态予以保护。在侵权责任法中，凡是符合这样要求的侵权行为，都适用不真正连带责任形态，以更好地保护受害人的民事权利，救济损害造成的后果。不真正连带责任也称为不真正连带债务，是民法债法中的一种重要的债务形式，在侵权责任法领域则叫作不真正连带责任。不真正连带债务是指多数债务人就基于不同发生原因而偶然产生的同一内容的给付各负全部履行之义务，并因债务人之一的履行而使全体债务人的债务均归于消灭的债务。侵权法上的不真正连带责任，是指多数行为人违反法定义务，对同一受害人实施加害行为，或者不同的行为人基于不同的行为而致使同一受害人的民事权益受到损害的侵权责任形态。

本案中，对于因交易产生的损失，除去李某元自身的过错之外，系由被告九汇公司违法组织期货交易、被告年泰公司介绍并管理李某元账户两个不同的行为共同导致，被告九汇公司和被告年泰公司之间成立上述不真正连带责任。虽然李某元与被告九汇公司之间的法律关系及与被告年泰公司之间的法律关系为两个内容不同的法律关系，但从行为的角度来看，基于两个不同的行为而产生同一损害后果，符合不真正连带责任的构成要求。因此，被告年泰公司应就被告九汇公司向李某元赔偿的部分承担连带责任。

【典型意义】

我国法律规定，只有经过法定部门批准的企业才能开展期货交易。非法期货交易是指，未经国家主管部门的批准，脱离期货交易的严格管理，以现货的名义采用期货交易的主要交易机制。这些非法期货交易，在市场开办、主体资格、交易规则、信息披露和风险防范等方面缺乏正规市场的规制，脱离期货监管机构的统一监管，内幕交易、暗箱操作不断，存在巨大的风险，往往给投资人造成巨大损失，也造成严重的经济、社会风险，直接影响经济金融安全和社会稳定，必须予以严厉打击。人民法院在审理此类案件时，关键在于认定是否属于非法期货交易。在认定非法期货交易时，不应受制其合同采取的“现货交易”等名称，应综合交易的全过程，全面审查按照是否取得国家有关部门批准从事期货交易、是否交割实物、是否采取期货交易的基本规则等标准进行认定。凡是符合这三条标准，为规避法律而以其他名称非法从事期货交易的非法经营行为，应认定为无效交易行为，并由责任方承担返还投资人全部价款等民事责任。

本案通过审查涉案交易行为的效力问题，依法认定非法期货交易合同无效，并根据各方当事人是否有过错，过错的性质、大小以及过错和损失之间的因果关系，确定过错方承担的民事责任，有效地保护了投资人的合法权益，极大程度上弥补了投资人的损失，取得了良好效果，对未来的司法实践具有借鉴意义。

【案例索引】

案号：

一审：上海市浦东新区人民法院(2014)浦民二(商)初字第4355号(2015年11月20日)

二审：上海市第一中级人民法院(2016)沪01民终3065号(2016年5月12日)

审判组织：

一审：包蕾、徐劲草、周志勇

二审：金成、盛宏观、贾沁鸥

编写人：徐劲草、秦男

17

RQDII 单一资金信托受益权转让及回购合同的性质和效力认定

——华宝信托公司与朱某文等信托受益权转让纠纷案

裁判要旨

RQDII 单一资金信托是信托公司接受单个委托人的资金委托，依据委托人确定的管理方式单独管理、运用货币资金，以境内合格机构投资者的方式，采用人民币形式投资境外人民币资本市场的信托。RQDII 单一资金信托受益权转让及回购合同虽然约定信托受益权转让人在一定期限后的回购义务及固定收益，具有借款合同的某些特征，但在信托受益权转让期间，受让人享有信托项下的信托权益，这是借款合同所不能涵盖的。同时，信托受益权转让及回购合同是信托市场较为普遍的一种融资方式，其具体约定并不违反法律、行政法规的禁止性规定，人民法院应当尊重当事人的意思自治，确认其合同效力。

基本案情

原告：华宝信托责任有限公司（以下简称华宝信托公司）

被告：朱某文

被告：肖某勇

2015 年 9 月，华宝信托公司与朱某文签订《3—5 期 RQDII 单一资金信托合同》（以下简称《RQDII 信托合同》），约定朱某文作为委托人和受益人、华宝信托公司作为受托人，设立“3—5 期 RQDII 单一资金信托”（以下简称“RQDII 信托”），该信托为委托人指定用途的单一开放式资金信托，用于投资我国香港特区上市公司“航标控股”的人民币可交换债券等不违反监管规定的产品或金融工具,朱某文认购金额为1800万元。

同时,朱某文作为转让方和回购方,华宝信托公司作为受让方(代表“月月增利集合资金信托计划”),肖某勇作为保证人,共同签订《3—5期RQDII单一资金信托受益权转让及回购合同》(以下简称《RQDII信托受益权转让及回购合同》),约定朱某文将持有的“RQDII信托”项下全部信托受益权转让给华宝信托公司,转让期限为730天,朱某文承诺在转让价款支付满183天、365天、730天向华宝信托公司支付相应的回购价款,回购信托受益权。在正常回购的情形下,标的信托受益权回购价款为转让价款总金额×(1+【9.6】%×转让及回购的转让天数÷365天)。在违约回购的情形下,标的信托受益权回购价款取以下价高者:(1)回购价款支付日RQDII信托单位净值×标的信托单位总份数;(2)转让价款总金额×(1+【10】%×转让及回购的转让天数÷365天)。发生违约回购情形时,回购方应于受让方指定的回购价款支付日一次性付清回购价款。若回购方未按时支付,受让方有权要求RQDII信托受托人通过二级市场变现全部标的股票以支付回购价款,仍有不足的,受让方有权向转让方追索,并按照未付金额每日2‰计收违约金。肖某勇承诺为朱某文履行本合同向华宝信托公司提供连带责任保证。

两份协议签订后,华宝信托公司支付朱某文转让价款1800万元,朱某文将该1800万元再次申购“RQDII信托”,使该信托规模扩大到3600万元。之后,华宝信托公司代表“RQDII信托”购买了案外人Grand York Holdings Limited(以下简称高诺公司)在我国香港特区市场发行的3600万元“航标控股”人民币可交换债券。为担保该人民币可交换债券,华宝信托公司作为抵押权人、肖某勇实际控制的高诺公司和Max Lucky Group Limited(以下简称幸运集团)作为抵押人签订了《股票抵押协议》,但该股票抵押协议并未明确约定抵押股票的数量。同时,肖某勇作为保证人,为该人民币可交换债券提供保证担保。

2016年3月,朱某文向华宝信托公司支付第一期回购款86.64万元。2016年10月,朱某文向华宝信托公司支付第二期回购款86.64万元,但已迟延支付了16天。2016年11月,华宝信托公司向朱某文、肖某勇等发送《要求履行违约回购义务的告知函》称:朱某文迟延履行第二笔回购款86.64万元已经违约。同时,“航标控股”的股票价格持续走低,可交换债券的发行方亦已违约,华宝信托公司要求朱某文提前履行回购义务,于2016年11月16日前一次性付清

18,208,306.85 元回购价款,要求肖某勇承担相应的连带保证责任。

2016 年 12 月,华宝信托公司与朱某文达成《补充协议书》,约定:鉴于朱某文已经违约,双方就提前履行回购义务达成协议:朱某文于 2016 年 12 月 23 日前向华宝信托公司支付提前回购款 500 万元;于 2016 年 12 月 30 日前支付提前回购款 400 万元;于 2017 年 9 月 30 日前支付提前回购款 900 万元。如果朱某文未能按照该协议及时履行义务,华宝信托公司有权按照《RQDII 信托受益权转让及回购合同》主张全部权利。

2016 年 12 月 23 日,朱某文向华宝信托公司支付 500 万元。2017 年 1 月 9 日,高诺公司和幸运集团分别将共计 4616 万股"航标控股"股票过户到"RQDII 信托"项下。2017 年 2 月至 5 月,华宝信托公司抛售上述 4616 万股"航标控股"股票折合 12,054,031 元,但朱某文表示该抛售行为没有得到其授权。

后,华宝信托公司向法院提出诉讼请求:(1)判令被告朱某文向华宝信托公司支付回购价款 1,154,275.85 元及相应的违约金;(2)判令被告肖某勇对被告朱某文的上述债务承担连带保证责任。

肖某勇辩称:(1)本案所涉及的债权回购的时间是 2016 年 9 月 24 日,华宝信托公司在 2020 年起诉已经超过 3 年的诉讼时效;(2)标的股票收盘价格下跌 55% 的情况下,华宝信托公司有权进行平仓,现华宝信托公司未及时对作为担保物的股票进行平仓,因此导致的损失应当自行承担,即使被告方应当承担保证责任,但鉴于信达国际证券有限公司已经将担保物 1.08 亿股"航标控股"股票转让给华宝信托公司,该股票的价值应当予以扣除;(3)华宝信托公司按照 20% 计算年利率过高,应当按照 11% 计算利息,同时采用 22% 年利率标准计算违约金过高,加重了保证人肖某勇的义务,且超过主债权增加的 2% 违约金利息应为无效;(4)华宝信托公司所主张的 3600 万元本金中,其中 1800 万元系案外人朱某向华宝信托公司融资获得,被告已经向朱某偿还了 16,405,401.03 元,该部分应当予以扣减。

【法院裁判】

上海市浦东新区人民法院经审理认为,《RQDII 信托受益权转让及回购合同》是原告、被告的真实意思表示,合法有效,各方理应恪守。被告朱某文迟延履行第二期回购义务,已构成违约。原告书面发函要求被告朱某文在 2016 年 11 月 16 日前一次性付清回购价款,要求被告肖某勇承担连带保证责任,已履行了相应的通知义务。后,原告与被告朱某文达成《补充协议书》,对提前回购价款的具体支付作出安排,但朱某文未按照《补充协议书》的约定在 2016 年 12 月 30 日前向原告支付第二笔回购款 400 万元,再次构成违约。原告可按照《RQDII 信托受益权转让及回购合同》,要求被告朱某文在指定回购价款支付日一次性付清回购价款,并自 2016 年 11 月 17 日起按照原告主张的每日 5‰的标准支付逾期付款违约金。审理中,原告、被告一致同意以“航标控股”股票变现款 12,054,031 元先行抵扣回购价款,法院予以确认。同时,被告肖某勇虽然没有参与《补充协议书》的签订,但原告与被告朱某文达成的《补充协议书》仅就回购价款的支付时间、支付金额等达成合意,并未加重保证人肖某勇的责任。同时,原告现按照《RQDII 信托受益权转让及回购合同》向被告朱某文主张的回购价款、违约金等,也未超出原合同的范围。因此,被告肖某勇仍然应当承担相应的连带保证责任。

综上,上海市浦东新区人民法院作出(2017)沪 0115 民初 63350 号一审判决:(1)被告朱某文支付原告某信托公司回购价款 1,154,275.85 元及逾期付款违约金(以回购价款为基数,按每日 5‰的标准,以实际天数计算);(2)被告肖某勇对被告朱某文的上述付款义务承担连带清偿责任,被告肖某勇承担保证责任后,有权向被告朱某文追偿。

宣判后,朱某文、肖某勇向上海市第一中级人民法院提起上诉,上海市第一中级人民法院于 2018 年 11 月 27 日作出(2018)沪 01 民终 10601 号民事判决:驳回上诉,维持原判。

【案例评析】

一、关于 RQDII 单一资金信托

根据我国《信托法》,信托是指委托人基于对受托人的信任,将其财产权委托给受托人,由受托人按委托人的意愿以自己的名义,为受益人的利益或者特定目的,进行管理或者处分的行为。

本案涉及的是 RQDII 单一资金信托。RQDII(RMB Qualified Domestic Institutional Investor),即人民币合格境内机构投资者,指境内人民币可以 RQDII 的形式投资境外人民币计价资本市场。2014 年 11 月,中国人民银行发布《关于人民币合格境内机构投资者境外证券投资有关事项的通知》,允许境内的合格机构投资者可采用人民币的形式投资境外的人民币资本市场,RQDII 机制正式推出。2015 年年底,为了缓解当时跨境资金净流出的压力,中国人民银行通过窗口指导机构暂停了RQDII相关业务。2018年5月，在新一轮金融对外开放的大背景下，中国人民银行发布《进一步明确人民币合格境内机构投资者境外证券投资管理有关事项的通知》，RQDII业务重启。

推动RQDII具有多方面意义。一方面，有利于培育境外人民币市场，推动人民币国际化。RQDII制度将带动人民币资金流入境外市场，推动人民币金融产品研发，吸引更多国际投资者，形成良性循环。近几年，离岸人民币市场快速扩容，截至2017年年末，离岸市场人民币计价的股票和权益市值278亿美元，较2016年增长28%。另一方面，RQDII制度可在一定程度上满足境内投资者资产多元化配置需求，促进金融机构熟悉境外金融市场，延伸跨境金融服务链，建立适应国际市场投资的风险管理机制和内部运行架构，推动境内金融机构提升跨境金融服务能力和水平。同时也有利于积极防范涉外金融风险，持续深化金融改革和创新。

单一资金信托，也称个别资金信托，是指信托公司接受单个委托人的资金委托，依据确定的管理方式，单独管理和运用货币资金的信托。与之相对的是集合资金信托，是指由信托公司将两个以上委托人交付的资金进行集中管理、运用或处分的资金信托业务活动。由于委托人和受益人相对多元的特点，监管部门对于集合资金信托在运营管理、信息披露等方面有着更为严格的要求，集中体现在2007年原中国银监会出台的《信托公司集合资金信托计划管理办法》。2018年中国人民银行联合多部门出台的《关于规范金融机构资产管理业务的指导意见》对单一资金信托也同样适用。

单一资金信托由于委托人单一，且委托人一般对资金运用对象有相对充分的了解，因此具有结构简单、相对私密、运用单一的特点，监管要求也相对宽松。实践中，单一资金信托的资金运用多为贷款运用型，投资和交易性的比例较小，也不像集合资金信托经常借助受益权分层分级结构，交易模式简洁单一，几乎都运用于一个对象、一个项目，而且往往是委托人主动找信托公司，按照委托人自身的风险偏好、收益要求等意愿协商投资期限和方向。因此，单一资金信托业务具有很强的私密性。

综上，RQDII单一资金信托是指信托公司接受单个委托人的资金委托，依据委托人确定的管理方式单独管理、运用货币资金，以境内合格机构投资者的方式，采用人民币形式投资境外人民币资本市场的信托。值得一提的是，本案涉及的投资标的为我国香港特区市场的人民币可交换债券（exchangeable bonds）。可交换债券是指上市公司股份的持有者通过抵押其持有的股票给托管机构进而发行的公司债券，该债券的持有人在将来的某个时期内，能按照债券发行时约定的条件用持有的债券换取发债人抵押的上市公司股权。因此，可交换债券是一种内嵌期权的金融衍生品。

二、信托受益权转让及回购合同的认定

信托受益权，狭义上是指受益人享有在信托存续期间取得信托财产收益的权利，广义上是指信托受益人在信托关系中享有的所有权利的总和，还包括信托文件阅览请求权等监督受托人管理处分信托财产的权利，以及特定情况下的撤销权、变更权、解任权等。

关于信托受益权的性质，长期以来存在“债权说”“物权说”“特殊权利说”等多种观点。“债权说”强调受益人享有请求受托人支付信托利益的债权；“物权说”则主张受益权的本质是受益人相对于信托财产的物权。我国通说赞成“特殊权利说”，即信托因受益权的范围与性质难以完全纳入大陆法系的物权与债权，主张把受益权看成一种根据信托法创设的类似股权的特殊权利。[①] 作为一项财产性权利，根据《信托法》第 47 条、第 48 条的规定，信托受益权可以用于清偿债务，可以依法转让和继承，除非法律法规和信托文件有限制性规定。因此，就信托受益权转让而言，并没有任何法律障碍。

关于对信托受益权转让及回购合同的认定，则存在争议。一种观点认为，该合同是一种非典型性合同，在信托行业普遍存在，并不违反任何禁止性规定，应当认定其合法效力。另一种观点认为，该合同是信托行业典型的配资合同，实质上是借款合同，应认定双方为借贷法律关系。还有观点认为，该合同实质上是信托公司发放贷款，超出其营业范围，应当认定为无效合同。同时，本案中原告作为受托人，又是唯一的受益人，违反了《信托法》第 43 条的规定，也应当按照无效合同处理。

对于上述问题的认识，需要回到信托制度在我国的发展现状上。在英美法系国家，信托制度具有权益重构（所有权、管理权与受益权分离）、风险隔离、财务稳定管理等制度性优势。但自移植以来，信托制度与我国大陆法系传统相冲突，但由于其跨市场的“全牌照”优势，始终是金融市场解决“融资难”问题的重要方式。其基本交易模式为：信托公司发行资金信托计划，投资者作为委托人和受益

---

① 参见赵廉慧：《信托法解释论》，中国法制出版社 2015 年版，第 423 ~ 431 页。

人认购信托计划,信托公司将募集的资金以债权、股权或者其他方式投资融资方。[①] 如本案中,既有朱某文设立"RQDII 信托"投资可转换债的债权融资信托模式;也有"月月增利集合资金信托计划"通过原告与被告朱某文签订信托受益权转让及回购合同的信托受益权融资模式。无论哪种模式,本质上都有融资的目的,监管上虽有"实质重于形式"的观点,法律上却不宜"一刀切"地认定为借款关系。

评判本案中的信托受益权转让及回购合同。一方面,从合同的性质来看,借款合同是借款人向贷款人借款,到期返还借款并支付利息的合同。本案中,《RQDII 信托受益权转让及回购合同》虽然约定了信托受益权转让人朱某文在 730 天后的正常回购义务及类似 9.6% 的年化收益,具有借款合同的某些特征。但在信托受益权转让期间,原告代表的"月月增利集合资金信托计划"享有信托项下的各项信托权益,包括信托受益权所固有的收益权、监督权、撤销权等,以及根据《RQDII 信托受益权转让及回购合同》约定的,在回购人违约时就信托单位净值或年化 10% 收益的选择权,还有对信托投资标的人民币可转换债券的债转股权利,这些都是借款合同所不能涵盖的。

另一方面,从合同的效力来看,首先,原中国银监会 2007 年出台的《信托公司管理办法》第 19 条规定,对受托人管理、处分信托财产的方式是多样化的,即使是发放信托贷款,也是被允许的,不宜以此来否定受益权转让和回购合同的效力。其次,根据《信托法》第 28 条第 1 款的规定,只要信托文件另有规定或者经委托人或者受益人同意,并以公平的市场价格进行交易,法律并不禁止受托人将不同委托人的信托财产进行相互交易。本案中,原告代表"月月增利集合资金信托计划"是与被告朱某文交易信托受益权份额,并不违反这一规定。最后,《信托法》第 43 条第 3 款规定,受托人可以是受益人,但不得是同一信托的唯一受益人。由于受托人本质上是为受益人利益管理信托财产,如果受益人和受托人是同一人,即自己只为自己管理财产,则没有设立信托的必要。本案中,"RQDII 信托"成立后,受益人包括被告朱某文(再投资的 1800 万元信托份额)以及原告代表的"月月增利集合资金信托计划"(转让的 1800 万元信托份额),不存在受托人是同一信托的唯一受益人情况。

综上,《RQDII 信托受益权转让及回购合同》关于信托受益权转让和定期回

---

① 参见谈李荣:《金融信托交易模式演进的法律逻辑》,载《华东政法大学学报》2017 年第 5 期。

购的规定并不违反法律法规的强制性规定(即使存在某些限制性规定,也不能一概被认定为效力性强制性规定),是双方真实意思的表示,人民法院应当充分尊重当事人的意思自治,确认其合同性质和效力。

三、信托财产的认定与受托人义务的履行

根据《信托法》第14条的规定,信托财产是受托人因承诺信托而取得的财产,以及受托人因信托财产的管理运用、处分或者其他情形而取得的财产。在英美法系国家,对信托财产赋予了受托人"普通法上的所有权"和受益人"衡平法上的所有权"。[①] 在我国,显然无法兼容这种对信托财产的"双重所有权"结构。但无论是理论上,还是实践中,我国《信托法》都坚持了信托财产的独立性原则,即根据《信托法》第15条、第16条的规定,信托财产既与委托人的其他财产相区别,也与受托人的固有财产相区别,受托人应当按照信托文件的约定,为受益人的利益进行管理处分。

关于信托财产管理中的受托人义务,主要源于受益人、委托人与受托人之间的信息不对称,受益人对受托人工作是否努力、是否尽职尽责是难以控制的。改变这种局面的方法,无外乎加强对受托人的监督与规定详尽的法律义务两种方式。[②] 根据《信托法》第25条的规定,受托人应当遵守信托文件的规定,为受益人的最大利益处理信托事务;受托人管理信托财产,必须恪尽职守,履行诚实、信用、谨慎、有效管理的义务。可见,受托人义务在我国的法理基础是诚实信用原则,通常包括了勤勉义务和忠实义务。前者是指受托人必须严格遵守信托文件,为了受益人的利益努力工作;后者则是指受托人不得对受益人隐瞒其对信托财产的管理与处分情况,如信托财产的交易对象、投资方向、变动情况等。

本案中,各方对被告肖某勇实际控制的高诺公司和幸运集团将4616万股"航标控股"股票过户到"RQDII信托"项下的行为性质,以及原告是否有权抛售4616万股"航标控股"股票的权利产生争议。原告认为,该股票过户行为是履行之前的《股票抵押协议》,并不构成对《补充协议书》第二期400万元付款义务的履行,其有权根据信托文件的约定,处分该信托项下的股票以抵扣回购款。被告朱某文认为,其促成4616万股股票过户到"RQDII信托"项下,事实上增加了信

---

① 温世扬、冯兴俊:《论信托财产所有权——兼论我国相关立法的完善》,载《武汉大学学报(哲学社会科学版)》2005年第2期。

② 参见赵磊:《信托受托人的角色定位及其制度实现》,载《中国法学》2013年第4期。

托财产,原告同意其推迟支付第二期提前回购款,但原告无权自行变卖股票以抵扣回购款。被告肖某勇则认为,过户 4616 万股股票既是履行《股票抵押协议》,也是代被告朱某文向原告支付回购款,过户时的股票价值远大于回购款,因此被告朱某文的回购义务已经履行完毕。

法院认为,从信托财产的范围来看,4616 万股"航标控股"股票过户到"RQDII 信托"项下,即已成为信托财产。但该股票过户行为,是否构成对《补充协议书》第二期、第三期回购义务的履行,需要当事人对自己的主张提供证据予以证明。本案中,两被告没有充分证据证明原、被告之间有"以股票冲抵回购价款"的合意,也不能证明有"股票过户到'RQDII 信托'项下,被告朱某文可以推迟支付第二期回购款"的合意。事实上,由于"RQDII 信托"所购买的是人民币可交换债券,其发行的基本前提是上市公司股份的持有者通过抵押股票来发行公司债券,债券持有人的基本权利是将来能以债券换取发债人抵押的上市公司股权。因可交换债券已经违约,作为该债券发行人(高诺公司)、抵押人(高诺公司和幸运集团)的实际控制人及债券保证人,被告肖某勇将 4616 万股股票过户是在履行之前尚未履行的《股票抵押协议》以及人民可转换债违约所产生的还款义务或担保义务,与被告朱某文的回购义务履行没有直接关系。因此,被告朱某文未在 2016 年 12 月 30 日前向原告支付第二期提前回购款 400 万元,已构成《补充协议书》的违约。

从信托财产的受托人义务来看,一方面,原告作为"RQDII 信托"的受托人有权按照信托文件的约定来管理、处分信托财产;另一方面,原告作为"月月增利集合资金信托计划"的受托人,有权根据《RQDII 信托受益权转让及回购合同》的约定,行使"RQDII 信托"受益权受让方相应的合同权利。本案中,由于被告朱某文违反《补充协议书》的约定,原告可以根据《RQDII 信托受益权转让及回购合同》的约定,重新主张其在指定的回购价款支付日(2016 年 11 月 16 日)一次性支付回购款及相应的逾期付款违约金。在此前提下,《RQDII 信托受益权转让及回购合同》还赋予了受让方有权要求"RQDII 信托"受托人通过二级市场变现全部标的股票以支付回购价款的义务。因此,原告变现"RQDII 信托"项下股票的行为并不违反其勤勉和忠实义务,且审理中原告、被告一致同意以股票变现款先行抵扣回购价款,法院依法予以确认。

【典型意义】

随着中国扩大对外开放,着力推动制度型开放的大背景下,金融业加大对外开放是重中之重,也是难点所在。如何在防范金融风险的前提下,促进市场主体开展金融创新,服务和引领实体经济发展,不仅是上海自贸试验区管理者和市场主体思考的问题,也是司法裁判者同样需要积极思考的问题。本案涉及的RQDII单一资金信托,是典型的跨境金融创新和跨境金融交易。在判断RQDII单一资金信托受益权转让及回购合同的性质和效力时,人民法院没有简单地认定为借款合同,也没有轻易地否定该合同的效力。而是从合同项下的具体权利和义务入手,认定该合同是一项非典型性金融交易合同,没有违反法律法规的强制性规定,应当尊重市场主体的意思自治。本案判决对促进人民币资金跨境双向流动,支持浦东发展人民币离岸交易等具有典型意义,对同类案件的处理具有一定的借鉴意义。

【案例索引】

案号:

一审:上海市浦东新区人民法院(2017)沪0115民初63350号(2018年6月25日)

二审:上海市第一中级人民法院(2018)沪01民终10601号(2018年11月27日)

审判组织:

一审:黄鑫、乐新祥、华文东

二审:周清、蔡茜芸、桂佳

编写人:黄鑫

18

境外保险公司保险代位求偿权的司法认定

——苏黎世保险公司与上海厚谊俊捷公司保险人代位求偿权纠纷案

裁判要旨

境外保险公司的保险人代位求偿权纠纷涉及两种法律关系：一是保险人与被保险人的保险合同，二是被保险人与需要承担赔偿责任的第三人之间的法律关系。境外保险公司承保包含境内区段的整体国际运输货物责任不应当认定为违反《保险法》的规定，第三人以此主张保险人非法承保的，不予采纳。保险人赔偿请求权系代位行使被保险人对需承担责任第三人的请求权，故被保险人与第三人之间的法律关系是审理重点。若经审查，第三人确实应当对被保险人承担赔偿责任，则保险人得向第三人主张的赔偿范围不应当超过保险人向被保险人支付的保险金，亦不应超过第三人实际应向被保险人承担的责任范围。

基本案情

原告：苏黎世保险股份有限公司（爱尔兰）瑞典分公司（以下简称苏黎世保险公司）

被告：上海厚谊俊捷国际物流发展股份有限公司（以下简称上海厚谊俊捷公司）

2011年9月23日，苏黎世保险公司签发《保险单》，保单持有人为威尔森瑞典公司；保险期限自2011年1月1日至2012年1月1日；被保险人包括威尔森瑞典公司、威尔森中国公司、广州中晟公司；保险范围为仅负责赔偿由以下原因所引起的货物责任，即按照强制适用的运输法律、公约，或者普遍使用以及普遍接受的条件签订的标准合同下产生,保险限额任何单次事故200万美元,地理范围为对于运输到全世界的货物(运输)责任。

2010年8月17日,案外人捷豹路虎公司与威尔森中国公司签订《中国整车配送协议》,约定:威尔森中国公司为捷豹路虎公司提供从英国进口到中国的捷豹汽车和路虎汽车运输服务,期限为2010年6月1日至2013年;将车辆从英国南安普顿运输至中国天津和上海的远洋运输服务根据捷豹路虎公司与各承运人达成的协议履行,并受这些达成的协议支配。威尔森中国公司将提供在上海和天津港约定的服务的提供商,就任何因根据本协议提供的配送服务导致的或因配送服务引起的损失、损坏、延误或错误交付,威尔森中国公司对捷豹路虎公司承担的责任,责任限于车辆的合理修理费或车辆的重置价值,以数额较低者为准,但最高不应超过该车的批发价值,不包括增值税和任何适用的毛退税,损坏的定级应按照捷豹路虎公司的《运输质量手册》进行。

2011年3月25日,上海厚谊俊捷公司与广州中晟公司签订《运输协议》,约定上海厚谊俊捷公司作为运输服务提供商,应就车辆在其控制下所产生的车辆损坏的损失、责任、成本、费用、索赔承担责任,最高责任不得超过车辆的开票和/或市场价值(以高者为准)加上与运输车辆有关的费用和成本之和。

2011年8月16日,上海厚谊俊捷公司将10辆商品车自上海运往西安,途中发生火灾。事故发生后,苏黎世保险公司委托北京华泰保险公估有限公司对涉案事故中所涉车辆的受损情况进行公估,公估报告载明损失合计为人民币7,007,805.83元。

捷豹路虎公司与威尔森中国公司、广州中晟公司分别于2012年4月20日、2012年12月12日达成《和解协议》《和解协议(Ⅱ)》,对6台全损车辆、赔偿问题尚未了结的4台车辆中一台的赔偿,威尔森中国公司、广州中晟公司承担连带责任,同意向捷豹路虎公司支付人民币5,229,622.24元、1,710,178元作为该些车辆的全部和最终解决。广州中晟公司向捷豹路虎公司指定的账户支付上述款项。

后苏黎世保险公司分别向广州中晟公司支付827,131美元、274,679美元、32,158美元,广州中晟公司向苏黎世保险公司出具载有上述金额的《索赔人收据》,并载明保单号为28835,由厚谊俊捷公司从上海运到西安,广州中晟公司声明被保险人就保险标的所享有的全部权利和救济已由保险人代位取得。

苏黎世保险公司代理人曾向上海厚谊俊捷公司出具落款时间为2013年4月

24日的《授权委托书》,载明:苏黎世保险公司委托何某华律师和/或黎某丹律师,在苏黎世保险公司与上海厚谊俊捷国际物流发展有限公司关于保险人代位求偿权纠纷案中,作为原告的代理人。

2013年8月16日,苏黎世保险公司与上海厚谊俊捷公司签订《和解协议》,双方同意就涉案事故事项,以总额68万美元作为最终、全面的解决,包括利息和各项处理费用等,该款项由上海厚谊俊捷公司在2013年9月30日一次性支付给苏黎世保险公司,否则苏黎世保险公司有权向上海厚谊俊捷公司要求赔偿其全部保险金额1,133,470美元以及按年利6.5%计算、从苏黎世保险公司支付赔款日到上海厚谊俊捷公司支付日止的利息损失,以及相关法律费用,包括法院费用和律师费等。苏黎世保险公司代理人何某华在该协议上签字,上海厚谊俊捷公司在该协议上盖章。

后苏黎世保险公司与上海厚谊俊捷公司交涉期间,上海厚谊俊捷公司提出,因苏黎世保险公司代理人不能向上海厚谊俊捷公司提供有效的授权委托书,也不能提供或拒绝提供文件证明苏黎世保险公司的"合法的赔偿请求权",则当视为其不具有"合法的赔偿请求权",上海厚谊俊捷公司不再受《和解协议》约定的义务约束,上海厚谊俊捷公司也无法支付和解款项,上海厚谊俊捷公司已撤销《和解协议》。

后因双方协商不成,苏黎世保险公司向法院提起诉讼,请求法院判令被告上海厚谊俊捷公司根据和解协议的约定向苏黎世保险公司赔偿损失。

上海厚谊俊捷公司辩称:(1)涉案商品车运输的委托人和承运人均系中国法人,运输路线系上海至西安的国内运输,根据《保险法》第7条规定及原中国保险业监督管理委员会多次公告,涉案运输应向中国境内保险公司投保,本案苏黎世保险公司系境外保险公司,承保国内业务违反我国强制性法律规定。(2)苏黎世保险公司未提供已向被保险人赔付的依据,收据与权利转让书不能当然取得代位求偿权。(3)苏黎世保险公司据以起诉的《和解协议》因苏黎世保险公司无法提供授权和合法索赔权证明,已被上海厚谊俊捷公司撤销,苏黎世保险公司律师一直未提供合法授权。(4)苏黎世保险公司损失的证明仅根据检验报告认定,该报告认定有明显不合理。

【法院裁判】

上海市浦东新区人民法院经审理认为,本案争议焦点有四:一是苏黎世保险公司是否具有合法的赔偿请求权;二是涉案保险赔偿金苏黎世保险公司是否已经实际支付;三是苏黎世保险公司与上海厚谊俊捷公司签订《和解协议》时,苏黎世保险公司代理人是否具有授权以及该协议是否已经被撤销;四是公估报告确定的车辆赔偿款项是否合理。

关于争议焦点一,保险人代位求偿权案件中审查的重点在于造成保险事故的第三者与被保险人之间的法律关系。本案被保险人广州中晟公司与上海厚谊俊捷公司之间签订了《运输合同》,构成运输合同法律关系,根据《合同法》第 311 条,[①]承运人对运输过程中货物的毁损、灭失承担损害赔偿责任;根据该合同约定,上海厚谊俊捷公司应就车辆在处于其保管、照料和控制下所产生的车辆之损失、失窃或损坏承担责任。故上海厚谊俊捷公司根据法律规定及合同约定,负有向广州中晟公司赔偿因涉案事故造成的相应损失的责任,广州中晟公司在苏黎世保险公司向其理赔后,将相应的索赔权利转让给了苏黎世保险公司,故苏黎世保险公司享有在赔偿金额范围内代位行使广州中晟公司对上海厚谊俊捷公司请求赔偿的权利。关于上海厚谊俊捷公司提出苏黎世保险公司为非法承保的抗辩理由,法院认为,根据《保险法》第 7 条规定,应从办理保险的主体是否属于境内主体、办理的保险是否属于境内保险两个方面进行把握。本案中,从办理保险的主体看,涉案保险的投保人、载明的保单持有人、保费的支付人均系威尔森瑞典公司,应认为实际办理涉案保险的系外国法人而非我国境内的法人和其他组织。从需要办理的保险看,涉案保险的保险范围并非单纯针对中国境内的保险标的,而是针对被保险人在约定的特别地域外的全世界的货物运输责任,将货物的国际运输作整体性的投保,即使该国际运输涉及我国境内的运输,亦不宜认定该项需要办理保险属于境内保险。因此,本案所涉保险业务并不属于《保险法》第 7 条规制的范围。综合上述理由,法院认为,苏黎世保险公司对上海厚谊俊捷公司具有合法的赔偿请求权。

关于争议焦点二,苏黎世保险公司提交的《索赔人收据》、瑞典北欧斯安银行汇款凭证、《涉外收入申报单》等证据已经形成证据链,足以证明苏黎世保险公司向广州中晟公司实际赔付的事实。

---

① 现为《民法典》第 832 条:"承运人对运输过程中货物的毁损、灭失承担赔偿责任。但是,承运人证明货物的毁损、灭失是因不可抗力、货物本身的自然性质或者合理损耗以及托运人、收货人的过错造成的,不承担赔偿责任。"

关于争议焦点三,根据本案苏黎世保险公司的诉因,苏黎世保险公司系因上海厚谊俊捷公司拒绝履行《和解协议》而提起诉讼,苏黎世保险公司主张的诉讼请求也是按照《和解协议》的相关约定提出,苏黎世保险公司对何某华以苏黎世保险公司的名义与上海厚谊俊捷公司签署的《和解协议》并无异议,苏黎世保险公司在其诉状中也明确了"苏黎世保险公司授权北京市海通律师事务所何某华律师代其与上海厚谊俊捷公司多次协商,在2013年8月16日达成和解并签署了和解协议",应当认为何某华律师获得了苏黎世保险公司的有效授权。上海厚谊俊捷公司辩称,因苏黎世保险公司代理人未提供合法授权,故撤销该和解协议,但未提供证据证明苏黎世保险公司未对何某华进行有效授权,不存在无权代理行为,也不存在因无权代理而产生的善意相对人行使撤销权之余地。

关于争议焦点四,第一,捷豹路虎公司是受损车辆的生产厂家,其内部对于车辆销售和品质把控的自有标准应予尊重,故公估人以捷豹路虎公司的自有标准为依据认定车辆是否达到报废程度,并无不当。第二,捷豹路虎公司开具的增值税专用发票虽为复印件,但涉案车辆的CIF价格在相应的海运装箱单及商品车发票中可查,考虑到须缴纳相应税款以及费用成本、合理利润,发票载明的车辆价格并无明显不合理,且上海厚谊俊捷公司亦无证据证明发票价格明显高于该车的市场价值。同时,在车辆全损情况下,以该增值税发票复印件记载的不含增值税的车价作为损失,亦不超过上海厚谊俊捷公司与广州中晟公司签订的《运输协议》对车辆损失最高责任的约定。因此,法院对公估报告以增值税专用发票复印件作为车辆价值的计算依据,予以认可。

本案中,涉案车辆的运输首先系由捷豹路虎公司委托威尔森中国公司进行,其后涉案车辆由广州中晟公司委托上海厚谊俊捷公司实际进行运输。威尔森中国公司与广州中晟公司之间虽未签订书面合同,但根据涉案车辆的实际运输由广州中晟公司委托上海厚谊俊捷公司进行的事实,广州中晟公司与威尔森中国公司连带向捷豹路虎公司承担赔偿责任,并未加重广州中晟公司在涉案运输事故中的责任,亦未加重上海厚谊俊捷公司在涉案运输事故中的责任。苏黎世保险公司与上海厚谊俊捷公司在《和解协议》中约定,2013年9月30日前,上海厚谊俊捷公司向苏黎世保险公司支付68万美元作为最终解决方案,该金额远低于广州中晟公司的向外赔付以及苏黎世保险公司向广州中晟公司的保险赔付。综上,依照《保险法》第60条第1款、《合同法》第60条第1款(现为《民法典》第509条第1款)、第311条(现为《民法典》第832条)之规定,判决如下:上海厚谊俊捷公司应于本判决生效之日起10日内向苏黎世保险公司支付1,133,470美元及按年利率6.5%计算的利息(其中,827,089美元自2012年4月20日起计息、274,639美元自2013年1月16日起计息、剩余的31,742美元自2014年1月15日起计息,利息计算至生效判决确定的支付日即止,如果上海厚谊俊捷公司于生效判决确定的支付日前支付款项的,则相应金额款项的利息计算至实际清偿日止)。

宣判后,上海厚谊俊捷公司向上海市第一中级人民法院提起上诉,上海市第一中级人民法院于2017年7月11日作出(2017)沪01民终5718号民事判决:驳回上诉,维持原判。

【案例评析】

本案系境外保险公司的保险人代位求偿权纠纷,《保险法》第60条规定"因第三者对保险标的的损害而造成保险事故的,保险人自向被保险人赔偿保险金之日起,在赔偿金额范围内代位行使被保险人对第三者请求赔偿的权利"。保险人代位求偿权纠纷涉及两种法律关系:一是保险人与被保险人的保险合同,二是被保险人与需要承担赔偿责任的第三人之间的法律关系。关于保险合同关系,境外保险公司合法赔偿权涉及境外保险公司在境内承保合法性问题、保险合同的效力对赔偿请求权影响的问题。保险人赔偿请求权系代位行使被保险人对需承担责任第三人的请求权,故被保险人与第三人之间的法律关系是审理重点。若经审查,第三人确实应当对被保险人承担赔偿责任,则需要确定保险人得向第三人主张的赔偿范围。

一、境外保险公司在境内承保的合法性分析

本案保险人为境外的保险公司,而被保险人为境内公司,故涉及境外保险公司能否在境内承保的问题。根据《保险法》第7条"在中华人民共和国境内的法人和其他组织需要办理境内保险的,应当向中华人民共和国境内的保险公司投保"的规定,境内主体办理境内保险需要向境内保险公司投保,该规定没有禁止境内保险公司办理非境内保险可以向境外保险公司投保、境外主体办理境内保险可以向境外保险公司投保。且根据原中国保险监督管理委员会办公厅《关于〈保险法〉第七条理解的复函》(保监厅函〔2009〕124号)、《关于〈保险法〉有关条文理解的复函》(保监办函〔2002〕112号)的解释,《保险法》要求应当向境内的保险公司投保的情况包含两个条件:第一,投保人或被保险人是境内的法人或组织;第二,办理境内保险,主要指保险标的在境内的保险。对于符合上述条件的,应当向中华人民共和国境内的保险公司投保。

包含境内区段的无地域限制的保险并不是《保险法》第7条所禁止的内容。根据中国入世承诺,在业务范围方面,将允许外国非寿险公司提供无地域限制的"统括保单"大型商业险保险,依照国民待遇,将允许外国保险经纪公司不迟于中国保险经纪公司,并以不低于中国保险经纪公司的条件提供统括保单业务,允许外国非寿险公司自加入时起向境外企业提供保险,并向在中国的外商投资企业提供财产险、相关责任险和信用险。[①] 同时,根据原中国保险业监督管理委员会《关于大型商业保险和统括保单业务有关问题的通知》(保监发〔2002〕16号),统括保单是指对同一法人在不同地区的财产或责任进行统一承保的保险单。

基于上述内容,本案中上海厚谊俊捷公司"涉案商品车运输的委托人和承运人均系中国法人,运输路线系上海至西安的国内运输,根据《保险法》第7条规定及原中国保险业监督管理委员会多次公告,涉案运输应向中国境内保险公司投保,苏黎世保险公司系境外保险公司,承保国内业务违反我国强制性法律规定,为非法"的抗辩意见不成立。首先本案保单持有人系威尔森瑞典公司,其次苏黎世保险公司虽系境外保险公司,涉案保险的保险范围系针对被保险人在约定的特别地域外的全世界的货物运输责任,并非单纯针对中国境内的保险标的,而是将货物的国际运输作整体性的投保,亦不宜认定该项需要办理的保险属于境内保险。

二、保险合同在代位求偿权案中的审查问题

保险人系基于保险合同向被保险人进行赔付而代位取得被保险人向第三人请求赔偿的权利,故关于合法赔偿请求权涉及两种法律关系:一是保险合同关系;二是被保险人与需承担赔偿责任的第三人之间的法律关系,一般为侵权或者合同关系。

保险代位求偿权案件中是否需要审查保险合同的效力及内容有不同观点。一种观点认为,保险人向被保险人支付保险赔偿金应有依据,没有依据而进行保险理赔,是保险人的一种自愿行为,在这种情形下,保险人不应享有对第三人的

① 参见臧立:《略论对境外地下保单的法律规制》,载北京大学中国保险与社会保障研究中心(CCISSR)编:《经济发展与社会和谐:保险与社会保障的角色——北大CCISSR论坛文集·2004》,北京大学出版社2005年版,第191页。

保险代位求偿权。[①] 另一种观点认为,保险人行使的代位求偿权本质上仍是被保险人对第三人的债权,是基于第三人对被保险人的损害事实而产生的赔偿责任。保险人行使代位求偿权,并不会影响第三人债务的扩大,或增加其债务责任,无论是由保险人行使代位求偿权还是被保险人直接向第三人行使赔偿权,在本质上并无任何区别。[②]

根据《最高人民法院关于审理当前商事审判工作中的若干具体问题》第 4 条"有证据证明保险人已向被保险人赔偿保险金的,法院应当仅就被保险人与造成事故的第三者之间的法律关系进行审理。保险人是否应当赔偿保险金以及赔偿金额是否有误,属于被保险人与保险人之间的保险合同纠纷,无需审理"的规定,可见实践中采用的为第二种观点,无须审理保险合同关系,故保险人代位求偿权案件中审查的重点在于需承担赔偿责任的第三人与被保险人之间的法律关系。第三人作为被告,若就保险人的赔付不属于保险合同约定的保险责任范围作为抗辩事由,法院不予审查。

本案中,上海厚谊俊捷公司提出了关于保险合同关系的抗辩,二审法院认为,《最高人民法院关于审理海上保险纠纷案件若干问题的规定》第 14 条规定:"受理保险人行使代位请求赔偿权利纠纷案件的人民法院应当仅就造成保险事故的第三人与被保险人之间的法律关系进行审理。"虽然上述规定是针对海上保险所作,但海上保险与陆上保险就代位权问题而言并无差异,陆上保险也可以参照适用。故在保险代位求偿权诉讼中,法院对保险合同仅作形式审查,而对保险合同效力、是否应当承担保险责任等实质问题,不应予以审理。

三、保险人得主张的赔偿范围

根据《保险法》第 60 条、《海商法》第 254 条的规定,保险代位求偿权的范围不得超过保险人给付被保险人的保险金。保险代位求偿权系债权的法定转移,故在保险人提起的保险代位求偿权诉讼中,第三人依据侵权关系或者合同关系对被保险人享有的抗辩权仍然可以向保险人行使。故保险人得主张的赔偿范围不应超过其支付给被保险人的保险金,亦不应超过第三人应当对被保险人承担责任的范围。

---

① 参见王乐宇:《论保险代位求偿权行使的权利限制》,载《法学论坛》2007 年第 5 期。

② 参见《保险人代位求偿权法律适用问题探讨》,载《法律适用》2010 年第 7 期。

（一）保险代位求偿权系债权的法定转移

代位权是被保险人对第三人债权的法定转移，保险人所行使的权利系基于法律的规定，保险人所行使的是其对于第三人的权利而非代理被保险人对第三人的权利。从代位求偿的法理看，代位求偿法律关系的成立只是导致债权人变更，并不在实体上减损债务人的权利。故若保险人向被保险人的赔付金额超过第三人依照其与被保险人的法律关系产生的赔偿数额时，第三人可以向保险人抗辩。

保险人取得代位求偿权仅以保险人事实上支付了赔偿金为前提，还是必须以保险合同为依据。对于该问题，一种观点认为，仅有事实上的保险金给付即可，不要求保险人给付保险金是为了履行合同约定的义务。另一种观点认为，保险人给付保险金的定位必须是基于合同的约定。但代位求偿权制度的主要功能在于防止被保险人双重获利而导致对财产保险损失补偿原则的违反，保险人是否具有合同上的赔付义务不应是其考量的重点。[①]

本案被保险人广州中晟公司与上海厚谊俊捷公司之间签订了《运输合同》，构成运输合同法律关系，根据《合同法》第 311 条（现为《民法典》第 832 条），承运人对运输过程中货物的毁损、灭失承担损害赔偿责任。根据被告与广州中晟公司的《运输协议》约定，被告应就车辆在处于被告保管、照料和控制下所产生的车辆之损失、失窃或损坏承担责任，故上海厚谊俊捷公司根据法律规定及合同约定负有向广州中晟公司赔偿因涉案事故造成的相应损失的责任。广州中晟公司在苏黎世保险公司向其理赔后，将相应的索赔权利转让给了苏黎世保险公司，该种索赔权利作为一种财产性权利，具有可转让性，故苏黎世保险公司享有在赔偿金额范围内有权代位行使被保险人即广州中晟公司对上海厚谊俊捷公司请求赔偿的权利。苏黎世保险公司向广州中晟公司支付保险金后，广州中晟公司声明被保险人就保险标的所享有的全部权利和救济已由保险人代位取得。

（二）代位求偿权范围的限制

1. 保险人主张的金额不得超过给付的保险金

从代位求偿权制度的功能看，其在于防止被保险人获得双重利益。对于保险人已赔付的部分，被保险人相应部分的损失已得到填补，就该部分损失，其不

① 参见《保险人代位求偿权法律适用问题探讨》，载《法律适用》2010 年第 7 期。

得再向第三人要求赔偿,保险人在其赔偿范围内,取得对第三人的赔偿请求权。如果保险人从第三人处取得的赔偿金超出了其已支付的保险金,保险人应将超出部分返还给被保险人。因为对第三人请求赔偿本是被保险人的权利,保险人仅在其已支付的保险金范围内取得对第三人的赔偿请求权,其支付范围外的赔偿请求权仍应由被保险人享有,所以,保险人取得的超过其赔偿金范围的数额应退还给被保险人。第三人也可基于不当得利要求其返还。①

本案中,涉案车辆的运输首先系由捷豹路虎公司委托威尔森中国公司进行,其后涉案车辆由广州中晟公司委托被告实际进行运输。原告分别向广州中晟公司支付 827, 131 美元、274, 679 美元、32, 158 美元,苏黎世保险公司与上海厚谊俊捷公司在《和解协议》中约定 2013 年 9 月 30 日前上海厚谊俊捷公司向苏黎世保险公司支付 68 万美元作为最终解决方案,该金额远低于被保险人广州中晟公司的向外赔付以及苏黎世保险公司向广州中晟公司的保险赔付,即苏黎世保险公司的主张没有超过其向被保险人支付的保险金。

2. 第三人赔偿不应超过其应当向被保险人承担的责任

从保险代位求偿权性质看,其系被保险人将其对第三人债权转移给了保险人,且该转移系基于法律规定,故保险人求偿权的金额不能超过第三人依据其与被保险人之间的法律关系而应承担的赔偿责任,即第三人得依据其与被保险人之间的法律关系而对保险人进行抗辩,被保险人与第三人的法律关系一般为合同关系或者侵权关系。

根据《最高人民法院关于审理当前商事审判工作中的若干具体问题》第 4 条规定"保险人向第三者行使代位求偿权损害赔偿纠纷案件中,保险人在理赔中委托保险公估机构作出的公估报告属于认定第三者应承担的赔偿额的证据。保险人未经第三者同意单方委托作出的公估报告,属于保险人自行委托作出的鉴定结论。第三者有证据足以反驳并申请重新鉴定的,应予准许"。保险人对被保险人赔付时一般依据公估报告即专业公估机构对事故进行定损的报告,第三人作为被告就其实际应当向被保险人承担的责任低于公估报告结果而提出异议时,法院应审查公估报告的合理性。

本案中,上海厚谊俊捷公司对公估报告的合理性提出了异议,一审过程中公估人到庭对公估报告作出了说明并回答了苏黎世保险公司、上海厚谊俊捷公司

① 参见杨心忠等:《保险代位求偿权行使限制理论问题研究》,载《法律适用》2011 年第 5 期。

及法庭的问题。首先,对于上海厚谊俊捷公司提出的公估报告定损标准的异议,捷豹路虎公司是受损车辆的生产厂家,其内部对于车辆销售和品质把控的自有标准应予尊重,故公估人以捷豹路虎公司的自有标准为依据认定车辆是否达到报废程度,并无不当。其次,捷豹路虎公司开具的增值税专用发票虽为复印件,但涉案车辆的CIF价格在相应的海运装箱单及商品车发票中可查,考虑到须缴纳相应税款以及费用成本、合理利润,发票载明的车辆价格并无明显不合理,且上海厚谊俊捷公司亦无证据证明发票价格明显高于该车的市场价值。同时,上海厚谊俊捷公司与广州中晟公司签订的《运输协议》约定,上海厚谊俊捷公司应承担的车辆之损失的最高责任不得超过车辆的开票和/或市场价值(以高者为准)加上与运输车辆有关的费用和成本之和,在车辆全损情况下,以该增值税发票复印件记载的不含增值税的车价作为损失,亦不超过上海厚谊俊捷公司与广州中晟公司签订的《运输协议》对车辆损失最高责任的约定。因此,公估报告确定的损失金额并无不当,苏黎世保险公司主张的数额没有超过上海厚谊俊捷公司应当向广州中晟公司承担的责任。

【典型意义】

本案是一起典型的涉外保险人代位求偿权纠纷案件。本案裁判明确了境内投保原则的适用条件,即从办理保险的主体是否属于境内主体及需要办理的保险是否属于境内保险两个方面进行考虑。同时,对于保险合同主体的认定不应仅限于形式上的判断,也要关注合同的实际履行者,如保单的持有、保费的给付等内容。此外,本案进一步明确了代位求偿权系法定权利,且不得超过保险人给付的保险金及第三人应承担的赔偿责任。本案处理对于理解境内外投保限制的区分原则,规范国际货物运输保险的理赔起到了积极的示范作用,彰显了上海法院在审理涉上海自贸试验区案件中秉持对境内外主体平等保护的理念,努力营造良好的国际化、法治化环境,有利于吸引境外投资,促进国际贸易稳步发展。

【案例索引】

案号:

一审:上海市浦东新区人民法院(2015)浦民六(商)初字第S9316号(2017年2月23日)

二审:上海市第一中级人民法院(2017)沪01民终5718号(2017年7月11日)

审判组织:

一审:吴智勇、徐劲草、马戈锝

二审:金成、孙倩、盛宏观

编写人:王迪

19

票据权利与原因债权竞合的债权人选择权

——费斯托公司与三友和公司买卖合同纠纷案

裁判要旨

在债务人向债权人交付票据而该票据被拒绝付款的情况下，债权人有权基于基础法律关系向债务人主张原因债权，并遵从当事人之间的约定。在当事人未约定以票据授受代替债务履行的情况下，债权人选择依据原因关系主张原因债权，人民法院应予支持。

基本案情

原告：费斯托（中国）有限公司（以下简称费斯托公司）

被告：厦门市三友和机械有限公司（以下简称三友和公司）

费斯托公司与三友和公司素有业务往来，由费斯托公司向三友和公司供应气动设备。2018年10月15日，三友和公司向费斯托公司出具对账单，确认尚欠费斯托公司货款427,221.95元未付。2018年11月1日，三友和公司向费斯托公司出具还款计划，承诺于2019年3月20日前付清全部货款。此后，三友和公司通过承兑汇票向费斯托公司支付货款13万元，并于2019年1月16日向费斯托公司背书转让一张金额为30万元的电子承兑汇票，票据编号为190765300003920181207302818405。上述汇票的出票人为重庆力帆乘用车有限公司，承兑人为力帆财务公司，付款方式为到期无条件支付委托，三友和公司从案外人处背书取得该汇票后，于2019年1月16日将该汇票背书转让给费斯托公司。2019年4月9日，费斯托公司向承兑人力帆财务公司提示付款，力帆财务公司接收该提示付款申请后，未向费斯托公司支付汇票金额。2019年6月13日，费斯托公司向重庆自贸区法院起诉力帆财务公司、三友和公司等费斯托公司的所有前手以及出票人。重庆自贸区法院认为,持票人应当首先向付款人行使付款请求权而得不到付款时,才可以行使追索权。力帆财务公司作为承兑人,并未出具拒绝承兑的证明,费斯托公司在未行使付款请求权的情形下,直接行使票据追索权,且不具备法定除外情形,故其起诉不符合法定行使票据追索权的形式和实质要件,依法不应受理。故重庆自贸区法院于2019年9月10日作出(2019)渝0192民初10417号民事裁定书,驳回费斯托公司起诉,该裁定已生效。故费斯托公司向浦东法院提起本案诉讼,请求法院请求判令:(1)被告三友和公司支付货款297,221.95元;(2)被告三友和公司自2019年4月19日起支付上述货款的逾期付款利息。

被告厦门市三友和机械有限公司辩称,三友和公司于2019年1月10日向费斯托公司背书转让金额为30万元的承兑汇票,费斯托公司取得票据权利并提示付款,三友和公司的付款义务已完成,费斯托公司不应依买卖合同关系要求三友和公司付款,双方应按票据法律关系处理。费斯托公司取得票据权利后未行使付款请求权,三友和公司对此无过错,故费斯托公司丧失对前手的追索权。综上,三友和公司已经履行付款义务,不应再次向费斯托公司支付货款及利息。

【法院裁判】

上海市浦东新区人民法院经审理认为,本案的争议焦点在于,费斯托公司取得三友和公司背书转让的电子承兑汇票后却未得到付款的情况下,其是否可以选择主张票据权利或依原因关系主张货款。

首先,费斯托公司通过继受取得的方式取得涉案票据权利。依据《票据法》及相关司法解释的规定,票据权利包括两次请求权,其中第一次请求权为付款请求权,第二次请求权为追索权。具体来说,持票人作为票据权利人享有付款请求权,当付款请求权不能实现时,持票人才可以行使追索权,持票人的这两种请求权在行使时要遵循先后顺序。付款请求权是指持票人向票据第一债务人或其他付款义务人请求按照票据上所记载的金额付款的权利。追索权是指持票人享有的,当付款请求权遭拒绝或有其他法定原因存在时,向其前手或者其他票据债务人请求偿还票据金额等费用的票据权利。在重庆自贸区法院(2019)渝0192民初10417号案件审理过程中,承兑人力帆财务公司明确表示,由于该公司面临资金困难且到期汇票数量较大,故无法迅速筹集资金并一次性兑付所有欠款。可见,力帆财务公司既未制作拒绝付款证明,又存在至今未向原告付款的迟延付款行为。在此情况下,重庆自贸区法院以费斯托公司未行使付款请求权为由,驳回费斯托公司关于追索权的起诉,客观上,费斯托公司的票据权利在本案中未能实现。

其次,三友和公司以背书涉案汇票的方式向费斯托公司支付货款,费斯托公司对该种付款方式的接受,并不意味着对其原因关系中债权的放弃。作为买方,三友和公司按期、足额向费斯托公司支付货款既是约定义务又是法定义务,三友和公司于 2018 年 11 月 1 日向费斯托公司出具还款计划,承诺于 2019 年 3 月 20 日前付清全部货款,在费斯托公司主张权利的情况下,三友和公司向费斯托公司背书转让涉案承兑汇票,费斯托公司取得汇票的行为,系取得相应权利,不能因此给债权人实现合法权益增设不必要的障碍。费斯托公司曾试图通过追索权主张票据权利,如果依据《票据法》的规定,费斯托公司必须先行使付款请求权后再行使追索权,无疑将增加讼累。作为前手,三友和公司向费斯托公司背书涉案汇票的行为,既是对费斯托公司实现汇票权利的担保,亦是对自己能够履行付款义务的担保。法院认为,法律并未规定债务人为清偿债务而交付票据时,原因关系中的债务因票据的授受而消灭。原因关系中的债务与票据债务同时并存,票据债务不履行,原因关系中的债务不消灭,只有当票据权利实现时,原因关系中的债务才随之消灭。据此,三友和公司的抗辩理由不能成立,在费斯托公司未能实现票据权利的情况下,应视作三友和公司迄今未能履行货款的支付义务。

据此,法院对费斯托公司要求三友和公司支付货款 297,221.95 元的诉讼请求予以支持。费斯托公司提起本案诉讼,应视为对涉案票据权利的放弃,三友和公司在费斯托公司起诉后拒绝向费斯托公司付款,应承担逾期付款的利息损失,而在费斯托公司提起本案诉讼前,三友和公司不应承担违约责任。因 2019 年 8 月 20 日起中国人民银行贷款基准利率标准已被取消,三友和公司于 2020 年 1 月 8 日收到费斯托公司的起诉状副本,故利息损失自次日起按照同期全国银行间同业拆借中心公布的贷款市场报价利率(LPR)计付。

据此,上海市浦东新区人民法院于 2020 年 4 月 1 日作出(2020)沪 0115 民初 2571 号民事判决:(1)被告三友和公司向原告费斯托公司支付货款 297,221.95 元;(2)被告三友和公司支付原告费斯托公司逾期付款利息损失[以 297,221.95 元为基数,自 2020 年 1 月 9 日起按同期全国银行间同业拆借中心公布的贷款市场报价利率(LPR)计付至偿清之日止]。一审宣判后,原告、被告均未上诉。

【案例评析】

票据作为一种有价证券,因其无因性、易于流通,在经济交往中被广为使用。票据的无因性实质为票据行为的无因性①,即票据上的权利并不依赖作为票据关系之基础关系的原因关系,原因关系即使无效或被撤销,对票据上的权利也不产生任何影响②。但票据并非法定货币,实践中票据遭拒绝承兑、拒绝付款的情形屡见不鲜,若在票据债权得不到清偿的情况下,票据授受③的行为是否会对原因关系④中的债权债务产生影响,对当事人在选择救济途径时会产生何种影响?

我国《票据法》第10条规定,票据的签发、取得和转让应当遵循诚实信用的原则,具有真实的交易关系和债权债务关系。这说明,在我国,票据行为的发生必须建立在真实的债权债务基础上。当事人之所以会签发、背书票据,主要是为了清偿原因债务。票据关系产生后,便产生了票据债权和票据债务,票据债权得到清偿,原因债权随之消灭;反之,在票据债权未能得到清偿的情况下,原因债权是否依然存在;如果原因债权不消灭,则会产生原因债权与票据权利并存的情形,当事人在寻求权利救济时又该如何选择。下文将结合理论学说和审判实践,论述票据授受行为会对原因关系中债权人和债务人的权利义务分别产生何种影响。

一、原因债权与票据权利

虽然无因性是票据最主要的特征之一,即票据一旦做成,票据上的权利与其原因关系相分离,成为独立的票据债权债务关系,不再受先前的原因关系存在与否的影响。但是我国《票据法》为了防止利用票据骗取资金,仍要求票据关系建立在真实债权债务基础上。

(一)原因债权的含义

票据行为并非无源之水,出票人之所以签发票据主要是为了履行其自身的某种金钱给付义务。票据的原因债权是指引发票据出票或背书行为的债权,例如,买卖合同项下卖方享有的货款债权。

---

① 参见傅鼎生:《票据行为无因性二题》,载《法学》2005年第12期。

② 参见于莹:《论票据的无因性原则及其相对性——票据无因性原则“射程距离”之思考》,载《吉林大学社会科学学报》2003年第4期。

③ “授受”一词系借用日本票据法学界惯用语,本节中票据授受主要指票据的签发与转让。

④ 原因关系指作为与票据关系相对的基础关系。

（二）票据权利的含义

票据权利是指持票人向票据债务人请求支付票据金额的权利，包括付款请求权和追索权。付款请求权又称第一次请求权，是指持票人向票据付款人或承兑人要求支付票据金额的权利。追索权是指因持票人在第一次请求权没有或者无法实现的情况下，持票人请求其任意前手偿还票据金额及有关损失和费用的权利，故也称为第二次请权。

（三）两者的关系

当债务人为了履行基础法律关系中的金钱给付义务而向债权人授受票据后，债权人基于票据关系取得票据权利，与此同时债权人基于基础法律关系取得的原因债权并不当然消灭，会出现债权人基于某一个债权同时取得原因债权与票据权利的情形。

二、原因债权与票据权利的法律关系

（一）原因债权是否消灭，取决于票据授受时的约定

通说的一种观点为，影响原因关系的法律事实并非票据签发行为，而是票据签发过程中的出票人与收款人达成的协议①，本书也认同该观点。当事人对于票据授受目的约定，直接会导致票据授受行为产生两种不同结果。

1. 当事人约定以票据授受代替债务履行

意思自治原则决定了合同双方可以在法律允许的范围内自行约定债务的履行方式。例如，买卖合同的当事人约定，买方通过开具商业承兑汇票的方式向卖方支付合同项下的货款。在这种情况下，买卖双方已经达成了一致的意思表示，即买方通过签发汇票的方式来履行支付货款的义务，那么无论该汇票是否得到承兑，买卖双方之间的原因债权都消灭。买卖双方间以汇票支付货款的约定可以理解为一种代物清偿，即当事人约定以他种给付代替原定给付并履行的，债权人受领他种给付以代原定给付者，债之关系消灭②。若在上述情况下出现汇票遭拒绝承兑，那么卖方只能依据《票据法》的规定主张票据权利，不能再依据买卖合同要求买方履行支付货款的义务。

2. 当事人对票据授受代替债务履行未约定或者约定不明

实践中，债权人出于对自身利益的考虑，很少会明确约定以债务人签发票据

① 参见傅鼎生：《票据行为无因性二题》，载《法学》2005 年第 12 期。

② 参见梅仲协：《民法要义》，中国政法大学出版社 2004 年版，第 309 页。

来代替债务履行。债权人之所以愿意接受票据，主要是将票据作为一种支付欠款的手段或者是将票据视作债务人履行债务的一种担保。例如，在买卖合同中，买方在提货的同时向卖方交付一张商业承兑汇票。这种情况下，如果卖方提示付款而遭拒绝，由于当事人缺乏一致意思表示或者意思表示不明，授受票据，可以理解为一种新债清偿[①]，即债务人为了清偿旧债务而负担新债务，若新债务履行旧债务消灭，债权人的旧债权不因新债权的成立而消灭，债务人负担新债务乃是作为履行旧债务的方式，新旧债务基于同一目的同时并存。在上述情况下，如果汇票得以承兑，即卖方的票据权利得以实现，那么原因债权消灭，否则在票据债权不能得到清偿的情况下，原因债权并不消灭，而是两种权利并存，卖方仍有权向买方主张货款。在未约定或约定不明的情况下，票据授受行为使债务人又承担了一项新的债务，从而使债权人获得了加强性的保障[②]，即在票据得不到承兑的情况下发生票据权利与原因债权的竞合，债权人获得选择权。

（二）票据权利与原因债权竞合时，债权人不同选择的利弊

在当事人对于票据授受代替债务履行未约定或约定不明情况下，票据授受被理解为新债清偿，在票据遭拒绝承兑的情况下即会发生票据权利和原因债权的竞合。票据权利主要由《票据法》调整，而原因债权则由《合同法》（现为《民法典》合同编）等民事法律所调整，两者在举证责任、诉讼时效、违约责任等方面存在一定差异，不同选择各有其利弊。

1. 债权人行使票据权利的利与弊

票据的无因性决定了票据权利与原因关系相互脱离。《票据法》第 13 条规定，票据债务人不得以自己与出票人或者与持票人的前手之间的抗辩事由，对抗持票人。故如果权利人选择行使票据权利，那么在票据纠纷中，持票人只需举证其所持票据形式上无瑕疵，且遭拒绝付款或拒绝承兑即可，对于原因关系的履行情况不负有举证责任。主张票据权利的另一优势是不受合同相对性的限制，持票人可以要求全部前手票据债务人对其票据债权承担连带清偿责任，以最大程度保证其债权得以清偿。权利人行使票据权利固然有上述优势，但《票据法》对行使追索权顺序上及形式上的限制，对权利人行使票据权利造成了一定的约束。

① 新债清偿是我国台湾地区“民法”上的一种称谓，我国台湾地区“民法”第 320 条规定，因清偿债务而对于债权人负担新债务者，除当事人另有意思表示外，若新债务不履行时，其旧债务仍不消灭。

② 参见杜景林：《德国债法总则新论》，法律出版社 2011 年版，第 116 页。

《票据法》第62条规定持票人行使追索权,应当提供被拒绝承兑或者被拒绝付款的有关证明。第65条规定,持票人不能出示拒绝证明、退票理由书或者未按照规定期限提供其他合法证明的,丧失对其前手的追索权。《最高人民法院关于审理票据纠纷案件若干问题的规定》第4条规定,持票人不先行使付款请求权而先行使追索权遭拒绝提起诉讼的,人民法院不予受理。除法定例外情形外,持票人只能在首先向付款人行使付款请求权而得不到付款时,才可以行使追索权。虽然《票据法》为了最大程度保障持票人的利益,除赋予其付款请求权外,还赋予持票人以追索权,但追索权作为第二顺序的权利,其行使的前提是第一顺位的付款请求权行使不能且取得相关证明。无论持票人基于何种原因,在未能取得拒绝证明情况下,是不能直接向承兑人或付款人之外的其他前手进行追索,甚至可能因为无法提供拒绝证明而丧失对前手的追索权。这是影响权利人选择主张票据权利的原因之一。除了行使顺序上的限制外,根据《票据法》的规定,持票人对票据出票人和承兑人的权利时效为自票据到期日起2年;对支票出票人的权利时效为自出票日起6个月;对前手的追索权,自被拒绝承兑或者被拒绝付款之日起6个月。相对于一般合同之债3年的诉讼时效,《票据法》对于票据权利时效的规定也导致了部分权利人不愿意选择主张票据权利。

2. 债权人行使原因债权的利与弊

与票据权利的无因性不同,合同之债具有相对性,原因关系的债权人,不能突破合同相对性,向合同相对方外的其他人主张权利。在举证责任方面,合同相对方可以提出履行抗辩权、瑕疵履行异议,甚至可以主张债务抵消。权利人对于其主张的事实负有举证责任,并可能因为举证不能而承担败诉的风险。当然选择主张原因债权也有一定的优势,最主要的一个优势为当事人可以在合同中约定违约责任,通常违约金的标准会高于银行的贷款利率。当一方未能按约履行时,守约方可以依据违约条款要求对方支付违约金。而权利人选择主张票据权利时,只能按照中国人民银行规定的企业同期流动资金贷款利率主张利息损失。选择原因债权的另外一个优势是,权利人无须提供拒绝证明,只要其票据权利未得到实际清偿,持票人便可向其直接前手主张原因债权。实践中由于持票人自身或者票据债务人的原因,持票人往往无法获得拒绝证明。在票据纠纷中,其只能向付款人或承兑人主张付款请求权,但在原因关系中,缺乏拒绝证明的形式要件并不会对权利人向其直接前手主张原因债权造成任何障碍。

3. 两种权利的利弊比较

权利人无论是选择主张票据权利,还是选择主张原因债权,其最主要目的是让自己的债权能得到最大程度的实现。根据上述分析,在司法审判中,主张票据权利的当事人负有较轻的举证责任,且可以要求一个或者数个票据债务人对其债权承担连带清偿责任。而主张原因债权的当事人,拥有相对较长的诉讼时效,且可以通过约定违约金的方式,要求违约方承担高于银行贷款利率的违约金。权利人可以根据每个具体案件的不同情况,选择更利于自身债权实现的请求权基础。

三、债权人选择主张原因债权对债务人权利之影响

(一)票据权利与原因债权的竞合

民法上的竞合,是指一个法律事实同时满足两个以上民事责任的构成要件从而导致多个民事责任均告成立的法律现象,体现在诉讼上即为请求权竞合。所谓请求权竞合,是指权利人对于同一义务人,就同一标的,发生数个请求权的情形,其中一个请求权得到满足,其余的请求权均归于消灭。[①] 在当事人对票据授受代替债务履行未作约定且票据遭拒绝承兑的情况下,持票人既可选择基于票据关系主张票据权利,又可选择基于基础法律关系主张原因债权。

(二)重复支付的风险

由于《票据法》单独调整票据关系,而《合同法》(已失效)等单独调整原因关系,法律对于原因债务履行后对票据权利产生何种影响并无明确规定。在票据权利与原因债权竞合的情况下,如果权利人选择行使原因债权,在其原因债权得到清偿后,票据权利并未消灭。票据关系可能涉及众多行为人,故极易存在原因债务和票据债务重复支付的风险。尤其是在债务人是背书人的情况下,债务人在履行原因债务后,其如何再向前手主张权利是值得探讨的一个问题。比较合理的一个做法是,在权利人选择主张原因债权时,应赋予债务人要求债权人返还票据的抗辩权。如果债权人继续持有票据,既可能导致债权人重复主张权利,也会对债务人向其前手主张权利造成障碍。持票人拥有权利竞合选择权的前提是当事人对将票据授受代替债务履行没有约定或者约定不明,但背书人的背书行为,实际上是债权人通过向后手债权人支付合同对价实现了自身的合同债权,即可以认为背书人在背书时已经与其前手达成了以票据授受代替债务履行的合

① 参见梁慧星:《民法总论》(第2版),法律出版社2001年版,第77页。

意。在此情况下,该背书人作为原因关系的债务人,在其清偿原因债权后,其只享有票据权利而不应再向其直接前手主张原因债权。这样做也有利于维护票据各行为人之间原因债权债务的稳定。

【典型意义】

法律无法对所有法律关系事无巨细地作出规定。我国《票据法》未明确规定在票据权利与原因债权竞合时权利人拥有选择权。此外,债务人如因履行原因债务而再次获得票据,与其作为收款人或者被背书人获得票据的情形并不相同。如前所述,持票人主张票据权利受到行使顺序、形式要件、权利时效的各种限制。在债务人因履行原因债务而获得票据的情况下,其主张票据权利时,是否存在《票据法》规定行使票据权利的例外,法律对此也未涉及。本案裁判对未来司法工作的思考具有启发意义,为避免实务中的不同理解,增强法律的可预期性,建议以司法解释的方式对前述问题予以明确,如明确规定权利人在票据权利与原因债权竞合时拥有选择权;如在债务人履行原因债务后,主张票据追索权的,可将生效法律文书作为其向前手主张票据追索权的凭证之一。

【案例索引】

案号:上海市浦东新区人民法院(2020)沪0115民初2571号(2020年4月1日)

审判组织:徐慧莉

编写人:徐慧莉、范颖

20

境外国际信用卡支付结算服务合同的效力及违约金认定

——香港人人汇公司与玖盟公司等服务合同纠纷案

裁判要旨

具有境外金钱支付结算牌照的国际支付结算业务提供商，为境内企业提供境外国际信用卡的支付结算服务，没有违反我国法律、法规的强制性规定，不因服务提供商不具有境内支付结算牌照导致双方签订的服务合同无效。拒付（chargeback）会使原本在卡组织内部正常的资金结算流程发生逆转，产生额外的服务和流程，故拒付服务费性质上属于服务费，并非违约金。同时，高拒付率会对国际卡组织产生重大交易风险，各大卡组织均对高拒付率规定了相应的识别计划及高额罚金。因此，拒付罚金在性质上属于具有一定惩罚功能的违约金性质。应以拒付导致一方实际损失为基础，兼顾合同的约定、履行情况、当事人的过错程度以及预期利益等因素，综合确定拒付罚金数额。

基本案情

原告：香港人人汇科技有限公司（以下简称香港人人汇公司）

被告：深圳玖盟互动网络科技有限公司（以下简称玖盟公司）

被告：杨某军

被告：陈某华

香港人人汇公司注册于中国香港特区，持有香港海关颁发的《经营金钱服务的牌照》。杨某军、陈某华系玖盟公司股东。2018年9月13日，香港人人汇公司与玖盟公司签订《国际信用卡及海外本地化支付服务协议》,约定:香港人人汇公司为玖盟公司提供国际信用卡及海外本地化网络支付结算及相关技术服务。玖盟公司在成为香港人人汇公司商户的同时成为国际信用卡组织注册客户,按国际信用卡组织规定享有国际信用卡客户的权利,同时接受国际信用卡组织对其注册客户的交易监管。国际信用卡组织发现其注册客户的拒付交易构成风险时,有权暂停其注册客户的交易通道。若因拒付率、欺诈率任一项风险指标超过国际卡组织标准,被告玖盟公司应当按照 12 美元/笔支付拒付处理费,并按照卡组织标准支付拒付罚金。在被告玖盟公司无法如期支付相应费用时,其保证金账户中所冻结款项可由香港人人汇公司直接予以扣除。该协议及附件均适用中华人民共和国法律。

2018 年 12 月 12 日,香港人人汇公司关联公司向玖盟公司发送电子邮件,称收到万事达通知,玖盟公司发生品牌侵权案件,因此关闭了玖盟公司商户号的交易通道。2018 年 12 月 20 日,上游收单渠道 Payvision 向香港人人汇公司发送邮件,称收到 MasterCard 发出的通知,指被告玖盟公司涉嫌侵犯知识产权并高拒付,MasterCard 已收取罚款 840, 309. 27 欧元。对涉知识产权的违规行为,Visa 通常收取费用 5000 欧元。因此,两个卡品牌所收取费用的总金额 900, 309. 27 欧元。2019 年 2 月 12 日,Payvision 再次向香港人人汇公司发送邮件,称 Visa 涉及玖盟公司的退单,最终评估罚款 169, 155 欧元。

双方使用的结算系统显示,截至 2019 年 6 月 4 日,涉及玖盟公司名下的商户号共发生交易 188, 329 笔,其中拒付交易 36, 038 笔,分别涉及 MasterCard、Visa、DC、AE 等国际卡组织。审理中,Visa 的关联公司向法院出具说明函,表示针对会员机构的签约商户超出拒付指标的情况,将视风险等级按照每笔拒付向收单机构收取 50 或 100 美元违约金。同时,MasterCard 的关联公司向法院出具说明函,说明 MasterCard 针对过高退单交易比例收取的费用标准。

香港人人汇公司诉称:香港人人汇公司系国际支付结算业务的提供商。2018 年 9 月,香港人人汇公司与玖盟公司签订《国际信用卡及海外本地化支付服务协议》,约定由香港人人汇公司为玖盟公司提供国际信用卡支付结算服务。根据协议约定及卡组织交易规则,持卡商户的每笔交易均有不低于 180 天的拒付期,拒付期内一旦发生拒付或拒付情况超过一定比例,香港人人汇公司不仅收不到卡组织的结算款还将遭受处罚。协议签订后,玖盟公司严重违反协议产生大量拒付交易。截至 2019 年 6 月 4 日共产生拒付交易 36, 038 笔。根据约定,玖盟公司的每笔拒付均应向香港人人汇公司支付 12 美元/笔的拒付处理费，以及根据卡组织规则在拒付比例超过 2% 时支付 50 美元/笔的拒付罚金。公司股东杨某军、陈某华滥用法人独立地位，应承担连带责任。故香港人人汇公司诉请法院判决：(1)解除香港人人汇公司与玖盟公司之间的协议；(2)玖盟公司赔偿香港人人汇公司人民币 10,114,229.51 元；(3)杨某军、陈某华对玖盟公司的付款义务承担连带责任。

玖盟公司、杨某军、陈某华辩称：(1)香港人人汇公司在境内没有支付牌照，双方之间的支付结算服务协议无效；(2)香港人人汇公司诉请的金额无法律依据，性质为违约金，且该违约金标准过高；(3)杨某军、陈某华没有实施滥用公司独立法人地位的行为，不应承担连带责任。

【法院裁判】

上海市浦东新区人民法院经审理认为，本案系涉我国香港特别行政区服务合同纠纷。根据《法律适用法》第 41 条第 1 款的规定，双方一致选择适用中国内地法律，法院对此依法予以确认。

本案的争议焦点：(1)香港人人汇公司与玖盟公司之间支付结算服务合同的效力；(2)玖盟公司是否应当支付拒付处理费和拒付罚金；(3)杨某军、陈某华的连带责任。

关于合同效力，法院认为从双方的交易模式来看，案涉支付结算服务实际发生在我国境外，且香港人人汇公司具有香港海关颁发的香港经营金钱服务牌照。对于提供境外支付结算服务，玖盟公司并无证据证明双方之间的支付服务协议明显违反我国法律、法规的强制性规定。至于玖盟公司提出的中国人民银行发布的《非金融机构支付服务管理办法》的相关规定，系针对第三方支付机构提供境内支付结算服务的资质要求，与本案情况有所区别。故法院不宜否定双方支付服务协议的效力。同时，本案中香港人人汇公司与玖盟公司从签订合同到关闭交易通道不满 4 个月，共发生 188,329 笔交易，其中拒付交易达 36,038 笔，整体拒付率达 19.14%，远超各大卡组织规定的处罚标准，玖盟公司显然严重违约，应承担违约责任。故香港人人汇公司要求解除与玖盟公司之间的合同关系，符合合同约定和法律规定，法院依法支持，并确认以 2018 年 12 月 12 日香港人人汇公司关闭玖盟公司的交易通道时为合同解除时间。

关于拒付处理费和拒付罚金，法院认为，对于国际卡组织而言，拒付是一种较严重的行为。因拒付周期较长,一旦持卡人拒付,原本在卡组织内部正常的资金结算流程将发生逆转,涉及持卡人、发卡行、收单行、商户等一系列主体的资金退还或重新结算,势必产生额外的服务和流程,故国际卡组织对拒付多规定有服务费用。本案中,法院认定拒付服务费性质上属于服务费,并非违约金,系香港人人汇公司为了处理拒付交易、退还资金、重新结算等收取的服务费用,该费用并不与具体交易的金额相挂钩。且玖盟公司作为商事交易主体,理应对签订合同有充分的注意义务,对履行合同义务有充分的预期,在香港人人汇公司与玖盟公司对拒付处理费标准有明确约定的情况下,玖盟公司要求调整该标准,并无依据。故玖盟公司应支付香港人人汇公司 36,038 笔拒付交易的拒付处理费折合人民币 2,985,460 元。

同时,国际信用卡支付结算具有交易总量大、频率高、金额巨、环节多等特点。对于国际卡组织来说,拒付会产生交易风险。特别对于高拒付率,会对卡组织产生重大风险。故国际各大卡组织均对高拒付率规定了相应的识别计划及高额罚金,目的在于督促收单机构履行对商户的管理义务,促使商户及时纠正高拒付率现象,管控交易风险。对于这一国际通行交易规则,拒付罚金在性质上属于具有一定惩罚功能的违约金性质。本案中,法院将标准相对明确的 Visa 拒付罚金标准作为本案违约金计算的参考之一。现香港人人汇公司已经举证证明损失实际发生或必然发生。因拒付罚金在性质上属于具有一定惩罚功能的违约金性质,故法院以香港人人汇公司的实际损失为基础,兼顾合同的约定、履行情况、当事人的过错程度以及预期利益等综合因素,酌定玖盟公司应赔偿香港人人汇公司人民币 829 万元。以上两笔款项抵扣玖盟公司在香港人人汇公司处留存的保证金,玖盟公司尚需支付香港人人汇公司处理费及赔偿金 5,964,812.77元。

关于股东连带责任,玖盟公司的大部分结算款项确系香港人人汇公司打入杨某军以及陈某华亲属的账户,但从双方对结算账户的约定看,香港人人汇公司自始就明知玖盟公司以股东、股东亲属账户进行款项结算,仍然予以配合。现香港人人汇公司以此为由要求认定杨某军、陈某华滥用法人独立地位,承担连带责任,法院难以支持。本案中,香港人人汇公司仅凭结算账户问题并不能充分证明杨某军、陈某华滥用玖盟公司法人独立地位,故法院对香港人人汇公司的该项诉讼请求不予支持。

据此,上海市浦东新区人民法院于 2020 年 6 月 28 日作出(2019)沪 0115 民初 23617 号判决,判决:(1)确认原告香港人人汇公司与被告玖盟公司之间的《国际信用卡及海外本地化支付服务协议》于 2018 年 12 月 12 日解除;(2)被告玖盟公司应于本判决生效之日起 10 日内支付原告香港人人汇公司人民币 5,964,812.77 元;(3)驳回原告香港人人汇公司的其他诉讼请求。

宣判后,玖盟公司向上海金融法院提起上诉,上海金融法院于 2021 年 8 月 16 日作出(2020)沪 74 民终 1042 号民事判决:驳回上诉,维持原判。

【案例评析】

一、境外国际信用卡支付结算服务合同的效力认定

第三方支付机构跨境收款服务,是指第三方支付机构作为提供非中介服务的金融机构,为促成境内外收付款人之间的贸易或服务交易,而提供跨境国家或地区的互联网支付服务①。就我国外汇监管制度而言,对第三方支付机构跨境结算服务的监管依据主要包括 2010 年发布的《非金融机构支付服务管理办法》(2020 年修正)和 2019 年发布的《支付机构外汇业务管理办法》等相关规定。上述监管文件对于从事跨境支付业务的准入要求为第三方支付机构应当具有相关支付业务的合法资质,强调跨境支付业务合法资质和持牌经营的重要性,并要求在境内从事跨境支付结算业务的第三方机构都应当进行名录登记。从规范的内容来看,2010 年《非金融机构支付服务管理办法》和 2019 年《支付机构外汇业务管理办法》均对第三方支付机构的主体资格进行了限制,并明确未经中国人民银行的批准,任何非金融机构和个人均不得从事或变相从事支付业务。但从规范的对象而言,2010 年《非金融机构支付服务管理办法》的规制对象主要是在境内从事支付业务的主体,而本案中原告的经营活动主要发生在境外,并不涉及境内的支付业务,因此也不受我国内地法律对第三方支付机构的主体资格作出的限制。

当然,《非金融机构支付服务管理办法》和《支付机构外汇业务管理办法》均系监管机关制定的部门规章,并非法律、行政法规,不是合同效力无效的法定事由。有观点认为,如果当事人的行为违反地方性法规或者行政规章的强制性规定,虽然不能以违法无效为由认定合同无效,但可以损害社会公共利益或者违反

① 参见汤莹:《第三方支付机构跨境电商收款业务及监管对策》,载《河北金融》2022 年第 2 期。

公序良俗为由认定合同无效。[①] 这一观点虽然具有一定的合理性，但在判定合同是否因损害社会公共利益或者违反公序良俗而无效时，应当对合同条款、行政规章、社会公共利益或公序良俗三者的因果关系链条加以分析，否则可能变相扩张合同无效的事由，亦存在社会公共利益界定不统一和公法过度干预私法自治等弊病。[②]《非金融机构支付服务管理办法》等监管文件的规制对象是非金融机构在跨境贸易中的支付服务行为，所要保护的法益一者为便利跨境电子商务结算，促进支付机构外汇业务健康发展；二者为维护国内金融体系安全，防范跨境资金流动风险。本案中，原告虽然并非境内具有相关业务合法资质的持牌机构，但其所从事支付结算服务实际发生在境外，并不会对我国内地的金融体系造成影响，也不会出现跨境资金的流动性风险。另外，原告作为具有境外金钱支付结算牌照的国际支付结算业务提供商，具有当地从事该等业务的合法资质，并受到当地相关机构的监管，为境内提供境外国际信用卡的支付结算服务，并不会侵犯境内企业的合法权益。

二、拒付罚金条款的惩罚性违约金属性

违约金的类型问题乃学说上的重要问题。对于违约金类型的划分，不仅与违约金的功能有关，也关系到具体规则的适用。[③] 依我国民法的通说观点认为，违约金的类型可以划分为惩罚性违约金和赔偿性违约金。前者是合同(或法律)规定在不履行或不适当履行时支付一笔金额作为惩罚，而后者则为双方预先估计损害赔偿的总额。[④] 对于前者，主张违约金的同时也能要求实际履行或损害赔偿。对于后者，只要于实际履行或违约金之间择一主张。[⑤] 从我国来看，惩罚性违约金和赔偿性违约金的区分也已形成了一个较为明确的标准，即以违约造成的实际损失为区分两者的界限。司法实践中，违约金具有补偿性和惩罚性双重性质，合同当事人可以约定高于实际损失的违约金。如此，则从实际损失的角度出发，凡约定的违约金数额超过实际损失的，便具有惩罚性，可以称为惩罚性违约金。[⑥] 从违约金的功能定位出发，惩罚性违约金与赔偿性违约金的功能亦有不

---

① 参见刘贵祥、吴光荣：《关于合同效力的几个问题》，载《中国应用法学》2021 年第 6 期。

② 参见夏昊晗、何旭雯：《行政规章对合同效力的影响：正当性与界限》，载《法治社会》2021 年第 1 期。

③ 参见姚明斌：《违约金论》，中国法制出版社 2018 年版，第 44 页。

④ 参见梁慧星：《中国民法经济法诸问题》，中国法制出版社 1991 年版，第 259 页。

⑤ 参见崔建远：《合同责任研究》，吉林大学出版社 1992 年版，第 246 页。

⑥ 参见谢怀栻等：《合同法原理》，法律出版社 2000 年版，第 294 页。

同之处。赔偿性违约金,其目的在于填补因违约造成的损害,属于赔偿损害的特殊形式,并未脱离损害赔偿制度的基本范畴。[①] 而惩罚性违约金的主要功能是作为强制履行或担保债权实现的手段,与损害的有无和大小均无关,这也是两者的本质区别。[②] 通过突破履行利益和完全赔偿的束缚,惩罚性违约金可以给债务人造成心理压力,敦促债务人更为积极地履行债务,实现合同相对方的风险管控,进而促进交易安全、顺利地进行。

结合以上标准,可以明确我国司法关于惩罚性违约金界定的考量因素包括以下两种情形:第一,以实际损失为标准。违约金高于实际损失的部分,可以认定具有惩罚性质,纳入惩罚性违约金范畴。第二,从功能定位出发,在判断违约金数额是否合理时,应当综合判断合同的约定、履行情况、当事人的过错程度等,确定违约金数额。

结合本案,拒付罚金从性质上属于惩罚性违约金。首先,从功能定位来看,拒付罚金的目的是出于风险管理和履约担保。对于国际信用卡组织而言,高拒付率会产生巨大的交易风险。而对于专门从事境外金钱支付结算的国际支付结算业务提供商,高拒付率意味着来自国际信用卡组织的高额罚金。因此,原告、被告之间订立拒付罚金条款,主要是原告为了进行风险管理,转移非自身导致高拒付率所带来的交易风险,而并非为了弥补持卡人拒付所带来的实际损失。其次,虽然拒付并不必然导致资金的回转,服务商仍可通过申诉或协商的方式解决。但拒付率高本身会影响结算业务提供商的信用评级,在综合考虑对风险管理、商业盈利等因素后,拒付罚金的数额一般要高于因拒付行为所造成的实际损失。

国际信用卡支付结算具有交易总量大、频率高、金额巨、环节多等特点。对于国际卡组织而言,因拒付周期较长,一旦持卡人拒付,原本在卡组织内部正常的资金结算流程将发生逆转,势必产生额外的服务和流程。同时,高拒付率会对国际信用卡组织产生重大的信用风险。因此,各国际卡信用组织均对高拒付率规定了相应的识别计划和高额罚金,目的在于促使收单机构履行对商户的管理义务,促使商户及时纠正高拒付率现象,管控交易风险。对于拒付罚金而言,惩罚并非目的。为实现风险管理的目的,拒付罚金的标准与收单机构的拒付率挂

---

① 参见韩强:《违约金担保功能的异化与回归——以对违约金类型的考察为中心》,载《法学研究》2015 年第 3 期。

② 参见邓辉:《论违约金制度的功能定位》,载蒋海松主编:《岳麓法学评论》(第 13 卷),湖南大学出版社 2020 年版,第 248 ~ 258 页。

钩,即拒付率越高,拒付罚金的适用标准也越高。换言之,拒付罚金体现了高拒付率背后收单机构和国际信用卡组织的信用风险。同时,作为一项为持卡人提供的保障措施,拒付机制同样具有合理性和商业利益考量。但收单机构并非交易的直接主体,无法直接介入商户与持卡人的交易。而作为国际信用卡组织的结算商,收单机构是拒付处理费和拒付罚金的直接主体。换言之,如果没有拒付罚金的保障,收单机构不仅无法约束商户的商业行为,同时还要为商户包括知识产权、重复收费、未按时发货等行为承担相应的不利后果,使自身处于严重的商业风险中。如是考虑,拒付罚金作为一项国际通行的交易规则,具有合理的商业利益。

【典型意义】

本案是一起典型的境外支付结算机构为境内电商提供境外国际信用卡支付结算的服务合同纠纷。随着自贸区跨境电商和跨境贸易的日益繁荣,境内企业在境外的利益日益复杂、庞大,在这一过程中越来越多的境外服务机构为境内企业提供专门的境外服务。本案的判决明确了境外支付结算机构为境内企业提供境外支付结算服务,即使尚未取得境内支付结算牌照,相关合同依然合法有效。同时,在中国企业“走出去”的过程中,应主动对接国际通行规则,本着意思自治和诚实信用原则,遵照国际卡组织专门针对拒付这一高风险行为设置的高额服务费和违约金。本案判决明确了国际卡组织相关费用的性质,为同类案件的处理提供了可供参考的经验,也充分保护了境外当事人的合法权益,有力地维护了国际通行规则。

【案例索引】

案号:

一审:上海市浦东新区人民法院(2019)沪 0115 民初 23617 号(2020 年 6 月 28 日)

二审:上海金融法院(2020)沪 74 民终 1042 号(2021 年 8 月 16 日)

审判组织:

一审:黄鑫、徐劲草、赵传伟

二审:张聪、贾沁鸥、朱颖琦

编写人:黄鑫、沈伟杰

国际航运与货运代理类纠纷案件

21

国际航空货运合同纠纷的管辖确定

——新时代公司与国家航空货运公司(National Air Cargo Middle East FZE)等航空货物运输合同纠纷案

裁判要旨

本案系在自贸区内发生的国际航空货物运输合同纠纷。在国际航空货物运输合同纠纷的审理过程中,如果诉讼当事人所在国属于《蒙特利尔公约》的缔约国,且争议的法律关系属于《蒙特利尔公约》所规制的范围之内,则适用《蒙特利尔公约》的规则来确定管辖权,即依照承运人所在地,主要营业地或者订立合同的营业地、目的地的四个管辖连接点来确定管辖。如果当事人所在国并非《蒙特利尔公约》的缔约国或者并非该公约所规制的范围之内,则按照我国《民事诉讼法》及其司法解释的内容,按照相应的规定来确定管辖法院。在国际运输语境下,《蒙特利尔公约》效力优先于《华沙公约》或《海牙议定书》,《蒙特利尔公约》缔约国当事人约定适用其他公约无效。

基本案情

原告:新时代国际运输服务有限公司上海分公司(以下简称新时代公司)

被告:国家航空货运中东公司(National Air Cargo Middle East FZE,以下简称国家航空货运公司)

被告:国家航空货运集团有限公司(National Air Cargo Group,Inc.,以下简称国家航空货运集团)

新时代公司系设立于中国(上海)自由贸易试验区的企业,国家航空货运公司系设立于阿联酋的企业,国家航空货运集团系设立于美国的企业。2015 年 9

月26日，新时代公司与国家航空货运公司签订包机合同，合同约定由国家航空货运公司安排包机将新时代公司承揽的货物由中国上海运至美国芝加哥，约定起飞日期为2015年10月18日，始发港为上海浦东国际机场，国家航空货运公司提供适航飞机，新时代公司预付全部运费；根据协议约定的"国际运输"将受制于1929年10月12日在华沙签订的《统一国际航空运输某些规则的公约》或1955年9月28日在海牙签署的该公约修改草案中有关责任的规定。2015年10月9日，新时代公司支付全额运费33万美元。2015年10月18日，国家航空货运公司通知原告飞机无法按约运输货物，新时代公司在此情况下只得另行寻找其他公司运输，为此新时代公司支付运费64.80万美元，产生经济损失31.80万美元。同时，新时代公司认为国家航空货运集团系国家航空货运公司的上级公司，理应一并承担责任。后国家航空货运集团与国家航空货运公司向法院提出管辖权异议。

【法院裁判】

上海市浦东新区人民法院经审理认为，本案管辖权的争议焦点在于本案是否适用国际条约确定管辖。首先，本案系涉外民事法律关系。根据《最高人民法院关于适用〈中华人民共和国涉外民事关系法律适用法〉若干问题的解释（一）》第1条第1款的规定，当事人一方系外国法人或组织时，其所涉的民事法律关系应为涉外民事关系。本案中两被告均设立于中华人民共和国境外，故本案应为涉外案件，其法律适用不应仅局限于我国国内法渊源。

其次，本案应适用《蒙特利尔公约》。本案中三方当事人所在国分别系中国、阿联酋、美国，该三国皆为《蒙特利尔公约》的缔约国，此条件成为本案适用该公约的前提。根据《蒙特利尔公约》的规定，该公约主要适用出发地、目的地或经停地点为缔约国的国际货物或人员运输的情形。在本案中，货物系从中国境内运至美国处，符合《蒙特利尔公约》中关于国际航空运输的规定，故应适用该公约。当事人虽约定适用《华沙公约》或《海牙议定书》，但根据《蒙特利尔公约》的规定，就国际运输语境下，其效力优先于《华沙公约》和《海牙议定书》，当事人之间上述约定应属于无效约定。

最后，法院不具有管辖权。根据《蒙特利尔公约》的规定，相关的损害赔偿案件应由承运人住所地、主要营业地、订立合同时的营业地以及目的地法院受理。本案中，承运人为国家航空货运公司，其住所地和主要营业地为阿联酋，订立合同时的营业地也在该地区,而货物运输的目的地为美国,《蒙特利尔公约》规定的管辖地均与境内受理案件法院无关联,故法院对此案不具有管辖权。

综上,上海市浦东新区人民法院于2016年12月12日依法作出(2015)浦民二(商)初字第S5130号民事裁定:驳回原告新时代公司的起诉。新时代公司与国家航空货运公司、国家航空货运集团收到该民事裁定后,均表示不提起上诉。

【案例评析】

本案属于涉外商事案件,因被告提出管辖权异议,尚未进入实体审理阶段,仍处于程序审查阶段。两被告提出如果按照《蒙特利尔公约》的规定,人民法院不具有本案的管辖权。而原告则认为本案应适用《民事诉讼法》及其相关司法解释的规定,由人民法院管辖。原告、被告双方在本案的程序适用上产生了争议,本案在程序上适用便成了首要解决的问题:本案是否能适用国际公约来处理双方就管辖权提出的争议。

一、能否适用国际条约

一般而言,国际条约的签订标志一个国家接受该条约约束,也是一国司法主权的让渡。条约的成立和缔结使一个国家或地区不仅在国际社会得到认可,也是一个国家或地区积极参与国际活动的重要表现。条约在国内适用又称条约的国内法效力,是指合法有效成立的条约对于缔约国具有法律拘束力,缔约国必须采取必要的措施,以保证条约在其领域内履行。①

(一)国际条约的转化形式

从国际条约法的理论和各国实践来看,如果要在一国国内执行一个根据国际法对该国已生效的国际条约,特别是要在该国法院适用该条约的规定裁判案件,需要通过该国国内法把该条约并入该国法律体系。将国际条约并入一国法律体系的方法有两类:一类是一元论方法,即整体纳入法,通过概括性的宪法、法律规定或习惯规则,将在国际法上对一国生效的条约全部并入该国法律体系;另一类是二元论方法,即个别转化法,通过具体的立法或法令,将需要在国内实施的国际条约有选择地、个别地并入本国法律体系。采用一元论方法的主要是美

① 参见王虎华主编:《国际公法学》(第3版),北京大学出版社、上海人民出版社2005年版,第382页。

国、德国、荷兰、波兰、瑞士等国。英国、意大利、英联邦国家、北欧诸国、爱尔兰等国采二元论方法。①

（二）目前我国对国际条约的态度

目前，对于条约的相关问题，能够起到原则性的指导意义的有两部：一是《宪法》，二是《缔结条约程序法》。两者规定的内容各有侧重点，《宪法》强调的是条约的缔结权和批准权；而《缔结条约程序法》则主要规定缔结条约的程序，因此，关于如何保障生效条约在我国国内适用的问题，上述两部法律都没有提到，而是散见于《民法通则》（已失效）、《民事诉讼法》等各个部门法之中。比如，《民法通则》（已失效）第 142 条规定："涉外民事关系的法律适用，依照本章的规定确定。中华人民共和国缔结或者参加的国际条约同中华人民共和国的民事法律有不同规定的，适用国际条约的规定，但中华人民共和国声明保留的条款除外。中华人民共和国法律和中华人民共和国缔结或者参加的国际条约没有规定的，可以适用国际惯例。"《民事诉讼法》（2007 年修正）第 266 条规定："人民法院对申请或者请求承认和执行的外国法院作出的发生法律效力的判决、裁定，依照中华人民共和国缔结或者参加的国际条约，或者按照互惠原则进行审查后，认为不违反中华人民共和国法律的基本原则或者国家主权、安全、社会公共利益的，裁定承认其效力，需要执行的，发出执行令，依照本法的有关规定执行。违反中华人民共和国法律的基本原则或者国家主权、安全、社会公共利益的，不予承认和执行。"②（其他的国际条约的适用还有 1990 年《行政诉讼法》第十章"涉外行政诉讼"第 72 条、《民用航空法》第十四章"涉外关系的法律适用"第 184 条、《海商法》第十四章"涉外法律关系的适用"第 268 条、《票据法》第五章"涉外票价的法律适用"第 95 条第 2 款、2016 年修正的《对外贸易法》第 16 条。）对比《民法通则》（已失效）与《民事诉讼法》的相关条文，可以看出两者对于条约适用的态度还是有一定差异的，前者强调条约的优先适用性，后者则规定适用条约必须建立在不违反我国法律的基本原则或者国家主权的基础上。这些条款的特点为：（1）规定了相关

① 赵建文：《国际条约在中国法律体系中的地位》，载《法学研究》2010 年第 6 期。

② 现为《民事诉讼法》（2021 年修正）第 289 条："人民法院对申请或者请求承认和执行的外国法院作出的发生法律效力的判决、裁定，依照中华人民共和国缔结或者参加的国际条约，或者按照互惠原则进行审查后，认为不违反中华人民共和国法律的基本原则或者国家主权、安全、社会公共利益的，裁定承认其效力，需要执行的，发出执行令，依照本法的有关规定执行。违反中华人民共和国法律的基本原则或者国家主权、安全、社会公共利益的，不予承认和执行。"

事项中条约高于国内立法的地位；(2)仅在条约与我国国内法相冲突时，适用条约；(3)直接适用条款在立法中一般被放在“涉外篇”，即要求当案件具有涉外因素时，才能按照这些条款直接适用条约。我国《民法通则》(已失效)、《民事诉讼法》等一系列法律和行政法规中都包含了这样的国际条约优先的条款：中国缔结或者参加的国际条约同中国法律有不同规定的，适用国际条约的规定。这样的条约优先条款是我国有关国际条约的立法、行政和司法实践的总结，表明了“我国在条约与国内法关系问题上采取的是‘优先适用条约规定’的一般立场”。①我国法律对国际条约的适用皆为较为开放的态度，这也体现了“忠实履行国际义务”现代国际法基本准则。上述的法律规定可以看出，我国不仅对涉及具体民事法律关系的实体权利义务方面可以适用国际条约，而且对当事人的民事诉讼权利义务方面也可以适用国际条约。从上述的分析可以看出，如果案件涉及国际条约或是国际公约的规定内容，结合我国目前的法律体系结构，人民法院可以直接适用国际条约来处理案件。

二、如何判断是否适用《蒙特利尔公约》

(一)是否缔约国

“约定必须信守”是一项古老的原则。这一原则不仅在国内法领域内得到广泛认可，而且发展成为国际法上一项重要原则。它要求在条约缔结后，各方必须按照条约的规定行使自己的权利，履行自己的义务。由于当今国际社会国家主权平等的特点，这一原则为国际间的相互信赖创造了条件，从而为维持和发展正常的国际关系、保障国际和平与安全提供支持。正因为如此，国际法理论和实践一向确认条约必须遵守的原则并强调其重要意义，许多重要的国际文件也都载有条约必须遵守的规定，“忠实履行国际义务”这一现代国际法基本原则也是在条约必须遵守原则基础上延伸和发展起来的。如果一个国家或地区加入了该国际条约，那么必然接受该条约的规制。作为国际法重要渊源的国际条约，是国家间就某一共同关心的事项或涉及其重要利益的问题所达成的协议，是在一定范围内和一定程度上的具体权利义务的规定。一项条约一经国家签署、批准、接受、赞同或加入后，条约随即对当事国发生法律效力，即当事国立即受到条约的拘束，必须严格按照条约规定的范围和方式行使权利、履行义务，否则就要受到当事国单独或集体实施的强制，承担相应的国际责任。所以条约的效力是指有

① 万鄂湘等：《国际条约法》，武汉大学出版社1998年版，第192页。

效成立的条约所规定的权利和义务对缔约国所具有的国际法上的拘束力和强制力。这种拘束力和强制力具体体现为,条约规定的内容对国际法主体的法律行为所施加的限制作用。从主观上看,它是缔约国对其行为的内心自我约束;从客观上看,它是一种法定要求以及对缔约国行为是否符合条约规定的一种客观评价标准。以条约形式确立相互的权利和义务关系,这样的条约既是缔约国自由同意,也是缔约国之间具有法律意义的约定和承诺,因而对缔约者都有拘束力,缔约者有义务遵守条约的规定,尤其应严格履行条约义务。结合本案的具体情况,我们可以发现,本案中新时代公司系设立中华人民共和国境内的法人,其所在国即为我国;国家航空货运集团与国家航空货运公司系分别设立于阿拉伯联合酋长国(阿联酋)和美利坚合众国(美国)的法人,其所在国分别为阿联酋和美国。上述三国家皆为《蒙特利尔公约》的缔约国,说明该些国家在发生《蒙特利尔公约》所规制的情形之时,便放弃了国内法律对这些民事法律关系的适用效力,应以《蒙特利尔公约》所规定的内容为准。本案当事人所在国为《蒙特利尔公约》缔约国的背景成为本案适用该条约解决程序性争议的潜在前提。

(二)《蒙特利尔公约》的由来

国际航空运输初期,调整旅客或货物运输主要依靠各国国内法和运输合同,由于各国关于承运人责任的具体规定差异很大,国际航空运输过程中产生的损害赔偿责任经常会产生法律冲突和法律适用的问题。各国法律规则的严重不统一阻碍了国际航空运输业的发展,1929 年 9 月,第二次航空私法国际会议讨论了国际航空法专家技术委员会提交的公约草案,并通过《统一国际航空运输的某些规则的公约》(1929 年《华沙公约》)。随着“二战”后的经济起飞和航空技术的进步,1929 年的《华沙公约》在缔结时所规定的内容已经不再适应当时的客观社会需求。20 世纪 50 年代初开始,在国际民航组织(ICAO)的努力下,国际社会通过了修订《华沙公约》的 1955 年《海牙议定书》,后来又依次通过了 1961 年《瓜达拉哈拉公约》、1971 年《危地马拉议定书》、1975 年四个《蒙特利尔议定书》。从 1929 年《华沙公约》到 1975 年四个《蒙特利尔议定书》,华沙体系已形成八个文件并存的局面。其中《华沙公约》是最基本的公约,其他公约只是对《华沙公约》的修改或补充。同时,这些公约相互之间又是独立的。一个国家可以参加其中的一个公约,也可以同时参加几个公约。这些公约相互之间在一些问题的规定上是相互冲突的,而不同国家对这些文件的批准决议又是混乱复杂的。要实现《华沙公约》整个体系的现代化和统一化,只能依照条约法的规定,通过缔结一个全新的国际公约将《华沙公约》取而代之。这就是在国际民用航空组织以及国际社会的共同努力之下所缔结的1999年《蒙特利尔公约》。《蒙特利尔公约》是目前国际社会对国际航空领域范围内对所涉的国际私法范畴内新的调整,符合目前国际上绝大多数国家对航空运输合同及所涉的损害赔偿标准的统一认识水平。

(三)是否符合公约的规制的范围

《蒙特利尔公约》第1条"适用范围"中规定:"一、本公约适用于所有以航空器运送人员、行李或者货物而收取报酬的国际运输。本公约同样适用于航空运输企业以航空器履行的免费运输。二、就本公约而言,'国际运输'系指根据当事人的约定,不论在运输中有无间断或者转运,其出发地点和目的地点是在两个当事国的领土内,或者在一个当事国的领土内,而在另一国的领土内有一个约定的经停地点的任何运输,即使该国为非当事国。就本公约而言,在一个当事国的领土内两个地点之间的运输,而在另一国的领土内没有约定的经停地点的,不是国际运输。三、运输合同各方认为几个连续的承运人履行的运输是一项单一的业务活动的,无论其形式是以一个合同订立或者一系列合同订立,就本公约而言,应当视为一项不可分割的运输,并不仅因其中一个合同或者一系列合同完全在同一国领土内履行而丧失其国际性质。四、本公约同样适用于第五章规定的运输,除非该章另有规定。"《蒙特利尔公约》第五章的规定内容主要涉及的是分段联运以及名义承运人和实际承运人之间的法律关系。可见,《蒙特利尔公约》适用与否,与航空运输合同的性质有关,只有具备跨国性的国际航空运输合同,才受《蒙特利尔公约》的调整,当事人的国籍与《蒙特利尔公约》的适用无关。如果运输仅发生在一个当事国领土内两个地点之间,而在另一国领土内没有约定的经停地点,就不是国际航空运输,而是国内航空运输,受内国航空法的调整。如果该国内航空运输发生外国人伤亡事故,由于其不具备《蒙特利尔公约》规定的"国际运输"条件,虽然不适用《蒙特利尔公约》,但仍属涉外法律关系,适用内国冲突规范的调整。从本质上而言,《蒙特利尔公约》主要规制的"范围"在于对国际运输行为所产生的任何法律关系。结合本案而言,原告系委托境外的被告公司,将存放在中国境内的货物运至美国。从结构上分析,首先在运输工具上,双方采用了符合现代语境下的航空器设备,属于航空运输的范畴,并且原告亦向被告支付了部分航空运输的货款,属于有偿的航运合同。其次,本次航空运输的始发地为中国上海,目的地为美国芝加哥,该次航运运输跨越了不同的国家领域,并非在一国领域之内完成,整个航程具有国际性的特点,故本案应属于《蒙特利尔公约》的适用范围。

三、如何依约确定管辖权

(一)管辖权条款的描述

《蒙特利尔公约》第33条第1款规定,“损害赔偿诉讼必须在一个当事国的领土内,由原告选择,向承运人所在地,主要营业地或者订立合同的营业地的法院,或者向目的地的法院提起”;第33条第4款规定,“诉讼程序适用案件受理法院的法律”,该程序性规则具有强制性。我国《民用航空法》对国际航空法律纠纷的管辖权没有具体规定。《民事诉讼法》及《最高人民法院关于适用〈中华人民共和国民事诉讼法〉若干问题的意见》就涉外民事诉讼的管辖权有明确的规定。其中适用于航空运输方面的管辖权有:承运人住所地法院;承运人住所地与经常居住地不一致的,为经常居住地法院;运输始发地或目的地法院;合同签订地法院;航空器最先到达地法院等。《蒙特利尔公约》虽然在其公约内容上对受理法院的法律具有尊重受理法院的态度,但是对于管辖权的确定上而言,具有独自规定管辖权连结点的成分。从前述国际条约与我国法律的效力分析内容而言,如果诉讼当事人所在国属于《蒙特利尔公约》的缔约国,且争议的法律关系属于《蒙特利尔公约》所规制的范围之内,则适用《蒙特利尔公约》的规则来确定管辖权。如果当事人所在国并非《蒙特利尔公约》的缔约国或者并非该公约所规制的范围之内,则依据我国《民事诉讼法》及其司法解释的内容,按照相应的规定来确定管辖法院。

(二)管辖点的确定

从《蒙特利尔公约》的规定看,其主要依照承运人所在地,主要营业地或者订立合同的营业地、目的地的四个管辖连结点来确定管辖。

“承运人住所地”为第一个管辖权基础,其是民诉法理论中“原告就被告原则”的体现。这个管辖权中的争议点主要集中于对“住所”这个概念的理解。“住所”是指由法律认定的、公民或者法人的生活重心所在地。要构成法律意义上的“住所”需同时满足两个要素:第一,必须有在该地久居的意图;第二,必须有在该地久居的事实。目前国际航空运输领域的承运人大多是公司法人,对其“住所”的认定,各国标准不一。在大陆法系国家法典中,对“住所”的定义主要集中于“主要办事机构所在地”。在英美法系判例和解释中,对“住所”的理解却又有各自的不同意见。例如,英国就认为“住所”就是“经常居住地”:经常居住地可以被认定为公司注册成立的地点,或者公司行政中心和决定权所在地。而美国的法院则多将“承运人住所地”解释为“承运人的营业地”,即在美国法中,承运人的住所地一般就是承运人的主要营业地。

“承运人主要营业地”指承运人所经营业务的大部分执行和管理活动所在地。但存在“承运人住所地”与“主要营业地”不一致的情况。例如,本在一国国内从事经营活动的承运人,为了规避内国法律的适用,故意将管理中心或主要事务所设到国外;法人为了避税,而在主要营业地之外的国家注册等。在这些情况下,仅仅根据“承运人住所地”管辖原则,无法保护原告的权利。而主要营业地相对来说比较固定,承运人一般只有一个主要营业地,不容易因为承运人的主观意图任意变更,所以将“主要营业地”列为第二个管辖基础就为原告起诉提供了更多的便利。

“订立合同的营业地”的概念随着航空运输的发展而产生。一些承运人(航空公司)将其业务扩展到全球,在全球许多地方设立了分支机构、办事处,营业范围横跨数国,此时便很难认定哪国为“主要营业地”。而“签订合同(如出具客票、航空货运单)的承运人营业地”管辖原则作为第三个管辖权基础为原告提起损害赔偿诉讼提供了另外一条途径。它与“承运人主要营业地”的区别在于:不要求是“主要”的营业地,承运人可以有若干个营业机构,但是它要求该营业机构必须是在特定案件中签订运输合同的。实践中,签发航空航运单的地点可以看作签订运输合同的所在地。当然,原告若想根据此管辖权基础提起损害赔偿诉讼,必须证明以下事实:承运人在该地有营业机构,并且运输合同是在承运人在该地的营业机构内签订的。

“目的地点”管辖权与前三种管辖权不同的是它与承运人的营业地或住所无关,也就是说它不是“原告就被告”原则的体现,反而是《蒙特利尔公约》体系项下的特有管辖权规定。盖因在一次航班的运输过程中,在所有损害赔偿诉讼提起之前,仅有航空运输的目的地是承运人和托运人之间有明确认识的,在发生纠纷之前,如果以此作为管辖权的连结点,视为双方对此是明知的,就不存在双方之间的争议。即使如连续运输的情况下,对于目的地点的理解则有《蒙特利尔公约》的明确规定。根据《蒙特利尔公约》第 1 条第 3 款的规定,运输合同各方认为几个连续的承运人履行的运输是一项单一的业务活动,无论其形式是以一个合同订立或者一系列合同订立,就本公约而言,应当视为一项不可分割的运输,而不应该仅仅考虑其中某一个合同。

结合本案而言,本案中所涉的国际货物运输的托运人为新时代公司,即为中国公司,而本案的承运人为国家航空货运公司。根据《法律适用法》第 14 条第 1

款的规定:“法人及其分支机构的民事权利能力、民事行为能力、组织机构、股东权利义务等事项,适用登记地法律。”同时根据《最高人民法院关于适用〈中华人民共和国涉外民事关系法律适用法〉若干问题的解释(一)》第16条的规定:“人民法院应当将法人的设立登记地认定为涉外民事关系法律适用法规定的法人的登记地。”从上述两条的规定可以看出,我国目前对法人的“住所”主要采用了“登记地”的概念。按照国家航空货运公司在本案提供的其注册成立相关材料,其依据阿联酋迪拜地区的法律设立成立,其住所应在该登记设立地区,根据《蒙特利尔公约》的管辖权确定依据,阿联酋迪拜地区相关法院对本案具有管辖权。根据《法律适用法》第14条第2款:“法人的主营业地与登记地不一致的,可以适用主营业地法律。法人的经常居所地,为其主营业地。”从该条的规定可以看出,我国对主要营业地的重视程度大于法人的登记地,即当存在主要营业地与其登记地不一致的情形时,更倾向选择“主要营业地”。在本案中作为承运人的被告,其主要的登记地即住所地在阿联酋迪拜地区,其主要营业地也应在该地区,迪拜地区作为全球的主要的航空港区,且被告亦成立在该国之内,其没有动因将其主要营业地设在我国地区[需要说明的是,根据网络公开数据,迪拜国际机场是中东地区最大的航空枢纽,航空港的吞吐量位居世界第9,上海浦东机场则仅位居第90。从航空公司的主要业务量和航空港口的地缘位置而言,被告将其主要营业地设在我国境内的动因很小]。故人民法院确定被告的主要营业地为阿联酋迪拜地区,阿联酋迪拜地区相关法院依照《蒙特利尔公约》的规定享有对本案的管辖权。在本案中,原告认为其与被告签订航空运输合同时,被告的订立合同的营业地为上海浦东,但原告并未提供相关的证据证明。另外,从原告、被告双方提供的航空运输合同的形式上看,如果被告签订合同的营业地在我国境内,依照目前的交易惯例,合同文本往往为所在国的通用文字,或者在同一合同条款中同时标明所在国通用文字和他国语言,但是本案中所有条款皆为英文,并未有列明中文的字样,故人民法院无法确定在本案中的签订合同的营业地。另外,本案中的“目的地点”应为航空运输合同的运输终点即为美国芝加哥,故按照《蒙特利尔公约》的规定,美国芝加哥的相关法院对本案具有管辖权。综上,人民法院对本案没有管辖权,故依法驳回原告的起诉。

【典型意义】

自贸区作为中国新形势下全面深化改革和扩大开放的一项战略举措,体现中国更大力度地对外开放、更大程度地参与国际竞争、更高精度地适应国际标准。随着自贸区发展,国际货物运输贸易更加频繁,本案即涉及注册在自贸区内的国内运输企业与国外航空运输企业之间的国际航空运输合同关系。法院在准确界定涉案合同关系的基础上,优先适用国际条约,在司法中体现了"切实履行国际义务"现代国际法基本准则。同时,还阐明了《蒙特利尔公约》优于《华沙条约》及《海牙议定书》适用的规则,并对《蒙特利尔公约》规定的诉讼管辖连结点的范围作出准确理解和适用。法院通过对案件涉外性、国际条约适用性及其内容理解合理性等方面进行层层论证,作出了优先适用国际条约及本案应由域外管辖的裁定,平等保护中外主体的程序权利,充分展现了中国司法尊重国际规则及公平开放的姿态,有助于促进国际贸易,营造公开、透明、可预期的良好市场法治环境。

【案例索引】

案号:上海市浦东新区人民法院(2015)浦民二(商)初字第 S5130 号(2016 年 12 月 23 日)

审判组织:曹克睿、蔡婷婷、周志勇

编写人:胡鑫、王源超

22

《蒙特利尔公约》第35条“期间”性质的认定

——泛亚班拿公司与俄罗斯空桥公司(Airbridgecargo Airlines LLC.)航空货物运输合同纠纷案

裁判要旨

《蒙特利尔公约》第35条对当事人主张损害赔偿权作出了2年的时间限制,但并未明确该等“期间”的性质,而是将这一事项作为自治事项交由当事国自行认定。实践中应当遵循国际法条约解释规则,以《维也纳条约法公约》第31条作为指引,根据我国民法的相关规定,将《蒙特利尔公约》第35条“期间”认定为诉讼时效。

基本案情

原告:泛亚班拿国际运输代理(中国)有限公司(以下简称泛亚班拿公司)

被告:俄罗斯空桥货运航空公司(Airbridgecargo Airlines LLC.,以下简称俄罗斯空桥公司)

2016年10月14日,泛亚班拿公司接受案外人博世公司委托,为其进口的两批共12台设备(其中10台旧设备、2台新设备),提供从法国巴黎戴高乐机场运往中国的运输代理服务。同日,泛亚班拿公司(托运人)就上述货物与俄罗斯空桥公司(承运人)签订《空运单》一份,约定涉案货物的始发站机场为法国巴黎戴高乐机场,目的地机场为上海浦东国际机场。涉案货物数量为12件,总重为17,391千克。

2016 年 11 月 1 日，泛亚班拿公司向俄罗斯空桥公司发送电子邮件两封，要求俄罗斯空桥公司针对涉案项下分空运单号分别为 151689、151690 进行调查。其后，俄罗斯空桥公司（戴高乐机场）回复称，“上述两张空运单确认为泛亚班拿公司的空运单，并为 580/11444882 提供了贴标服务。尽管我们浦东机场还未确认，但似乎是在戴高乐机场贴标时发生了错误。空运单 580/11444882 由两份空运分单组成，分别是 151689、151690。我们为因此造成的不便向贵司致歉，并由衷希望不会因此影响我们的合作”。

2018 年 7 月 25 日，苏州工业园区海关认为，博世公司因贴标错误，导致在申报进口时申报的货物品名与实际货物品名不符，影响海关监管秩序，对其科处罚款人民币 10,000 元的行政处罚。同日，博世公司向苏州工业园区海关缴纳罚款 10,000 元。

2018 年 9 月 19 日，泛亚班拿公司就案涉货物向俄罗斯空桥公司发送了索赔邮件。同日，俄罗斯空桥公司回复泛亚班拿公司电子邮件，内容为“好的，我们已经将信息录入我们的系统”。

2018 年 11 月 20 日，博世公司（索赔人）与泛亚班拿公司签订《和解与责任解除书》，约定由泛亚班拿公司向案外人博世公司赔偿损失 78,056.46 元，博世公司将针对第三方的索赔权让渡于泛亚班拿公司。2019 年 1 月 24 日，泛亚班拿公司通过银行转账的方式向案外人博世公司支付款项 78,056.46 元。

泛亚班拿公司诉称：因俄罗斯空桥公司的过错，致使泛亚班拿公司为案外人博世公司委托进口的 12 台设备（其中 10 台旧设备、2 台新设备）发生混淆，即 2 台新设备被错误地标记为了旧设备，因而无法通过苏州海关的查验。博世公司也因此遭受了包括商检费、仓储费、运费、报关费、海关担保金利息损失及罚款等合计 10 余万元。后博世公司向泛亚班拿公司提出了索赔，经双方协商，最终由泛亚班拿公司向博世公司赔偿 78,056.46 元。泛亚班拿公司认为，俄罗斯空桥公司应对其粘贴航空标签错误导致的上述损失承担赔偿责任。

俄罗斯空桥公司辩称：根据 1999 年《蒙特利尔公约》第 35 条的规定，泛亚班拿公司向俄罗斯空桥公司主张权利的期限为 2 年，该规定系除斥期间，不得中止或中断计算。现该期间已然经过，泛亚班拿公司已经丧失了主张损害赔偿的权利。

【法院裁判】

上海市浦东新区人民法院经审理认为，首先，《蒙特利尔公约》第 35 条第 1

款规定“自航空器到达目的地点之日、应当达到目的地点之日或者运输终止之日起两年期间内未提起诉讼的,丧失对损害赔偿的权利”。同时,第35条第2款规定“上述期间的计算方法,依照案件受理法院的法律确定”,故本案关于期间的计算方法应适用中华人民共和国相关法律规定。其次,2017年修正的《民事诉讼法》第82条规定“期间包括法定期间和人民法院指定的期间”。其中法定期间是指由法律直接作出规定的诉讼期间。故本案在适用《蒙特利尔公约》第35条第1款所规定的2年期间规定时,应结合我国的相关法律规定。对于被告提出《蒙特利尔公约》第35条第1款所规定的2年期间为除斥期间的观点,因无相关法律依据予以支持,故不应予以采信。

另外,根据已查明相关事实,本案中,泛亚班拿公司已于2016年11月1日通过电子邮件的方式向被告工作人员反映涉案产品出现问题,并要求被告进行调查。嗣后,俄罗斯空桥公司对此事宜通过电子邮件进行了相应回复。直至2018年7月25日,博世公司因此被苏州工业园区海关行政处罚并产生因退运等引起的损失。泛亚班拿公司在案外人博世公司损失发生后,于2018年9月19日通过电子邮件的方式向被告俄罗斯空桥公司主张赔偿,根据《民法通则》第140条(现为《民法典》第195条)规定,泛亚班拿公司于2018年9月15日向俄罗斯空桥公司主张权利,符合诉讼时效中断情形。现泛亚班拿公司于2019年10月8日诉至法院主张权利,其并未超出《蒙特利尔公约》所规定的2年期间,其诉权依法受到法律保护。

而该贴标行为系发生在《蒙特利尔公约》所规定的被告的航空运输期间,俄罗斯空桥公司应对其违约行为所产生的法律后果,承担相应的赔偿责任。泛亚班拿公司向法院提交的证据,证明其因俄罗斯空桥公司的错误贴标行为所导致的经济损失为78,056.46元,故对泛亚班拿公司主张的索赔请求,应予支持。

据此,上海市浦东新区人民法院于2020年09月21日作出(2019)沪0115民初81742号民事判决,判决:被告俄罗斯空桥公司应于本判决生效之日起10日内赔偿原告泛亚班拿公司78,056.46元及利息(以78,056.46元为基数,自2019年1月25日起算至2019年8月19日止,按照中国人民银行公布的同期同类贷款基准利率计算,计1942.96元;自2019年8月20日起至实际支付之日止,按全国银行间同业拆借中心公布的同期贷款市场报价利率标准计算)。

宣判后,俄罗斯空桥公司以诉讼时效问题适用法律错误为由向上海市第一中级人民法院提起上诉。上海市第一中级人民法院于2021年6月22日作出(2021)沪01民终1618号民事判决:驳回上诉、维持原判。

【案例评析】

一、《蒙特利尔公约》第35条的"期间"如何定性是本案的争议焦点

本案中,俄罗斯空桥公司援引《蒙特利尔公约》第35条作为抗辩的主要理由之一。根据该条规定,当事人"自航空器到达目的地点之日、应当到达目的地点之日或者运输终止之日起两年期间内未提起诉讼的,丧失对损害赔偿的权利"。对于上述规定中的"期间",俄罗斯空桥公司主张该等期间系我国法律所规定的除斥期间,不适用中止或中断的规定。两年的期间一旦经过,泛亚班拿公司要求承运人赔偿损失的实体权利即宣告消灭。而泛亚班拿公司则认为上述"期间"系诉讼时效,应当适用关于诉讼时效中止或中断的规定。

两造对于上述"期间"性质的不同解读,反映了当事人对《蒙特利尔公约》理解的不一致。这种理解的差异,绝非个案。在我国的司法实践中,当事人援引《蒙特利尔公约》提出诉讼时效抗辩的情形并不鲜见。在(2021)津03民终1419号案中,俄罗斯空桥公司同样以《蒙特利尔公约》所规定的"期间"系除斥期间为由提出了相应的抗辩。而对于"期间"性质的认定,不仅影响当事人的实体请求是否能够得以支持,还关系我国是否践行了《蒙特利尔公约》所规定的国际义务。因此,如何正确理解和适用《蒙特利尔公约》第35条规定的期间,是本案的争议焦点和审理难点。

二、《蒙特利尔公约》第35条"期间"应依照国际法解释规则解释

国际民航组织作为《蒙特利尔公约》的保管机构和责任限额的复审机构,并无权对《蒙特利尔公约》的相关条款作出解释。因而各国在司法实践中,对《蒙特利尔公约》第35条"期间"的性质产生了多样化的理解。如美国法院有判例①认为,公约第35条"期间"属于先决条件(condition precedent)。加拿大法院认为,上述"期间"是实体性规定,不适用内国法关于时效中止或延长的规定②。与之相反,西班牙法院认为,"期间"可以因为程序性事项如管辖权争议而延长或中止。对此,法国法院对此的司法态度则更加宽松,其认为当事人与承运人就损害赔偿进行协商的时间,应当在计算"期间"时予以扣除。③

从实践来看,各国司法实践对于上述问题并未达成统一的认识或形成国际

---

① See Susheela Narayanan v. British Airways, 747 F. 3d 1125(9th Cir. 2014).

② See Tompkins, George N., 2014 Summary of MC 99 Court Decisions, Air & Space Law 40, No. 2 (2015): 147 – 164.

③ See Pablo Mendes de Leon, Introduction to Air Law, Kluwer Law International B. V., 2017.

惯例。是故,为减轻因缺乏具象化、专门化的国际规范体系而造成的理解繁累,对于“期间”的定性问题,应遵循当前的国际通行解释规则,即依据《维也纳条约法公约》的解释路径,对《蒙特利尔公约》的相关条文及概念进行准确界定和解读。

(一)约文解释是解释《蒙特利尔公约》的基础

《维也纳条约法公约》第31条规定,“条约应依其用语按其上下文并参照条约之目的及宗旨所具有之通常意义,善意解释之”。条约解释的目的在于确定缔约国的主观意图[①],而约文作为文字载体,是缔约者共同期望的直接体现。因而,条约解释的第一步是对约文的含义进行解读。但鉴于争议中的条约用语通常有两个以上的内涵,作准文本也会因为翻译失真等问题产生理解上的偏差,因此在对条约进行解释过程中,需要将争议的用语结合特定的语境、特定的位置和特定的顺序进行解读。换言之,条约是一个不可割裂的整体。在这一整体中,在上下文中确定每个具体用语的通常意义,而绝不能把它从其所处的具体上下文中割裂开来孤立地解释。[②] 在解释条约过程中,“上下文”可以起到以下两个主要作用[③]:第一个作用是限定条约用语的通常含义;第二个作用是通过适用更宽泛的定义“上下文”,将临近条款、文章标题,甚至是标点符号等要素纳入“上下文”的范畴,从而确定约文之通常含义,或是对文本本身理解的正确性进行证实。

《蒙特利尔公约》第35条“诉讼时效”(limitation of actions)限制了当事人根据该公约向承运人主张损害赔偿权利的时间期限。根据《蒙特利尔公约》第35条第1款的规定,当事人在下列期间经过时将丧失主张损害赔偿的权利:(1)航空器到达目的地点之日;(2)应当到达目的地点之日;(3)运输终止之日。上述“期间”在语义上存在一定的模糊性,可以理解为诉讼时效或是除斥期间。如是前者,则期间的计算方式是可变的,在特定情形可以中止或中断计算。而后者的计算方式则是不变的,无法延长。对于这一问题,《蒙特利尔公约》本身并无直接予以回应,而是在第35第2款中规定,上述期间的计算方法,依照案件受理法院的法律确定。所谓的“计算”,是指根据一定的规则,通过已知量得出未知量的过程。“计算”的概念中包括了计算的起止时点以及具体的计算规则等事项,而计算规则

---

① 参见冯寿波:《论条约解释中的国际法体系之维护》,载《太平洋学报》2015年第2期。

② 参见张东平:《WTO司法解释论》,法律出版社2005年版,第351页。

③ 参见冯寿波:《规则的解释与解释的规则——〈维也纳条约法公约〉第31.1条“Context”实证研究》,载《西部法学评论》2013年第6期。

的适用前提是明确“期间”的性质。因而,缔约者在35条第2款中将计算“期间”的方法交由当事国法院自行规定,其实质就把“期间”的定性权利赋予了当事国。

(二)辅助资料可以证实缔约者的意图

《维也纳条约法公约》构建了解释通则外的辅助解释规则,其第32条允许解释者在特定情形下,利用包括“条约之准备工作及缔约之情况在内”的补充资料对条约进行辅助解释。虽然《维也纳条约法公约》第32条并非解释条约所必经的程序,在学理上也存在较大的争议。[①] 但在实践过程中,WTO在内的国际争议解决机构在无法对条约的内容得出统一的解释结论或是需要对解释结论加强证明力时,通常会援引《维也纳条约法公约》第32条的规定,利用准备资料证实和确定缔约者的真实意图。

美国第九巡回法庭在 *Narayana v. British Airways* 一案中,曾经使用相关的补充资料来解释《蒙特利尔公约》第35条的性质。其指出,“《蒙特利尔公约》的前身《华沙公约》在缔约过程中,意大利代表就曾建议应当采取以下的原则:如果在事故发生的两年内没有任何的诉讼活动被采取,那么诉讼权利应当被消灭……《华沙公约》的缔约结果反映了缔约者的意图,即两年的期限在任何情况下都不会被暂停,中断或延长……而与这段历史相一致,《蒙特利尔公约》应当被认定为先决条件,并不适用延长的相关规定”。[②]

但从《蒙特利尔公约》的缔约过程来看,缔约者就该公约第35条的定性并未达成一致的意见。根据国际民航组织出版的 *International Conference on Air Law* (No. 9775)记载,各国代表就该条的定性问题曾发生过激烈的争执。其中,以希腊代表的观点最具有代表性,其表示“《华沙公约》第29条规定的两年期间如何定性在过去造成了判例法上的问题。如果这是一项可以被国家国内立法中止的诉讼时效,《蒙特利尔公约》应当澄清这一问题,以免在公约适用过程中造成公约内容含糊不清的情况”。[③] 但从《蒙特利尔公约》起草的讨论过程来看,缔约者也并未对期间的性质达成一致的意见,而是就这一问题作为自治事项交由各缔约国自行认定。

---

① 参见李浩培:《条约法概论》,法律出版社2003年版,第356页。

② See Susheela Narayanan v. British Airways, 747 F. 3d 1125 (9th Cir. 2014).

③ See International Civil Aviation Organization, International Conference on Air Law Volume I, 1999, p. 188.

三、在我国《蒙特利尔公约》第35条“期间”应当定性为诉讼时效

作为一项自治性事项,《蒙特利尔公约》第35条第2款将“期间”交由法院地法自行认定。因此,对于“期间”性质的认定,应当通过分析相关规定的文本内容、规范目的及其与诉讼时效、除斥期间等民法基本制度之间的内在关联,厘清其背后的规范逻辑。同时,在认定“期间”的性质时,应当考虑我国相关领域法律体系的协调统一。

(一)基于法定期间之适用对象的视角

我国法定期间分为诉讼时效和除斥期间。依我国民法通说观点认为,诉讼时效所对应的客体范围是请求权,而除斥期间的主要适用对象是包括撤销权在内的形成权。二者具有共同的本质特征,即反映了时间对当事人行使权利的限制。但制度差异的背后,是不同利益之间的衡量。在除斥期间概念中突出强调“权利行使”要素,主要是因为该制度调整的权利直接涉及特定他人的利益。① 而包含撤销权在内的形成权,在行使过程中仅凭单方意思表示的作出,即可以发生法律关系变动的效果。因此,法律上需要设置除斥期间,以缓和债务人过重的负担。反观诉讼时效,其制度存在的主要目的在于,限制了权利人得以主张权利的时机,保护了不特定第三人对当事人间呈现的权利不存在状态的信赖,从而通过保护不特定第三人的利益,保护了交易安全,有助于维持既定社会秩序的稳定,维护了社会公共利益。②

本案中,当事人要求承运人进行损害赔偿的权利在学理分类中被归为债权请求权,对于这一权利行使的限制应当适用诉讼时效的有关规定,理由如下:第一,违约责任请求权作为具有权利救济功能的债权请求权,其适用诉讼时效制度符合我国民事法律体系的构造规范。第二,从法政策的角度分析,将“期间”确定为诉讼时效更有利于保护当事人的权益。在国际航空运输领域,相较于承运人,当事人往往处于一个较为弱势的地位。如果将“期间”确定为严格固定期限的“除斥期间”,并不利于当事人权益的保护。反观诉讼时效制度,一方面,可以催促当事人在法定期限内行使自身权利。另一方面,在发生如航空旅客人身损害等“事故”时,当事人在特定情形下无法进行维权,可以适用民法关于诉讼时效中止的相关规定,从而尽可能地保障当事人的合法权益。

---

① 参见耿林:《论除斥期间》,载《中外法学》2016年第3期。

② 参见王轶:《诉讼时效制度三论》,载《法律适用》2008年第11期。

(二)基于我国民用航空法律体系协调统一性的视角

法律规范协调说认为,法律规范的和谐一致是准确把握国际法与国内法关系的理论起点,法的内在特质的普遍性与形式特征的共同性以及法治社会对法律体系融合协调的基本要求,决定了国际法与国内法必须且只能在法律规范的统领下和谐共生、协调一致。[①] 尽管国际法与国内法的形成机制不尽相同,但其背后所要调整的社会利益关系在法理上是相通的。因而,国际法与国内法的关系在本质上也应该是利益关系,两者的协调在本质上也是利益的协调。[②] 本案中"期间"的定性,同样反映了国际条约与国内法之间相互协调的关系。《蒙特利尔公约》作为我国民用航空法律体系的重要组成部分,在对条约部分问题的认定时,同样应当考虑法律体系的协调统一性。

《民用航空法》是我国民用航空活动的基本法,在我国民用航空法律体系中处于最重要的地位。[③] 在《民用航空法》制定过程中,以 1929 年《华沙公约》作为主要的立法依据,其主要内容直接源于该公约的规定。1999 年《蒙特利尔公约》诞生以后,《民用航空法》又及时修改了航空运输责任制度,力图实现国内运输和国际运输承运人责任制度与《蒙特利尔公约》全面接轨。[④] 可以说,《民用航空法》的相关规定反映了我国在立法过程中吸收公约内容的结果,对于我们理解公约的相关规定具有一定的帮助作用。

对于"期间"的性质,《民用航空法》第 135 条明确将其定性为诉讼时效,并且与该法第 171 条对地面第三人损害赔偿权所适用的"期间"作出了明确区分。在长期的司法实践过程中,大量民事航空领域纠纷的当事人引用《民用航空法》第 135 条所规定的诉讼时效制度作为抗辩依据,而法院也根据我国民法的相关规定审查抗辩是否成立,相关领域的社会主体对涉及这类制度行为的法律后果有了较为稳定的预期。因此,从维护我国民用航空法律体系协调统一性和维护法的

① 参见李龙、汪习根:《国际法与国内法关系的法理学思考——兼论亚洲国家关于这一问题的观点》,载《现代法学》2001 年第 1 期。

② 参见肖永平:《全面依法治国的新阶段:统筹推进国内法治与国际法治建设》,载《武大国际法评论》2018 年第 1 期。

③ 参见袁发强、瞿佳琪:《论我国航空法律体系的科学化》,载《南京航空航天大学学报(社会科学版)》2017 年第 1 期。

④ 参见《关于〈中华人民共和国民用航空法〉修订征求意见稿公开征求意见的通知》,载中国民用航空局网,http://www.caacnews.com.cn/1/1/201608/t20160808_1201139.html,最后访问日期:2022 年 1 月 20 日。

可预期性等角度出发，应当将《蒙特利尔公约》第 35 条的“期间”定性为诉讼时效。

【典型意义】

公约的适用是国际法实践的重要问题。“依法准确适用国际条约和惯例，准确查明和适用外国法律，增强裁判的国际公信力”，是新时代人民法院从事涉外商事审判工作中所肩负的重要使命。而航空活动所具有的跨国性特点，决定了航空法领域的国际化特征。作为当前国际航空运输领域适用最广泛的国际公约，《蒙特利尔公约》在统一国际航空运输规则的实践中发挥基础作用。实践中，各国法院在一些问题上如何理解并适用《蒙特利尔公约》产生了不同的认识。本案中，法院根据国际条约的解释规则，明确《蒙特利尔公约》第 35 条“期间”性质的认定，应当适用国内法的规定。同时，根据该公约的指引，适用国内法认定了该等“期间”属于诉讼时效，从而支持了原告关于诉讼时效中断、被告应当赔偿损失的主张，有利维护了当事人的合法权益。同时，本案的审理结果为同类案件的公约适用起到了良好的示范效果，也为正确理解和适用国际公约处理国际航空领域纠纷，积累了宝贵的实践经验。

【案例索引】

案号：

一审：上海市浦东新区人民法院(2019)沪 0115 民初 81742 号(2020 年 9 月 21 日)

二审：上海市第一中级人民法院(2021)沪 01 民终 1618 号(2021 年 6 月 23 日)

审判组织：

一审：徐慧莉、郭巍、顾浩俊

二审：陆文芳、王敬、敖颖婕

编写人：沈伟杰

23

网络环境下赔偿限额条款的审查认定

——巴斯克公司与顺丰公司快递服务合同纠纷案

裁判要旨

在快递下单平台中的赔偿限额条款属于格式条款，快递服务企业作为格式条款的提供方，理应遵循公平原则确定当事人之间的权利和义务，采取合理的方式提示对方注意免除或者减轻其责任等与对方有重大利害关系的条款。在平台对相关条款设置默认勾选的情形下，若快递服务企业若未能提供充分证据证明自己已采用合理方式提请原告注意该条款，且未对该条款进行说明，则赔偿限额条款不成为合同的内容。

基本案情

原告：巴斯克（上海）国际贸易有限公司（以下简称巴斯克公司）

被告：顺丰速运集团（上海）速运有限公司（以下简称顺丰公司）

一、关于巴斯克公司通过微信小程序下单及托运物交付情况

孙某娜（工作中使用名字“苏菲”）、嵇某系巴斯克公司的工作人员，彭某磊系顺丰公司的快递员。

2021 年 6 月 3 日，孙某娜以“苏菲”作为寄件人姓名，通过登录顺丰公司的“顺丰速运”微信小程序下单，委托顺丰公司将托寄物自上海市浦东新区康桥镇叠桥路 189 号康及通保税仓库快递至广东省东莞市东城街道愉景花园三期愉景路 9 栋，收件人为钟小姐。同日，彭某磊至上海市浦东新区康桥镇叠桥路 189 号康及通保税仓库取货，孙某娜不在场，由仓库工作人员向彭某磊交付托寄物，彭某磊出具《货运签收单》，载明：……兹确认收到货物 43 箱，确认货物完整无

损……规格型号/产品描述为罗格达尔2009(瑜)艾雷岛单桶单——麦芽威士忌,数量为252瓶,备注顺丰。

后,孙某娜于2021年6月3日17时38分通过彭某磊的微信好友添加验证,双方就寄件付款事宜进行了沟通,彭某磊向孙某娜发了一张8.5折的优惠券二维码,后孙某娜选择使用速运通卡支付案涉运费,故在速运通卡中充值了1000元(充值1000元赠送150元)。2021年6月3日17时49分,孙某娜向彭某磊通过微信发送快递费付款码,其中显示账户余额1150元,2021年6月3日18时1分,孙某娜通过微信向彭某磊提供速运通卡支付密码,彭某磊代为完成快递费的支付。

根据运单详情:单号为SF1409××××13693;托寄物为"红酒";数量为"1";产品类型为"顺丰快运";付款方式为"寄付现结";实际重量为"319.8kg";件数为"43";计费重量为"338kg";运费(CNY)为"¥980.0";保价金额(CNY)为"¥2000";保价费用(CNY)为"¥16.0";寄方费用合计(CNY)为"¥996.00";收件时间为"2021年6月3日18时"。

审理中,巴斯克公司表示,截至2021年6月3日,孙某娜第一次使用"顺丰速运"微信小程序下单为两三年前,已经不记得此前下单时是否勾选过"同意本条款,不再提示"选项,另,孙某娜于2021年6月3日通过顺丰公司的微信小程序填写订单时,仅填写了寄件人姓名、寄件地址、收件人姓名、收件人地址,并未勾选"阅读并同意电子运单契约条款",也未对保价金额进行输入,在下单沟通过程中孙某娜告知过彭某磊托寄物很贵重,但没有明确具体的货物价值。顺丰公司表示,由于用户在之前的操作过程中已经勾选了"同意本条款,不再提示"的按钮,故在下次下单的过程中不再主动提醒电子运单契约条款,但是在操作界面上会显示快件运单契约条款已经被勾选,如果巴斯克公司向同一收件人的新增地址或新的收件人发送快递,页面上也是显示"电子运单契约条款"已被默认勾选,但是巴斯克公司是可以点击"电子运单契约条款"查看条款内容,巴斯克公司于2021年6月3日寄递大件时,当时的小程序界面要求大件均需要保价,默认最低保价金额为2000元,但客户可以根据货物的实际价值更改保价金额。

另查明,顺丰公司于2021年6月3日13时29秒对"顺丰速运"微信小程序中的寄件方信息、电子运单契约条款及保价提醒信息等内容进行了存证,并形成《电子证据保全系统存证报告》,其中"电子运单契约条款"载明:"……未保价快件在运输环节发生灭失、破损、短少的,顺丰在7倍运费的限额内向您赔偿托寄物的实际损失，双方另有约定的除外。如您认为该赔偿标准不足以弥补您的损失，应根据托寄物的实际价值进行保价。如您未保价，视为托寄物价值不超过1000元……顺丰提供的保价服务，系基于您的保价金额收取费用，并基于保价金额、托寄物实际价值、受损比例、实际损失等因素综合考虑赔偿，请您如实按照托寄物实际价值进行保价……保价快件在运输环节全部灭失的，顺丰按照实际损失向您赔偿，但最高不超过保价金额；快件部分灭失的，顺丰按照全部灭失赔偿标准乘以损失比例向您赔偿。您或指定付款人拒绝支付保价费用的，顺丰将按照未保价快件进行赔偿……"审理中，顺丰公司表示《电子证据保全系统存证报告》是按天进行存证。

二、关于托寄物现状的情况

2021年7月2日，衢州市公安局高速公路交通警察支队二大队出具衢公高衢二认字(2021)第20003号道路交通事故认定书，载明："……道路交通事故发生经过：2021年6月4日6时14分许，G60沪昆高速江西方向369km+400m附近，王某举驾驶皖KR6255/皖KMT37挂号车因车辆故障，将车辆停于第二车道，未设置警告标志，6时19分，袁某芽驾驶粤BER594/沪J4203挂号车途经该路段时，尾随碰撞皖KR6255/皖KMT37挂号车，造成两车受损、粤BER594号/沪J4203挂号车驾驶人袁某芽、乘客张某忠受伤的交通事故。事故发生后因产生污水，环保部门到场进行污水处理。道路交通事故证据及事故形成原因分析：根据接处警记录单、道路监控视频、现场勘查照片、道路交通事故现场图、道路交通事故现场勘查笔录、当事人询问笔录，当事人居民身份证、驾驶证及公安网查询记录、车辆公安网查询记录、车辆行驶证，司法鉴定意见书、保险单等证据可以证实：袁某芽未按操作规范安全驾驶(注意力不集中)的过错与事故发生存在因果关系，是造成事故的主要原因。王某举高速公路上车辆发生故障后，不按规定设置警告标的违法行为与事故发生存在因果关系，是造成事故的次要原因……事故认定如下：袁某芽负本次事故的主要责任，王某举负本次事故的次要责任，张某忠无责任……"

2021年6月21日，龙游县消防救援大队出具《出警证明》，载明"2021年6月4日6时25分，龙游县消防救援大队分指挥中心接到报警称：沪昆高速往江西方向离衢州服务区20公里粤BER594/沪J4203挂重型半挂牵引车/重型集装半挂发生交通事故，龙游县消防救援大队出动2车10人前往现场处置"。

审理中，顺丰公司表示2021年6月4日因装载巴斯克公司托寄物的粤

BER594/沪 J4203 挂号车与另一车相撞后发生了火灾,顺丰公司当即拨打了消防电话,但因情况紧急没有制作相关笔录,巴斯克公司的托寄物均已全部毁损;巴斯克公司表示顺丰公司未提供证据证明巴斯克公司的托寄物因交通事故而灭失,即使情况属实,顺丰公司私自将托寄物进行外包的行为有违合同及市场经济的稳定性和诚信原则,在此基础上导致巴斯克公司托寄物丢失,顺丰公司存在故意或重大过失,保价条款当然无效。

三、关于托寄物的价值构成及损失金额

审理中,巴斯克公司提供的海关进口货物报关单显示,"商品名称及规格型号"为罗格达尔 2009(瑜)艾雷岛单桶单——麦芽威士忌,"数量及单位"为 176.40升、158.90 千克、252 瓶,"总价"为 18,439.20 英镑。巴斯克公司向供货方实际付款情况如下:于 2020 年 9 月 25 日支付 5531.76 英镑、于 2021 年 5 月 20 日分两笔支付 12,913.44 英镑及 882.44 英镑,合计 19,327.64 英镑。巴斯克公司表示其中 18,439.20 英镑为商品货款、882.44 英镑为货物的打包费及杂费、6 英镑为手续费。巴斯克公司就上述商品缴纳进口消费税 45,583.94 元、进口增值税 29,524.99 元、进口关税 8644.35 元,合计 83,753.28 元,另支付海运费 5131.24 元、清关费 4792.36 元。

另查明,巴斯克公司(甲方)、案外人钟某娜(乙方)于 2020 年 9 月 20 日签订《合同》(合同编号:IB-0304),约定乙方向甲方采购罗格达尔 2009(瑜)艾雷岛单桶单——麦芽威士忌 252 瓶,总价为 268,380.744 元;乙方需在合同签订后两日内向甲方支付预付款,预付款金额为 50,000 元,甲方收到乙方的预付款后,安排厂家发货,乙方需在 2021 年 5 月 31 日前支付尾款,尾款金额为 218,380.744 元;乙方付完尾款后,甲方需在 2021 年 6 月 15 日前将乙方购买的货品送达指定收货地址(东莞市东城区愉景花园三期愉景路 9 栋),如果货物未能在指定期限内送至客户处或发生任何破损、遗失、变质等问题,乙方有权拒绝收货,甲方需全额退还乙方货款,并赔偿乙方违约金 50,000 元;《合同》还约定了其他事宜。《合同》签订后,钟某娜向巴斯克公司支付了全部货款。2021 年 6 月 15 日,巴斯克公司法定代表人钟某娜转账 50,000 元,附言为"威士忌赔款"。

审理中,巴斯克公司表示其在计算托寄物的价值构成时,使用的是中国人民银行公布的 2021 年 6 月的英镑兑换汇率:1 英镑 =9.039,068,61 元。

巴斯克公司诉称,2021 年 6 月 3 日,巴斯克公司为履行与其客户间的货物采购合同,经其员工孙某娜(下单名称"苏菲",手机号:134×××2411)下单,将

252 瓶从英国进口的“罗格达尔 2009(瑜)艾雷岛单桶单——麦芽威士忌”加包装共计 43 件包裹从上海康及通保税仓库(上海市浦东新区叠桥路 189 号)寄送至广东省东莞市东城街道愉景花园三期愉景路 9 栋(收件人:钟小姐),运单号为 SF1409××××13693。顺丰公司快递员彭某磊对货物确认签收后完成揽收,后孙某娜与彭某磊在微信聊天过程中,孙某娜通过新速运通卡支付快递费用。巴斯克公司进行快递下单时,并没有主动对赔偿限额条款进行确认,只是系统默认条款,故巴斯克公司认为顺丰公司提供的电子运单契约中赔偿限额的保价条款因顺丰公司未尽到提示和说明义务,不能产生法律效力。包裹同日经顺丰公司的上海浦东重货集散点发往东莞市。但全部包裹未如期到达收件地址,系统运单详情至今仍停留在 2021 年 6 月 3 日 22 时 15 分,状态仍显示运送中。鉴于上述包裹未按时送达且去向不明,加之顺丰公司拒绝说明丢失原因并拒绝按实赔偿。故巴斯克公司诉至法院,请求:(1)判令顺丰公司返还巴斯克公司运费人民币(除特别说明外,以下币种均为人民币)996 元;(2)判令顺丰公司赔偿巴斯克公司货物价值及损失 318,380.74 元;(3)本案的诉讼费由顺丰公司承担。

顺丰公司辩称,本案涉诉托寄物的寄件人不是巴斯克公司,巴斯克公司并非适格主体,寄件人名为“苏菲”,即使巴斯克公司是货物的实际发运人,货物已经损毁,顺丰公司同意返还货物运输费用 980 元,并按照保价金额赔偿 2000 元。巴斯克公司实际向顺丰公司支付 996 元,但其中的 16 元为保价费,980 元为运费。货物在运输途中发生意外交通事故导致货物灭失,顺丰公司不存在重大过错,涉诉快件因普通的交通事故导致车辆自燃引起货物损毁,运输途中发生交通事务属于整个快递行业的普遍性风险,是无法避免的。快递收派服务是一个多式联运的服务方式,运输过程存在收件、中转、分拣、派送等多个环节,也或涉及航空、铁路、公路运输的多个运输方式,在整个行业也是普遍存在的,运输合同没有法律上的禁止性规定,属于合法转包。顺丰公司收取运费的依据是按照重量收费,而不是按照实际价值收费,为了实现权利义务公平的原则,快递公司推出了保价服务,真正实现了权利义务对等。就本案而言,顺丰公司收取了 996 元运费,却要承担巴斯克公司价值 30 多万元的赔偿风险,明显有悖公平原则。

【法院裁判】

上海市浦东新区人民法院经审理认为,本案主要有四个争议焦点:一是原告是否系合同主体;二是因托寄毁损灭失导致的损失金额确定;三是赔偿限额条款是否适用;四是关于具体赔偿数额确定。

关于巴斯克公司是否系合同主体的争议。孙某娜系巴斯克公司的工作人员,巴斯克公司认可案涉丢失的托寄物系巴斯克公司的物品,孙某娜邮寄案涉快递系职务行为,且巴斯克公司提供的运单详情中显示的寄件地址与进口货物报关单中的货物存放地点一致,而进口货物报关单中的境内收货人即为巴斯克公司,故对于顺丰公司关于巴斯克公司主体资格的抗辩意见,法院不予采信。巴斯克公司通过"顺丰速运"微信小程序下单寄递货品,顺丰公司的快递员收取了252瓶罗格达尔2009(瑜)艾雷岛单桶单——麦芽威士忌,双方形成了快递服务合同关系,现顺丰公司称货物因车祸着火导致毁损灭失,无法向巴斯克公司完成寄递,显属违约,理应赔偿巴斯克公司损失。

关于因托寄物毁损灭失导致的损失金额确定的争议。根据庭审查明的情况、巴斯克公司提交的货物签收单、海关进口货物报关单、海关进口消费税专用缴款书、海关进口增值税专用缴款书、海关进口关税专用缴款书、海运单、境外汇款申请书、电子回单、增值税专用发票、转账凭证等证据材料,可以形成完整的证据链证明案涉托寄物为252瓶罗格达尔2009(瑜)艾雷岛单桶单——麦芽威士忌,单价为73.1714英镑/瓶,货款共计18,292.85英镑,巴斯克公司就上述商品缴纳了相应税费83,088.57元,并支付打包费875.44英镑、海运费5090.52元、清关费用4754.33元。后因托寄物毁损灭失导致巴斯克公司无法向钟某娜交付《合同》(合同编号:IB-0304)中约定的货品,巴斯克公司依该合同约定向钟某娜就托寄物支付违约金49,603.17元。法院确认本案中英镑与人民币的汇率按照2021年6月4日(托寄物丢失当天)的汇价1∶9.0386计算。故,法院确认巴斯克公司因托寄物毁损灭失导致的损失金额为315,791.10元。

关于赔偿限额条款是否适用的争议。托寄物在运输环节发生灭失后的赔偿限额条款系顺丰公司单方制作,且记载于电子运单契约条款之中。审理中,巴斯克公司陈述其在下单时,并未主动勾选过"阅读并同意电子运单契约条款",顺丰公司称由于巴斯克公司在之前的寄件操作过程中已经勾选了"同意本条款,不再提示",所以在下次下单的过程中,系统不再主动提醒"阅读并同意电子运单契约条款"。采用格式条款订立合同的,提供格式条款的一方应当遵循公平原则确定当事人之间的权利和义务,并采取合理的方式提示对方注意免除或者减轻其责任等与对方有重大利害关系的条款,按照对方的要求,对该条款予以说明。提供格式条款的一方未履行提示或者说明义务,致使对方没有注意或者理解与其有重大利害关系的条款的,对方可以主张该条款不成为合同的内容。本案中,由于电子运单契约条款中关于在运输环节发生灭失后的赔偿限额条款属于格式条款,顺丰公司系格式条款的提供方,理应遵循公平原则确定当事人之间的权利和义务,采取合理的方式提示对方注意免除或者减轻其责任等与对方有重大利害关系的条款。现顺丰公司未能提供充分证据证明自己已采用合理方式提请巴斯克公司注意该条款,且未对该条款进行说明,故巴斯克公司关于电子运单契约条款中的赔偿限额条款不成为合同内容的主张,法院予以采纳,顺丰公司理应返还保价费用16元。至于运费980元,顺丰公司自愿予以返还,系其依法处分自己的民事权利,法院予以照准。

关于具体赔偿数额确定的争议。当事人应当按照约定全面履行自己的义务。当事人应当遵循诚信原则,根据合同的性质、目的和交易习惯履行通知、协助、保密等义务。快递服务企业在收取快递时一般无法了解托寄物的价值,结合快递服务合同便捷、快速的特点,寄件人在寄递托寄物时应履行告知托寄物价值这一附随义务,且应根据托寄物价值选择有利于保证托寄物寄递安全的服务类型,以利于实现合同目的。本案中,巴斯克公司作为经营性企业,在寄递价值较高的货物时应向顺丰公司如实告知货物价值,并选择安全性更高的服务类型,但巴斯克公司未履行告知托寄物价值这一合同附随义务,且未尽到合理审慎义务,其亦应承担一定责任,现巴斯克公司要求顺丰公司承担托寄物因毁损灭失导致的全部损失,明显超出顺丰公司在订立合同时可以预见的违约可能造成的损失,法院难以悉数支持,故法院结合托寄物的价值、双方合同履行情况等因素,酌情确定顺丰公司的赔偿数额。

据此,上海市浦东新区人民法院于2020年9月21日作出(2022)沪0115民初708号民事判决,判决:(1)被告顺丰公司应于本判决生效之日起10日内返还原告巴斯克公司运费980元、保价费用16元,合计996元;(2)被告顺丰公司应于本判决生效之日起10日内支付原告巴斯克公司损失160,000元;(3)驳回原告巴斯克公司的其他诉讼请求。

【案例评析】

一、赔偿限额条款排除订入的规则检视

《民法典》第496条规定,采用格式条款订立合同的,提供格式条款的一方应当遵循公平原则确定当事人之间的权利和义务,并采取合理的方式提示对方注意免除或者减轻其责任等与对方有重大利害关系条款,按照对方的要求,对该条款予以说明。提供格式条款的一方未履行提示或者说明义务,致使对方没有注意或者理解与其有重大利害关系的条款的,对方可以主张该条款不成为合同的内容。该法条系对格式条款订入规则的规定,赔偿限额条款作为快递服务合同的一部分,系快递服务企业为了重复使用而预先拟定,且在快递服务合同订立时未与寄件人协商的条款,属于格式条款。根据该法律规定,赔偿限额条款排除适用应符合以下要件。

(一)合同条款系免除或者减轻快递服务企业责任且与寄件人有重大利害关系的条款

《民法典》第470条规定了一般合同应当包括的条款,其中例举的标的、数量、质量、价款、履行期限、违约责任、争议解决方式等显属重大关系条款。在快递服务合同中,赔偿限额条款系寄件人按自愿原则向快递服务企业声明托寄物的实际价值,并按约支付保价费用,如在寄送过程中发生托寄物毁损、遗失等情形,则由快递服务企业按最高不超过寄件人声明的托寄物价值进行赔偿;若寄件人未选择保价而发生托寄物毁损、遗失等情形,快递服务企业则按快递费的倍数或在设定的最高限额范围内进行赔偿。可见,赔偿限额条款是对托寄物发生毁损、灭失后,快递服务企业违约责任承担的约定,属于重大利害关系条款。

(二)快递服务企业未履行提示或者说明义务达到寄件人未注意或未理解程度

提供格式合同的一方应采取合理方式提示对方注意与对方有重大利害关系的条款,并按照对方的要求对该条款予以说明。提示系合同提供方应主动履行的义务,说明以合同相对方提出要求为前提。在快递服务合同的订立过程中,快递服务企业应采用足以引起对方注意的文字、符号、字体等特别标识主动进行赔偿限额条款的提示,若寄件人提出说明要求,快递服务企业需进一步就条款内容作出说明。

同时,格式条款的提供方未履行提示说明义务后,还应达到一定的效果标准,即“致使对方没有注意或者理解”,也就是说,在快递服务合同订立过程中即使快递服务企业未履行提示或者说明义务,但能认定格式合同相对方已经知道合同中有相关条款存在且理解其内容的,则寄件人无权主张该条款不被订入合同之内。

（三）寄件人主动主张赔偿限额条款不成为合同的内容

格式条款不成为合同内容需以合同相对方主张为前提，若提供格式条款的一方未履行提示或者说明义务已导致合同相对方未注意或者未理解与其有重大利害关系的，但合同相对方并未主张该条款排除订入合同的，则该条款依然属合同内容的一部分。在快递服务合同纠纷的审理过程中，若寄件人不主张格式条款不成为合同内容的，法院不对赔偿限额条款的排除订入合同作主动审查。

二、赔偿限额条款排除订入的司法判定路径

（一）赔偿限额条款的内容审查

快递服务企业作为限额赔偿条款的提供方，在草拟条款内容时理应以公平原则作为指导原则，合理分配合同双方的权利义务，法院在审理涉赔偿限额条款的案件时，应对条款中权利义务分配作重点审查，对条款内容有无免除或者减轻快递服务企业责任进行甄别。本案中，被告在网络下单平台中提供的电子运单契约条款中关于托寄物在运输环节发生灭失后的赔偿限额条款约定，保价快件在运输环节全部灭失的，按照实际损失赔偿，最高不超过保价金额；未保价快件在运输环节发生灭失、破损、短少的，在 7 倍运费的限额内赔偿托寄物的实际损失，未保价的托寄物价值被视为不超过 1000 元。上述条款属于典型的减轻格式条款提供方责任的格式条款。

（二）赔偿限额条款的表现形式及说明效果审查

网络背景下，作为格式条款的起草方和提供方，快递服务企业有权决定格式条款内容和提示方式，其理应采取合理方式提示对方注意与对方有重大利害关系的条款，并按照对方的要求对该条款予以说明。本案中，原告在就案涉托寄物通过微信小程序下单时，赔偿限额条款以默认勾选的方式呈现，法院认定被告未采用合理方式提示原告注意该条款。赔偿限额条款的表现形式审查应从两方面着手。

首先，条款的可接触性。对于格式条款提供方的提示义务的规制目的在于防止条款提供方利用不当优势，将重大利害关系条款偷偷纳入合同内容。在实践中，快递服务企业在线下单平台对赔偿限额条款设置默认勾选的操作多有发生，极易导致纠纷产生。除非合同相对方事前对条款已经知悉，否则默认勾选模式致使寄件人丧失了阅读格式条款的可能性，不能直接贸然认定相对方已同意条款内容。

其次，条款的可读性。除了审核快递服务企业对赔偿限额条款是否设置合理阅读时间、使用突出字体或颜色等标识足以引起寄件人注意的表现形式外，还应作出专门说明。在网络平台下单模式下，寄件人可通过在线客服、在线语音等形式要求快递服务企业对赔偿限额条款给予说明。对于寄件人对条款理解程度的审查，应以寄件人是否理解条款的含义和法律后果作为衡量快递服务企业是否已完成说明义务的判断标准。

（三）赔偿限额条款是否被同意订入的审查

格式条款的成立理应遵循一般原则，即合同双方需要以要约、承诺的方式达成合意，在格式条款订入时需要相对方同意，同意方式可以是明示，也可以是默示。但无论是明示还是默示方式，均应以合同提供方履行了提示、说明义务为前提。本案中，原告即以被告未履行提示、说明义务为由主张赔偿限额条款未被订入，其实质即为原告对该格式条款内容并未同意，双方未就该条款达成合意。

另外需要注意的是，若合同相对方未主张格式条款不成为合同内容的，则可推定合同相对方已同意格式条款订入合同，除非合同有法定无效情形或重大误解、显失公平、欺诈、胁迫等撤销事由，即视为合同相对方同意受该条款内容约束。

三、赔偿限额条款排除订入的法律后果分析

（一）无过错归责规则

《民法典》第577条规定的违约责任的归责规则系无过错归责，强调合同当事人存在事实上的不履行或瑕疵履行约定的行为即应当承担违约责任。寄件人通过快递服务企业的网络平台下单并支付快递费，快递服务企业接受订单和收取快递费，承诺将快件及时安全地送达目的地，双方之间达成了合意，快递服务合同成立并生效。然在送件过程中，由于托寄物的毁损、灭失，致使合同目的无法实现，快递服务企业的履行结果与合同约定不相符，快递服务企业存在违约行为，理应承担违约责任，责任范围应相当于因违约所造成的损失。本案中，原告的托寄物在运输途中全部毁损，法院将原告采购托寄物的货款、税费、海运费、清关费及原告向案外人支付的违约金均纳入托寄物毁损后的损失金额构成。

在实践中，若寄件人声明的托寄送物价值过度高于实际价值，在进行赔偿时，应以托寄物的实际价值为基准，在寄件人声明价值基础上适当减少赔偿数额。

（二）赔偿数额的修正

公平原则要求民事主体在从事民事法律活动的过程中公平合理地分配权

利、义务,故在确认损失赔偿额还应结合具体案情,综合考量寄件人的实际损失、可得利益、实现债权的费用等因素。

1. 寄件人存在过错的情形

在寄件人对于快递的丢失、毁损也存在过错的情形下,则应在已确定的赔偿数额基础上进行酌减,赔偿数额不应超过快递服务企业在订立合同时预见或应当预见的因违约可能导致的损失。在本案中,寄件人作为经营性企业,在寄递高价值货物时未向快递服务企业如实告知货物价值及选择安全性更高的服务类型,未尽到合理审慎义务,亦存在过错,故法院在结合托寄物的价值、双方合同履行情况等因素的基础上,确定快递服务企业的赔偿数额。

2. 托寄物自身属性因素的考量

对寄件人或收件人具有纪念意义、证明意义、精神属性等特殊托寄物,在快递运输途中丢失或损毁,其损失不应以物品自身现实价值衡量,而应当根据公平原则确定当事人之间的损失赔偿数额。

【典型意义】

快递服务企业的在线平台对赔偿限额条款设置默认勾选的操作在实践中多有发生,极易引起纠纷产生。本案对快递在线下单平台中的赔偿限额条款的性质进行了认定,明确赔偿限额条款系属格式条款,并从条款的可接触性、条款的可读性两方面对赔偿限额条款的表现形式及说明效果进行了审查,因快递服务企业未采取合理的方式提示对方注意该条款而导致条款未被订入合同之中。该案对同类型案件的审判具有借鉴意义。

【案例索引】

案号:上海市浦东新区人民法院(2022)沪0115民初708号(2022年6月24日)

审判组织:陈裔佼

编写人:陈裔佼、唐云

24

区际平行诉讼不构成重复诉讼的认定依据

——森文公司与意旺迅公司货运代理合同纠纷案

裁判要旨

当事人就同一诉讼标的,同时或先后向两个或两个以上法域的法院起诉,构成区际平行诉讼。但作为互相独立的法域,我国香港特区法院是否就同一诉讼进行审理,并不影响内地法院对案件行使司法管辖,不构成重复诉讼的认定依据。当事人通过司法互助程序,可以避免同一民事主体重复承担责任问题。

基本案情

原告:森文国际物流(上海)有限公司(以下简称森文公司)

被告:意旺迅国际货运代理(上海)有限公司(以下简称意旺迅公司)

2018年1月1日,意旺迅公司与森文公司共同签订《航空货物运输代理服务合同》,约定乙方同意接受甲方委托,作为其航空货运代理人并为其提供相关服务;本合同是甲、乙双方就主题事项所达成的基本框架合同,规定了双方在货运代理业务操作时的基本权利义务关系,甲方具体委托乙方为某一特定批次的货物提供货运代理服务的,应另行签订个别合同;航空货运代理服务的内容包括:乙方代理甲方办理进、出口业务的,将根据委托书和行业惯例,办理代理甲方向航空公司订舱、将航空公司签发的空运单转交甲方,或代理航空公司签发空运单等与出口货物运输代理相关的事务;甲方无论以自己名义或者第三方名义委托乙方进行相关业务操作的,甲方均系委托人,甲方都将承担委托人的责任;费用的结算和支付,甲方应按本合同附件约定的费用标准(签订合同时就费用标准以附件形式作出约定)或者双方确定的标准(签订合同时未以附件约定标准,业务合作时双方约定具体费用)向乙方支付储运、物流及其他所有与主题事项相关的费用,个别合同的委托书或其他双方另行书面约定的费用标准与本合同附件不同的,以该个别合同委托书或书面约定为准;乙方可为甲方垫付或代付进出口关税、增值税和保证金等,乙方垫付的,甲方应在乙方代垫该等费用之日起30个工作日内向乙方付清费用,第三方垫付,乙方代收的,甲方应在收到该等费用票据、发票的传真件、扫描件之日起30个自然日内向乙方付清费用(第5.5条);上述第5.5条规定的费用以外的其他各项费用,甲方应根据其结算基准日(出口以空运单载明的航班起飞日期为准,进口以航班抵达日为准)与乙方结算,甲方同意基准日在同一个月内的费用应在该月后第2个月的15日前支付;乙方应向甲方开具发票,甲方收到乙方开具的发票后按本合同约定的付款期限将相关款项解入乙方指定的账户;乙方有权定期或不定期与甲方对账,甲方对对账单的内容有异议的,应该在收到对账单后3个工作日内提出,否则视为对对账单的认可;甲方逾期支付任何款项,应按每天0.05%的比例向乙方支付迟延付款违约金;任何因本合同引发的纷争,败诉方应该承担胜诉方为此支付的律师费用、差旅费用、调查费用、公证和认证费用、翻译费用等额外开支。

2019年11月13日,森文公司将10月账单通过电子邮件发送意旺迅公司,金额共计1,279,455.95元。该账单涉及航空公司、客户、总单号、目的港、航班日期等事项。意旺迅公司收到邮件后,于次日回复:“已确认! 接下来请开具借项通知单和正本发票,请记得注明‘10月运费’。”就上述账单费用,森文公司已向意旺迅公司开具相应的增值税普通发票。

2019年12月16日,森文公司将11月账单通过电子邮件发送意旺迅公司,金额共计1,516,772.35元。该账单涉及航空公司、客户、总单号、目的港、航班日期等事项。意旺迅公司收到邮件后,于2019年12月23日回复:“已确认! 接下来请开具借项通知单和正本发票,请记得注明‘11月运费’。”就上述费用,森文公司已向意旺迅公司开具相应的增值税普通发票。

森文公司诉称:2018年1月1日,森文公司(乙方)、意旺迅公司(甲方)签署《航空货物运输代理服务合同》一份,约定事项如下:(1)森文公司接受意旺迅公司的委托,作为意旺迅公司航空货运代理人向意旺迅公司提供包括订舱、代理报关报检报验、单证移交等出口货物运输代理相关的服务。意旺迅公司应以书面形式向森文公司提交《货物运输委托书》或类似文件(统称委托书)。(2)根据委托书列明的费用、货物信息,森文公司负责意旺迅公司出口货物的订舱、出运、报关、装仓等货运代理事项。(3)对于森文公司履行代理义务在同一个月份产生的费用,意旺迅公司应在结算基准日(出口以空运单载明的航班起飞日期为准,进口以航班抵达日为准)所在月份后的第2个月的15日支付。上述协议签订后,森文公司按照协议约定履行了代理义务。后经森文公司、意旺迅公司确认:2019年10月意旺迅公司应支付的运费计1,279,455.95元、2019年11月意旺迅公司应支付的运费计1,516,772.35元,上述运费共计2,796,228.30元。此后,森文公司多次要求意旺迅公司支付上述费用,但均被拒绝。故森文公司诉请求法院判令意旺迅公司支付森文公司运费、逾期付款违约金以及律师费等其他费用。

意旺迅公司辩称:(1)对森文公司、意旺迅公司双方签订涉案合同以及通过电子邮件方式确认每月运费和对账单载明的总运费金额无异议,但10月费用中的860,008元、11月费用中的1,061,761元,共计1,921,769元的涉案标的额与森文公司并无利害关系。该标的额系两家香港公司(Sylvan International Logistics Co.,Ltd.与Air Ocean Cargo HK Ltd.)之间的业务,该两家香港公司在货运代理合同中明确约定管辖法院为Sylvan International Logistics Co.,Ltd.所在地法院,故内地法院对此无管辖权,而上述公司已在我国香港特区提起了诉讼,诉讼请求与本案相同,森文公司涉嫌重复起诉。仅是由于上述运费由原告、意旺迅公司统一核算,故意旺迅公司在电子邮件中一并进行了确认。(2)意旺迅公司为避免重复执行导致损失,故迟延支付,且涉案合同约定的违约金标准过高,在计算时应扣除相关基数,请法院予以考虑并扣减。

【法院裁判】

上海市浦东新区人民法院经审理认为,意旺迅公司的主要抗辩理由在于,森文公司与涉案标的额中的1,921,769元无利害关系。该标的额系两家香港特区公司(Sylvan International Logistics Co.,Ltd.与Air Ocean Cargo HK Ltd.)之间的业务,该两家香港特别行政区公司在货运代理合同中明确约定管辖法院为Sylvan International Logistics Co.,Ltd.所在地法院,故内地法院对此无管辖权,而上述公司已在香港特别行政区提起了诉讼,故诉讼请求与本案相同,森文公司涉嫌重复起诉。

对此,法院认为,首先,意旺迅公司的举证无法反映Sylvan International

Logistics Co. ,Ltd. 就涉案标的额中的 1,921,769 元已在香港特别行政区法院起诉 Air Ocean Cargo HK Ltd. 。其次,本案森文公司、意旺迅公司系均独立法人,与意旺迅公司所述的两家香港特别行政区公司系不同的民事主体,该两家公司之间即便存在纠纷,因与本案的诉讼主体不同,不满足重复诉讼的法定要件。最后,香港特区是我国的一个独立司法区域,香港特别行政区法院是否受理同一诉讼,不是内地人民法院能否受理的前提,内地人民法院和香港特别行政区法院在具有书面管辖协议的民商事案件中作出的须支付款项的具有执行力的终审判决,当事人可以根据相关司法协助文件的规定,向内地人民法院或者香港特别行政区法院申请认可和执行,该程序可避免同一民事主体重复承担责任问题。

此外,涉案合同约定,甲方无论以自己名义或者第三方名义委托乙方进行相关业务操作的,甲方均系委托人,甲方都将承担委托人的责任。甲、乙双方可以通过其代理人或指定的第三方来履行本合同,或指示合同对方向第三方履行,但甲、乙双方不得因此解除其在本合同项下承担的义务和责任。一方面,意旺迅公司确认的对账单中并未显示系两家香港特别行政区公司之间的业务,而是森文公司与意旺迅公司之间直接进行结算;另一方面,森文公司系直接向意旺迅公司开具发票,意旺迅公司对其为何确认与其无关的业务以及为何指示森文公司开票未能作出合理解释。因此,意旺迅公司对账单的确认以及向森文公司作出的要求开票的意思表示,应视作其认可森文公司完成对账单附件列明的事项并同意按开票金额承担付款责任。当然,意旺迅公司在向森文公司承担民事责任后,如所涉款项系其他公司的应付款,意旺迅公司可根据约定和实际情况依法寻求救济。故意旺迅公司关于诉讼主体等程序事项的抗辩理由不能成立。

对于森文公司与意旺迅公司的代理费结算情况,鉴于经意旺迅公司确认的两份账单中涉及航空公司、客户、总单号、目的港、航班日期等具体事项,意旺迅公司对账单内容的确认应视作对账单所涉事项的知晓与认可,而意旺迅公司指示开票的行为应视作意旺迅公司同意支付发票项下的款项。据此,意旺迅公司在收到森文公司开具的发票后应按约定期限履行付款义务。意旺迅公司延期支付的行为确构成违约行为,应当承担相应的违约责任。

据此,上海市浦东新区人民法院于 2021 年 2 月 26 日作出(2020)沪 0115 民初 63690 号民事判决,判决:(1)被告意旺迅公司支付原告森文公司运费等费用共计 1,921,733 元;(2)被告意旺迅公司支付原告森文公司逾期付款违约金(以

1,279,455.95 元为基数,自 2019 年 12 月 16 日起按日 3‰计算至 2020 年 11 月 18 日,为 129,736.83 元,以 404,960.65 元为基数,自 2020 年 11 月 19 日起按日 3‰计算至实际支付之日止;以 1,516,772.35 元为基数,自 2020 年 1 月 16 日起按日 3‰计算至实际支付之日止);(3)被告意旺迅公司赔偿原告森文公司律师费 8 万元、公证费 2000 元、翻译费 700 元;(4)驳回原告森文公司其余诉讼请求。宣判后,森文公司与意旺迅公司均未提起上诉。

【案例评析】

本案意旺迅公司的主要抗辩理由在于,涉案款项已由案外公司在我国香港特区提起诉讼且已经被香港特区法院受理,森文公司构成重复诉讼。法院则以相关案件并未得到内地法院的认可,且不满足重复诉讼的法定要件为由,认定意旺迅公司基于区际平行诉讼提出的抗辩理由不能成立。在涉港、澳、台的商事案件中,区际平行诉讼的问题时有发生,从本质上来说这是一国存在不同法域,而复合法域相互独立和当事人自由行使诉权所导致的必然结果。但作为互相独立的法域,香港特区法院对同一诉讼的受理,并不影响内地法院对案件的司法管辖,即区际平行诉讼不构成重复诉讼的认定依据。

一、区际平行诉讼的产生原因

所谓的区际平行诉讼,是指在一个主权国家内部存在不同的法域,当事人就同一诉讼标的,同时先后向两个或两个以上法域的法院进行诉讼活动,不同法域的法院同时或先后受理案件的情况。区际平行诉讼的产生源于以下两方面的原因。

一是当事人对诉讼利益追求。意思自治原则在民事诉讼活动的体现在于当事人可以自由地行使诉权,即选择到哪一个法域的法院进行诉讼活动是当事人的诉讼权利。故对于当事人而言,区际平行诉讼的意义在于可以便于当事人选择一个较为熟悉的法域,进而通过选择法院来达到选择法律的目的,从而获得必要的司法救济。

二是两地尚未建立有效的管辖权协调机制。作为两个互相独立的法域,内地法院和香港特区法院对同一商事案件进行平行管辖时,并没有相应的管辖区机制可以协调管辖的冲突,从而造成区际平行诉讼的产生。

由此可知,在涉港、澳、台案件中,区际平行诉讼的产生既是"一国两制"下"高度自治"的具体体现,反映了国家对港、澳、台地区法院民商事司法权的充分尊重,也是目前“两岸四地”法院判决互认与执行协调机制尚不完善的客观反映。但区际平行诉讼的弊端同样是明显的,如任由区际平行诉讼蔓延,会造成司法资源的浪费和诉累,同时也会导致不同法域所作出判决的矛盾与冲突。因此,在我国的司法实践中,对于区际平行诉讼的问题通常采取较为谨慎的态度。

二、涉外民事诉讼中的重复诉讼

禁止重复起诉,也即“一事不再理原则”,是现代民商事诉讼活动的基本原则。根据我国《最高人民法院关于适用〈中华人民共和国民事诉讼法〉的解释》第247条的规定,当两诉的当事人、标的、诉讼请求三者相同时,即构成重复起诉。

在涉外民事诉讼中,同一纠纷往往存在多个有效的连结点,从而各方当事人可以通过确定管辖连结点选择在内地或特区法院进行起诉,由此产生复杂的管辖问题。在本案中,针对森文公司的起诉,意旺迅公司基于《最高人民法院关于适用〈中华人民共和国民事诉讼法〉的解释》第247条主张森文公司在内地法院的起诉属于重复诉讼,其特殊之处在于其既可以构成程序上的管辖权异议,又可以作为针对森文公司诉讼请求的实体抗辩。

(一)区际平行诉讼不构成重复诉讼的认定依据

从司法主权角度来说,其他地区已经存在的诉讼,不应影响内地法院独立行使管辖权,即区际平行诉讼不构成重复诉讼的认定依据。从立法渊源来看,2020年《最高人民法院关于适用〈中华人民共和国民事诉讼法〉的解释》第533条(现《最高人民法院关于适用〈中华人民共和国民事诉讼法〉的解释》第531条)源于2005年《第二次全国涉外商事海事审判工作会议纪要》第10条的规定,该条明确指出一方当事人向外国法院起诉且被受理后又就同一争议向我国法院提起诉讼,或者对方当事人就同一争议向我国法院提起诉讼的,外国法院是否已经受理案件或者作出判决,不影响我国法院行使管辖权,但是否受理,由我国法院根据案件具体情况决定。外国法院判决已经被我国法院承认和执行的,人民法院不应受理。最高人民法院在针对2020年《最高人民法院关于适用〈中华人民共和国民事诉讼法〉的解释》第533条(现《最高人民法院关于适用〈中华人民共和国民事诉讼法〉的解释》第531条)进行解释时同样指出:“对同一争议我国法院和外国法院均享有管辖权时,产生管辖权的积极冲突,根据司法主权原则,我国法院依据我国民事诉讼法的规定行使管辖权,不受外国法院是否已经行使管辖权的影响。”因而从法律解释和适用的角度来看,我国司法实践的态度始终是明确的，并不认可平行诉讼可以作为认定重复诉讼的依据。

（二）涉外民事诉讼中可能构成重复诉讼的情形

只有在域外判决被转化为域内生效法律文书时，才有涉及重复诉讼的可能。根据2020年《最高人民法院关于适用〈中华人民共和国民事诉讼法〉的解释》第533条（现《最高人民法院关于适用〈中华人民共和国民事诉讼法〉的解释》第531条），外国法院判决、裁定已经被人民法院承认，当事人就同一争议向人民法院起诉的，人民法院不予受理，即某一域外判决只有通过认可与执行程序转化内地的判决，才可能涉及重复诉讼的问题。而根据2020年《最高人民法院关于适用〈中华人民共和国民事诉讼法〉的解释》第546条（现《最高人民法院关于适用〈中华人民共和国民事诉讼法〉的解释》第541条）的规定，当事人申请执行域外法院作出的发生法律效力的判决、裁定或者外国仲裁裁决，应当向中国内地法院申请承认。对于审查同意承认域外裁决的，中国法院应作出裁定书予以承认，该裁定书为生效的域内法律文书，具备强制执行效力。由此可知，已被承认与执行的域外裁判，若其符合《最高人民法院关于适用〈中华人民共和国民事诉讼法〉的解释》第247条规定的当事人相同、诉讼标的相同、诉讼请求相同或相斥之情形，可成立重复诉讼，阻却在后的域内诉讼，以避免因重复起诉导致的权利滥用及冲突结果。

【典型意义】

本案是一起涉及区际平行诉讼的案件。所谓的区际平行诉讼，是指在一个主权国家内部存在不同的法域，当事人就同一诉讼标的，同时先后向两个或两个以上法域的法院进行诉讼活动，不同法域的法院同时或先后受理案件的情况。在涉港、澳、台的商事案件中，区际平行诉讼的问题时有发生，从本质上来说这是一国存在不同法域，而复合法域相互独立和当事人自由行使诉权所导致的必然结果。但如果任由区际平行诉讼蔓延，其负面效果也是显而易见的，即会造成司法资源的浪费和诉累，同时也会导致不同法域所作出判决的矛盾与冲突，故法院在受理此类案件过程中的态度通常是慎之又慎。本案的典型意义在于，通过阐述重复诉讼的构成要件，分析其与区际平行诉讼的关系，明确本案既非重复诉讼，我国香港特区法院受理相关案件亦非内地法院受理本案的阻却事由。同时，法院在判决中向当事人充分释明，通过中国内地与香港特区的司法互助协定，也可以避免重复执行的问题，尽可能地保障当事人的合法权益。

【案例索引】

案号:上海市浦东新区人民法院(2020)沪 0115 民初 63690 号(2021 年 2 月 26 日)

审判组织:徐慧莉

编写人:徐慧莉、沈伟杰

25

航空货运合同中分泡未成不影响分泡约定的效力

——腾亿公司与睿曈公司货运代理合同纠纷案

裁判要旨

在航空货运中，货运代理人将泡货与重货进行配重，降低货运成本的行为不影响航空运输安全，装配后的货物完全按航空公司的规定计重，亦不违反公序良俗，货运代理人与货主约定分配降低货运成本所产生利润的分泡约定亦应视为有效约定。分泡是否实际成就不影响分泡约定的效力，如若分泡未成，仍应按合同约定承担运费。

基本案情

原告：上海腾亿国际货运代理有限公司（以下简称腾亿公司）

被告：上海睿曈国际物流有限公司（以下简称睿曈公司）

2015 年 8 月 3 日，原告腾亿公司（受托方）与被告睿曈公司（委托方）签订《国际航空货物代理运输协议》，约定由腾亿公司为睿曈公司代理进出口航空货物运输业务。双方约定运费为：运价 × 计费重量 + 基本杂费 + 其他费用。腾亿公司于货物出运后向睿曈公司提供该业务的运费发票或清单，睿曈公司经核对无误后，于开票当日起 30 天内支付运费。若睿曈公司未按上述规定及时支付有关款项，需按拖欠款项每天 5‰向腾亿公司支付滞纳金。

2017 年 5 月 18 日，双方工作人员通过 QQ 聊天确认运费 2/8 分泡，睿曈公司通过 QQ 向腾亿公司发送《货物委托书》一份，委托腾亿公司预定 2017 年 5 月

23 日航班,空运价格为 16.5 元/千克,2/8 分泡,货物重量 3632 千克,体积为 30 立方米,杂费为 280 元。腾亿公司接受委托后代理民航快递杭州分公司签发了编号为 999 - ××××4922 的航空货运单,载明航班日期为 5 月 25 日,货物总重量为 1841 千克,计费重量为 2624 千克,体积为 15.06 立方米。同日,睿瞳公司另向腾亿公司发送《货物委托书》一份,委托腾亿公司预定 2017 年 5 月 25 日航班,空运价格为 16.5 元/千克,2/8 分泡,货物重量 930 千克,体积为 8.017 立方米,杂费为 280 元。腾亿公司接受委托后代理民航快递杭州分公司签发了编号为 999 - ××××4955 的航空货运单,载明航班日期为 5 月 28 日,货物总重量为 930 千克,计费重量为 1336 千克,体积为 8.02 立方米。上述两票货物均通过实际承运人中货航出运。2018 年 1 月 10 日,腾亿公司向睿瞳公司开具金额为 67,690.40 元的增值税普通发票,睿瞳公司于同日向腾亿公司支付货运代理费 49,845.50 元。

腾亿公司诉称,因 999 - ××××4922 运单项下货物分泡未成,航空公司按全部体积重量收取了运费,故涉案两票货物产生货运代理费共计 67,690.40 元,睿瞳公司应全额支付。

睿瞳公司辩称,腾亿公司开具的发票未计算分泡。根据委托书约定,睿瞳公司已经支付了全额货运代理费用。如果腾亿公司没有承诺 2/8 分泡,货物也不会交腾亿公司运输。

【法院裁判】

上海市浦东新区人民法院经审理认为,关于计费重量,虽然 2015 年 8 月,双方在订立《国际航空货物代理运输协议》时约定交付货物的计费重量以承运人出具的运输单证为准。但在 2017 年 5 月,睿瞳公司向腾亿公司实际订舱的 QQ 聊天记录中,腾亿公司明确表示系争货物为 2/8 分泡,睿瞳公司向腾亿公司发送的货物委托书中也明确约定 2/8 分泡,腾亿公司在收到睿瞳公司的货物委托书后并未对分泡比例提出异议,并且实际出运了本案系争货物,应当视为对分泡比例的确认。既然双方之间约定了分泡比例,即为腾亿公司承诺对系争货物按重量计算运费,并将体积运费与重量运费之间的差额在双方之间按 2∶8 的比例分配利润。双方在合同履行过程中,通过协议将计费重量以承运人出具的运输单证中记载的重量,变更为按重量计算运费,再 2/8 分泡,应当按变更后的合同履行。

腾亿公司认为双方约定 2/8 分泡要看航空公司计费的实际结果,并非腾亿公司承诺一定能分泡。法院认为,首先,双方在订舱的聊天记录中,腾亿公司明确表示为2/8分泡，并无分泡能否成就需要以航空公司实际计费结果为准的意思表示，在货物委托书中也明确约定为2/8分泡，双方应按约定计算运费。其次，货运代理行业并无行业惯例，将分泡成功设置为按分泡比例结算运费的先决条件，而是应以当事人约定的方式结算运费。一审判决后，双方均未上诉。

【案例评析】

在航空货运代理行业，分泡是指货运代理人将低密度、高密度货组合，使低密度货物得以按普通货物计费，货运代理人向货主收取体积计算运费，向航空公司支付重量计算运费，以此获取利润，货运代理人之间再按约定的比例分配该利润。在具体的货运代理合同中，分泡约定实质上是对于运费结算的约定，对于其效力存在以下两方面问题；第一，分泡作为行业实践的产物，无论是法律法规还是行业规范均未对分泡行为进行明确界定，分泡约定是否属于无效约定的情形；第二，如果分泡约定有效，该约定是否应以分泡成功设置作为先决条件。要解决上述两个问题，必须对分泡行为的性质加以明细。

一、分泡行为性质的司法认定

在航空货运中，为了充分利用有限的机舱空间，航空公司将空运货物分为普货、重货和泡货。其中，重货是指密度大的货物，一般而言，1立方米大于或等于168千克就属于重货，按实重计算运费；泡货是指密度小的货物，一般将1立方米小于168千克的货物确定为泡货，按照其体积重量收费，体积重量（千克）=货物体积（立方厘米）÷6000（立方厘米/千克）。显然，对于小密度货物而言，其运费将大大超过同重量的重货。而在我国航空行业中，托运人一般都通过货运代理公司委托航空公司出运，受托的货运代理公司或者其下游货运公司、货站，将收取的相同起运地、目的地的重货泡货搭配打板，作为一件货物出运，装配后的货物完全按航空公司的规定计重，最大程度地降低货运成本，增加利润，该行为一般被称为分泡。实践中，货代公司为吸引客户，增加市场竞争力，常常会与托运人对这部分因分泡而增加的利润约定进行分配，常见的比例有2/8与3/7两种，这种约定一般称为分泡约定。

对于分泡约定的效力，以往司法实践中存在两种观点：第一种观点认为，分泡行为的目的是非法侵占航空公司的利益，故分泡约定亦属于无效约定；第二种观点认为，分泡行为并未非法侵占航空公司的利益，系托运人正常行使权利，故分泡约定系有效约定。

笔者同意第二种观点。对于合同内具体条款的效力,司法实践中一般参照《合同法》第52条(现为《民法典》第144条、第153条、第154条、第155条)的规定:"有下列情形之一的,合同无效:(一)一方以欺诈、胁迫的手段订立合同,损害国家利益;(二)恶意串通,损害国家、集体或者第三人利益;(三)以合法形式掩盖非法目的;(四)损害社会公共利益;(五)违反法律、行政法规的强制规定。"目前,法律、行政法规以及行业规范都未对分泡行为进行规制,分泡行为在航空货运领域长期存在,航空公司并未明确禁止货主分泡,且分泡行为发生在托运人委托航空公司运输货物过程中,与国家、集体利益无涉,故不属于《合同法》第52条(现为《民法典》第144条、第153条、第154条、第155条)第1项、第4项、第5项所规定的无效事由。航空公司以货物的体积和重量作为收费标准,并未禁止托运人自行组合打包,在托运人未违反国家禁运规定且分泡行为未危害航空安全的情况下,只要按照航空公司的承重标准支付运费托运人的行为都属于正常行使权利,不属于非法目的,亦未非法侵害航空公司。在民航领域中还有类似的例子,比如,国际航运规定每位乘客托运行李不得超过10千克,超限按重量收费,甲、乙两人分别携带11千克和8千克行李,二人在托运行李前重新组合行李内物品,使二人行李重量均低于10千克限额,这属于典型的物尽其用,并未损害航空公司利益,在分泡问题中同理亦然,故也不属于《合同法》第52条(现为《民法典》第144条、第153条、第154条、第155条)第2项、第3项所规定之情形。

当然,这里的分泡应是严格根据前述分泡定义,由托运人积极对重货、泡货进行有效组合,如果单纯的"逃泡"则属于违法行为。这里所谓"逃泡"是指货运代理企业并未将泡货与重货组合配货,企图在航空公司称重环节蒙混过关,使泡货以实际重量收费,获取非法利润。在"逃泡"行为中,货代公司对泡货不作任何处理,可能影响机舱的重量平衡,影响飞行安全。同时企图通过蒙混等不合法手段,逃过航空公司的正常称量,谋求的是非法的利润。综上,分泡属于合法行为,分泡约定也属于有效约定。

二、合意变更合同的司法判断标准

合同订立时当事人不一定能对所有细节都考虑清楚,或预料到一切可能发生的变化,因此法律允许当事人在合同订立后对合同内容进行修改或补充,即变更合同。此处所探讨的合同变更是指狭义上的变更,即权利义务的变更。当然,合同的变更与合同的订立一样,需要经过当事人的协商一致,达成变更合同的合意方能成立,不能仅凭单方的意志作出。《合同法》第77条(现为《民法典》第

543条)规定:“当事人协商一致,可以变更合同。法律、行政法规规定变更合同应办理批准、登记手续的,依照其规定。”一旦合同的各方当事人达成合同变更的一致后,变更后的内容就取代了合同原来的内容,各方均应按变更后的合同履行。合同变更可以就合同的标的、数量、价款、履行方式等进行变更。本案即属于合同双方当事人对合同的价款进行的变更。

在涉及合同变更的纠纷中,常见的争议是一方认为双方就合同变更已经达成合意,另一方则认为双方就合同变更达成一致,或者认为变更的约定不明确。本案即属于后者,睿瞳公司认为双方已经就合同的价款进行了明确的变更,即按照2/8的比例来分配货运代理获得的利润。腾亿公司则认为,双方并没有就价款的变更进行明确约定,而是需要根据分泡的结果来确定具体价款的计算方式,即分泡成功则可以按照2/8比例计算货运费,但如果分泡未成,则仍应按照航空公司的计费标准来收取费用。对此的判断,应当如同合同订立时一样,按照要约承诺的步骤来分析,同时应结合双方的合同履行和商业惯例综合判断。

双方签订货运代理合同约定对2017年5月24日、5月25日的两批货物进行货运代理。合同签订后,双方工作人员通过QQ聊天继续就合同的价款进行了磋商。腾亿公司工作人员首先向睿瞳公司工作人员发出了两份《空运出口费用确认单》,此应视为要约到达,睿瞳公司工作人员在查看后,随即提出了异议,认为“运费算错了,泡2/8”,随后腾亿公司对费用确认单进行了修改,再次向睿瞳公司工作人员发送了修改后的版本。嗣后睿瞳公司向腾亿公司出具了《货物委托书》,此应视为承诺,双方就合同价款的变更也就协商一致了。在之后的合同履行过程中,腾亿公司按照睿瞳公司的委托对第一批次的货物进行了分泡运输,同时按照2/8分泡的比例向睿瞳公司开具发票,收取对应的运输代理费。这同样可以体现出腾亿公司认可变更合同内容的意思表示,并同意按变更后的内容履行。此外,按照行业惯例,分泡事项由一级货运代理根据操作能力自行与客户协商,如双方约定按分泡比例计算运费,分泡成功并不是先决条件,如操作失误,协商不成应以合同或委托书为准。双方如以合同或委托书方式约定分泡比例,即视为腾亿公司承诺有能力进行操作(分泡)此项业务,结算运费以合同或委托书为准。因此,经过综合分析判断,双方已经就合同变更达成一致,且合同变更的内容明确,双方均应按变更后的合同内容履行。

三、合同安全对合同解释提出的限缩性要求

合同安全的基本理念对当事人在订立、履约及合同解释的过程提出了诚实信用的要求,即合同的解释应依诚实信用原则为之,不得作任意、扩大的解释。原告在本案中即提出,分泡约定是以分泡设置成功作为生效要件的,如果分泡不成,则应按航空公司的计费标准来收取费用。对此,司法实践中亦存在两种观点:第一种观点认为,分泡约定是对于分泡成功后所得利润的分配,故应当以分泡成功作为生效要件,属于附条件的约定;第二种观点认为,分泡约定实质上是对于运费支付方式的约定,不以分泡实际成功作为生效要件,不属于附条件的约定。

根据《合同法》第 125 条第 1 款(现为《民法典》第 466 条)的规定,"当事人对合同条款的理解有争议的,应当按照合同所用的词句、合同的有关条款、合同的目的、交易习惯以及诚实信用原则,确定该条款的真实意思"。根据该条款,双方对合同变更后的内容存在争议,则应通过文义解释、体系解释、目的解释、交易习惯解释等方式来确定变更后合同内容的意思,同时也应当符合诚信原则。对于双方在合同签订后的 QQ 聊天记录以及费用确认单中,均可以体现出双方对 2/8 分泡计算运费的意思表示,且双方并无以分泡成功作为按分泡比例结算的意思表示。此时,应对合同变更的内容进行扩大解释还是限缩解释,就需要考量合同安全的因素。在合同交易中,合同安全要保护的是当事人的合理信赖与期待。若一方之行为引起对方信赖,信赖方因此受到损失,则引起对方信赖之当事人应对信赖方负责。睿瞳公司通过 QQ 聊天和运费确认单的形式,均对腾亿公司作出的 2/8 分泡产生了充分的信赖,腾亿公司也从未在交易的履行过程中提出异议,更没有提出结算的成就条件。如果允许腾亿公司对合同结算条件作出扩大解释,则有违合同安全的理念,商业行为将变得不确定。

综上,从合同变更的角度来看,双方履行过程中的磋商一致已经体现了双方变更合同内容的意思表示,变更后的合同内容对双方均有拘束力,双方应按约履行。在合同内容的变更确定后,腾亿公司在嗣后提出变更的内容是附条件的,此时,已经明显打破了睿瞳公司基于腾亿公司的行为产生的信赖,破坏了合同的安全与稳定,因此不应允许原告对合同的解释进行任意扩大,应根据文义、交易习惯合同诚实信用原则作出解释。

【典型意义】

航空货运中由于机舱容量有限,低密度货物将按体积计费。货运代理人将低密度货(业内称为泡货)、高密度货(业内称为重货)组合,使低密度货物得以按普通货物计费,货运代理人向货主收取按体积计费的运费,向航空公司支付按重量计费的运费,以获取利润,业内称为“吃泡”。分泡约定一般记载于委托书中,常见的有2/8分泡、3/7分泡。分泡之所以能实现,是因为货运代理人将重货与泡货进行拼装后集中向航空公司托运。本案通过认定分泡行为的司法性质,对分泡规则的认定和适用进行深入分析,对于此种拼装行为,航空运输业的法律法规并无禁止性规定,因现在航空运输采用集装板等方式,拼装行为也不会危及飞行安全。因此,分泡属于合法行为,分泡约定也属于有效约定。货运代理人在进行拼装的过程中利用了自己能够组织货源的经营优势并付出了劳动,只要货运代理人履行了配货义务,对分泡获取的利润应予保护。同时,本案从维护合同安全的角度出发,对合同解释作限缩性要求,根据文义、交易习惯、诚实信用原则,对双方的履行过程中变更合同内容的意思表示作出解释,有力地维护当事人合法利益,为货运代理行业的发展创造良好的司法环境。

【案例索引】

案号:上海市浦东新区人民法院(2017)沪0115民初97000号(2018年7月2日)

审判组织:罗懿、王未、吴慈新

编写人:陈佳琳、杨丽琼

人才流动与涉外侵权类纠纷案件

26

招聘服务合同中“猎头”报酬请求权的成就条件分析

——珩洋公司与碧迪公司服务合同纠纷案

裁判要旨

招聘服务合同属于居间合同①,“猎头”作为居间人,其报酬请求权的基础是猎头服务行为的结果是否促成了约定的合同成就,对此可从居间人是否提供约定的居间服务、居间服务的结果是否与合同的约定事项具有同一性及因果关系等方面分析。若招聘方虽聘用了猎头推荐的人选,但系通过其他猎头的推荐在不同的职位上聘用的该职员,并向其他猎头支付了服务费,不存在恶意逃避服务费的支付的情形,应认为猎头的居间服务与合同约定事项不具同一性,居间服务未成功。

基本案情

原告:上海珩洋投资管理咨询有限公司(以下简称珩洋公司)

被告:碧迪医疗器械(上海)有限公司(以下简称碧迪公司)

2014年1月1日,珩洋公司与碧迪公司签订《招聘服务协议》,约定碧迪公司委托珩洋公司对碧迪公司指定的职位进行招聘;如果合同期间,碧迪公司雇佣应聘候选人在碧迪公司认为其胜任的同类职能岗位(职能岗位类别以碧迪公司内部划分为准)上任职,且该候选人之前没有向碧迪公司申请过也没有第三方向碧

① 《民法典》将《合同法》(已失效)中的“居间合同”变更为“中介合同”,因本案适用的是《合同法》,故本节仍表述为居间合同。

迪公司推荐过,则碧迪公司仍应根据本协议向珩洋公司支付所有服务费。

2014 年 9 月 2 日,碧迪公司通过电子邮件方式向珩洋公司发送《职位说明》,委托珩洋公司为其招聘相应人员,该职位说明载明:职位名称为"高级法规事务经理/副总监";职位简要说明为"直属中国 BD 公司法规事务与合规总监,本职位将与法规事务专业人员团队一起工作以确保在分配的职责范围内建立起最佳的实践做法……"

2015 年 1 月 12 日,珩洋公司通过电子邮件向碧迪公司推荐"高级法规事务经理/副总监"候选人江某红,碧迪公司于 2015 年 3 月 11 日向江某红发送《入职意向书》,后碧迪公司正式聘用江某红为法规事务副总监并向珩洋公司支付服务费。

2015 年 3 月 2 日,珩洋公司通过电子邮件方式向碧迪公司推荐"高级法规事务经理/副总监"候选人郭某,并向碧迪公司发送郭某的简历。同日,珩洋公司与碧迪公司就郭某的电话面试时间进行了安排与确认。

2014 年 11 月 22 日,案外人海德思哲公司向碧迪公司发函,载明碧迪公司聘请海德思哲公司以独家形式协助物色和筛选碧迪公司大中华区机要总监。该函约定了相应服务费和支付方式,海德思哲公司合伙人及碧迪公司人力资源总监在该函上签字。

2015 年 2 月 16 日,碧迪公司通过电子邮件方式告知海德思哲公司"正式启动秘密寻找 Wenyan(碧迪公司原法规事务总监——法院注)的替代人员的行动";同年 3 月 9 日至 11 日,海德思哲公司就法规事务总监岗位向碧迪公司推荐了包括郭某在内的 3 名候选人,并就候选人面试事宜与碧迪公司进行沟通磋商;2015 年 2 月 16 日,碧迪公司通过电子邮件委托海德思哲公司正式启动招聘"法规事务总监"的工作;2015 年 3 月 9 日至 11 日,海德思哲公司就"法规事务总监岗位"向碧迪公司推荐了包括郭某在内的 3 名候选人,并就候选人面试事宜与碧迪公司进行沟通磋商;3 月 19 日,海德思哲公司与碧迪公司的人事总监就对候选人进行进一步接触事宜进行了安排;4 月 27 日至 5 月 20 日,碧迪公司与海德思哲公司就郭某的薪酬、入职股票奖金、聘书内容等进行沟通和确认;5 月 21 日,郭某签署了《入职意向书》,载明职位为大中华区法规事务总监及相应薪资;2015 年 7 月 13 日,碧迪公司与郭某签订《劳动合同》。后碧迪公司按约向海德思哲公司支付了招聘"法规事务总监"的服务费,未向珩洋公司支付服务费。碧迪公司对大中华区法规事务总监的职位描述中,该职位的报告上级职位为大中华区副总裁/总经理、大亚洲区法规事务及合规总监,直接负责的下属职位为法规事务副总监、法规事务经理;职位概述为领导大中华地区法规事务和合规能力的发展和提高,集中管理和监督大中华地区的主要监管活动。

珩洋公司诉称:双方于2014年1月1日签订《招聘服务协议》,碧迪公司委托珩洋公司为其招聘工作人员,并支付相应服务费,其费用为该员工13个月薪水的25%。珩洋公司如约履行了合同,提供了服务,碧迪公司却违背诚实信用原则,拒绝支付服务费,故珩洋公司诉至法院,请求判令:碧迪公司支付珩洋公司服务费用人民币(以下币种同)373,750元。

碧迪公司辩称:2014年9月2日,碧迪公司通过电子邮件委托珩洋公司招聘"高级法规事务经理/副总监"岗位人选,并附该职位的职位说明。2015年3月2日,珩洋公司向碧迪公司推荐郭某,但碧迪公司认为郭某不适合该职位。2014年11月22日,碧迪公司委托案外人海德思哲公司为其招聘"法规事务总监"人选,2015年3月9日,海德思哲公司向碧迪公司推荐郭某为"法规事务总监"的候选人,经过面试及与郭某多次沟通,后碧迪最终聘用郭某担任法规事务总监一职,并为此向海德思哲公司支付了服务费。碧迪公司委托珩洋公司招聘的岗位是"高级法规事务经理/副总监",珩洋公司向碧迪公司推荐的也是该职位的候选人。碧迪公司的"法规事务总监"和"高级法规事务经理/副总监"是两个不同的岗位,郭某是经海德思哲公司提供招聘服务而被碧迪公司聘用的,因此,对于郭某担任"法规事务总监"一职,珩洋公司无权要求碧迪公司支付服务费。

【法院裁判】

上海市浦东新区人民法院经审理认为,第一,关于"高级法规事务经理/副总监"与"法规事务总监"是否属于同类职能岗位,应根据岗位的工作内容、主要职责、薪酬情况、上下级隶属关系等情况综合判断,同类职能岗位在工作内容、主要职责、薪酬水平上应具有相似性,在上下级隶属关系上应有共同或相似的上级及下级。本案中,根据碧迪公司的"高级法规事务经理/副总监"与"法规事务总监"两个职位的职位说明或描述,从工作内容和主要职责看,"高级法规事务经理/副总监"的主要职责为"确保在分派职责范围内建立起最佳的实践做法",具体包括准备上市销售文件,监督注册要求变化,对特定项目及其负责的业务部门或产品、项目实施监管、评估和管理;"法规事务总监"的主要职责为"领导大中华地区的法规事务和合规能力及合规履行方面的发展和提高……通过确保预定销售到大中华区市场的所有产品，均遵守大中华区的监管标准和要求来集中管理和监督大中华地区的主要监管活动”，更侧重于决策、监管和制度的制定，具体包括短期和长期的监管策略、公司政策标准和战略的制定、监管制度的建立和维护、制定与相关监管部门接口的方案政策、建立审计方案等。从薪酬情况看，“高级法规事务经理/副总监”的基本工资为每月人民币78,000元、现金津贴每月人民币3500元，“法规事务总监”的基本工资为每月人民币115,000元、现金津贴为每月人民币13,500元。从隶属关系上看，“高级法规事务经理/副总监”直属“法规事务总监”，两者属于上下级隶属关系。因此，“高级法规事务经理/副总监”与“法规事务总监”两个职位在工作内容、主要职责、薪酬水平、上下级隶属关系上均有较大不同。同时，案涉《招聘服务协议》第6条约定“职能岗位类别以碧迪公司内部划分为准”且碧迪公司提交了两个职位的职位说明以证明两者不属于同类职能岗位，因此，在碧迪公司否认“高级法规事务经理/副总监”与“法规事务总监”属于同类职能岗位，而珩洋公司亦未能举证证明两者在碧迪公司的内部划分中为同类岗位的情况下，珩洋公司主张两者属于同类职能岗位，难以采纳。

第二，珩洋公司与碧迪公司在庭审中均确认，双方之间的《招聘服务协议》所涉及的招聘事项并非独家委托，郭某的相关信息获取方式有多种渠道。因此，虽然案涉《招聘服务协议》第6条旨在防止碧迪公司恶意使用珩洋公司提供的候选人信息并通过更换候选人岗位来规避其对珩洋公司的服务费支付义务，但在双方未明确约定独家委托招聘，郭某的相关信息渠道亦非由珩洋公司专享的情况下，上述约定并不能否定碧迪公司享有通过其他猎头的推荐在不同岗位上选择和聘用其认为适合人选的权利，无论该人选是否曾经由珩洋公司推荐过。同时，根据珩洋公司与海德思哲公司的往来邮件，海德思哲公司向碧迪公司推荐的“法规事务总监”职位候选人中除了郭某还包括其他人员，碧迪公司与海德思哲公司就候选人的最终选定进行了3个多月的沟通与安排。因此，从双方的现有证据上看，应当认为碧迪公司与海德思哲公司是通过海德思哲公司推荐候选人、碧迪公司选择候选人、海德思哲公司与候选人就入职事宜进行协商等一系列正常流程完成候选人的推荐和接受，并无明显证据显示碧迪公司接受海德思哲公司对郭某的推荐具有恶意性。

第三，关于碧迪公司与海德思哲公司之间往来的真实性，结合碧迪公司的一系列证据，从整体上看，碧迪公司的证据已经形成证据锁链。碧迪公司与海德思哲公司之间关于招聘“法规事务总监”的邮件往来开始于2015年2月16日，此时珩洋公司尚未向碧迪公司推荐郭某为“高级法规事务经理/副总监”候选人，碧迪公司与海德思哲公司在“法规事务总监”聘用上的后续往来持续数月。碧迪公司提供的聘用书函件、邮件往来及服务费发票、付款凭证可相互印证，整个往来过程亦属合理，且珩洋公司亦无相反证据证明碧迪公司与海德思哲公司之间的往来是虚构的。因此，基于优势证据规则，珩洋公司认为碧迪公司与海德思哲公司之间的往来很可能是碧迪公司为了逃避支付珩洋公司的服务费而故意所为，不予采信。结合上述理由，珩洋公司主张碧迪公司支付服务费的诉讼请求不予支持。判决驳回珩洋公司的诉讼请求。宣判后，珩洋公司向上海市第一中级人民法院提出上诉。上海市第一中级人民法院于 2016 年 12 月 5 日作出(2016)沪 01 民终 12584 号民事判决：驳回上诉，维持原判。

【案例评析】

一、招聘服务合同的法律关系分析

招聘服务合同是委托人为招聘人员而委托如猎头公司等服务方提供招聘服务的合同，最为常见的模式一般是提供服务方向委托人提供候选人信息并促成委托人聘用候选人，委托人向猎头公司支付报酬。[①]《合同法》第 424 条(现为《民法典》第 961 条)规定：“居间合同是居间人向委托人报告订立合同的机会或者提供订立合同的媒介服务，委托人支付报酬的合同。”《合同法》第 426 条(现为《民法典》第 963 条)规定：“居间人促成合同成立后，委托人应当按照约定支付报酬……”招聘服务合同符合我国《合同法》中居间合同的定义，属于典型的居间合同，提供服务一方为居间人，条件达成后委托方应当支付的款项为居间报酬。

在居间合同中，居间人负责的是信息的提供，并不介入委托方和第三人之间的合同之中。这一特征决定了居间合同规则在法律构造上有两个特殊性：其一为委托人给付义务的附条件性，其二为居间人报酬请求权的不确定性。[②] 所谓附条件性是指，委托人履行支付义务前提是居间人促成了居间合同中所约定的合同的签订。居间合同虽属提供服务的合同，与其他的服务合同区别在于，居间合同的目的是通过居间人的劳务使委托人和第三方签订合同，故合同目的实现后

① 不同招聘服务合同的内容会有所区别，也会对服务费支付等内容有不同的约定。本节仅以实践中常见类型的服务招聘合同为研究对象。

② 参见税兵：《居间合同中的双边道德风险——以“跳单”现象为例》，载《法学》2011 年第 11 期。

居间人方可主张报酬。由于居间人仅仅提供服务，合同能否达成完全取决于委托人和第三方，委托人尽管委托居间人提供服务，但这并不限制委托人的决定自由，他仍可以随时撤销委托，自己努力促使缔约或召入另一个居间人。[①] 这也就决定了居间人报酬请求权的不确定。

本案中，涉案《招聘服务协议》约定碧迪公司委托珩洋公司进行招聘，委托人支付服务费的条件是"甲方雇佣应聘候选人在甲方认为其胜任的同类职能岗位(职能岗位类别以甲方公司内部划分为准)上任职，并且应聘候选人之前没有向甲方申请过(包括应聘候选人自己没有向甲方申请过和没有第三方向甲方推荐过该应聘申请人)，则甲方应根据本协议向乙方支付所有服务费"，符合居间合同委托人给付义务的附条件性、居间人报酬请求权的不确定性两个特殊性。

二、招聘服务合同报酬请求权的成就条件

招聘服务合同中一般会约定委托人与服务方推荐的候选人达成合同后应当向服务方支付报酬，如上文所述，服务招聘合同是典型的居间合同，居间人的报酬请求权在《合同法》第 426 条(现为《民法典》第 963 条)有明确规定："居间人促成合同成立的，委托方应当按照约定支付报酬……"从法律规定看，居间人报酬请求权的条件是居间达到目的即委托方与第三方达成合同。换言之，居间报酬并非居间人行为的报酬，而是因利用居间人合同机会而提供的对待给付。[②] 国外对居间合同也有类似规定，如《德国民法典》第 652 条规定，为指示定约机会或为媒介合同约定居间报酬人，只有在合同因居间人的指示或因其媒介而成立时，才有义务支付报酬。[③] 美国大多数州都认可的处理居间人怎样得到佣金的基本理论为"交易促成原则规则"，这条规则是在经典判例 *Sibbald v. Bethlehem Iron Co.* 中确立的，其表述为："在居间合同中居间人获得佣金的前提是其促成了买卖双方达成一致；在其促成了一致后，居间人有权获得佣金。"后又通过判例对此规则适用作出了限制，如委托人和居间人可以设定怎样能够获取佣金，只要不违法或违反公共政策就是有效的，如果这种条款中没有将"促成买卖双方一致"作为

① 参见汤文平：《多人居间行为共同原因性研究——从"指导案例 1 号"切入》，载《政治与法律》2012 年第 12 期。

② 参见汤文平：《多人居间行为共同原因性研究——从"指导案例 1 号"切入》，载《政治与法律》2012 年第 12 期。

③ 参见范健：《德国居间商法律制度评析》，载《中外法学》1993 年第 6 期。

居间人获得佣金的前提,那么仍将适用该条款,而不是规则 Sibbald。①

从我国法律规定看,居间合同中居间人能够主张报酬请求权的核心条件为“居间人促成合同成立”。在居间合同中,居间人最重要的权利即对委托人的报酬请求权,此权利的实现取决于通过他的服务委托人和第三方是否能够订立合同,而委托人和第三方订立合同并不在居间人控制范围内,不同于一般服务性合同中提供服务方为约定的服务行为即可主张报酬,居间合同报酬请求权不仅要求居间人为服务行为,还要求其服务行为结果是居间合同目的已达成,因此具有很大程度的不确定性。本案的《招聘服务协议》对于碧迪公司的服务费支付义务也即珩洋公司的报酬请求权作出了约定,碧迪公司如果雇佣应聘候选人在其认为胜任的同类职能岗位上任职,那么碧迪公司应当根据协议规定向衍洋公司支付服务费,简言之,服务费支付条件为珩洋公司促成了碧迪公司与候选人之间的劳动合同。

居间人促成合同成立是指经过居间人的努力,委托人和第三方达成了合同。招聘服务合同对于委托人支付报酬的条件及金额一般会作出明确约定,居间人基于居间结果而享有报酬请求权,而非居间劳务。本书认为,满足以下条件可认定居间人促成合同成立,居间人得向委托人主张报酬。首先,居间人为委托人提供了约定的居间服务;其次,委托人和第三方签订了合同,且该合同与居间合同中的约定具有同一性;最后,居间人的居间服务与合同的达成之间存在因果关系。

(一)居间人实施了约定的居间行为

居间人是否实施了居间合同约定的居间行为是其是否可以主张报酬的基础,在招聘服务类居间合同中,居间行为一般表现为居间人向委托人推荐候选人并推进委托人和候选人的沟通事宜等约定的服务活动。该事实的认定需要根据案件的证据材料判断,但是正如前文所述,居间合同中的报酬请求权是以居间活动行为结果而非居间活动行为本身为条件,因此“进行了约定的居间活动”仅仅是认定“居间人促成合同成立”的一个条件而非全部条件。

需要讨论的一个问题是独家委托与非独家委托两种情形下对于认定“居间人促成合同成立”是否有影响。所谓独家委托即居间合同中约定的服务事项仅

---

① 邓矜婷:《美国判例体系的构建经验——以居间合同为例》,载《华东政法大学学报》2014 年第 2 期。

委托给某一居间人。非独家委托情形下委托人当然可以委托其他居间人,在居间合同目的达成时需要向哪一委托人支付报酬取决于哪一委托人的服务与成就合同之间存在因果关系。居间合同独家委托条款的效力问题存在争议,有学者认为须根据委托方与居间方利益平衡来判断,若肯定独家委托条款效力并否定委托方自行或委托他人促成合同成就的权利,则居间方可能会不尽勤勉义务而导致委托方利益受损。可从独家委托条款是否对居间人规定了较非独家委托条款更严格的法律义务以保证居间人尽到勤勉义务来判断,①一般情况下,在独家委托中,仍然不能够排除委托方有其他途径达成此独家委托居间合同目的的可能。因此,独家委托与否不排除委托人自身或委托其他人为达成居间合同目的而活动的权利,其可作为判断居间人"实施了约定的居间服务活动"情况下委托人是否具有恶意规避居间人"促成合同成立"而主张报酬请求权的考量因素。

本案中,案涉招聘服务合同是非居间委托,因此碧迪公司当然地享有通过其他居间人达成涉案合同目的的自由。尽管珩洋公司向碧迪公司提供了服务即推荐候选人,但是碧迪公司依然可以通过其他途径获知该候选人信息甚至与该候选人签订合同。因此,珩洋公司推荐候选人且碧迪公司雇佣了该候选人并不能直接认定珩洋公司即可向碧迪公司主张居间报酬。

(二)居间人所主张的其促成的合同应当与居间合同中的约定具有同一性

同一性是指所成就的合同与委托人委托的内容一致。招聘服务合同中主要委托事项为"居间人促成委托方与候选人达成居间合同所约定的劳动合同",因此其核心内容即为所达成的劳动合同的职位是否与居间合同中的约定一致。

本案中,碧迪公司雇佣候选人所任职位与珩洋公司和碧迪公司之间服务合同所约定的职位是否具有同一性是案件判决的关键。关于"高级法规事务经理/副总监"与"法规事务总监"是否属于同类职能岗位。是否属于同类职能岗位应根据岗位的工作内容、主要职责、薪酬情况、上下级隶属关系等情况综合判断,同类职能岗位在工作内容、主要职责、薪酬水平上应具有相似性,在上下级隶属关系上应有共同或相似的上级及下级。碧迪公司的"高级法规事务经理/副总监"与"法规事务总监"两个职位工作内容、主要职责、薪酬水平等方面均不具有同一性。

① 参见汤文平:《从"跳单"违约到居间报酬——"指导案例1号"评释》,载《法学家》2012年第6期;毛海波、陆静:《居间独家委托条款的效力及利益保护》,载《人民司法》2013年第22期。

（三）居间人的居间行为与合同的达成之间的因果关系

居间服务行为与合同的达成需要存在内在的关联性。一般情况下，如果居间人能够证明其提供了合同订立前的居间活动，那么可以认为其与合同的达成间具有因果关系，但是存在这样的情况，即居间人实施了居间活动同时委托人与居间人所推荐的候选人达成了约定的合同但是两者之间并没有因果关系。

阻断两者之间因果关系的大部分原因在于委托人通过其他正当途径获取信息并成就合同。如上文所述，在非独家委托情况下，委托人当然具有委托其他居间人进行服务的权利。在最高人民法院 2011 年 11 月 20 日公布的指导案例 1 号——上海中原物业顾问有限公司诉陶某华居间合同纠纷的裁判要点中也明确"买方通过其他公众可以获知的正当途径获得相同房源信息的，卖方有权选择报价低、服务好的中介公司促成房屋买卖合同成立"①。参照此指导案例，在招聘服务合同中，即使是独家委托，也不能够排除委托人通过其他正当途径获得候选人信息并与其缔约的可能。若居间人是基于其掌握的垄断信息提供居间合同约定的服务并且所约定的合同成就，应当认定存在因果关系。但在招聘服务中，居间人所推荐的候选人信息大多是公开的而非某一居间人单独掌握，所以独家委托并不导致委托人需为其跳过居间人达成合同的行为承担责任，即委托方仍具有通过其他正当途径达成合同的权利。因此在判断居间人的居间服务行为与合同的达成之间因果关系时，如果委托人有证据证明居间合同所约定的合同的达成是通过其他途径如通过其他居间人的努力，那么在确定"其他途径"真实的前提下，可以排除居间人所主张的因果关系。

在本案中，碧迪公司与珩洋公司曾经推荐过的第三人之间达成的劳动合同是否因为珩洋公司曾经的推荐行为也是双方的争议点。本案中，珩洋公司曾经推荐过候选人，但是碧迪公司认为其不符合要求而未与候选人签约，且本案服务协议中约定碧迪公司委托珩洋公司推荐候选人并非独家委托。能够排除珩洋公司推荐行为与碧迪公司的雇佣行为之间存在因果关系的是碧迪公司委托海德思哲公司向其提供服务，而且碧迪公司能够提供证据证明海德思哲公司的服务与

---

① 指导案例 1 号——上海中原物业顾问有限公司诉陶某华居间合同纠纷案中，裁判要点为：房屋买卖居间合同中关于禁止买房利用中介公司提供的房源信息却绕开该中介公司与卖方签订房屋买卖合同的约定合法有效。但是，当卖方将同一房屋通过多个中介公司挂牌出售时，买方通过其他公众可以获知的正当途径获得相同房源信息的，卖方有权选择报价低、服务好的中介公司促成房屋买卖合同成立，其行为并没有利用与之签约中介公司的房源信息，故不构成违约。

其雇佣候选人之间的因果关系,且碧迪公司也已经向其支付相应服务费用。尽管存在委托人可能会恶意逃避报酬支付义务的可能,如委托人拒绝与居间方推荐的第三方达成合同,事后又与第三方达成协议以逃避报酬的支付,碧迪公司与海德思哲公司在“法规事务总监”聘用上后续往来持续数月,碧迪公司提供的聘用书函件、邮件往来及服务费发票、付款凭证可相互印证,整个往来过程亦属合理,且珩洋公司亦无相反证据证明碧迪公司与海德思哲公司之间的往来是虚构的,因此,基于优势证据规则,珩洋公司主张碧迪公司恶意逃避支付服务费不成立。

【典型意义】

中国(上海)自由贸易试验区在促进贸易自由化、投资自由化、金融国际化及行政精简化等方面不断进行着尝试,吸引了大量的投资者。自贸区成立以来新注册企业众多,新增企业对于人才的需求也不断增大,为了提升招聘人才的效率,很多企业选择通过第三方服务公司为其物色合适的候选人。人才需求企业与第三方服务公司签订的服务协议属于居间合同,居间报酬的支付条件是居间人促成合同成立。若招聘方虽聘用了猎头推荐的人选,但系通过其他猎头的推荐在不同的职位上聘用的该职员,并向其他猎头支付了服务费,不存在恶意逃避服务费支付的情形,应认为猎头的居间服务与合同约定事项不具同一性,居间服务未成功。实践中,猎头公司为保障其自身权益,避免招聘方与其推荐的人选跳过猎头公司直接达成聘用协议致使其服务费用落空,往往在合同中约定,如果招聘方聘用猎头公司推荐的候选人在同类岗位上,亦应支付服务费,该种约定系因猎头行业的特殊性所致,司法应予以肯定和尊重。但同时应注意,该种约定不应排除招聘方通过其他正当途径达成招聘的合法权利。

【案例索引】

案号:

一审:上海市浦东新区人民法院(2016)沪0115民初11506号(2016年8月1日)

二审:上海市第一中级人民法院(2016)沪01民终12584号(2016年12月5日)

审判组织：
一审：吴智永、徐劲草、赵传伟
二审：金成、孙倩、盛宏观

编写人：王迪

27

投资移民中服务合同与居间（中介）合同之分野

——王某与卿璞公司等居间合同纠纷案

裁判要旨

当事人之间仅签订过定金协议，在有证据显示委托人明知对方从事居间业务，及中介机构已向委托人报告订约机会或者为促成订约提供了媒介服务，委托人亦与第三人签订了相应投资移民协议，且中介机构也未参与到前述协议之中时，应认定当事人之间成立居间合同而非服务合同。

基本案情

原告：王某

被告：卿璞（上海）投资咨询有限公司（以下简称卿璞公司）

被告：唐某亮

2015年11月16日，卿璞公司依法成立并登记，营业期限自2015年11月16日起至2045年11月15日止。卿璞公司的法定代表人由唐某亮担任。该公司系德国投资定居项目（以下简称GISP项目）方特别授权的在华代表，有权和任何具有出入境资质的公司合作。

唐某亮在与王某开始接触时曾向其表明自己系卿璞公司的法定代表人，且该公司可帮助国内客户投资定居德国。王某遂委托二被告为其办理赴德投资定居项目。

2017年1月3日，王某与卿璞公司签订《德国投资定居项目定金支付协议》，约定:甲方(王某)是申请 GISP 项目的投资者;乙方(卿璞公司)是 GISP 项目参与费的指定管理公司,并系代表 GISP 项目的中国境内授权单位,有权接收甲方所支付的参与项目费用;GISP 项目的总费用金额为 36 万欧元,且 GISP 项目指定乙方收取部分费用(详情参见由甲方与 GISP 项目正式投资签署的相关协议);甲方向乙方指定账户支付项目启动费作为项目定金,甲方所支付的启动费用为 3.5 万欧元。

2017 年 1 月 4 日,王某向唐某亮银行转账人民币 248,647 元,并注明"王某打给中介公司定金";同日,王某又向唐某亮银行转账人民币 4400 元,并注明"王某中介公司定金"。

2017 年 1 月 10 日,王某向唐某亮银行转账人民币 1,216,759.50 元,并注明"项目方"。

2017 年 4 月 24 日,唐某亮向王某银行转账人民币 221,220 元。

2017 年 4 月 24 日,王某向案外人 Europa Life Ltd. 银行转账 30,000 欧元。

另,王某曾于 2017 年 4 月在匈牙利布达佩斯与案外人 Europa Life Ltd. 以及 Future Home Development GmbH. 签署赴德投资定居协议,且二被告均未在该协议上签字。

后,王某因其申请德国工作签证遭拒签,认为二被告在收取其款项后未能依约帮助其实现投资定居德国的目的,二被告的行为业已构成根本违约,遂诉至法院,并请求判令解除其与二被告之间的服务合同,由二被告返还其人民币 1,469,806.50 元并向其赔偿利息损失等。就此,卿璞公司、唐某亮均辩称,其与王某成立的是居间合同关系。其已促成王某与案外人签订了赴德投资定居协议,上述居间合同关系已经履行完毕,不存在适用解除的情况。王某系与案外人存在争议,其应另行向案外人主张其诉讼请求。请求法院依法判决驳回王某的诉讼请求。

【法院裁判】

上海市浦东新区人民法院经审理认为,双方在本案审理中对于王某经唐某亮介绍自己经营的卿璞公司可帮助国内客户投资定居德国,遂委托二被告为其办理赴德投资定居项目,后与案外人 Europa Life Ltd. 以及 Future Home Development GmbH. 签订了赴德投资定居协议,且唐某亮在与王某开始接触时曾向其表明自己系卿璞公司的法定代表人等事实均不持异议。据此,结合王某曾以“王某打给中介公司定金”“王某中介公司定金”的名目向唐某亮银行转账的事实,王某系确知二被告从事中介业务并与之进行民事活动。由于唐某亮担任卿璞公司的法定代表人,且其亦以卿璞公司的名义向王某介绍投资定居德国一事,王某委托二被告为其办理赴德投资定居项目实则在其与卿璞公司之间依法成立了居间(中介)合同关系。卿璞公司因王某与上述案外人签订了赴德投资定居协议,业已充分履行了其作为居间(中介)人对于王某所负的合同义务,且王某亦未提交证据证明二被告系该赴德投资定居协议的合同当事人。现王某主张其与二被告之间成立服务合同关系,并以其投资定居德国的目的落空为由主张解除其与二被告之间的上述合同关系,缺乏事实与法律依据,不予支持。

另,根据定金协议的内容,卿璞公司系经授权代为收取王某支付的赴德投资定居启动费用3.5万欧元,且王某赴德投资定居的总费用为36万欧元。就此,王某曾以“王某打给中介公司定金”“王某中介公司定金”“项目方”等名目向唐某亮银行转账人民币1,469,806.50元,唐某亮随后银行转账转回王某人民币221,220元。双方在本案审理中对该节事实均予确认。现唐某亮主张其已将上述其实收款项兑换成17万欧元汇给了案外人Europa Life Ltd.,且案外人Europa Life Ltd.也已向王某开具了金额为20万欧元的收款发票,王某亦自述在收到唐某亮退还的款项后按其要求自行向案外人Europa Life Ltd.又支付了3万欧元,并以其投资定居德国的目的落空为由主张二被告应返还其所付款项并支付相应利息。然而,鉴于王某已与案外人Europa Life Ltd.与Future Home Development GmbH.签订了赴德投资定居协议,本案当事人的上述争议实系围绕该赴德投资定居协议的具体履行情况展开,而非本案居间(中介)合同纠纷的审理范围。因此,王某可另行向案外人Europa Life Ltd.与Future Home Development GmbH.主张其返还款项及支付利息等请求。

综上,上海市浦东新区人民法院判决:驳回原告王某的全部诉讼请求。一审宣判后,王某不服,向上海市第一中级人民法院提起上诉,上海市第一中级人民法院于2020年4月16日作出(2020)沪01民终1327号判决:驳回上诉,维持原判。

【案例评析】

本案的争议焦点主要在于:当事人之间仅签订过定金协议,其由此成立何种法律关系,即究竟是服务合同关系,抑或居间(中介)合同关系。就此,笔者结合本案事实,对于投资移民中服务合同与居间(中介)合同之分野进行简要阐释。

一、委托人是否明知对方从事居间(中介)业务

通常而言,普通人的法律态度、法律利用以及法律配合度与他们的法律认识密切关联,其法律认识方式、认知路径和认识对象决定了其法律意识,这将会对他们的法律行为选择产生直接影响。投映于实体法规范之上,便映衬出在特定民事纠纷中,"知晓(明知)"这一事实对于形成客观、公允的法律评价的重要性。尤其是在以意思表示为核心的合同类纠纷中,前述事实将会影响效果意思的认定,即一个引起特定法律后果的意思。本案中,系争法律关系是服务合同抑或居间(中介)合同,作为委托人的王某的自身相关认识不容忽视。

就本案案情来看,王某在与唐某亮接触伊始,便经由对方介绍知道卿璞公司系由唐某亮经营并担任法定代表人,以及该公司在国内经营投资移民业务。由此,其才委托二被告为其办理赴德投资定居项目,并签订了卿璞公司作为启动费用代收方的定金协议。之后,其曾以"王某打给中介公司定金""王某中介公司定金"的名目向唐某亮银行转账。其间,王某又与案外人签订了赴德投资定居协议,并随后自行向案外人进行了银行转账。

根据以上业务历史过程,王某主张其与被告方之间成立服务合同关系,除其对于公司与法定代表人之间关系法律规定的认识错误外,其当初的效果意思也不能支持其如上主张。这是因为:其一,王某在磋商伊始便确知卿璞公司在国内经营投资移民业务,其据此已对卿璞公司从事居间(中介)业务的可能性有了客观认识。其二,若按王某的主张,则定金协议中卿璞公司作为合同相对方代收启动费用的事实,与服务合同项下卿璞公司应为王某与第三人进行法律行为的法律特征相抵牾。其三,就王某的转账名目而言,根据民间对于语词"中介""中介公司"的法律含义的一般认识,前述词组反映的即是居间(中介)合同。据此,王某实难谓当初不具备前述社会大众一般认识。其四,王某与案外人另行签订了赴德投资定居协议并与之发生相应银行转账的事实,则反向印证其当初并无与被告方发生服务合同关系的意思。若非此,其也不会直接与案外人做出前述法律行为,而容忍被告方不处理受托事务,否则有悖常理。

借此,王某当初确知对方从事居间(中介)业务而与之进行交易。因而,其当初欲与被告方引起的特定法律后果并非指向服务合同,且与居间(中介)合同关联。由此,委托人是否明知对方从事居间(中介)业务系认定投资移民中相关合同性质的前提条件之一。

二、中介机构是否履行了居间(中介)义务并为委托人接受

根据本案案情,王某与被告方仅签订了定金协议。其中,未明确反映出居间(中介)服务内容。且该协议中虽有“详情参见由甲方与GISP项目正式投资签署的相关协议”的措辞,但该协议的法律性质根据其约定内容,仍显属服务于之后签订的赴德投资定居协议的从合同,且卿璞公司系经GISP项目方授权的在华代表。如将定金协议解释为单独在双方之间产生其他法律关系,则因该解释结果已经超出定金协议文义的合理可能而不足取。

基于此,在委托人明知对方从事居间(中介)业务的前提下,因居间(中介)合同系不要式合同,故可通过类推适用《合同法》第36条(现为《民法典》第490条第2款)的规定,将中介机构是否履行了居间(中介)义务并为委托人接受,作为认定投资移民中相关合同性质的前提条件之二。理由在于要式与不要式合同的成立在缺乏合同文本的情况下没有根本区别。法律行为原则上无须形式而成立。未遵守法律规定形式的法律行为一般不成立,但可经补正形式瑕疵而成立。补正系在未依形式承诺的给付已被履行时得以实现,并主要是基于法律安全理念的考虑。在缺乏合同文本的情况下,认定要式与不要式合同是否成立所遇到的问题是一致的,即没有文字载体予以反映的合同。基于“相类似的案件,应相同处理”的法律原则,不要式合同就此在法律适用上应类推适用要式合同的补正规则,即《合同法》第36条(现为《民法典》第490条第2款)的规定。

就本案而言,王某委托被告方为其办理赴德投资定居项目,后又与案外人签订了赴德投资定居协议的事实清楚。被告方因王某与案外人签订了赴德投资定居协议,而履行了其居间(中介)义务。且王某与案外人签订赴德投资定居协议行为本身也证明了其接受被告方履行上述义务的事实。以上情况反映出居间(中介)合同的内容通过被告方的履行得到了体现,并双方就主要条款也达成了一致意思表示,已满足《合同法》第36条(现为《民法典》第490条第2款)规定的构成要件。不仅如此,由于唐某亮系卿璞公司的法定代表人,且其亦以卿璞公司的名义向王某介绍投资定居德国一事,因而居间(中介)合同的当事人系王某与卿璞公司。

然而,需要说明的是,在认定中介机构是否履行了居间(中介)义务一事上,还需以这一事实作为充分条件,即中介机构是否参与了委托人与第三人订立的投资移民协议。其理由将在下文详述,此处不复赘述。

三、中介机构是否参与了委托人与第三人订立的投资移民协议

根据民法法理,在居间(中介)合同中,居间(中介)人不参与委托人与第三人之间的合同关系。换言之,居间(中介)人不介入委托人与第三人之间的合同关系。一旦居间(中介)人介入其中,则居间(中介)人与委托人之间的合同关系也将随之发生根本性变化。且从类型上观察,前述介入的情形主要表现为居间(中介)人代委托人与第三人签订合同,而这也是服务合同区别于居间(中介)合同的所在。

就本案案情而言,王某委托被告方为其办理赴德投资定居项目,后又与案外人签订了赴德投资定居协议。从表面上看,被告方似已履行了自身所负的居间(中介)合同义务。然而,鉴于双方对于相互之间法律关系的定性存在明显分歧,因而在认定被告方是否履行了居间(中介)服务内容一事上,还须做到"表里如一",即以认定中介机构是否参与了委托人与第三人订立的投资移民协议为条件。

据此,因王某未提交证据证明被告方系上述赴德投资定居协议的合同当事人,其遂须就此承担相应的结果意义上的举证责任。因此,被告方并未介入王某与案外人的合同关系。由此,卿璞公司确实已经履行了自身所负的居间(中介)合同义务。进而,王某主张其与被告方之间成立服务合同关系,并以其投资定居德国的目的落空为由主张解除其与被告方之间的合同关系,显然缺乏事实与法律依据,其相关返还移民费用的诉讼请求亦难以得到法院的依法支持。

综上所述,在当事人之间仅签订过定金协议时,若已有证据同时满足委托人知晓对方从事中介业务,中介机构履行了居间(中介)服务内容,以及中介机构未参与委托人与第三人订立的投资移民协议等三项条件时,应认定委托人与中介机构就投资移民成立居间(中介)合同,并据此认定中介机构应否向对方返还移民费用等法律责任。

【典型意义】

不少有移民意向的公民由于缺乏对相关政策的了解,倾向选择移民中介办理相关手续,通过投资、技术、家庭等多种方式进行移民,其中,投资移民以其门槛较低、成功率较高成为最常见的移民手段。投资移民,是指具有一定资产,并且符合其他一些限制性条件的投资者,将资金投资到目标国政府批准的投资基金或合适的商业项目的一种行为。在投资移民相关手续的办理过程中,当事人通常能够接触到外国企业，并签订投资定居协议。当出现争议致使移民目的无法实现时，正确厘清法律关系，明晰当事人与中介之间形成的相关协议性质，对最终争议的解决、当事人权利救济具有重要意义。本案通过委托人对中介从事业务的知晓程度、中介机构履行义务状况以及中介机构是否参与委托人与第三人订立的投资移民协议进行深入考察，为未来因投资移民产生的类似纠纷中法律关系的梳理认定提供了借鉴。

【案例索引】

案号：

一审：上海市浦东新区人民法院（2018）沪 0115 民初 83346 号（2019 年 10 月 31 日）

二审：上海市第一中级人民法院（2020）沪 01 民终 1327 号（2020 年 4 月 16 日）

审判组织：吴秉衡、葛惠萍、董鹏

编写人：吴秉衡

28

股权激励纠纷中份额效力及兑现定价基础的认定

——王某海与嘉和生物公司股权转让纠纷案

裁判要旨

股权激励效力认定应以双方合同为基础，若经协商变更则应以实际变更后的合同确定股权激励效力的真实性。在股权激励实行过程中，因公司违约致使激励对象激励份额消灭的情形下，激励对象可请求公司兑现份额，承担继续履行合同的违约责任。激励份额兑现款的计算应明确定价基础、确定份额基数并扣减行权价格。上市公司或在交易市场挂牌的公司采用股价金额作为定价基础，非上市公司以市场公允价格作为兑现款的定价基础。

基本案情

原告：王某海

被告：嘉和生物药业有限公司（以下简称嘉和生物公司）

2007年12月4日，嘉和生物公司成立，股东为惠生（中国）投资有限公司（持股比例为100%）。2018年8月9日，经过股权转让，嘉和生物公司股东产生变更，其中沃森生物公司持股比例为61.1668%、玉溪润泰平台持股比例为4.702%。2018年11月9日，玉溪润泰平台与HHCT Holdings Ltd.签订《股权转让协议》，约定由玉溪润泰平台将其持有的嘉和生物公司的4.7020%股权作价163,157,894.36元转让给HHCT Holdings Ltd.。沃森生物公司将其持有的嘉和生物公司的37.8%的股权作价1,311,660,000元转让给HHCT Holdings Ltd.。

经过股权转让，嘉和生物公司股东再次发生变更，其中，HHCT Holdings Ltd. 持股比例为42.502%、沃森生物公司持股比例为 13.5859%。2019 年 8 月 14 日，HHCT Holdings Ltd. 通过受让其他股东的股权，成为嘉和生物公司的唯一股东。2021 年 7 月 12 日，HHCT Holdings Ltd. 更名为 Genor Biopharma(HK)Ltd.。

2015 年 12 月 8 日，沃森生物公司发布《关于实施嘉和生物公司员工激励计划并签署附生效条件的暨关联交易的公告》，为了激励嘉和生物公司核心团队，公司决定通过玉溪润泰平台等启动实施嘉和生物公司员工激励计划方案，关联交易的标的为玉溪润泰平台持有的嘉和生物公司 5.26% 的股权。2018 年 7 月 26 日，沃森生物公司发布《关于放弃玉溪润泰投资关联合伙企业(有限合伙)拟转让的嘉和生物公司药业有限公司股权优先购买权并签署暨关联交易的公告》，约定在玉溪润泰平台已将标的股权转让给受让方(HHCT Holdings Ltd.)，办理完成工商变更登记手续，且收到受让方支付的全部股权转让价款后，视为玉溪润泰平台已完成标的股权的转让。2019 年 10 月 10 日，玉溪润泰平台注销。

2016 年 5 月 11 日，嘉和生物公司发布《员工激励计划方案》。《员工激励计划方案》按照公司控股股东云南沃森的战略规划，激励股权将源于玉溪润泰平台等所持有的公司股权，由激励平台将激励股权或相对应的股权激励份额以适当方式转让给被激励对象。根据公司目前整体 19 亿元的估值，用于公司员工股权激励的总金额为 1.5 亿元，分为 1.5 亿份，初始价值为 1 元/份。

2016 年 5 月 25 日，嘉和生物公司作为甲方，王某海作为乙方签署《股权激励协议书》。2016 年 6 月 7 日，嘉和生物公司的人力资源部经理高某向王某海发送电子邮件，载明：近期有同事问道关于股权激励方案进展相关事宜，涉及以下几个疑问，答复如下：(1)大家手头留存的协议，请妥善保管，协议中约定的授予股权数额、授予时间均实际有效，与支付转让款的时间无关；(2)由于将激励股份转让至个人是个比较复杂的操作过程，公司尚与控股股东沃森公司协商，待具体细则落实后，会给大家一个满意的答复；(3)具体缴纳转让款的时间，实施细则确定后，也会给大家一个明确的官方账户，并安排统一收款(以人力资源部发出通知为准，请勿相信其他渠道通知)。

2018 年 7 月 9 日，王某海签署《承诺函》一份，载明：为配合公司搭建境外上市架构，本人同意将个人名下所持有的，根据《员工激励计划方案》授予股份份额中的 105 万份，占本人所持份额的 70% 平移至境外员工持股平台。同时，申请将剩余的份额 45 万份，占本人所持份额的 30%，以公司估值人民币 31 亿元即每份税前人民币 1.542 元的交易价格提前转让。本人自愿承担所作选择面临的风险,自本交易完成之日起,收益及亏损均由本人自行承担。本次股份转让涉及金额:45 万份 × 1.542 = 693,900 元人民币(税前),45 万份 × 1.542 × 80% = 555,120 元人民币(税后)。

嘉和生物公司药业(开曼)控股有限公司于 2020 年 10 月 7 日获准在香港联和交易所上市。嘉和生物公司药业(开曼)控股有限公司持有 HHCT Holdings Ltd. [现更名为 Genor Biopharma(HK)Ltd.]100% 的股权,持有成立于美国特拉华州 ABT 公司 85% 的股权。

王某海诉请:(1)判令嘉和生物公司继续履行《股权激励协议书》及《嘉和生物公司药业有限公司员工激励计划方案》将授予王某海的 105 万份股权激励份额按 2,572,500 元兑现;(2)判令本案诉讼费由嘉和生物公司承担。

嘉和生物公司辩称,不同意王某海诉请:第一,案涉《股权激励协议》以及《员工激励计划方案》约定,激励对象应在每次获授的 30 日内支付当次获授份额对应初始价格 10% 的转让款,激励授予方可生效,但王某海从未支付任何转让款,因此激励股权的授予从未生效。第二,即便法院认定王某海可以获得股权激励份额,按照协议王某海获得的应该是持股平台玉溪润泰投资管理合伙企业的相应份额,而玉溪润泰平台持有嘉和生物公司的股权,从而激励对象通过玉溪润泰平台间接享有嘉和生物公司的权益。但是玉溪润泰平台在 2018 年 11 月 9 日通过股权转让的方式退出了嘉和生物公司的股权。嘉和生物公司的新股东已经支付了股权转让的对价,再行支付股权补偿款将损害新股东的利益。第三,《员工激励计划方案》第 8 条约定了股权激励兑现的条件,现条件并未完全达到。第四,王某海要求按照嘉和生物公司药业(开曼)控股有限公司的股票价格兑现股权激励份额并无法律依据,上市公司是嘉和生物公司药业(开曼)控股有限公司,并非嘉和生物公司。

【法院裁判】

上海市浦东新区人民法院生效裁判认为,本案的争议焦点为:(1)嘉和生物公司授予王某海的股权激励份额是否生效;(2)王某海是否有权要求将股权激励份额兑现;(3)如果股权激励份额应兑现,股权激励份额兑现款的计算标准如何确定。

关于第一个争议焦点,嘉和生物公司授予王某海的股权激励份额是否生效。

首先,王某海系嘉和生物公司的员工,王某海在嘉和生物公司工作期间,双方签署《股权激励协议书》,该股权激励协议书系双方真实意思表示,不违反法律规定,双方均应恪守;其次,《员工激励计划》明确约定了激励对象、授予时间、授予条件及退出机制,王某海符合授予条件,且无《员工激励计划》第9条、第10条约定的退出情形;最后,根据《股权激励协议书》的约定,嘉和生物公司应于2016年6月1日、2017年6月1日、2018年6月1日分别授予王某海52.5万份、52.5万份、45万份共计150万份股权激励份额。根据协议的约定,王某海符合授予条件,嘉和生物公司理应按照协议约定将150万份股权激励份额授予王某海。嘉和生物公司的人力资源部经理高某在2016年6月7日的邮件中明确具体缴纳转让款的时间,实施细则确定后,会给员工一个明确的官方账户,并安排统一收款,故在嘉和生物公司尚未通知王某海缴款的情况下,王某海尚未缴款并非放弃自身权利。综上所述,王某海依据《股权激励协议书》获得的股权激励份额合法有效。

关于第二个争议焦点,王某海是否有权要求将股权激励份额兑现。《员工激励计划方案》约定员工股权激励份额的兑现方式分为"兑现里程碑""加速授予""同比例转让"三种。其中,"同比例转让"是指,如果发生并购,导致公司控股股东或实际控制人发生变更,或者控股股东、其他股东转让所持的嘉和生物公司股权以变现,在上述情形下,被授予对象有权按同等比例和同等价格转让所持股权激励份额。

同时,《员工激励计划方案》约定员工激励股权源于玉溪润泰平台等所持有的公司股权,由激励平台将激励股权或相对应的股权激励份额以适当方式转让给被激励对象。在符合授予条件时,嘉和生物公司应将原登记于玉溪润泰平台名下的股份授予王某海,再由王某海选择以适当的方式兑现。但2018年11月9日,玉溪润泰平台与HHCT Holdings Ltd.签订《股权转让协议》将所持有的嘉和生物公司股权全部转让给HHCT Holdings Ltd.,亦即作为持股平台的玉溪润泰平台已经转让了所拥有的嘉和生物公司的全部股权,且已经注销,嘉和生物公司实际无法再将激励股权份额授予王某海。又由于嘉和生物公司的其他股东亦将全部股权转让给HHCT Holdings Ltd.,意味着公司控股股东和其他股东均已将全部股权变现,符合《员工激励计划方案》约定的第三种兑现形式,嘉和生物公司理应将应授予王某海的股权激励份额全部兑现。

关于第三个争议焦点,股权激励份额兑现款的计算标准。首先,法院认为嘉和生物公司药业(开曼)控股有限公司与嘉和生物公司是不同的法律主体,前者是嘉和生物公司的母公司,除占有 HHCT Holdings Ltd. 的 100% 股权外,还占有 ABT 公司 85% 的股权。本案中授予王某海股权激励份额的是嘉和生物公司,而非前者。两者最大的区别在于前者的股份能在二级市场流转交易,而嘉和生物公司的股份无法在二级市场流转交易。2018 年 11 月 9 日,玉溪润泰平台将本应授予包括王某海在内的员工激励股权全部转让给 HHCT Holdings Ltd. ,根据嘉和生物公司 34. 7 亿元的估值,玉溪润泰平台获得的股权转让价款为 163, 157, 894. 36 元。法院认为该金额为玉溪润泰平台实际所得,转让价格与其他股东转让股权时的参考价格一致,已充分考虑嘉和生物公司的合理价值,以该价格为股权激励份额兑现的参考价格应属合理。按照《股权激励协议书》的约定,王某海可以获得股权激励份额的时间分别为 2016 年 6 月 1 日、2017 年 6 月 1 日、2018 年 6 月 1 日,均早于玉溪润泰平台转让股权的时间,以玉溪润泰平台的股权转让价格作为参考价格已充分考虑股权激励份额的增值部分,亦属公平。

其次,在明确股份激励份额的参考价格以后,需要进一步解决的争议为每一份股权激励份额的价格如何计算。法院认为解决该争议的关键在于梳理员工股权激励计划的起因、股权来源及履行过程。为便于说明,通过表 1 进行阐述。

表 1　员工股权激励计划过程梳理

时间	进程
2014 年 6 月 5 日	玉溪润泰平台成立
2015 年 12 月 8 日	沃森生物公司发布关联交易公告,决定通过玉溪润泰平台启动实施嘉和生物公司《员工激励计划方案》,关联交易的标的为玉溪润泰平台持有的嘉和生物公司的 5. 26% 的股权
2016 年 2 月 1 日	玉溪润泰平台成为嘉和生物公司股东,持股比例为 5. 26%
2016 年 5 月 11 日	嘉和生物公司发布《员工激励计划方案》,说明根据沃森生物公司的规划,按照公司目前整体 19 亿元的估值,用于公司员工股权激励的总金额为 1. 5 亿元,分为 1. 5 亿份,激励股权源于玉溪润泰平台
2016 年 5 月 25 日	王某海、嘉和生物公司签署《股权激励协议书》,嘉和生物公司被授予 150 万份股权激励份额
2018 年 7 月 9 日	王某海将 45 万份股权激励份额转让给李某春
2018 年 7 月 26 日	沃森生物公司发布公告,宣布解除《股权回购协议》约定的实施目标公司股权回购事项的相关方案

续表

时间	进程
2018 年 11 月 9 日	2018 年 11 月 9 日玉溪润泰平台与 HHCT Holdings Ltd. 签订《股权转让协议》,转让持有的嘉和生物公司的 4.702% 股权
2019 年 10 月 10 日	玉溪润泰平台注销

通过表 1 可以看出,沃森生物公司作为王某海的原股东,欲对嘉和生物公司的核心员工进行股权激励,并确认玉溪润泰平台作为员工股权的持股平台,股权激励份额对应的是玉溪润泰平台所持有的嘉和生物公司的 5.26% 股权。玉溪润泰平台通过增资成为嘉和生物公司的股东的 3 个月后,嘉和生物公司发布《员工激励计划方案》,将 1.5 亿份股权激励份额授予包括王某海在内的核心成员。员工的股权激励份额与玉溪润泰平台持有的嘉和生物公司股权比例相对应,即便王某海将股权份额转化为嘉和生物公司的股权时,也应由作为嘉和生物公司股东的玉溪润泰平台按照王某海被授予的股权激励份额在 1.5 亿份股权份额中所占的比例将嘉和生物公司的股权转让给王某海。因此,法院认为在计算每份股权激励份额价格时应以 1.5 亿元为基数计算。玉溪润泰平台转让股权时获取的对价为 163,157,894.36 元,亦即每份激励股权的价格约为 1.0877 元,由此王某海剩余 105 万份激励股权的兑现总价应为 1,142,085 元。

最后,《员工激励计划方案》约定激励对象须在每次获授的 30 天内支付当次获授份额对应初始价值(1 元/份)10% 的转让款,而从嘉和生物公司发送给王某海的邮件来看,嘉和生物公司并无免除王某海应支付获取激励股份对价款 105,000 元的意思表示,因此在计算嘉和生物公司应支付王某海的激励股权兑现款时应扣除该 105 万份股权激励份额对应的转让款 105,000 元。

综上所述,在嘉和生物公司已经无法授予王某海股权的情况下,王某海要求将股权兑现,由嘉和生物公司将股权兑现款支付给王某海,具有事实和法律依据,故嘉和生物公司在扣除转让款 105,000 元后还应支付王某海股权激励兑现款 1,037,085 元。

据此,上海市浦东新区人民法院于 2021 年 12 月 17 日作出(2021)沪 0115 民初 76610 号民事判决:被告嘉和生物公司应于本判决生效之日起 10 日内支付原告王某海股权激励份额兑现款 1,037,085 元,负有金钱给付义务的当事人如未按本判决指定的期间履行给付金钱义务,应当依照 2017 年修正的《民事诉讼法》

第253条之规定,加倍支付迟延履行期间的债务利息。案件受理费27,380元,减半收取计13,690元,由原告王某海负担6623元,由被告嘉和生物公司负担7067元。

宣判后,王某海向上海市第一中级人民法院提起上诉,上海市第一中级人民法院于2022年5月30日作出(2022)沪01民终2583号民事判决:驳回上诉,维持原判。

【案例评析】

本案属于因股权激励产生的股权转让纠纷案件,本案争议焦点围绕着股权激励份额是否生效、股权激励份额兑现条件是否成就、股权激励份额兑现款的计算标准确定三个问题展开。股权激励纠纷案件的性质影响争议解决机制选择、法律适用,构成案件审理基础。

一、股权激励纠纷案件性质认定

(一)理论分歧

1.属于劳动争议案件

持此类观点的学者理由在于:一是因为股权激励法律关系是劳动关系的重要组成部分,其以劳动合同关系为基础。① 股权激励的对象是劳动者,劳动者获得股权激励是以其与用人单位建立了劳动关系为基础。二是股权激励的行权条件以劳动关系的存续为基础。在股权激励中,几乎绝大部分的期权或股权激励的行权以激励对象与用人单位劳动关系的存续为条件,激励对象必须满足一定期限的工作年限或者实现相应的工作业绩目标才能实现股权激励。② 三是股权激励计划一般均作为薪酬计划的一部分,股权激励合同是对劳动合同中薪酬条款及合同期限条款的一种补充,③也有观点进一步明确股权激励的收益应属于劳动报酬。

2.属于合同纠纷案件

持此类观点的学者理由在于:一是股权激励合同是基于股东与公司之间的关系订立的,应视为平等主体间的民事合同关系。股权激励关系与劳动关系的

① 参见常传领:《股权期权法律关系之分析》,载《社会科学辑刊》2009年第1期。

② 参见章晓明:《公司股权激励纠纷裁判理念反思》,载《经济法论坛》2018年第1期。

③ 参见周龙杰:《"金手铐"股权激励合同的法律性质》,载《人民法院报》2014年1月22日,第7版。

建立,有先后顺序,又相互独立,劳动关系受劳动法的调整,股权激励法律关系受民商法的调整。[①] 二是股票期权激励不属于劳动法意义上的工资。股权激励纠纷是可变薪酬,而薪酬是企业使用员工劳动支付的各种形式报酬的综合,劳动法上的工资强调劳动给付的对价,二者存在差异。[②]

(二)股权激励法律关系的结构

1. 主体:公司与激励对象

我国《公司法》第 142 条规定公司可以在用于员工持股计划或股权激励的情况下收购本公司股份。《上市公司股权激励管理办法》第 8 条对股权激励的对象作出了明确的规定,包括“上市公司的董事、高级管理人员、核心技术人员或者核心业务人员,以及公司认为应当激励的对公司经营业绩和未来发展有直接影响的其他员工,但不应当包括独立董事和监事”。《非上市公众公司监管指引第 6 号》第 1 条第 2 款规定“激励对象包括挂牌公司的董事、高级管理人员及核心员工,但不应该包括公司监事”。由此可知,从规范层面看,股权激励的对象是由商事法律及规范明确规定的。从实践层面看,股权激励合同的缔约双方是公司与激励对象,劳动关系的主体是用人单位和劳动者。

2. 客体:股票或股票期权

公司向激励对象授予股票或股票期权,此种股票或股票期权是作为超越了劳动合同约定的更高质量劳动的对价,或者说是人力资本的对价,确切地说,应当是管理、知识或技术等能够与普通劳动给付区别的其他生产要素的对价。而劳动关系的客体就是严格意义上的劳动给付,其对价是劳动报酬。基于此,因股权激励而产生的收益也不能等同于劳动法意义上的劳动报酬。

3. 主要权利义务:股票或股票期权的授予与行权

股权激励过程依赖于公司发布股权激励计划,激励对象签署计划或者《股权转让协议》、出具《承诺函》等多个行为。股权激励计划或者股权激励合同中主要约定股权转让的份额、对价、行权条件以及其他相关权利义务,简化来看,核心的交易就是期权的行权、失权或者股票、股权的转让。与此不同的是,劳动合同主要约定劳动合同期限、工作岗位及职责、工作时间和劳动报酬、劳动保险和福利

① 参见王蓓、刘珂:《论股权激励计划中劳动者的身份转换与权益保障——以富安娜股权收益纠纷案为切入点》,载《四川大学学报(哲学社会科学版)》2015 年第 3 期。

② 参见范围:《公司股票期权激励争议处理研究》,载《当代法学》2016 年第 2 期。

待遇等与双方的劳动关系相关的具体权利义务。

对于前述理论分歧,因具体案件事实不同或许很难得出一个绝对的结论。但通过对股权激励中法律关系的结构进行分析可知,从主体上看,股权激励的参与对象并非全体员工,而是执行管理的高级管理人员或拥有技术资源的核心人员;从客体上看,股权激励所得收益不属于劳动报酬,而是获得股权激励的对价;从权利义务的角度看,股权激励协议下的权利义务与劳动合同履行的权利义务相互独立且关联度比较弱。因此,股权激励纠纷从法律关系的结构上更符合合同纠纷的性质,而非劳动关系纠纷。

二、股权激励的份额效力认定

在股权激励纠纷中,激励份额的生效与否直接影响激励对象权利的行使。股权激励在实践层面一般分为四个阶段:股权激励前期调查阶段、股权激励方案制定阶段、股权激励相关法律文件的签署阶段、工商登记备案阶段。其中,股权激励相关法律文件的签署,标志着公司与被激励员工之间就股权激励约定的正式生效,也意味着公司及激励对象权利义务的产生。

(一)判断股权激励合同有效性

《民法典》第 144 条、第 146 条、第 153 条、第 154 条对合同无效的情形作出规定,若存在这些情形则合同无效。在本案中,双方签署《股权激励协议书》,该股权激励协议书系双方真实意思表示,并不存在合同无效的情形。因此,在本案中双方的《股权激励协议书》有效,此为股权激励份额有效的前提。

(二)审查股权激励合同是否变更

《民法典》第 469 条、第 543 条规定,当事人之间若采用书面形式订立了合同,合同一方在实际履行的过程中以自己的实际行为变更了合同约定,合同相对人又接受这种变更后的履行行为且没有提出异议的,视为双方当事人协商一致,变更了合同。

本案双方在《股权激励协议书》中约定嘉和生物公司应在 2016 年 6 月 1 日、2017 年 6 月 1 日、2018 年 6 月 1 日分批次将股权激励份额授予激励对象,激励对象在每次获授的 30 日内支付当次获授份额对应初始价格 10% 的转让款,激励授予方可生效。之后,嘉和生物公司并未分批次将股权激励份额授予激励对象,同时嘉和生物公司人力资源部经理在 2016 年 6 月 7 日的邮件中明确表示"协议中约定的授予股份数额、授予时间均实际有效,实施细则确定后,会给员工一个明确的官方账户,并安排统一收款(以人力资源部发出通知为准,请勿相信其他渠道通知)”。

因此,在本案实际履行过程中,嘉和生物公司认可股权激励数额、授予时间的有效性,同时以实施细则尚未确定为由,并未通知激励对象缴款,在此情形下,股权激励份额的实际生效要件已变更为“告知员工明确官方账户并安排统一收款时,激励对象支付初始价格10%的转让款对价”,故而激励对象尚未缴款并不构成对股权激励份额的放弃,激励对象的该份额经支付转让款依旧可获得。

三、股权激励的持股模式与行权

(一)明确涉案股权激励的持股模式

把握股权激励模式是解决能否行权、如何行权的基础。股权激励大致可分为直接持股模式、间接持股模式两大类。直接持股,是指激励对象直接持有实施激励公司的股权;间接持股,是指激励对象通过持有激励平台的股权,从而间接持有实施激励公司的股权(见图1)。

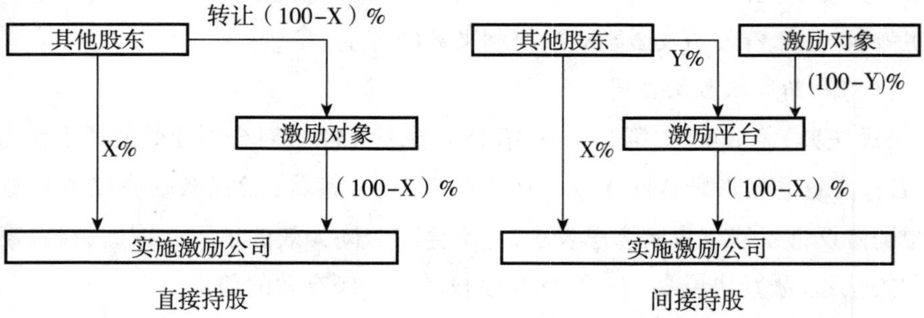

图1 直接持股与间接持股模式

公司与激励对象之间存在合同关系,激励对象的持股模式与行权方式通常在合同中予以明确约定。当行权条件成就,被激励者提出行权申请时,公司需依据股权激励计划审批、股权转让、变更登记,即被激励者通过行权直接或间接持有公司股份。

在本案中,双方通过《股权激励协议书》对股权激励持股模式与行权方式作出明确约定,即嘉和生物公司通过设立有限合伙企业(玉溪润泰平台),让激励对象通过成为平台合伙企业的有限合伙人,从而间接持有公司股权。激励股权来自该持股平台所持有的嘉和生物公司股权,由持股平台将激励股权或对应份额转让给激励对象。

本案特殊之处在于,嘉和生物公司通过引进外部投资机构(HHCT公司),收购包括持股平台(玉溪润泰)在内的全部股东所持有股份,成为嘉和生物公司的控股股东,持股平台在完成股权转让行为后注销。激励对象与持股平台之间并未签订股权转让协议或代持协议,激励对象亦未通过继受方式取得嘉和生物公司的股东资格。因此,在持股平台与外部投资机构签订股权转让协议并完成股权转让后,激励对象对公司的间接持股消灭。

(二)股权激励的行权条件及计算标准

1. 判断行权条件是否成就

《民法典》第 509 条第 1 款规定,“当事人应当按照约定全面履行自己的义务”。《民法典》第 577 条规定,“当事人一方不履行合同义务或者履行合同义务不符合约定的,应当承担继续履行、采取补救措施或者赔偿损失等违约责任”。

判断行权条件是否成就需参照双方合同约定。因行权条件成就,激励对象要求兑现份额,既有可能是激励对象一种积极权利行使手段,也可能是作为违约责任的一种消极救济手段。股权激励纠纷案件的审理过程中,应注意区分兑现款与可得利益损失,以及二者能否并用的问题。就违约责任的承担方式而言,继续履行合同与损害赔偿责任可以并用,但根据法律规定及最高人民法院司法实践,[①]能与继续履行合同并用的损害赔偿责任,主要是指因迟延履行所导致的损害赔偿责任。在股权激励纠纷中,因激励份额消灭或不再具备持有的可能性,激励对象要求将份额兑现以获取兑现款是“继续履行合同”的一种具体表现,而可得利益损失则是“损害赔偿责任”的一种具体表现,此种可得利益损失并非“因迟延履行所导致的”,故二者不可同时主张。

本案中,嘉和生物公司通过持股平台授予激励对象份额的股权激励行为中,在无其他持股安排(如将激励对象的股份平移至其他平台)的情况下,嘉和生物公司安排持股平台转让其所有股份并注销意味着激励对象丧失对公司股份的间接持有。在此情形下,嘉和生物公司安排持股平台转让其所有股份的行为违反合同约定,应承担继续履行、采取补救措施或者赔偿损失的违约责任。因双方在合同中约定,在“发生并购,导致公司控股股东或实际控制人发生变更,控股股东所持嘉和生物公司股权以变现”的条件下,“被授予对象有权按同等比例和同等价格转让所持股份激励份额”。

因此,在原合同尚存继续履行之可能,王某海所主张之兑现款在本质上是嘉

---

① 最高人民法院民事裁定书,(2021)最高法民申 5042 号。

和生物公司无法继续提供激励份额、继续履行合同的一种具体表现形式,以此来实现权利救济。

2. 兑现款的计算标准

在股权激励纠纷案件中,兑现款计算过程中涉及三个数据。一是兑现款的定价基础(参考价格),二是兑现款的计算基数(股权激励总份数),三是获授份额应支付的转让款。对于后二者而言,通常在股权激励合同中有明确约定,争议较少。实践中,由于受合同未约定或约定不明、公司是否上市等因素影响,兑现款的定价基础存在较多裁量空间。

对于上市公司或在交易市场挂牌的公司,由于其面向公开市场和普通投资者,股价金额可以直接通过市场的客观评价而得以体现,由于公开市场充分的流动性,使用股票进行套现也显得异常容易。

对于非上市公司而言,由于本身的封闭性,无法通过资本市场对股价作出客观的评价,因此,非上市公司员工兑现激励份额时,需确定"公允价格"作为兑现款的计算标准,通常有以下几种参照:

(1)以公司的注册资本定价。例如,公司注册是100万元,员工持有1%的股份,公司回购价格则按照1万元计,亦可按公司实缴资本作为定价基础。

(2)以退出股权激励时最近一次的财务报告中公司净资产价格作为定价基础。无论是公司的注册资金,还是实缴注册资本,都不能与公司现实的实际价值画等号,财务报告上公司净资产价格作为定价基础更具公允性。

(3)第三方机构对公司价值进行评估,以评估价作为定价基础。在实践中,涉及互联网公司、科技公司类的轻资产公司,该类公司因具备大量的商誉、市场份额等无形价值,以净资产定价具有局限性,故评估公司价值作为股价基础更具科学性。

(4)以退出股权激励时最近一次的公司融资估值作为定价基础。对于拟IPO公司而言,该类公司股权激励的主要目的在于调动员工积极性,不断融资,以实现上市。公司的市场价格取决于公司能够吸引融资,故而以融资的价格作为退出价格对于很多这样的公司是可行的。

(5)约定固定的金额或者价格计算方式作为定价基础。若双方就此存在事先约定或嗣后协议,亦可据此作为定价基础。

在本案中,嘉和生物公司为非上市公司,其通过持股平台对激励对象进行股权激励,后因持股平台转让其所有股权变现,激励对象的股权份额自此消灭,故激励对象选择兑现激励份额。该份额消灭时，即持股平台转让股权时所产生的股权转让价款，是持股平台的实际所得，亦是对彼时嘉和生物公司资产价格的真实反映，故激励份额的定价应以激励份额消灭时，持股平台获得股权转让价款作为公允价格加以计算。

【典型意义】

股权激励是公司向其董事、高级管理人员或其他员工授予公司股权或股票期权等，使激励对象分享公司经营成果并承担一定经营风险的长效激励机制。在当前我国的司法实践中，对于股权激励纠纷是否属于劳动争议的处理范围，受当事人起诉时的案由选择和实质争议焦点以及法官个人观点的影响，尚未形成统一的认知。对于推进适法统一亦属挑战，需通过进一步讨论，对股权激励法律关系进行性质认定，推进共识形成。同时，本案通过对股权激励份额效力、份额兑现条件、兑现款的计算标准等问题进行认定，审查当事人真实意思表示与合同效力，确定份额效力及兑现条件，明确以激励份额消灭时所对应的股权转让价款作为公允价格计算兑现款。该案对同类案件的审理具有一定参考意义。

【案例索引】

案号：

一审：上海市浦东新区人民法院(2021)沪0115民初76610号(2021年12月17日)

二审：上海市第一中级人民法院(2022)沪01民终2583号(2022年5月30日)

审判组织：

一审：戴姣

二审：卢文芳、王敬、敖颖婕

编写人：沈佳琳

29

超高层建筑施工对周边造成污染的责任认定

——金茂公司与上海中心公司等财产损害赔偿纠纷案

裁判要旨

超高层建筑施工污染侵权责任主体的认定除考虑侵权行为的直接行为方外,还应考虑超高层建筑权利人是否违反对毗邻不动产的安全保障义务,承担连带赔偿责任。超高层建筑施工污染侵权的因果关系认定,需要结合超高层建筑的高度、方位、距离,所在地的气候风向等综合确定,还应判定损害符合相当性。

超高层建筑施工污染侵权的损害赔偿应以填平损失为原则,以恢复原状为优先,或是以恢复原状所需金额作为赔偿的基本标准替代恢复原状,但也应考虑到不动产使用年限等。采取针对性修复方案,支持高效运用合格的鉴定结论合理确定损害赔偿数额,保证损害赔偿的合理性和可行性,关于超高层建筑施工污染的被侵权人对损失扩大的注意义务不应苛责。

基本案情

原告:中国金茂(集团)有限公司(以下简称金茂公司)

被告:上海中心大厦建设发展有限公司(以下简称上海中心公司)

被告:上海建工集团股份有限公司(以下简称上海建工公司)

金茂公司系位于上海市浦东新区陆家嘴的88层金茂大厦的不动产所有权人。上海中心公司系位于上海市浦东新区陆家嘴的118层上海中心大厦的不动产所有人。上海建工公司系上海中心大厦建设项目总承包方。2008年12月,上海中心大厦开工建设。自2012年4月起,在上海中心大厦进行高空水泥灌注作业过程中,金茂大厦遭受飘散的水泥砂浆污损。相关方多次召开协调会商讨水泥砂浆污染事件及后续处理问题,但一直未就赔偿金额达成一致意见。后,金茂公司提起本案诉讼,要求上海中心公司、上海建工公司赔偿金茂大厦修复清洗费用人民币3800万元。

在本案审理中,法院委托鉴定机构上海市房屋建筑设计院有限公司(以下简称上房院)对系争的金茂大厦外立面、裙房拱顶和平台、大厦底楼南广场的黑色大理石遭受水泥砂浆污染情况和范围进行检测鉴定。上房院出具了鉴定意见书及建议修复方案。根据上述鉴定意见书,法院又依法委托万隆建设工程咨询集团有限公司(以下简称万隆公司)对该修复方案的工程造价进行司法鉴定。万隆公司出具了修复工程造价鉴定意见书。

【法院裁判】

上海市浦东新区人民法院经审理认为,本案系财产损害赔偿纠纷。因上海中心大厦在建设过程中高空水泥灌注作业造成金茂大厦遭受水泥砂浆污损,上海建工公司作为建设工程的总包方,实际负责上海中心大厦的建设工作,其行为导致金茂公司财产受损,理应承担相应的侵权损害赔偿责任。上海建工公司提供的证据不足以证明其采取了充分的防护措施防止水泥砂浆飘散,也没有证据证明超高层建筑施工存在水泥砂浆飘散的技术局限性,亦不能证明存在其他侵权人。同时,从上房院的鉴定报告看,上海中心大厦位于金茂大厦的正南面,且最近距离在50~100米范围内,上海地区主要风向特征以南风或东南风居多,金茂大厦处于上海中心大厦高空混凝土飘散影响范围,与金茂大厦实际受污染范围相符。故上海建工公司应当承担赔偿责任。上海中心公司系上海中心大厦的不动产所有人,上海中心大厦与金茂大厦相互毗邻,构成相邻关系。我国法律明确规定,不动产权利人在挖掘土地、建造建筑物中不得危及相邻不动产的安全,给相邻方造成损害的,应当给予赔偿。同时,上海中心公司曾同意向金茂公司赔偿,只是在赔偿金额上双方存在争议。故法院综合考虑认定上海中心公司亦应承担赔偿责任。

关于具体赔偿的金额。双方的争议焦点是两家鉴定机构出具的修复方案和造价方案的可行性和合理性。在上房院的修复方案中,上房院提出了不可拆卸部分和可拆卸部分两种不同的维修方法:可拆卸部分采取拆卸送厂维修后再安装的方法;不可拆卸部分或可拆性较差部分采取现场维修的方法。鉴定机构建议的现场修复方案已考虑了环保、临时性替代措施等,双方没有充分的证据证明该方案存在重大瑕疵。故法院依法予以认可。关于万隆公司的造价方案。万隆公司作为法院委托的鉴定人,具有相关工程造价鉴定的法定资质,其出具的鉴定意见符合法律规定。审理中,法院也给予了双方充分的时间对鉴定意见初稿提出异议,万隆公司在充分考虑双方意见后出具了最终鉴定意见,并回答了双方的质疑。故法院对万隆公司出具的鉴定意见依法予以采纳。

关于金茂公司自身的行为是否造成损失的进一步扩大,可以减轻上海中心公司、上海建工公司的赔偿责任。法院认为,混凝土从混合搅拌至完全失去塑性并开始产生强度的终凝时间是比较短暂的。若能在第一时间发现并清除受污损的花岗石,则清除混凝土对花岗石的损伤会较小。但该项注意义务对金茂公司过于苛刻,法院不予认可。上海中心公司、上海建工公司没有充分证据证明因为金茂公司未及时清扫或保洁导致受水泥砂浆污损的花岗石损失进一步扩大,故其要求金茂公司就"损失扩大部分"自行承担责任,法院不予支持。

据此,上海市浦东新区人民法院于2020年12月18日作出(2019)沪0115民初13893号民事判决:上海中心公司、上海建工公司赔偿金茂公司金茂大厦修复费用29,614,850.58元。

宣判后,金茂公司、上海中心公司、上海建工公司均向上海市第一中级人民法院提出上诉。上海市第一中级人民法院于2021年7月28日作出(2021)沪01民终4049号民事判决:驳回上诉,维持原判。

【案例评析】

一、超高层建筑施工污染侵权责任主体的认定

根据《侵权责任法》(现为《民法典》侵权责任编)的规定,侵权责任的构成须包括行为、损害、因果关系及过错四个要件。侵权责任的主体即侵权行为的行为人。在工程建设过程中,施工方是建设行为的实施者,其造成实际损害即是通过作为的方式成立事实上的侵权行为。在本案中,上海建工公司作为建设工程的总包方,实际负责上海中心大厦的建设工作,其在水泥灌注作业中导致另一超高层建筑金茂大厦水泥砂浆污染的财产损失,作为侵权行为的直接作为方,应属于侵权的责任主体。

而建设工程的所有权人实际并未参与施工,客观上不能也未实施侵害行为,是否属于侵权责任的主体。建设工程的所有权人虽然未直接实施侵害行为，但其作为不动产权利人仍具有对相邻不动产的安全保障义务。相邻关系是首先或原初的民事关系，[①]它产生的积极义务要求不动产权利人合理行使自身权利时不危害相邻不动产的安全，是一项防止相邻权滥用的对应社会性义务，以保证相邻权的行使在必要限度内。常见的危及相邻不动产安全的情形包括挖掘土地、建造建筑物或铺设管线设备导致相邻不动产地基松动、沙土崩塌、污水渗漏；相邻建筑物存在倒塌可能，存在危害相邻建筑物安全的现实风险等。不动产权利人无论是对相邻不动产造成了现实侵权损害还是构成危害安全的紧迫危险，均属于超出了相邻权的必要限度。德国学者指出："相邻法也不仅适用于直接相邻的不动产关系。同时，远距离的不动产也可能受相邻法的调整，只要某不动产的影响能够延伸到远距离的不动产。"[②]对一般的相邻权纠纷而言，相邻的距离一般保持在数米乃至十数米，但对超高层建筑而言，毗邻的判断应与超高层建筑本身的体量相适应，即使相距百米，仍应综合考虑不动产之间有无阻隔、遮蔽物，不动产是否位于建设施工行为影响范围等因素，不能以物理距离简单化认定。

在本案中，上海中心大厦与金茂大厦两幢超高层建筑分别高 632 米、420 米，之间相距最近处为 50～100 米，并无阻隔，应构成相邻关系。上海中心公司是上海中心大厦的所有权人和工程发包人，属于不动产权利人，因未履行维护相邻不动产安全的义务致使相邻不动产金茂大厦受到水泥砂浆污染的财产损害，违反《物权法》第 91 条（现为《民法典》第 295 条）"不动产权利人挖掘土地、建造建筑物、铺设管线以及安装设备等，不得危及相邻不动产的安全"的规定，应当承担赔偿责任。故上海中心公司也属于该超高层建筑施工污染侵权的责任主体。

二、超高层建筑施工污染侵权因果关系的判定

判定侵权因果关系成立与否的学说包括条件说、相当因果关系说、法规目的说等，常用判断因果关系的方法是相当因果关系。[③] 所谓相当因果关系，由条件关系和相当性构成。侵权行为的成立首先在于侵害行为与权利受损害之间存在条件关系。[④] 条件关系的判定遵从"若无、则不"的认定检验方式，也即"无此行

① 参见邱本、王岗：《再论相邻关系》，载《当代法学》2015 年第 6 期。

② ［德］曼弗雷德·沃尔夫：《物权法》，吴越、李大雪译，法律出版社 2002 年版，第 171 页。

③ 参见高圣平、管洪彦编著：《侵权责任法典型判例研究》，中国法制出版社 2010 年版，第 110 页。

④ 参见王泽鉴：《侵权行为》（第 3 版），北京大学出版社 2016 年版，第 236 页。

为,必不生此种损害”。若无法判定此种条件上的因果关系,也就没有必要再认定该条件的相当性。在确定事实上的因果关系后,为合理界定侵权责任范围,因果关系也应符合相当性的价值判断。在司法实践中一般采用“有此行为,通常即足生此种损害”的标准。虽然各国对相当性的认定所采判断基准宽严不同,但具有一项共识,即相当因果关系不仅是一个技术性的因果关系,更是一种法律政策的工具,是侵权行为损害赔偿责任归属之法的价值判断。①

超高层建筑施工污染侵权从事实上的因果关系看,需要结合超高层建筑的高度、方位、距离,所在地的气候风向,所处地区超高层建筑的密度等综合确定。在本案中,上海建工公司承认在上海中心大厦建设中因高空灌注水泥时水泥砂浆飘散导致金茂大厦表面水泥砂浆污染,但不认可自身施工与污染之间存在唯一因果关系。

因此,本案在条件关系判断上主要考虑:一是高度,鉴定机构出具的司法鉴定意见书认定,上海中心大厦总高度632米、金茂大厦塔楼总高度420米、裙房总高度27.8米。由于重力作用,上海中心大厦这一超高层建筑的高空水泥灌注作业产生的水泥砂浆可能飘散至楼栋高度低于其作业高度的金茂大厦。二是风向、方位和距离,上海地区的主要风向特征以南风或东南风居多,上海中心大厦位于金茂大厦的正南面,且两座超高层建筑最近距离为50~100米,金茂大厦(塔楼、裙房、广场)处于上海中心大厦高空混凝土飘散的影响范围。水泥砂浆不仅存在飘散下落的可能,且具有飘散至金茂大厦所属地理范围的可能。三是实际损害情况,金茂大厦的外立面污染主要范围为塔楼的整个南立面,且污染最严重;整个东立面南立面,接近南立面处较为严重;整个西立面南半部,接近南立面处较为严重;北立面有少量楼层。金茂大厦所受污染恰好是来自南风向的污染最为严重,且其余方位外立面的污染也是越靠近南立面越严重。运用条件关系“若无、则不”的检验方式进行检验,若无上海建工公司的高空水泥灌注作业,金茂大厦是否还会存在水泥砂浆污损。在上海建工公司无法举证金茂大厦表面的水泥砂浆污损还有其他侵权人的情况下,能够判定若无上海建工公司的施工,金茂大厦不会有水泥砂浆污损。

另外,相当因果关系的成立也必须符合相当性的判断,以避免侵权责任的牵连泛滥。为了限定条件说的弊端,在条件说之上增加“相当性”的限制,从这个角

① 参见王泽鉴:《侵权行为》(第3版),北京大学出版社2016年版,第246页。

度看相当因果关系对实现法效果妥当性具有积极意义。[①] 尤其在过失侵权领域,更应考虑其相当性。具体到本案,上海建工公司在高空水泥灌注作业时飘散的水泥砂浆,是否足以产生金茂大厦表面的砂浆污损。以一般理性人行为时的经验判断,在高空实施水泥灌注行为时可能带来水泥砂浆的飘散,若水泥砂浆飘散至其他建筑物,通常能够预见到同样会造成建筑表面污损的损害后果。因此,可以直接认定上海建工公司的施工与金茂大厦的表面水泥砂浆污损之间存在条件关系,且具备损害的相当性,存在法律上归责的必要,即两者之间存在建筑施工污染侵权的相当因果关系。

三、超高层建筑施工污染侵权损害赔偿的合理确定

《物权法》第 37 条(现为《民法典》第 238 条)规定"侵害物权,造成权利人损害的,权利人可以请求损害赔偿,也可以请求承担其他民事责任"。超高层建筑施工污染侵权纠纷往往存在财产损失价值大、修复困难的特点,当事人之间就侵权损害赔偿的数额和方式较难达成一致。要根据超高层建筑施工污染侵权的特点,对超高层建筑施工污染侵权损害赔偿的进行合理确定。

一是明确以填平损失为损害赔偿的原则。在能够对侵权行为造成的损失恢复原状的情况下,以恢复原状为优先,或是以恢复原状所需金额作为赔偿的基本标准替代恢复原状,填补损害发生前的利益。但也应考虑到不动产使用年限,建筑部分不能恢复原状或恢复原状显有困难的,如恢复原状所需时间过长、费用过高的,应当考虑损害赔偿方式的合理性和可行性。

二是采取针对性修复方案合理确定损害赔偿数额。在修复方式上,对受损的超高层建筑可以针对可拆卸部分和不可拆卸部分采用不同的维修恢复方法,可拆卸部分采取拆卸后送厂维修再安装的方法,不可拆卸部分或可拆性较差的部分采取现场维修的方法,如喷涂工艺修复。超高层建筑的修复难度大、工期长、楼层高导致施工每日可作业较短、施工所在区域人员密集带来的安全隐患、施工扬尘、噪声对城市中心带来的环境污染等,给修复方案的认定带来挑战,在超高层建筑修复方式的选择上,应当特别注重受损建筑可拆卸部分拆卸时的安全性,对已拆卸部分应做出临时替代保护措施,要考虑到现场施工修复方式的可行性、现场维修是否符合环保要求等。

三是支持高效运用合格的鉴定结论。如当事人对修复方案及修复造价无法

---

① 参见王磊:《侵权法中相当因果关系的再定位》,载《南京大学法律评论》2019 年第 2 期。

达成合意,可委托或申请法院委托具有鉴定资质的鉴定机构进行合规鉴定,出具符合法律规定的鉴定意见书,以资佐证。由于超高层建筑的鉴定难度高、体量规模远大于一般不动产司法鉴定,超高层建筑往往使用特殊的设计或材料保证建筑的稳定与安全。鉴定的部分项目没有明确的标准或先例可循,这种情况下鉴定机构在充分考虑当事人双方的意见后,依据其法定职责作出的合法合规的鉴定结论,应当予以支持,这对于当事人利益的充分保护和纠纷的高效化解均具有重要意义。

在本案中,金茂大厦为超高层建筑,且受水泥砂浆污损面积较大、材质不同,其建材均为德国原装进口,根据鉴定机构提出的方案,认定将可拆卸的塔楼铝型材平台、塔楼铝合金竖向条横档进行安全拆卸并送厂阳极氧化修复,力求恢复原状,保护当事人的完整利益,对已拆卸部位安排临时替代性措施,加装保护层;将不可拆卸或可拆卸性较差的外扇窗铝型材底框、裙房、连廊铝型材屋面进行小范围或封闭式氟碳喷涂工艺修复,基本修复整体外观,满足损害赔偿的可行性和合理性;将广场、水池花岗岩和裙房平台石材采用现场维修或送厂维修的方式进行修复。同时,在现场施工时考虑到超高层建筑高空多变的天气、风力、风向等,挑选合适时段施工,做好安全措施。加强施工区域的除尘、隔音、净化,满足相关环保要求,最大限度降低对周边环境的污染。双方没有充分的证据证明以上方案具有重大瑕疵,只要施工组织严密,措施到位,超高层建筑的修复可按照针对性的修复方案有序开展,故可以予以认定。面对当事人对于以上修复方案的工程造价鉴定结果的不认可,具备鉴定资质的鉴定机构在充分考虑当事人的异议和质疑后出具的符合法律的鉴定意见,当事人应当予以尊重,法院也应依法予以认可。

四、超高层建筑施工污染侵权损失扩大的认定

《侵权责任法》第26条(现为《民法典》第1173条)规定"被侵权人对损害的发生也有过错的,可以减轻侵权人的责任",但未就侵权损失的扩大作出规定。若被侵权人对所受损失的扩大具有故意或过失,侵权人对于损失扩大部分承担损害赔偿则有悖于法理和公平。在这种情形下,各国或地区建立了适当减轻或免除侵权人损害赔偿责任的制度,德国法上称为与有过失,我国台湾地区设置的是过失相抵,其制度建立在诚信原则和公平原则之上,旨在对"全赔或全不赔原则”的局限性进行修正。[①] 过失相抵制度的本质也是对损害的分配,体现损害赔偿的平均主义,是对损害发生共同责任的分担。[②] 超高层建筑的污损,尤其是其外立面的污损,难以被不动产权利人第一时间发现,超高层建筑施工材料的特性又导致该种污损通常是不可用简单方式清除彻底的,留下污损痕迹在所难免。若因被侵权人第一时间未能发现超高层建筑某个区域的污损,即认定被侵权人存在过错,从而减轻侵权人的损害赔偿责任,无疑是对当事人利益衡平把握的缺失。因此,对于超高层建筑污损的被侵权人对损失扩大持故意或过失的认定应当慎重,关于被侵权人对损失扩大的注意义务不应苛责。

在本案中,上海建工公司认为,金茂大厦的广场、水池、裙房平台花岗岩被水泥砂浆污损时,金茂公司放任污损存在数年,造成清洗难度和成本加大的损失扩大部分不应由侵权人承担。但根据国家标准,混凝土的主要成分水泥的初凝不小于45 分钟,终凝不大于600 分钟,混凝土从混合搅拌至完全失去塑性并开始产生强度的终凝时间是比较短暂的,要求金茂公司在第一时间发现并清除污损的注意义务太过严格,不应认定其对损失的扩大存在过失相抵的责任。

【典型意义】

本案系中国第一高楼上海中心大厦在建设过程中因超高空水泥灌注作业导致周边另一超高层建筑金茂大厦水泥砂浆污染的重大影响力诉讼,是一起罕见的因超高层建筑建设对周边超高层建筑造成污染的侵权损害赔偿纠纷。金茂公司系外商独资企业,上海中心公司和上海建工公司均为国有企业,上海中心大厦和金茂大厦均是上海的地标性建筑,该类纠纷只有在经济高度发达、企业高度聚集、超高层建筑高密度的区域才会产生。本案判决在侵权责任主体的认定、因果关系的判定、修复方式的合理确定、修复造价的准确评估以及是否存在损失扩大的认定等方面均作出了具有参考性意义的判定,有力地维护了外商投资企业的合法权益,依法妥善审理了民营外资企业与国有企业之间的重大纠纷案件,平等地保护了中外主体的正当权益,具有典型意义。

---

① 参见郑晓剑:《侵权责任能力与过失相抵规则之适用》,载《法学》2014 年第 10 期。

② 参见王泽鉴:《损害赔偿》,北京大学出版社 2017 年版,第 303 ~ 304 页。

【案例索引】

案号：

一审：上海市浦东新区人民法院(2019)沪0115民初13893号(2020年12月18日)

二审：上海市第一中级人民法院(2021)沪01民终4049号(2021年7月28日)

审判组织：

一审：黄鑫、徐劲草、顾浩俊

二审：周清、王峥、桂佳

编写人：楼炯

30

空白背书造成债权人损害结果的侵权责任认定

——伟虹公司与袁某久等财产损害赔偿纠纷案

裁判要旨

不记载被背书人名称的做法不仅违反了法律关于记名背书、背书连续性的规定,亦使非法持票人通过自行背书取得票据权利成为可能,由此导致债权人利益受损的,如果背书人的不当行为对债权人的损害结果发生具有原因力,须负侵权责任。

基本案情

原告:上海伟虹科技发展有限公司(以下简称伟虹公司)

被告:袁某久

被告:淄博迪森生物科技有限责任公司(以下简称迪森公司)

第三人:上海禾作工贸有限公司(以下简称禾作公司)

第三人:袁某兰

2007年8月9日,伟虹公司与迪森公司签订《销售合同》,约定迪森公司向伟虹公司购买高压变频柜总成20台,价格为1160万元。袁某久代表伟虹公司在该合同落款处签名。现迪森公司持有2份收据,其中,落款时间为2009年5月15日的收据载明金额为30万元,收款事由为质保金,收款方式为汇票,该收据加盖有伟虹公司公章;落款时间为2011年10月8日的收据载明金额为20万元,收款事由为质保金,收款方式为承兑汇票,该收据加盖有伟虹公司发票专用章。迪森公司称其将2份银行承兑汇票交付袁某久，用于向伟虹公司支付货款50万元，2份收据由袁某久当场交付迪森公司，迪森公司还称，将2份汇票交付时，未在票据上进行向伟虹公司背书的记载。

2份银行承兑汇票的资金流转情况如下：(1)编号××××5218、出票金额30万元的银行承兑汇票的背书联显示，背书人为迪森公司，被背书人为禾作公司，禾作公司系委托收款。(2)编号××××3637、出票金额为20万元的银行承兑汇票的背书联显示，背书人为迪森公司，被背书人为禾作公司，禾作公司系委托收款。

第三人袁某兰与袁某久系姐弟关系，曾任禾作公司法定代表人。迪森公司称其与禾作公司存在业务往来，但涉案50万元未用于向禾作公司支付货款。

【法院裁判】

上海市浦东新区人民法院经审理认为：伟虹公司基于侵权法律关系提起诉讼，应就袁某久与迪森公司的行为满足一般侵权的法定要件承担举证责任，根据查明事实，可确认伟虹公司的诉讼主张成立。

第一，涉案2份银行承担汇票系袁某久从迪森公司处领取，并由其交付第三人禾作公司。袁某久代表伟虹公司与迪森公司签订涉案合同，其收款行为构成有权代理，对伟虹公司发生法律效力。

第二，袁某久作为伟虹公司工作人员，在依职权领取2份银行承兑汇票后未向伟虹公司交付，而迪森公司已完成与伟虹公司货款的结算，由此导致伟虹公司无法基于买卖合同关系从迪森公司取得货款50万元，亦无法基于票据关系进行追索，由此遭受了经济损失。袁某久主观上存在过错，客观上侵占了伟虹公司财产，伟虹公司遭受的财产损害与袁某久的侵权行为之间存在因果关系，符合法律关于侵权责任的认定和归责原则，应对伟虹公司承担赔偿责任。

第三，汇票以背书转让或者以背书将一定的汇票权利授予他人行使时，必须记载被背书人名称，以背书转让的汇票，背书应当连续，持票人以背书的连续，证明其汇票权利。所谓背书连续，是指在票据转让中，转让汇票的背书人与受让汇票的被背书人在汇票上的签章依次前后衔接。迪森公司以交付银行承兑汇票的方式向伟虹公司支付货款，实为通过转让汇票权利的方式完成支付，故迪森公司应依法进行背书，通过背书的连续性证明伟虹公司享有相应的票据权利。但迪森公司称其未记载被背书人名称，该行为违反了法律关于背书连续性的规定，对伟虹公司损失的产生存在过错，对伟虹公司损失的产生具有原因力。

第四,伟虹公司的损失包括货款损失50万元以及资金占用的利息损失共计253,027.75元。迪森公司与袁某久之间无意思联络,不存在共同侵权的故意,属于多因一果的原因竞合行为,袁某久对伟虹公司的损失应承担主要责任,迪森公司应承担次要责任,双方按9∶1的比例承担赔偿责任。

据此,上海市浦东新区人民法院判决:(1)被告袁某久赔偿原告伟虹公司经济损失677,724.98元,被告迪森公司赔偿原告伟虹公司经济损失75,302.77元;(2)驳回原告伟虹公司其他诉讼请求。

宣判后,袁某久、迪森公司向上海市第一中级人民法院提起上诉,上海市第一中级人民法院于2020年6月23日作出(2020)沪01民终4685号民事判决:驳回上诉,维持原判。

【案例评析】

随着我国社会主义市场经济的发展,票据逐渐成为普遍的支付方式。出于交易安全的考虑,《票据法》具有较强的专业性和规范性,由于对法律规范认知不足以及对交易效率的追求,因不规范票据行为引发的纠纷屡屡发生。票据的无因性一方面可以保护持票人享有票据权利;另一方面基于票据的支付属性,不规范的票据行为会令债权人疲于救济、求告无门。审判实践中不乏因不规范票据行为引发的票据纠纷、票据侵权纠纷,以及因付款人账户余额不足导致拒付时,债权人基于原因债权提起的给付之诉,而本案是由于空白背书行为引发的侵权纠纷,在审判实践中较为鲜见。笔者将依托对空白背书行为法律要素和空白背书行为人法律责任的分析,阐明空白背书行为人承担侵权责任的理由,以期为相关纠纷的解决提供不同角度的解决路径。

一、空白背书概述

(一)起源

作为支付方式的一种,流通性是票据的主要经济功能,票据权利转让即由此决定。通常认为,票据权利转让是指持票人依自己的意思将票据按照一定的方式交付受让人,从而使票据上权利发生转移的行为。[①] 票据权利转让的方式分为背书交付转让和单纯交付转让,其中背书交付转让是票据权利转让的主要方式。

《票据法》第27条第4款规定,背书是指在票据背面或者粘单上记载有关事

---

① 参见江平主编:《商法案例评析》(下),中国人民公安大学出版社1997年版,第336页。

项并签章的票据行为。通常而言,有效的背书可实现以下三方面的法律功能:(1)权利移转,即票据权利自背书人转移至被背书人;(2)权利证明,即只要持票人持有背书连续的票据,法律即推定其为合法票据权利人,可行使票据权利;(3)权利担保,即背书人为被背书人担保,在被背书人被拒绝承兑或付款的情况下,可向背书人行使追索权。

与前述有效背书相对的情形即为空白背书。所谓空白背书,是指票据上仅有背书人签章,未指定被背书人,被背书人栏内空白的背书。①

(二)空白背书的弊端

如前文所述,有效的背书可实现权利移转、权利证明、权利担保三项法律功能,空白背书行为的弊端在于,对上述功能特别是权利证明功能的实现造成一定的影响。本案中,迪森公司的空白背书行为导致了被背书人事项得以被随意记载,由此造成背书连续性缺失,使作为债权人的伟虹公司被排除在票据权利之外,从而无法基于被背书人的身份主张票据权利。

二、空白背书的不适法性

与民法上的一般债权转让行为不同的是,背书为单方法律行为,只需背书人一方的意思表示即可实现。持票人在票据背面记载有关事项并签章的背书行为,一方面以书面形式确定其转让行为,另一方面则是对其后手提供安全保障。背书是票据转让中的重要环节,直接关系到背书转让人的责任、票据债务人范围的确定、持票人有无追索权等问题。② 空白背书主要在以下两方面不符合我国现行法律规定。

(一)空白背书行为不符合法律关于记名背书的规定

《票据法》第30条规定,汇票以背书转让或者以背书将一定的汇票权利授予他人行使时,必须记载被背书人名称。由此可知,我国法律规定的票据背书为记名背书,被背书人名称乃绝对应记载事项。但在现实经济交往中,有些交易主体为追求便捷,在背书转让票据时,将被背书人一栏空白,留给被背书人自行填写,而被背书人再次转让票据时继续空白背书给他人的做法屡见不鲜。由于除背书人外的任何持票人均可以将空白背书补充为记名背书,在脱离原因关系的情况下,已无从判断上述补记内容之真假。例如,本案中,禾作公司即通过自行背书

---

① 参见赵新华:《票据法论》,吉林大学出版社1998年版,第221页。

② 参见张德荣主编:《票据诉讼》,法律出版社2002年版,第77页。

取得了票据权利。本案中,迪森公司的本意是以交付汇票的方式向伟虹公司支付货款,实为通过转让汇票权利的方式完成支付,应依法进行背书,即必须在汇票上规范记载被背书人伟虹公司的名称,通过背书的连续性证明伟虹公司享有相应的票据权利。但作为背书人,迪森公司在将汇票交付袁某久时,未记载被背书人名称,实施的系空白背书行为。

(二)空白背书行为不符合法律关于背书连续性的规定

《票据法》第 31 条规定,以背书转让的汇票,背书应当连续。持票人以背书的连续,证明其汇票权利……前款所称背书连续,是指在票据转让中,转让汇票的背书人与受让汇票的被背书人在汇票上的签章依次前后衔接。由此可知,背书连续指持票人为了转让票据而为的背书中,票据的背书人与受让票据的被背书人在票据上的签章是不间断的。[①] 票据背书连续的理论基础是外观性理论,外观性理论彰显了商事交易安全原则,其最主要的功能在于权利证明效力。本案中,迪森公司的空白背书行为导致了被背书人事项得以被随意记载,由此造成背书连续性缺失,使作为债权人的伟虹公司被排除在票据权利之外,无法基于被背书人的身份主张票据权利。

三、空白背书行为效力的区别判定

我国法律对空白背书行为的效力未作明确规定。《票据法》第 30 条虽确立了记名背书制度,但并未明确禁止空白背书。学界通说认为,票据在我国是要式证券,票据背书一律为记名背书,被背书人名称是背书绝对必要记载事项,在法律将被背书人作为绝对记载事项的情况下,空白背书行为从严格意义上讲是无效的。但是也有不少学者认为,《票据法》第 30 条的规定只是确立了完全背书原则,并非绝对否定空白背书的效力。[②]

《最高人民法院关于审理票据纠纷案件若干问题的规定》第 48 条规定,"依照票据法第二十七条和第三十条的规定,背书人未记载被背书人名称即将票据交付他人的,持票人在票据被背书人栏内记载自己的名称与背书人记载具有同等法律效力"。该司法解释规定了空白背书经补记后的效力问题,标志着我国司法实践领域开始有条件地承认空白背书的效力。如果把空白背书理解为授权被背书人自行补记,则在被背书人作为持票人并自行补记的情况下,空白背书行为

① 参见王小能:《论票据背书的连续性》,载《中国法学》1999 年第 1 期。

② 参见董安生主编:《票据法》,中国人民大学出版社 2000 年版,第 149 页。

有效。相反,在本案中,如果迪森公司作为背书人,与袁某久基于恶意串通而进行空白背书,因损害第三人利益将导致空白背书行为无效。因此,为维护票据的效率价值及票据关系人的合法权益,对空白背书行为的效力不能一概而论,应结合民法关于民事行为效力的相关规定,区分不同情况加以判定。

四、空白背书行为人的法律责任

我国《民法典》秉持过错责任原则,当行为侵害他人民事权益时,只有存在法律明文规定的归责事由时,行为人才承担侵权责任,否则行为人不承担侵权责任。对空白背书行为人法律责任的认定应遵循此原则。

(一)过错责任原则为空白背书行为的归责原则

归责原则在侵权法中居于核心地位。"归责"在法律上的含义,是指依据某种法律事实状态确定责任的归属。而所谓归责原则,就是确定责任规则所必须依据的法律标准,其解决的是民事责任的基础问题。通常认为,我国民法上侵权责任的归责原则包括过错责任(含过错推定)原则和无过错责任原则,其中,过错责任原则受到普遍重视,因为它不仅契合自然法思想,亦符合道德观念,足以维护人的尊严,并且,其最能调和"个人自由"与"社会安全"两个基本价值。[①] 因此,在多元归责原则体系中,过错责任是普遍适用于各种侵权行为的一般原则。过错责任原则,概指任何人因自身的过错(故意或过失)而侵害他人权益时,应就所造成的损害承担侵权责任。《民法典》第1165条第1款是侵权责任的"一般条款",据此,在法无明文规定的情况下,加害人无过错,则无侵权责任。

就空白背书行为而言,只有当背书人主观上存在过错,即追求或放任对持票人法益的损害(具体表现为故意或者过失使持票人丧失行使票据权利的条件)时,才符合过错责任的归责原则。

(二)空白背书行为人承担侵权责任须满足四要件

1.行为人实施了违法行为。若无行为人的行为,就不会产生侵权责任。现代社会,"不侵害他人"是任何一个民事主体所应遵守的普遍性义务,没有合法依据或者法律授权,不得损害他人的民事权益,否则就可能承担一定的法律后果。需要强调的是,此处的行为具有违法性,即加害行为违反了禁止性或命令性规范。在本案中,迪森公司的空白背书行为即违反《票据法》关于记名背书和背书连续性的规定。

---

① 参见王成:《侵权损害赔偿的经济分析》,中国人民大学出版社2002年版,第97页。

2. 行为人对损害的发生具有过错。这里的过错包括故意和过失。在过错责任原则中，过错是确定行为人是否承担侵权责任的关键要件，无过错，即无责任。过错是行为人行为时的一种应受谴责的心理状态，法律据此对相关行为给予否定性评价。故意指行为人预见到自己的行为必然或者可能产生损害后果，仍然希望其发生或者放任其发生的主观心理状态。过失指行为人应当预见到其行为可能导致损害的后果，因疏忽大意没有预见，或者虽然已经预见，但轻信可以避免，以致造成损害后果的一种主观心理状态。故意与过失的主要区别在于，故意表现行为人对损害后果的追求和放任心态，过失则表现行为人不希望、不追求、不放任损害后果的心态。对过错的认定应遵循客观化，即审查行为人是否违反了一个合理人即多数人在特定情况下应尽的注意义务。本案中，迪森公司作为交易主体，对汇票应通过记名背书进行转让是明知的，却未在汇票上记载被背书人，导致任一持票人可以在汇票上进行任意补记，其对补记行为持放任心态，主观上存在过失。

3. 受害人遭受了可救济的损害。行为人的行为对受害人的民事权益造成的不利后果通常表现为对财产权益损害和人身权益损害。“由于侵权行为总是与损害后果相联系的，所以又将侵权称为侵权损害。”①这里的损害不但包括现实的已经存在的不利后果，如财产减少等，还包括构成现实威胁的不利后果。侵权的对象通常为物权、人格权等绝对权，而票据侵权是对持票人本来能够做出的承兑、提示付款等票据行为造成妨害，使持票人不能做出票据行为，无法行使票据权利，从而在票据关系中处于丧失票据权利的困境，侵犯了持票人在票据上的财产利益，使持票人的票据期待利益受损，受害人遭受的损害可依据票据金额加以界定。笔者认为，基于票据的无因性，对票据权利的侵犯较接近于对绝对权的侵犯，而不同于对债权的侵犯。

4. 加害行为与损害之间具有因果关系。侵权法上的因果关系指加害行为和损害后果之间具有的引起和被引起的关系。目前通说采用的是相当因果关系说。只有同时符合以下两点，才能认定加害行为与损害后果之间具有因果关系：加害行为须为损害的条件以及加害行为具有引起损害的相当性。判断是否具有因果关系，可以援用如下方法：“大前提：依据一般的社会智识经验，这种行为能够引起该种损害结果；小前提：在现实中，该种行为确实引起了该种损害结果；结

① 杨立新：《侵权损害赔偿》，法律出版社2008年版，第2页。

论：那么，该种行为是该种损害事实发生的适当条件，因而，二者之间具有相当因果关系。"①本案中，正是由于迪森公司的空白背书行为，使非法持票人自行背书成为可能。如果迪森公司依法记名背书，则他人即便通过非法途径持有汇票，客观上亦无法取得票据权利，此时，即便伟虹公司客观上未取得汇票，因其与迪森公司并未约定以汇票作为支付货款的唯一方式，在伟虹公司未获得清偿的情况下，其仍可以向迪森公司主张货款，而不会蒙受无法主张货款的损失。据此，迪森公司的违法行为（空白背书）与伟虹公司的损失之间具有因果关系。

五、数人侵权中空白背书行为人的责任分担

数人实施的侵权行为可以分为共同侵权和分别侵权两种类型。我国《侵权责任法》（已失效）遵循行为人的理性预期与其承担责任相一致的判断标准，以意思联络作为数人承担连带责任的正当性要件。《民法典》对无意思联络的数人侵权即分别侵权作出了明确规定。该法第 1171 条规定，二人以上分别实施侵权行为造成同一损害，每个人的侵权行为都足以造成全部损害的，行为人承担连带责任。第 1172 条规定，二人以上分别实施侵权行为造成同一损害，能够确定责任大小的，各自承担相应的责任；难以确定责任大小的，平均承担责任。根据上述规定，无意思联络的数人侵权行为，是指数个侵权人之间无共同故意，不具备共同认识意义上的共同过失，但数人的行为共同导致了同一损害事实的发生，进而由该数人承担相应法律责任的侵权。分别侵权的法律要件包括数人分别实施侵权行为、各行为人主观上无意思联络、分别实施的侵权行为造成同一损害。由于分别侵权的各行为人之间无共同过错，只是由于偶然因素致使无意思联络的数个行为造成同一损害，因而在侵权结果发生后，除法律规定的情节外，原则上不能直接要求全部行为人承担连带责任，应通过原因力和过错大小的比较来确定行为人的责任。在本案中，迪森公司与袁某久之间无意思联络，不存在共同侵权的故意，属于多因一果的原因竞合行为，通过原因力和过错大小的比较，袁某久对伟虹公司的损失应承担主要责任，迪森公司应承担次要责任，法院据此确定双方按 9∶1 的比例承担赔偿责任，是符合法律规定的。

【典型意义】

《票据法》具有较强的专业性、规范性，因不规范票据行为引发的纠纷在司法

① 杨立新主编：《类型侵权行为法研究》，人民法院出版社 2006 年版，第 47 页。

实践中较为常见。在我国法律对空白背书未作禁止性规定的背景下，交易主体仅实施了在商业交往中司空见惯的空白背书行为，便被判令承担侵权赔偿责任，这样处理是否过于严苛。

面对同一事实，选择何种法律关系寻求救济，对当事人而言，举证要求不同，诉讼风险不同；对裁判者而言，应当运用法律规定、依据经验法则、遵循常理常情，这不仅是裁判，更是价值判断。在本案中，伟虹公司以侵权为请求权基础提起本次诉讼，法院依职权调查了涉案汇票的资金走向，查明最终持票人并据此追加第三人，有利于为类似纠纷案件当事人寻求维护合法权益的路径参考。

【案例索引】

案号：

一审：上海市浦东新区人民法院（2019）沪 0115 民初 6641 号（2020 年 1 月 7 日）

二审：上海市第一中级人民法院（2020）沪 01 民终 4685 号（2020 年 6 月 23 日）

审判组织：

一审：徐慧莉、赵传伟、陈美娣

二审：施杨、成阳、庞建新

编写人：徐慧莉

涉外仲裁与一站式解决

31 涉外“先裁后审”协议效力的司法认定

——BY. O 公司与豫商公司服务合同纠纷案

裁判要旨

当事人虽就同一争议约定仲裁和诉讼两种争议解决方式，但协议明确约定，或者协议内容表明应首先适用仲裁方式然后适用诉讼方式的，属于“先裁后审”协议。在涉外民事案件中，应准确认定“先裁后审”协议效力适用的法律。先仲裁条款依据其应当适用的法律认定为合法有效的，鉴于后诉讼条款因违反法院地即我国的仲裁一裁终局法律制度而无效，后诉讼条款无效不影响先仲裁条款效力，故应认定涉外“先裁后审”协议中仲裁条款有效、诉讼条款无效。

基本案情

原告：BY. O 国际咨询集团（以下简称 BY. O 公司）

被告：豫商集团有限公司（以下简称豫商公司）

2015 年 5 月，BY. O 公司与豫商公司签订《并购财务顾问服务协议》，约定豫商公司及其关联方聘请 BY. O 公司提供并购财务顾问服务等内容。该协议第 6 条法律适用与管辖约定：“6.1　本协议根据中国法律订立、执行和解释；本协议争议的解决适用中国法律。6.2　因本协议所引起的或与本协议有关的任何纠纷或争议（包括关于本协议约定条款之存在、效力或终止，或无效之后果等争议），首先通过新加坡国际仲裁中心进行仲裁解决。若双方对新加坡国际仲裁中心的仲裁结果无法达成一致，任何一方均有权将争议提交于豫商公司住所所在地有管辖权的商业法庭以诉讼方式解决。”

2020 年 5 月，BY. O 公司以其已按约提供服务为由向上海市浦东新区人民法院提起诉讼,请求判令豫商公司支付服务费860,270欧元及利息损失。豫商公司在提交答辩状期间提出异议,认为本案应通过新加坡国际仲裁中心仲裁解决,双方之间的诉讼方式解决约定无效,要求法院裁定驳回BY.O公司的起诉。

【法院裁判】

上海市浦东新区人民法院经审理认为,本案中BY.O公司为外国法人,双方当事人又签订《并购财务顾问服务协议》,可以认定双方成立涉外民事关系,本案为涉外民事案件。根据《并购财务顾问服务协议》第6.1条,本协议争议的解决适用中国法律,双方亦认可仲裁协议适用中华人民共和国法律,故合同中的涉外仲裁条款效力认定应适用中华人民共和国法律。

关于本案是否应提交新加坡国际仲裁中心仲裁解决。首先,根据《并购财务顾问服务协议》第6.2条约定,因本协议所引起的或与本协议有关的任何纠纷或争议,首先通过新加坡国际仲裁中心进行仲裁解决。该约定就争议解决选定了明确、唯一的仲裁机构,故上述涉外仲裁条款约定符合法律规定,合法有效。其次,《仲裁法》第9条第1款规定:"仲裁实行一裁终局的制度。裁决作出后,当事人就同一纠纷再申请仲裁或者向人民法院起诉的,仲裁委员会或者人民法院不予受理。"上述法律自施行之日起对本案当事人就具有法律效力。因此,双方在《并购财务顾问服务协议》第6.2条中的诉讼方式解决约定违反法律规定,虽然豫商公司住所所在地在上海市浦东新区,属于该院辖区,在新加坡国际仲裁中心针对本案民事纠纷作出裁决后,当事人就同一纠纷再向人民法院起诉的,无论当事人对仲裁实行一裁终局法律制度是否存在认识错误,人民法院依照上述法律规定应裁定不予受理,故该部分约定不具有法律效力。再次,仲裁方式解决约定和诉讼方式解决约定效力应相互独立,一部分约定无效,不影响另一部分效力,故虽然诉讼方式解决约定部分无效,但仲裁方式解决约定部分仍然有效。最后,《并购财务顾问服务协议》第6.2条约定合同争议首先通过仲裁解决,若双方对仲裁结果无法达成一致以诉讼方式解决,但两者之间并非并列关系,其强调的是首先通过仲裁解决,并非"或裁或审"协议,不属于当事人约定争议可以向仲裁机构申请仲裁也可以向人民法院起诉的情形。综上,豫商公司提出的异议成立,本案应提交新加坡国际仲裁中心进行仲裁解决,应驳回BY.O公司的起诉。

据此,上海市浦东新区人民法院于2020年7月10日作出(2020)沪0115民初34710号民事裁定,裁定驳回BY.O公司的起诉。BY.O公司不服一审裁定向上海市第一中级人民法院提起上诉,上海市第一中级人民法院经审理并报上海市高级人民法院审核后,于2020年10月29日作出(2020)沪01民辖终780号民事裁定,裁定驳回上诉,维持原裁定。

【案例评析】

"先裁后审"协议具有独特的法律特征,准确认定涉外"先裁后审"协议效力适用的准据法则是司法裁判的基础。在推动仲裁制度型开放背景下,我们需要进一步深化和创新对我国仲裁一裁终局法律制度的认识,以准确认定涉外"先裁后审"协议的法律效力。

一、"先裁后审"协议的概念与特征

仲裁和诉讼是当事人解决民商事纠纷的两种常见争议解决方式,由于对仲裁实行一裁终局、仲裁与诉讼彼此排斥存在法律认识错误,当事人常会签订"先裁后审"协议。该争议解决协议常见情形:当事人约定争议首先向或者可以向仲裁机构或专设仲裁庭申请仲裁,因仲裁不成或者不服仲裁裁决或者就仲裁结果无法达成一致等,可以再向法院起诉,"先裁后审"协议常见类型包括仲裁不成型和不服仲裁结果或裁决型。可见,"先裁后审"协议由先仲裁条款、后诉讼条款(包含诉讼条款适用条件和向××法院起诉)两部分组成。该协议内容本质特征为当事人虽约定仲裁和诉讼两种争议解决方式,但协议明确约定或者内容表明应首先适用仲裁方式,然后才适用诉讼方式。

《并购财务顾问服务协议》第6.2条明确约定首先适用仲裁方式,属于最典型的涉外"先裁后审"协议。本节将在分析涉外"先裁后审"协议效力适用的准据法基础上,探究"先裁后审"协议效力认定难题的司法审查路径。

二、依法准确认定涉外"先裁后审"协议效力适用的准据法

鉴于涉外"先裁后审"协议包含仲裁条款和诉讼条款,仲裁条款属于仲裁协议,诉讼条款常为管辖协议。司法审查需要准确认定"先裁后审"协议中涉外仲裁协议和涉外管辖协议效力适用的准据法。

(一)准确认定涉外仲裁协议效力适用的准据法

仲裁协议法律适用,是指依据某一特定法律(仲裁协议准据法)来确定仲裁协议的效力问题,可以认为,国际商事仲裁协议法律适用的中心问题便是解决仲裁协议的有效性问题。[①] 在提交仲裁阶段,我国《法律适用法》第 18 条规定:“当事人可以协议选择仲裁协议适用的法律。当事人没有选择的,适用仲裁机构所在地法律或者仲裁地法律。”根据《第二次全国涉外商事海事审判工作会议纪要》第 58 条规定,[②]在涉外民事案件中,我国法院应依照当事人选择法律、仲裁机构所在地法律或者仲裁地法律(两者中确认仲裁协议有效的法律优先适用)、法院地法律的顺位确定确认涉外仲裁协议效力适用的准据法。在承认及执行外国仲裁裁决阶段,根据《纽约公约》第 5 条第 1 款(甲)项规定,我国法院应依照当事人协定准据之法律、裁决地所在国法律的顺位确定准据法,但涉及当事人行为能力事项依对其适用之法律作为准据法。

(二)准确认定涉外管辖协议效力适用的准据法

对于涉外管辖协议效力适用的准据法,在国际条约方面,根据我国政府 2017 年签署但尚未批准的《选择法院协议公约》第 6 条规定,选择法院协议以被选择法院地国法律为原则,缔约能力等事项以受理案件的法院地法律为例外的准据法认定规则。在国内法方面,《民事诉讼法》第 35 条规定:“合同或者其他财产权益纠纷的当事人可以书面协议选择被告住所地、合同履行地、合同签订地、原告住所地、标的物所在地等与争议有实际联系的地点的人民法院管辖,但不得违反本法对级别管辖和专属管辖的规定。”虽然上述法律未涉及涉外管辖协议效力适用的准据法,但限定了当事人选择法院的范围,实质上是以中国法为准据法。在现行审判实践中,最高人民法院在(2011)民提字第 301 号裁定中指出:“管辖权属于诉讼程序问题,应适用法院地法进行审理。因此,应适用中华人民共和国法律,判断涉案管辖条款能否排除中国法院的司法管辖权,以及一审法院对本案是否具有管辖权。”此外,《最高人民法院关于适用〈中华人民共和国涉外民事关系法律适用法〉若干问题的解释(一)》第 4 条规定:“中华人民共和国法律没有明确规定当事人可以选择涉外民事关系适用的法律,当事人选择适用法律的,人民法院应认定该选择无效。”据此,应认定当事人选择涉外管辖协议效力适用的法

① 刘晓红:《论国际商事仲裁协议的法律适用》,载《法学》2004 年第 4 期。

② 《第二次全国涉外商事海事审判工作会议纪要》第 58 条:“当事人在合同中约定的适用于解决合同争议的准据法,不能用来确定涉外仲裁条款的效力。当事人在合同中明确约定了仲裁条款效力的准据法的,应当适用当事人明确约定的法律;未约定仲裁条款效力的准据法但约定了仲裁地的,应当适用仲裁地国家或者地区的法律。只有在当事人未约定仲裁条款效力的准据法亦未约定仲裁地或者仲裁地约定不明的情况下,才能适用法院地法即我国法律作为确认仲裁条款效力的准据法。”

律无效。

目前,我国法院一般认为涉外管辖协议的效力问题属于管辖权性质的程序问题,应适用法院地法即中国法。但是,在全国人大常委会批准《选择法院协议公约》后,我国作为缔约国应依公约确定涉外管辖协议效力适用的准据法。

本案中,《并购财务顾问服务协议》第 6.1 条约定,本协议根据中国法律订立、执行和解释;本协议争议的解决适用中国法律。因此,涉案合同是否明确约定了仲裁协议效力适用的法律,属于司法审查的重点。首先,合同约定本协议争议的解决适用中国法律,而涉外仲裁协议属于争议解决协议,上述约定应认定为对仲裁协议法律适用的约定。其次,当事人亦认可仲裁协议适用中华人民共和国法律。因此,涉案合同中涉外仲裁条款效力认定应适用中华人民共和国法律。鉴于我国尚未批准《选择法院协议公约》,涉案合同中的涉外管辖协议条款效力认定依法应适用中华人民共和国法律。

三、中国法背景下涉外"先裁后审"协议效力认定的法律分析

在先仲裁条款的效力认定应依法适用中华人民共和国法律作为准据法的背景下,如果涉外"先裁后审"协议中先仲裁条款本身约定合法有效,则应认定先仲裁条款有效、后诉讼条款无效。

(一)"先裁后审"协议中先仲裁条款本身约定应合法有效

在机构仲裁方面,我国《仲裁法》第 16 条第 2 款规定:"仲裁协议应当具有下列内容:(一)请求仲裁的意思表示;(二)仲裁事项;(三)选定的仲裁委员会。"第 17 条规定:"有下列情形之一的,仲裁协议无效:(一)约定的仲裁事项超出法律规定的仲裁范围的;(二)无民事行为能力人或者限制民事行为能力人订立的仲裁协议;(三)一方采取胁迫手段,迫使对方订立仲裁协议的。"因此,具备《仲裁法》所载内容且不存在无效情形是适用中国法认定仲裁协议有效的要件。

2021 年 7 月,司法部公布的《仲裁法(修订)(征求意见稿)》第 21 条、第 35 条,删除仲裁条款需要约定明确的仲裁机构的硬性要求并作出指引性规定,另在涉外仲裁中增加临时仲裁制度,实现与国际规则接轨,法律修正后需加以注意。

总之,先仲裁条款本身约定合法有效是认定涉外"先裁后审"协议中仲裁条款有效必须满足的前提条件。

(二)后诉讼条款因违反我国的仲裁一裁终局法律制度而无效

关于仲裁与诉讼的关系,《仲裁法》第 5 条规定:"当事人达成仲裁协议,一方向人民法院起诉的,人民法院不予受理,但仲裁协议无效的除外。"由此,确立了仲裁排除法院管辖原则。《仲裁法》第9条进一步规定："仲裁实行一裁终局的制度。裁决作出后，当事人就同一纠纷再申请仲裁或者向人民法院起诉的，仲裁委员会或者人民法院不予受理。裁决被人民法院依法裁定撤销或者不予执行的，当事人就该纠纷可以根据双方重新达成的仲裁协议申请仲裁，可以向人民法院起诉。"此即我国的仲裁一裁终局原则。有学者指出其含义如下：一是针对某个争议的仲裁程序终结后，当事人不得就同一纠纷再次申请仲裁；二是针对某个争议的仲裁程序终结后，当事人亦不得就仲裁裁决向作出裁决的仲裁机构或者其他仲裁机构申请复议；三是仲裁裁决作出后，当事人不得就该纠纷向人民法院起诉；四是仲裁裁决作出后，虽然当事人有权向法院申请撤销或者不予执行，但是不能就仲裁裁决向法院提起上诉或申诉。① 鉴于上述法律规定自1995年9月1日施行之日起就具有法律拘束力，不以当事人的意思自治为转移，无论当事人对仲裁实行上述一裁终局制度是否存在法律认识错误，法院都应根据法律规定的仲裁一裁终局原则进行裁判。因此，对于有效的仲裁协议，当事人就仲裁事项所涉纠纷只能申请仲裁，在仲裁裁决作出后，当事人如不服裁决，可以依法通过仲裁司法审查程序申请撤销仲裁裁决等，但不可以就同一纠纷再向法院起诉。

鉴于"先裁后审"协议作为争议解决协议，协议整体并非一个仲裁协议，需要根据仲裁与诉讼关系的法律规定来准确认定仲裁条款与诉讼条款的效力。由于"先裁后审"协议明确约定或者内容表明应首先适用仲裁方式，仲裁优先适用性系当事人真实意思表示，对当事人具有法律拘束力。在仲裁裁决作出后，当事人未经过仲裁裁决司法审查程序，直接根据协议约定就同一纠纷再向法院起诉的，法院依法应裁定不予受理，这意味着因违反我国的仲裁一裁终局法律制度，后诉讼条款因其约定的诉讼条款适用条件违法而不具有法律效力，属于无效约定。

(三)后诉讼条款无效不影响先仲裁条款效力

根据合同法原理，合同无效、被撤销或者终止的，不影响合同中独立存在的有关解决争议方法的条款的效力；合同部分无效，不影响其他部分效力的，其他部分仍然有效。有学者针对合同无效指出，就某单一合同，以合同无效的原因是存在于合同内容的全部或一部，可区分为全部无效与一部无效。只有当合同部分无效，导致了整个合同的目的无法实现，整个合同即失去了存在的意义的情况

---

① 参见宋连斌、黄保持：《违反一裁终局原则对仲裁协议效力的影响：基于中国实践的实证分析》，载《国际法研究》2017年第1期。

下，才可以使整个合同无效。合同既可以解释为有效又可解释为无效的，应优先选择使合同有效的解释。[①] 因此，“先裁后审”协议作为约定了仲裁和诉讼两种争议解决方式的争议解决协议，属于合同中独立存在的有关解决争议方法的条款，其效力具有独立性，应分别认定“先裁后审”协议中仲裁条款、诉讼条款的效力，两者效力相互不影响。

（四）“先裁后审”协议因约定仲裁程序的优先适用性而不同于“或裁或审”协议

《最高人民法院关于适用〈中华人民共和国仲裁法〉若干问题的解释》第7条规定：“当事人约定争议可以向仲裁机构申请仲裁也可以向人民法院起诉的，仲裁协议无效……”上述争议解决协议又称“或裁或审”协议，其与“先裁后审”协议共同点为都约定了仲裁和诉讼两种争议解决方式。但两者的根本区别在于“或裁或审”协议中未约定仲裁方式和诉讼方式的先后适用顺序，两者之间是并列关系，首先适用仲裁程序或者首先适用诉讼程序均在当事人意思自治有效射程范围内，但当事人的选择则具有不确定性；而“先裁后审”协议明确约定或者内容表明应首先适用仲裁方式，然后在符合诉讼条款适用条件前提下才适用诉讼方式，两者之间是递进关系，仲裁程序具有优先适用性。正如有学者指出的，“或裁或审”协议的界定标准，首先是对仲裁和诉讼两种争议解决方式作了并列式约定或者是作了选择式约定，对于那种先仲裁后诉讼或者先诉讼后仲裁的顺序式约定则不属于“或裁或审”协议。[②] “先裁后诉”并不构成“或裁或诉”，因为在“先裁”阶段当事人已经排除了法院管辖，达成了有效的仲裁协议；而“后诉”违反“一裁终局”是另一个问题，是我国仲裁制度施加的外部约束。[③]

关于“先裁后审”协议中的“首先适用仲裁方式”的界定标准，可以是争议解决协议明确约定首先适用仲裁方式，以本案协议中约定的“首先通过新加坡国际仲裁中心进行仲裁解决”最为典型，也可以是争议解决协议内容表明应首先适用仲裁方式。审判实践中北京、广州、深圳、宁波、郑州等地中级人民法院和江苏、辽宁等地高级人民法院都支持上述仲裁条款有效。

---

① 参见韩世远：《合同法总论》（第4版），法律出版社2018年版，第215、241页。

② 参见戴曙：《“或裁或审”协议的界定与效力——以法律解释学为方法》，载《法律方法》2019年第3期。

③ 参见王韵儿：《再论“或裁或诉”约定下仲裁协议的效力》，载《北京仲裁》2018年第4期。

四、结语

无论是协议明确约定应首先适用仲裁方式,还是协议内容表明应首先适用仲裁方式。无论是仲裁不成型协议,还是不服仲裁结果或裁决型协议。当事人对仲裁实行一裁终局、仲裁与诉讼彼此排斥存在的法律认识错误,不应影响法院依据法定的仲裁一裁终局原则进行裁判。对于涉外“先裁后审”协议,如果先仲裁条款的效力认定应依法适用中华人民共和国法律且本身约定合法有效,鉴于后诉讼条款因违反我国的仲裁一裁终局法律制度而无效、后诉讼条款无效不影响先仲裁条款效力、“先裁后审”协议因约定了仲裁程序的优先适用性而不同于“或裁或审”协议,应认定涉外仲裁条款有效、诉讼条款无效,当事人应依法申请仲裁。

【典型意义】

2022 年 1 月,最高人民法院公布的《全国法院涉外商事海事审判工作座谈会会议纪要》第 94 条规定:“当事人在仲裁协议中约定争议发生后‘先仲裁、后诉讼’的,不属于仲裁法司法解释第七条规定的仲裁协议无效的情形。根据仲裁法第九条第一款关于仲裁裁决作出后当事人不得就同一纠纷向人民法院起诉的规定,‘先仲裁、后诉讼’关于诉讼的约定无效,但不影响仲裁协议的效力。”至此,司法实务操作层面对“先裁后审”协议与“或裁或审”协议进行明确区分,有利于进一步统一裁判尺度。

目前,“一带一路”倡议覆盖地区范围不断拓展,党中央支持浦东新区深入推进高水平制度型开放,国务院允许境外仲裁机构依法在临港新片区开展仲裁业务。本案作为全国首例支持涉外“先裁后审”协议中仲裁条款有效的案例,入选《最高人民法院公报》,体现了法院着力推动仲裁制度型开放、接轨国际通行规则、深化商事争端解决扩大开放的创新态度,助力打造国际化、法治化的营商环境。

【案例索引】

案号:

一审:上海市浦东新区人民法院(2020)沪 0115 民初 34710 号(2020 年 7 月 10 日)

二审:上海市第一中级人民法院(2020)沪 01 民辖终 780 号(2020 年 10 月 29 日)

审判组织：
一审：黄鑫、包鸿举、郭新华
二审：盛萍

编写人：包鸿举

32

仲裁协议效力扩张至非缔约方的审查要点

——上海信辉公司与韦莱公司(Willis Group Ltd.)股东资格确认纠纷案

裁判要旨

仲裁协议是仲裁的基础,仲裁协议的效力原则上及于相关缔约方,但并非只及于签署仲裁协议的主体。法定代表人以个人名义签署的仲裁协议,如权利义务约束公司、在当事人之间形成仲裁合意的,且公司又以该协议为依据提起诉讼,该仲裁协议的效力及于公司,不能仅因公司非协议缔约方就排除仲裁协议的适用。

基本案情

原告:上海信辉投资咨询有限公司(以下简称上海信辉公司)

被告:韦莱集团有限公司(Willis Group Ltd.,以下简称韦莱公司)

2004年6月14日,上海信辉公司与韦莱公司及第三人、马某涛、卜某签订《股东协议》,其中,马某涛与卜某作为投资方经理在协议上签字,该协议签约时上海信辉公司与韦莱公司各持有第三人50%的股权,上海信辉公司与韦莱公司及第三人签订该协议以明确规范上海信辉公司与韦莱公司作为第三人的股东相互间的权利义务关系。《股东协议》第21.1条适用法律约定,本协议及解释应适用中国已公布的法律。《股东协议》第21.2.2条约定,如任何因本协议产生的或与本协议有关的争端、争议或索赔,或对本协议的违约、终止或其无效,应按现时有效和根据本条其他规定修改的联合国国际贸易法委员会仲裁规则通过仲裁来解决,仲裁地点应为我国香港特区并应在香港国际仲裁中心举行。2005年1月

31 日,上海信辉公司与韦莱公司签订《股权转让协议》,上海信辉公司将其持有第三人 1% 的股权(系上海信辉公司诉请 1、2 中涉及的 10% 股权中的 1%)转让给韦莱公司。《股权转让协议》第 12.1 条约定,本协议应受已公布的中国法律的管辖并按其进行解释。《股权转让协议》第 12.2.2 条约定,任何因本协议引起的或与本协议有关的争议、矛盾或索赔或者本协议的违约、终止和无效均应按照现行有效的并可按本条其余条款进行修改的联合国国际贸易法委员会的仲裁规则进行仲裁,仲裁地点应为我国香港特区并应在香港国际仲裁中心举行。2009 年 4 月 2 日,上海信辉公司与韦莱公司及马某涛、卜某签订《股权转让协议》,上海信辉公司将其持有的第三人 39% 的股权(其中包含上海信辉公司诉请 1、2 中涉及的 10% 股权中的 9%)转让给韦莱公司。《股权转让协议》第 12.1 条约定,本协议应受适用法律的管辖并按其进行解释,适用法律指中华人民共和国公布的先行有效的任何法律、行政法规等。《股权转让协议》第 12.2.2 条约定,任何因本协议引起的或与本协议有关的争议、矛盾或索赔或者本协议的违约、终止和无效均应按照现行有效的并可按本条其余条款进行修改的联合国国际贸易法委员会仲裁规则进行仲裁,仲裁地点为我国香港特区并应在香港国际仲裁中心举行。

再查明,2008 年 7 月 18 日,韦莱公司与马某涛签订《债务结算协议》,该协议就 2004 年 5 月 1 日韦莱公司向马某涛提供个人借款的结算事宜进行约定。《债务结算协议》第 8.2 条约定,如双方未能通过友好协商解决因本协议或者本协议的违约、终止或无效发生任何争议、索赔的,应按照现行有效的并可按本条其余条款进行修改的联合国国际贸易法委员会的仲裁规则进行仲裁,仲裁地点应为我国香港特区并应在香港国际仲裁中心举行。《债务结算协议》第 9 条约定,协议有效性、解释和执行应受中华人民共和国公开发布且具有效力的法律、行政法规等管辖。上海信辉公司在法院组织的管辖权异议听证中明确,由于该协议系韦莱公司与马某涛个人签订,故该仲裁条款对上海信辉公司不具约束力,其举证《债务结算协议》系因为该协议序言条款中涉及了双方股权代持的事实。

上海信辉公司诉称,2003 年,第三人时名上海浦东保险经纪有限公司。当时上海信辉公司持有第三人 40% 的股权,上海东仪汽车贸易有限公司等 7 家中国公司持有第三人 60% 的股权。根据政策,在中国加入 WTO 至 2004 年 12 月,外资在保险经纪公司持股比例不得超过 50%。韦莱公司为实现收购第三人 60% 股权的目的,除直接受让 5 家中方股东合计第三人 50% 的股权外,还与上海信辉公司私下合意,由上海信辉公司在 2003 年 9 月代韦莱公司受让另外两家中方股东的第三人10%的股权。为实现上述代持安排，韦莱公司与上海信辉公司实际控制人马某涛签署借款文件，向马某涛出借资金，由马某涛使用该资金对上海信辉公司进行增资扩股，并以增资扩股的资金由上海信辉公司代韦莱公司购买并持有第三人10%的股权。之后，由于政策对外资监管逐步放开，韦莱公司分别在2005年(受让1%)及2009年(受让9%)将上海信辉公司代为持有的第三人10%的股权变更登记至自己名下。上海信辉公司认为，韦莱公司委托上海信辉公司代持第三人10%的股权的行为违反了国家法律法规的禁止性规定，损害国家金融监管秩序，应属无效。故请求判令：(1)确认上海信辉公司为韦莱公司代持第三人10%的股权的行为无效；(2)韦莱公司将其持有的第三人10%的股权变更登记至上海信辉公司名下；(3)第三人配合办理前述股权变更登记手续。

韦莱公司在提交答辩状期间对本案管辖权提出异议，认为上海信辉公司系基于韦莱公司及其关联公司与上海信辉公司法定代表人马某涛签订的《借款函》、《借款协议》及《债务结算协议》来主张双方之间存在代持关系，从《债务结算协议》签订的时间及内容看，系对前两份借款协议的结算。《债务结算协议》第8.2条约定，因本协议的任何争议双方首先应友好协议，否则应提交香港国际仲裁中心进行仲裁。此外，通过仲裁的方式解决争议是双方的交易惯例。2004年6月双方签订《股东协议》、2005年1月双方签订《股权转让协议》(转让1%股权)、2009年4月双方签订《股权转让协议》(转让39%股权，其中包含本案9%股权)，均约定如双方发生争议，应在香港国际仲裁中心通过仲裁方式解决争议。综上，韦莱公司认为法院对本案不具有管辖权，请求依法驳回上海信辉公司的起诉。

【法院裁判】

上海市浦东新区人民法院经审理认为，本案争议焦点在于本案纠纷是否应提交香港国际仲裁中心仲裁解决。

首先，上海信辉公司诉称，韦莱公司向马某涛提供资金系为了实现由上海信辉公司代持韦莱公司10%第三人股权的目的。基于该目的，韦莱公司及其关联公司与马某涛个人签订了两份借款协议及《债务结算协议》，即上海信辉公司对于签订上述三份协议是履行上海信辉公司与韦莱公司作为第三人股东明确相互间权利义务的事实予以认可。《债务结算协议》序言第C条亦明确，上海信辉公司与韦莱公司于2004年6月14日签订了《股东协议》，即韦莱公司与马某涛签订

《债务结算协议》的前提是上海信辉公司与韦莱公司之间存在《股东协议》。

其次，上海信辉公司、韦莱公司、第三人及马某涛于 2004 年签订《股东协议》，当时上海信辉公司、韦莱公司各持有第三人 50% 的股权，协议对上海信辉公司、韦莱公司作为第三人股东相互间权利义务关系和其对第三人的权利义务关系进行了约定。根据《股东协议》关于争议解决条款的约定，上海信辉公司与韦莱公司之间因第三人股权产生的纠纷包括无效等应提交香港国际仲裁中心进行仲裁。

再次，上海信辉公司与韦莱公司均确认，上海信辉公司诉请中涉及的 10% 第三人股权分别在 2005 年（1%）及 2009 年（9%）由上海信辉公司转让给韦莱公司，并签订了两份《股权转让协议》，该两份股权转让协议均约定双方因协议发生争议应提交香港国际仲裁中心进行仲裁。

最后，马某涛作为上海信辉公司的法定代表人、实际控制人，其既在上海信辉公司与韦莱公司之间的《股东协议》《股权转让协议》上签字，又在其个人与韦莱公司的借款协议及《债务结算协议》上签字，上海信辉公司对于《债权结算协议》中关于提交香港国际仲裁中心仲裁解决的约定亦应是明知的。此外，虽然《债务结算协议》形式上系马某涛个人与韦莱公司签订，但其中有多条内容涉及上海信辉公司的权利义务，且上海信辉公司在诉状事实理由中亦明确，韦莱公司与马某涛签订《债务结算协议》等一系列协议就是为了履行上海信辉公司与韦莱公司之间关于代持第三人股权的约定。考虑到马某涛与上海信辉公司的关系，故马某涛在《债务结算协议》上的签字行为并不当然仅约束其个人，应理解为该结算协议引起的一切纠纷均应受协议条款的约束。

综上，上海信辉公司与韦莱公司在《股东协议》中已经明确达成了仲裁协议，上海信辉公司与韦莱公司之间因第三人股权争议引起的纠纷，应通过香港国际仲裁中心仲裁解决。上海信辉公司诉请 1 涉及的股权代持行为，属于双方履行《股东协议》项下权利义务的行为，应受《股东协议》争议解决条款的约束，上海信辉公司用以证明代持关系的《债务结算协议》中明确约定通过香港国际仲裁中心仲裁解决，故代持行为是否有效，不属于法院受理范围。

上海信辉公司在第二项诉请中主张变更第三人的股权登记，而涉案 10% 第三人的股权，上海信辉公司与韦莱公司系通过签订两份《股权转让协议》由上海信辉公司转让变更登记至韦莱公司名下。两份《股权转让协议》中双方均约定了仲裁条款，故上海信辉公司在本案中主张的两项诉讼请求均不属于法院受理范围,韦莱公司对管辖权提出的异议成立,上海信辉公司应向香港国际仲裁中心申请仲裁。

据此,上海市浦东新区人民法院于 2021 年 2 月 18 日作出(2020)沪 0115 民初 62044 号民事裁定:驳回上海信辉公司的起诉。上海信辉公司不服该裁定,向上海市第一中级人民法院提起上诉,上海市第一中级人民法院于 2021 年 5 月 25 日作出(2021)沪 01 民终 6348 号民事裁定:驳回上诉,维持原裁定。

【案例评析】

仲裁作为民事诉讼之外的具有法律约束力的纠纷解决机制,其适用的前提是当事人自愿且存在有效的仲裁协议。传统民法理论认为,仲裁条款的效力仅能约束协议的缔约方。但在现代交易中,当事人依据私法自治、契约自由,发展出各种不同类型的新型合同,尤其是在涉外商事领域,这些合同难以利用传统法律规定中单一合同进行调控,也对传统仲裁合意适用提出了挑战。本案例通过对当事人仲裁合意的确认,结合请求权基础与权利义务相统一的要求,认定仲裁协议的效力扩张至协议的非缔约方。

一、当事人的仲裁合意是仲裁协议效力扩张至非缔约方的核心

从仲裁条款的实体属性分析,仲裁约定属于一种合同约定,我国《民法典》第 142 条规定,当事人对合同条款的理解有争议的,应当结合相关条款、行为的性质和目的、习惯以及诚信原则,确定意思表示的含义。因此在解释仲裁条款时,应当在兼顾主观与客观因素的前提下,依照一个诚实理性的人的角度予以解释,既不盲目突破适用,也不忽视当事人的真实仲裁合意。

在司法实践中,存在大量的同一系列交易的框架协中约定仲裁条款而个别合同对于争议解决未作约定或者双方交易惯例中适用仲裁解决争议的情况,该种情况下不能仅仅因为一方当事人不是协议缔约主体就否认仲裁约定的效力。因仲裁与诉讼处理争议的程序与依据均不相同,即便基于相同的事实也可能得出不同的认定。如简单否定仲裁约定的效力,就有可能产生同一系列交易密切相关但裁判结果相互矛盾的结果。故在双方的交易中如仲裁合意实质上存在,除非有排斥性的约定,就应该认定仲裁约定存在或有效,将该仲裁约定的效力扩张至该一系列交易中。如当事人就仲裁条款的形式作争辩,企图排除仲裁程序,则不应得到法院的支持。

二、当事人的请求权基础会导致仲裁协议效力扩张至非缔约方

仲裁以当事人之间的仲裁合意为基础,仲裁协议是仲裁庭行使管辖权的依据。作为一种合同,仲裁协议仍遵循合同相对性原则,故通常情形下,仲裁协议仅约束缔约方。但随着合同相对性原则的突破和仲裁理论的发展,在支持仲裁的趋势下,特定情形仲裁协议的效力可以扩张至非缔约方。

如当事人基于某一含有仲裁条款的协议主张权利,则即便其不是该协议的缔约方,根据请求权基础以及权利义务相统一的原则,其也应受协议中仲裁条款的约束。当非缔约方引用合同实体约定主张权利时,该非缔约方显然认可合同有效成立且自身受到合同实体约定的约束,此时若其主张不受同一合同下的仲裁条款的约束,显然有违诚信原则和禁反言原则。当事人不能一方面基于合同的权利义务提起诉讼,另一方面拒绝承认合同中仲裁条款的效力。故在该种情况下,仲裁协议的效力可以扩张至非缔约方。

三、协议内容是否涉及非缔约方是仲裁协议效力扩张至非缔约方需要考虑的因素

涉外商事交易中,经常存在母公司以自身名义对外签订合同,但合同权利义务涉及子公司;或者公司股东(或董事)与公司共同作为一方缔约主体对外签订合同,但合同落款只有股东(或董事)签字的情况。在这些合同包含仲裁条款的情况下,仲裁条款的效力能否及于非缔约方也是司法实践中经常碰到的难题。此类情况下应谨慎认定仲裁协议的效力扩张,不能仅凭合同权利义务涉及非缔约方就当然地认为非缔约方应受仲裁条款的约束,通常要结合其他情况综合认定。一般来说,除非非缔约方同意与缔约方以相同方式承担合同义务,或者非缔约方直接参与合同订立,并且知道仲裁条款的存在,否则不应认定非缔约方有仲裁的意思表示,也不应将仲裁协议的效力扩张至非缔约方。

【典型意义】

涉外商事交易中,因仲裁高效、便捷、赋予当事人更多的选择权而被交易双方广泛运用。同时因为涉外交易多存在集团公司签订合同内容涉及子公司、公司股东(或董事)代表公司签字等情况,使仲裁协议的效力能否扩张至非缔约方成为司法实践中普遍存在争议的问题。该案例明确了法院对仲裁协议效力扩张至非缔约方的审查要点,从仲裁意思表示与诉讼标的意思表示两方面的识别来认定涉外仲裁协议对非缔约方的效力,对类似案件的审判具有指导意义。

【案例索引】

案号：

一审：上海市浦东新区人民法院（2020）沪0115民初62044号（2021年2月18日）

二审：上海市第一中级人民法院（2021）沪01民终6348号（2021年5月25日）

审判组织：

一审：蔡文霞

二审：乔林

编写人：蔡文霞、范颖

33

合伙协议仲裁条款的效力范围认定

——渤海公司与黑石公司等合伙合同纠纷案

裁判要旨

合伙协议中的仲裁条款是否约束未在合伙协议上签章的合伙企业，应从当事人诉请所依据的条款是否指向合伙企业权利义务、双方纠纷是否属于仲裁条款约定的可仲裁事项、合伙协议与合伙企业的关系等方面综合认定合伙企业是否具有仲裁意思。如当事人诉请所依据的条款指向合伙企业权利义务而非仅约束合伙人，且双方纠纷属于约定的可仲裁事项的，应认为全体合伙人在合伙协议中就相应纠纷的解决方式达成的合意，构成合伙企业在相同事项上的意思表示，合伙企业在相应事项上受合伙协议仲裁条款的约束。

基本案情

原告：河北渤海投资集团有限公司（以下简称渤海公司）

被告：黑石（中国）股权投资管理有限公司（以下简称黑石公司）

被告：上海黑石股权投资合伙企业（有限合伙）（以下简称黑石合伙企业）

渤海公司、黑石公司与案外人等共同签订《上海黑石股权投资合伙企业（有限合伙）经第三次修订和重述的有限合伙协议》（以下简称《合伙协议》），设立黑石合伙企业，黑石公司为执行事务合伙人，渤海公司为有限合伙人之一。《合伙协议》约定了黑石合伙企业的收益分配、权力及违约责任等事项。同时，《合伙协议》约定了书面仲裁条款，即“因该协议引起的任何争议应当提交贸仲上海分会，由其依据在申请仲裁时有效的贸仲仲裁规则进行仲裁，仲裁裁决是终局的且对双方均有约束力”。后渤海公司向法院主张黑石合伙企业、黑石公司给付投资成本及收益、赔偿投资项目中不当执行合伙事务造成的约定收益损失、赔偿未将违约出资合伙人分配款划归渤海公司的损失。

黑石公司、黑石合伙企业在提交答辩期间内均向法院提出了主管异议，认为本案系因渤海公司与黑石公司就基金投资项目的处置、执行事务合伙人职责等引发的争议。渤海公司诉请所依据的是《合伙协议》，而《合伙协议》约定的争议解决方式为仲裁解决，故法院对本案无管辖权，应当裁定驳回渤海公司的起诉。黑石合伙企业另主张，本案系因《合伙协议》产生的合同纠纷，而黑石合伙企业并非合同一方，基于合同的相对性，渤海公司无权向非合同方主张违约责任，故黑石合伙企业并非本案的适格被告。

渤海公司认为，黑石公司、黑石合伙企业的主管异议不成立，理由如下：(1)渤海公司要求黑石合伙企业承担责任是基于其作为接收渤海公司投资款并对外投资的主体，应当在项目投资期满并获得项目交易款项后履行向渤海公司给付该项目投资本金及收益的义务，故黑石合伙企业以诉讼主体错误为由提出管辖权异议，缺乏事实和法律依据；(2)《合伙协议》虽然约定了仲裁条款，但黑石合伙企业并非该协议的当事人，仲裁条款对其并不发生法律效力，因此仲裁机构对本案无管辖权。

【法院裁判】

上海市浦东新区人民法院经审理认为，本案的争议焦点在于黑石合伙企业是否应当受到仲裁条款的约束。经审查，黑石公司、黑石合伙企业的主管异议成立，本案不属于人民法院的受理范围，理由如下：第一，渤海公司起诉所依据的《合伙协议》的相应条款，包括分配条款、权力条款和违约合伙人条款，约定的不仅是《合伙协议》签订主体即合伙人之间的权利义务，而且是从条款内容到权利义务架构，均与合伙企业相关，而且无论是财产分配还是经营活动开展，均无法脱离合伙企业，相应条款的履行结果也直接指向合伙企业。第二，涉案《合伙协议》约定，“因本协议而引起的或与之有关的任何争议、分歧或索赔……应被提交贸仲上海分会……进行仲裁”，故渤海公司的诉请属于该条约定的仲裁事项范围。第三，《合伙协议》系合伙企业设立的基础，系合伙企业经营的基础性协议，约定了合伙企业经营中的核心事项，合伙企业的设立和经营系依据《合伙协议》的约定进行，因此，《合伙协议》不同于一般的商业协议，其与合伙企业具有密切关联性。第四，从意思表示上看，黑石合伙企业全体合伙人均签署了涉案合伙协议,应当认为全体合伙人对仲裁条款均无异议,即在仲裁条款约定的仲裁事项范围内,应通过仲裁方式解决争议。对于合伙企业来说,全体合伙人的意思表示一致,本身就是合伙企业意思表示形成的法定方式,全体合伙人在纠纷解决上的一致意思表示,应认为构成合伙企业在相同事项上的意思表示,即对于《合伙协议》仲裁条款约定的仲裁事项范围内的争议,应通过仲裁方式解决。因此,本案应当提交至上海国际经济贸易仲裁委员会(上海国际仲裁中心)仲裁解决,法院不具有管辖权。

据此,上海市浦东新区人民法院于2021年6月18日作出(2021)沪0115民初35086号民事裁定,裁定:驳回渤海公司的起诉。裁定作出后,渤海公司未提起上诉。

【案例评析】

一、问题的提出:书面仲裁协议对非签署方的效力

仲裁协议作为一种特殊的程序法上的契约,不同于以实体权利义务约定为内容的普通的私法契约,它以约定争议解决方式为内容的本质,使有效仲裁协议不仅对仲裁协议的当事人有效,甚至对仲裁机构以及法院有效,这一特性决定了对仲裁协议须有一定的形式要求。[①] 但在商事活动中,商事主体更注重的是交易活动的高效性,而非像专业法律人士一样更在意合同条款的有效性。商事主体灵活的交易方式,直接导致了仲裁协议效力司法审查面临着复杂多样的态势。同时,随着经济与多元化商业模式的发展,当事人依据私法自治、契约自由,发展出了不同类型的新型合同以及多样的合同签订模式,并对传统单一合同规划下的传统合意规则提出了挑战。其中,最大的挑战就是,仲裁协议能否约束非签署方?实践中,常见的具体情形包括当事人并未在同一份书面仲裁协议上签字盖章,而是通过微信等线上方式进行文件互传,此时是否可以认定当事人签订了书面仲裁协议;公司法定代表人以个人名义在含有仲裁条款的协议上签字,而协议的主要权利和义务指向的是公司,此时是否可以认定公司同样是仲裁协议的当事人等。

本案的争议焦点同样涉及书面仲裁协议对非签署方的效力问题。一方面,渤海公司与黑石公司就本案所涉争议已经约定了相应的仲裁条款,双方的争议

---

① 参见杨秀清:《仲裁司法审查:裁判规则理论与实务》,法律出版社2021年版,第53页。

本应交由仲裁解决。另一方面,黑石合伙企业并非仲裁协议的签订主体,实践中,如投资人直接以黑石合伙企业作为仲裁申请人,仲裁机构通常并不会受理。然而,渤海公司所依据的合伙协议条款项下的权利义务主要指向了黑石合伙企业,故而本案的诉讼标的与约定仲裁事项具有同一性,如果认定黑石合伙企业不受仲裁条款的约束,将强行割裂诉讼标的与约定的仲裁事项,也不方便后续案件的审理。因此,本案的审理难点在于认定黑石合伙企业是否具有仲裁的合意。

二、问题的溯源:1958 年《纽约公约》对仲裁协议的形式要求及演变

1958 年《纽约公约》第 2 条第 1 项、第 2 项规定:(1)当事人以书面协定承允彼此间所发生或可能发生之一切或任何争议,如关涉可以仲裁解决事项之确定法律关系,无论为契约性质与否,应提交仲裁时,各缔约国应承认此项协定;(2)称“书面协定”者,谓当事人所签订或在互换函电中所载明之契约仲裁条款或仲裁协定。上述条款的本意是允许当事人通过选择仲裁的方式解决双方之间的争议,但提交仲裁的前提是存在仲裁条款,也即存在具有仲裁意思的书面协定。尽管公约只涉及承认和执行外国仲裁裁决,但《纽约公约》第 2 条允许当事人可以在更早的时刻,通过援引有效的书面仲裁协议,要求法院将当事人的争议转交仲裁解决。因此,《纽约公约》第 2 条在仲裁制度发展过程中起到了举足轻重的作用,并深刻地影响了各国的仲裁法。我国《仲裁法》在制定过程中,也受到了《纽约公约》第 2 条的影响,对仲裁协议的形式要件作出了明确规定,即仲裁协议包括合同中订立的仲裁条款和以其他书面方式在纠纷发生前或者纠纷发生后达成的请求仲裁的协议。

《纽约公约》对仲裁协议书面形式加以规定的主要目的是统一各国在此问题上的分歧,以防止因国内法对仲裁协议形式要件上过于宽松和苛刻的要求而引起的冲突,利于仲裁裁决的承认和执行。① 但对于仲裁协议形式上近乎严苛的规定,使《纽约公约》第 2 条在制定之初就备受争议。根据会议资料②,法国代表曾建议,“不应当坚持仲裁协议采用书面形式”。德国代表同样认为,“在国际商事交易过程中,强制要求交易双方在同一份文件上署名是非常奇怪的”。尽管起草者对《纽约公约》第 2 条的争论颇多,并提出了相当数量的修正案,但这些修正建

---

① 参见刘晓红:《国际商事仲裁协议的法理与实证》,商务印书馆 2005 年版,第 105 页。

② See Paulsson, Marike, *The* 1958 *New York Convention Article* Ⅱ: *Fit for Modern International Trade*? BCDR International Arbitration Review 2, No. 1 (2015): 117 – 134.

议显然未能被《纽约公约》采纳。这或许与当时国际贸易的主要惯例有关,当时的跨国贸易主要是通过签订书面协议或互换函电进行,而《纽约公约》的起草者们则希望通过将国际贸易惯例转为条文的形式,使得国际交易更加安全,并起到“防止跨国公司逃避他们所同意的仲裁”[①]的作用。

然而,随着国际商业活动的复杂化及现代通信技术的发展,《纽约公约》对仲裁协议书面形式要求的规定已显得落后与过时。与此同时,仲裁的制度优势和价值已逐渐被人们接受,各国对鼓励及支持仲裁的政策也不断深入。一场改造仲裁书面形式要求的国际立法运动也随之而至。首先,1985 年《国际商事仲裁法》放宽了对书面仲裁协议的要求,对仲裁协议的“书面形式”作出扩大化解释,将“默认的仲裁条款”纳入书面仲裁协议的范畴,并允许当事人通过引置条款订立仲裁协议。其次,2006 年《联合国国际商事仲裁示范法》(以下简称《示范法》)的修订使这种改变向前跨越了一大步。[②] 修订后的《示范法》不再限制当事人以何种形式达成仲裁协议,而是强调对仲裁协议内容的记录。如果当事人仅口头达成了仲裁合意,而该等合意又以录音的方式被记录下来,那么根据《示范法》第 7 条第 2 款的规定,该等仲裁协议也是有效的。

从国际社会关于仲裁协议书面形式的立法规定的演变可以看出,仲裁协议强制要求书面形式的价值取向正在被逐渐舍弃。《纽约公约》第 2 条的问题不在于承认仲裁条款本身,而在于只承认表面上明显存在提交仲裁的共同意图的仲裁条款。然而,比起表面的确定性,当事人的诉权选择权更应当得以尊重,即当事人可以自由选择到底是提交法院诉讼还是提交仲裁。因而,对于法院而言,重要工作在于要确定当事人是否有将争议提交仲裁的共同意图,只要有充足的证据能够证明当事人达成了仲裁的合意,则仲裁的合意就应当被尊重。

三、意思表示理论:仲裁协议对合伙企业效力扩张的法理基础

(一)仲裁协议效力扩张的理论分野

通常情况下,仲裁协议仅约束签署方。但特定情况下,我国相关法律规范规定了仲裁协议扩张适用的几种情形(见表 2)。

---

① See Summary Record of the Ninth Meeting on 26 May 1958, U. N. Doc. E/Conf. 26/SR. 9, at 8 (Sept. 12, 1958), comment by the French delegate, Mr. Holleaux, hereinafter Summary Record of the Ninth Meeting.

② 参见韩欢欢:《仲裁协议形式要件的发展及对我国的影响——以〈国际商事仲裁示范法〉2006 年修订为基础》,载《商事仲裁》2011 年第 8 辑。

表2　仲裁协议扩张适用的情形

情形	法律依据	具体规定
情形一：合并、分立或继承	《最高人民法院关于适用〈中华人民共和国仲裁法〉若干问题的解释》第8条	当事人订立仲裁协议后合并、分立的，仲裁协议对其权利义务的继受人有效。 当事人订立仲裁协议后死亡的，仲裁协议对承继其仲裁事项中的权利义务的继承人有效。 前两款规定情形，当事人订立仲裁协议时另有约定的除外
情形二：引置条款	《最高人民法院关于适用〈中华人民共和国仲裁法〉若干问题的解释》第11条第1款	合同约定解决争议适用其他合同、文件中的有效仲裁条款的，发生合同争议时，当事人应当按照该仲裁条款提请仲裁
情形三：债权转让	《最高人民法院关于适用〈中华人民共和国仲裁法〉若干问题的解释》第9条	债权债务全部或者部分转让的，仲裁协议对受让人有效，但当事人另有约定、在受让债权债务时受让人明确反对或者不知有单独仲裁协议的除外
情形四：代位求偿	《最高人民法院关于适用〈中华人民共和国保险法〉若干问题的解释（四）》第12条	保险人以造成保险事故的第三者为被告提起代位求偿权之诉的，以被保险人与第三者之间的法律关系确定管辖法院

此外，部分观点认为在特定的情况下，仲裁协议可以约束非签署方。支持上述观点的理论包括以下几种：（1）禁反言。如合同非缔约方向缔约方主张合同的实体权利，但主张不受同一合同下仲裁条款的约束，其行为有违禁反言原则。（2）“揭开公司面纱”理论。在母公司与子公司存在人格混同的情形下，子公司的债务实际基于母公司发生，亦应由母公司承担，故母公司也应受到子公司所签订仲裁协议的约束。（3）代理理论。根据代理的相关规定，代理人所实施的行为直接约束被代理人。故在构成代理的情况下，仲裁协议的效力自会扩张至非缔约方。（4）参与合并。当事人并非基于其在合同中直接约定的仲裁条款或单独订立的仲裁协议，而是依据经由其合同中援引条款所形成的援引式仲裁条款提请仲裁。（5）受益第三人。在为第三人履行的合同，订立有仲裁条款时，作为受益方的第三人可以依据该仲裁条款向合同当事人提起仲裁。（6）公司集团理论。如受同一方最终控制的关联公司形成了同一个经济实体，且非签字的关联方参与了与有关合同的谈判、履行或终止，则缔约方与非缔约方之间形成了公司集

团,应当受到仲裁条款的约束。

但值得注意的是,禁反言、"揭开公司面纱"、代理、受益第三人、公司集团等理论观点,在具体的司法实践中仍存在较大的争议,需要根据具体案件情况进行个案判定。且部分理论,如公司集团理论,并不为我国的司法主流观点所接受,在现行的法律框架内,无法成为仲裁协议效力扩张的请求权基础。但上述理论归根结底都是为仲裁意思表示的识别提供了某种识别路径和角度。仲裁条款是否能够约束作为非签署方的合伙企业,还是应当从意思表示理论出发,审查合伙企业是否具有相应的仲裁意思。

(二)仲裁意思表示的认定:以"权利—义务"为识别路径

1. 仲裁协议涉及合伙企业的权利和/或义务

目前,我国对仲裁协议的效力扩张问题的规定主要体现在《最高人民法院关于适用〈中华人民共和国仲裁法〉若干问题的解释》第8条和第9条,对权利义务主体变更和合同转让两种情形下的效力扩张进行了规定,肯定了仲裁协议的契约本质,总体上采用了自动承继、受让原合同或协议中仲裁条款的观点,即如果当事人之间无另外约定或非签署方明确作出拒绝仲裁的意思表示,则非签署方应当受仲裁协议的约束。[①] 仲裁实践中,通常会对合同或协议进行整体解释和目的性解释,若合同或协议非签署方与合同或仲裁协议有非常紧密的联系,与合同的当事人间存在直接的权利义务关系,则合同或协议涉及非签署方的权利和/或义务。

同时仲裁意思的识别,不应以单一合同文本而确定。由于仲裁条款中约定的仲裁事项与诉讼的争议事项处于交叉重叠的状态,在复合型交易中,如严格遵循合同相对性的理论,将会大大减损仲裁条款的预设价值。合同不当然等同于合同文本,意思表示也不当然等同于合同条款。合同文本仅是合同内容的有形载体,其核心要素为合同条款。合同文本与合同要素之间、意思表示与合同条款之间不存在必然的一一对应性,一个合同文本可以记载一个要素完整的合同,也可以记载数个要素完整的合同或仅记载部分合同要素。一个合同条款可以表达一个完整的意思表示,也可以表达数个意思表示或数个合同条款才表达完整意思表示。因此,在审查当事人是否具有仲裁意思时,应当将仲裁条款置于交易整体中进行审查,并辅之以合同目的解释仲裁条款的意思。

---

① 参见栗俊海、徐梓程:《仲裁协议的效力扩张》,载《人民司法》2021年第23期。

2. 合伙企业作出了默示的仲裁意思表示

仲裁协议是经双方当事人协商一致达成的将争议提交仲裁解决而排除诉讼管辖的共同意思表示,其效力主要源于当事人的意思自治。通常情况下,当事人之间只有签署了仲裁协议,才能提起仲裁,仲裁协议也仅对签署方有效。但是,随着仲裁协议书面形式的不断扩张,仲裁逐渐摆脱了传统仲裁理论的束缚,朝着现代仲裁的方向迈进。在这一过程中所体现出来的重要趋势就是仲裁合意的表现形式朝着多样化的方向发展。在仲裁实践中,仲裁庭或法庭在当事人合意无法从合同这一最基本的方式中找寻时,通过合同解释所推导出来的当事人之间的默示合意,推定当事人在合同订立或履行过程中具有默示的仲裁合意,即知道或者应当知道仲裁协议,并通过非签署方履行合同的行为推定非签署方与合同或协议签署方之间存在仲裁的合意,使仲裁协议在当事人之间产生了直接的法律拘束力。因此,仲裁实践发展的需要,以及合同相对性原则在理论上的突破,成为效力扩张的现实基础和理论依据。如此一来,即使是合同的非签署方,仍应当受到仲裁协议的约束。这种拟制在仲裁协议非签字方之间产生了与签字方一样的法律效果。例如,合同转让后仲裁条款对受让人有效、提单中的仲裁条款可约束提单持有人等。因此,在某些特定情形下,仲裁协议不再受传统理论的束缚,仅使其效力及于书面协议的签字方,而是将其扩大到非签署方。不过,需要强调的是,效力扩张应该以当事人的意思自治为限。

以本案为例,合伙企业虽然并非《合伙协议》的直接签署方,但是对于合伙企业来说,全体合伙人的意思表示一致,本身就是合伙企业意思表示形成的法定方式,因此,全体合伙人在纠纷解决上的一致意思表示,应认为构成合伙企业在相同事项上的意思表示,即对于合伙协议仲裁条款约定的仲裁事项范围内的争议,均应通过仲裁方式解决。此时的合伙企业虽然并非合同的签署方,但实质上其本身就是合同当事人,其知道或应当知道全体合伙人在纠纷解决上的一致意思表示,应认为构成合伙企业在相同事项上的意思表示,就合同条款与合同签署方达成了一致的意思表示,因此应当受到仲裁条款的约束。

3. 诉讼标的与约定的仲裁事项具有同一性

诉讼标的是限定法官审理范围和对象的界限,将诉讼标的理解为法律关系,并考量诉讼效益而适当扩展法官释明义务,是司法实践中判断诉讼标的的方法。对于诉讼标的的识别,司法实践中,认定诉讼标的同一性的标准宜严不宜宽,不仅应按同一"法律关系"审查,还应按同一"要件事实"予以审查,防止以"同一事实”的过宽认定,干涉仲裁协议的意思自治。若仲裁协议中约定的仲裁事项,与当事人所诉的纠纷属于同一诉讼标的,具有不可区分割性,则应当认定相关纠纷属于仲裁事项范围,应受仲裁协议约束。

【典型意义】

随着我国仲裁制度的不断发展,对仲裁协议书面形式的扩大化解释以及诸如“揭开公司面纱”理论、公司集团理论等法理基础的补充完善,使仲裁协议效力扩张及于非签署方的问题在司法实践中越发普遍。仲裁协议效力扩张的基础是当事人的仲裁合意,其本质是要求司法机关在仲裁审查案件中突破仲裁协议书面形式要求的羁绊,回归到考察当事人之间的仲裁合意的存在和形成。

本案的典型意义在于,通过审查仲裁协议是否涉及合伙企业的权利和义务、诉讼标的是否与约定的仲裁事项具有同一性、合伙企业是否作出了仲裁的意思表示,特别是合伙企业对外进行意思表示的特殊性等因素,合理认定了黑石合伙企业的仲裁意思,应当受到合伙协议仲裁条款的约束。

【案例索引】

案号:上海市浦东新区人民法院(2021)沪0115民初35086号(2021年6月18日)

审判组织:徐劲草、梁秋平、邹瑞峰

编写人:沈伟杰、张景琨

34

涉外商事纠纷“诉讼、调解、仲裁”一站式解决机制的司法适用

——澧贝合伙企业与杰傲湃思公司增资纠纷案

裁判要旨

涉外商事纠纷“诉讼、调解、仲裁”一站式解决机制旨在充分发挥诉讼、调解、仲裁的各自优势和专业职能，打造三种纠纷解决方式相互协调、相互配合、顺利转化、衔接流畅、形成合力的运行机制，妥善化解涉外及涉外商投资企业的商事纠纷，平等保护中外当事人的合法权益。

基本案情

原告：澧贝企业管理咨询（上海）合伙企业（有限合伙）（以下简称澧贝合伙企业）

被告：上海杰傲湃思医疗科技有限公司（以下简称傲湃思公司）

2018年1月5日，澧贝合伙企业与杰傲湃思公司及其全部股东拟定了《关于上海杰傲湃思医疗科技有限公司之增资协议》，约定：原告澧贝合伙企业按照协议约定条件对标的公司杰傲湃思公司增资，认购杰傲湃思公司的新增注册资本，杰傲湃思公司的全部股东放弃其各自优先认缴标的公司新增注册资本的权利；本协议的订立、效力、解释、履行和争议解决受中华人民共和国法律的管辖并依其解释；凡因履行本协议所产生的或与本协议有关的争议，双方首先应通过友好协商解决，如协商不成的，任何一方均可向上海仲裁委员会提起仲裁，该仲裁裁决为终局裁决。

后因增资协议的签署和履行发生争议，澧贝合伙企业向上海市浦东新区人民法院提起诉讼，要求杰傲湃思公司返还其支付的增资款。澧贝合伙企业主张，其与杰傲湃思公司及其股东拟定增资协议之后，澧贝合伙企业签署了该增资协议，并将协议文本交给杰傲湃思公司，但杰傲湃思公司及其股东并未签署完毕该增资协议，亦未办理注册资本变更及股东的登记手续。澧贝合伙企业认为增资协议因未签署完毕故至今未成立，澧贝合伙企业无法获得傲湃思公司的股权，故要求傲湃思公司退还200万元增资款。同时，澧贝合伙企业认为增资协议未成立，故协议中的仲裁条款也未成立，本案应当由法院管辖。

由于澧贝合伙企业在申请立案时，提交的增资协议文本仅有澧贝合伙企业的盖章，其他合同相对方均未在澧贝合伙企业提供的协议文本上进行签署，因此，上海市浦东新区人民法院在立案时，审查澧贝合伙企业在立案时主张的事实和理由，认为符合《民事诉讼法》规定的起诉条件，遂予以受理。

案件开庭前，杰傲湃思公司对法院受理澧贝合伙企业的起诉提出异议。杰傲湃思公司向法院提供了其与各股东签字盖章的增资协议文本，并主张增资协议的仲裁条款系合同各方协商拟定，各方均无异议且已签署协议，故该协议引发的争议依约应由上海仲裁委员会仲裁解决。

【法院裁判】

上海市浦东新区人民法院以涉外商事纠纷“诉讼、调解、仲裁”一站式解决工作室为依托，为给当事人提供最佳的司法服务，实现这起涉外资商事纠纷从诉讼到仲裁的成功对接，一站式工作室实施了“三步走”方案，畅通与仲裁机构的对接渠道，理顺诉讼与仲裁对接的程序转换流程，具体见图2。

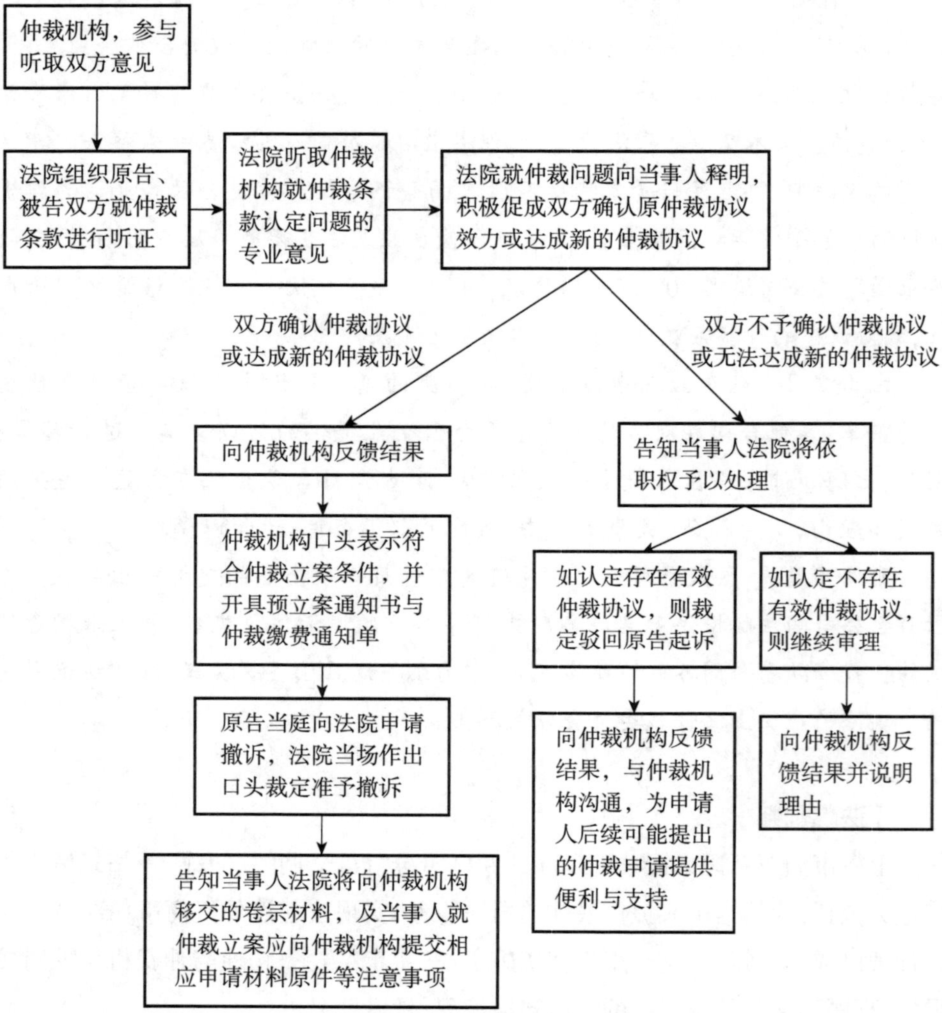

图 2　诉讼转仲裁对接流程

一是三方参与，确认真实仲裁意愿。组织当事人就仲裁条款效力进行谈话，上海仲裁委员会通过视频连线方式在线参与，并实时提供专业意见。在该阶段，法院向双方当事人明确释明法院仅对仲裁条款的效力以及是否属于法院受案范围进行处理，不影响后续案件的实体处理。仲裁机构亦发表了管辖意见，明确该案符合仲裁立案条件，可以通过法院向其直接移送的方式进行立案。

二是合理引导，积极促成双方仲裁合意。在双方无法就原仲裁协议的确认达成一致的情况下，充分向原告、被告双方当事人释明一站式解决机制的程序对接环节，对仲裁与诉讼两种纠纷解决方式的各自优势、仲裁流程及仲裁规则等内容进行解释，积极引导双方达成新的仲裁合意。如双方达成新的仲裁合意，则实时对接仲裁机构，为当事人提供现场立案协助并由仲裁机构出具预立案通知书。

三是依法处理，畅通纠纷解决对接渠道。充分尊重当事人的真实意愿，在双方无法达成新的仲裁合意的情况下，上海市浦东新区人民法院经审查认为，澧贝合伙企业向杰傲湃思公司及其他合同相对方发送了其盖章确认的合同文本，应认为澧贝合伙企业同意了协议的仲裁条款；而杰傲湃思公司在双方拟定合同文本时起，始终对合同中的仲裁条款不持异议。因此，原告、被告双方已就纠纷解决的仲裁条款达成了意思表示一致，仲裁协议成立，内容合法有效。根据《仲裁法》第 19 条及《最高人民法院关于适用〈中华人民共和国仲裁法〉若干问题的解释》第 10 条的规定，仲裁协议独立存在，合同的变更、解除、终止、无效，以及合同成立后未生效或者被撤销的，均不影响仲裁协议的效力，同时，如果当事人在订立合同时就争议达成仲裁协议的，合同未成立亦不影响仲裁协议的效力。因此，仲裁协议具有独立性，澧贝合伙企业与杰傲湃思公司之间关于增资协议是否成立的实体争议，并不影响双方仲裁协议的效力，本案应由上海仲裁委员会仲裁解决。上海市浦东新区人民法院遂当场作出裁定，驳回澧贝合伙企业的起诉。同时，再次连线仲裁机构，确保当事人在法院依法处理该案后，如果需要到仲裁机构申请仲裁，在立案上不存在法律障碍。

通过“三步走”流程，合理引导和辅助当事人完成诉讼与仲裁的对接。如当事人确认原仲裁协议或达成新的仲裁协议，则及时对接仲裁机构为仲裁立案提供便利；如当事人无法达成仲裁协议则依法处理案件，并对接仲裁机构为纠纷的下一步处理提供协助和指导。澧贝合伙企业及杰傲湃思公司均未对法院的裁定提出上诉，澧贝合伙企业在法院裁定生效后，顺利完成了在上海仲裁委员会的立案流程。

【案例评析】

在经济全球化、文化多元化的发展背景下，中国乃至世界各国都正处在推进全方位、多层次、立体化的全球治理体系格局中。“一带一路”倡议以及自贸试验区战略的不断推进，我国的跨国商事活动持续增加。在此背景下，建设和完善涉外商事争议解决机制，凸显涉外商事争议解决机制的国际化与开放性、灵活性与便利度，从而有效应对和解决国际商事争端，优化法治营商环境，提升我国商事争议解决机制的国际影响力和吸引力，已经成为我国主动应对全球形势深刻变化，积极参与全球法治化治理体系的重要组成部分。

2018年1月，中央全面深化改革委员会审议在《关于建立"一带一路"国际商事争端解决机制和机构的意见》中提出推动建立诉讼与调解、仲裁有效衔接的多元化纠纷解决机制，形成便利、快捷、低成本的一站式争端解决中心，为"一带一路"建设参与国当事人提供优质高效的法律服务。2018年6月，最高人民法院第一、第二国际商事法庭揭牌成立，标志着专门从事国际商事纠纷解决的司法机构在我国正式诞生。2018年12月，最高人民法院国际商事法庭公布了首批纳入一站式国际商事纠纷多元化解决机制的仲裁和调解机构。在国际上，《纽约公约》与《海牙判决公约》及《新加坡调解公约》(《联合国关于调解所产生的国际和解协议公约》)一起，覆盖了诉讼、仲裁、调解三大纠纷解决机制，组成了国际民商事纠纷解决的"三驾马车"。在此背景下，在涉外商事争议解决领域率先建设涉外纠纷一站式解决机制，已同时具备了内驱动力与外部环境，具有其重要的现实意义。

为更好地服务和保障国家"一带一路"及自贸试验区建设需要，回应市场主体关于高质量争议解决方式的需要，上海市浦东新区人民法院设立了涉外商事纠纷"诉讼、调解、仲裁"一站式工作室，在商事纠纷多元解决机制的基础上，进一步探索构建"涉外商事纠纷一站式解决机制"，从原有的"诉讼、调解"二元对接模式，向"诉讼、调解、仲裁"相衔接的"三位一体"模式积极转化。本案即系涉外商事纠纷"诉讼、调解、仲裁"一站式解决机制的一次有益实践，系一站式工作设立后首例诉讼与仲裁对接案件。

一、涉外商事纠纷"诉讼、调解、仲裁"一站式解决机制的目标设置

近年来，经过我国法院充分发挥审判职能作用、不断提高司法水平、增强司法透明度的不懈努力，中外当事人对我国司法环境、营商环境水平的信任度正在不断提高。与此同时，涉外商事诉讼中固有的涉外文书送达周期长、跨境调查取证难、域外证据公证认证程序烦琐、裁判尺度难以统一、纠纷解决成本高、域外承认与执行难度大等问题，仍不同程度地实际存在。而由于仲裁、调解与诉讼均为互相独立的纠纷解决模式，相应法律依据、解纷流程、管辖基础、裁判尺度均不相同，涉外商事纠纷的解决往往因程序上的隔阂与转换消耗过多的时间、经济成本。多元化纠纷解决机制在涉外商事纠纷领域的优势尚未足量发挥，涉外法律服务的专业水平与我国经济社会的开放与发展速度、涉外商事纠纷解决的需求体量仍然不相匹配。

鉴于此，亦以此为契机，一站式纠纷解决机制的基本目标，就是在涉外商事纠纷解决领域供需对比不平衡的现状中，打通诉讼、仲裁、调解三种不同程序之间的隔阂和障碍，寻找三者之间的最大公约数，充分发挥三种程序的不同优势，使纠纷能根据自身实际情况在三种程序之间进行选择与转换，进而打造审判、仲裁与调解三种纠纷解决方式相互协调、相互配合、无缝转化、衔接流畅、形成合力的运行机制，使各类涉外商事纠纷真正实现“能调则调、适仲则仲、当判则判”的良好效果，从而真正为国际商事纠纷的解决提供更加高效、便利、快捷、低成本的方案。同时，加强与国际争议解决机构之间的交流与合作，提升我国在国际商事争议解决，特别是在国际仲裁和国际调解中的参与意识、话语权及专业水平。

二、涉外商事纠纷“诉讼、调解、仲裁”一站式解决机制建设的现实困难

（一）法律层面的规则支持不足

诉讼、调解、仲裁为三种相互独立的纠纷解决方式，因此在管辖依据、解纷程序、文书效力、人员机构等方面的法律依据基本形成了独立的三个条线。在法律层面如何有效融合和衔接，是贯穿涉外纠纷一站式解决机制构建与运行过程的根本问题。集中体现在诉讼与仲裁程序的衔接上，如在诉讼中已经财产保全的案件，在向仲裁程序转换时，相应保全能否继续保留并实现平移，这种平移是否有足够的法律支撑；诉讼中已经固定的事实和证据，由仲裁继续采信，有无法律障碍；又如，法院依法对国际商事仲裁实施监督，对该等监督的程序设置、评价尺度、法律适用等方面的法律规定均较为概化或存在矛盾。特别是随着自贸试验区建设的不断推进，《最高人民法院在关于为自由贸易试验区建设提供司法保障的意见》中，对自贸试验区内纠纷“涉外因素”的认定、“临时仲裁”的展开均作出了创新性的规定；《中国（上海）自由贸易试验区临港新片区总体方案》明确允许境外知名仲裁及争议解决机构在新片区内设立业务机构并开展相应业务。此类制度创新在实践探索过程中难免遇到现有法律规范模糊、空白甚至存在一定冲突的情况，如境外仲裁机构在区内设立的业务机构的性质认定、业务开展的流程、临时仲裁的仲裁协议各要素的认定、境外仲裁机构裁决的国籍识别、法院对境外仲裁机构的临时措施的支持等，均需要在实践中进行压力测试和风险测试，为立法和制度的进一步完善积累经验。

（二）文化层面的潜在冲突增多

涉外商事纠纷的多元解决必然面临多元文化法律背景的磨合和融合，特别是“一带一路”倡议的不断推进，企业的对外投资、对外交易不断增多，不同法律文化背景的当事人在争议解决上的交融进一步加剧。作为争议当事人,对于纠纷解决的核心关切在于纠纷解决的程序效率、成本消耗与实体结果的公平公正,但不同文化背景的当事人,对于三种纠纷解决模式以及不同争议解决机构的了解、熟悉和信赖程度也会有很大差别。在此前提下,如何发挥涉外纠纷一站式解决机制的效能,法院认为适宜或诉或调或仲的纠纷,如何使各方当事人对此认同并付诸实践,引导、激励中外当事人进行合理的程序选择,指导其在权衡利弊的基础上完成程序转换,如何尽量减少当事人的顾虑与成本,是机制有效运行必须解决的问题。

(三)机构层面的协调统一欠缺

因纠纷解决模式不同,诉、调、仲三种程序下的机构设置及其法律定位均不相同,相应地,法律、法规、政策及社会对于司法人员、调解员、仲裁员的权利义务的内容与级别认知亦不相同;各类机构内部分工、上下监督、资金预算等,均各成体系。如目前人民法院内部的级别分工对纠纷的一站式解决存在影响,特别是涉及与仲裁相关的法院事务,部分由中级人民法院负责、部分由基层人民法院负责,为涉外纠纷一站式解决机制增加客观难度。又如,调解员在调解过程中的义务、仲裁员在仲裁过程中的义务均宽泛模糊,①诉讼领域中则有《法官法》《民事诉讼法》予以高位阶规范。再如,调解机构在调解过程中如因程序不规范而导致纠纷解决效果不佳,当事人无法就此主张权利,但在诉讼与仲裁领域则完全不同。在机构、人员层面存在的差距与隔阂,其消除、融合的必要性、可行性、容错度,均需要深入探讨。

(四)流程层面的可靠经验缺乏

要实现三种程序形成“1+1+1>3”合力的设想,很大程度上取决于流程设置和衔接机制是否合理、环节考虑是否周全、精细。由于涉外纠纷一站式解决机制尚处于初创和探索阶段,并无可靠的流程经验可以依托,流程的设置与完善需要在不断实践中反复修正并逐步趋于合理,无法一蹴而就,如何预判、反馈、跟进,都是重点与难点所在。比如,在诉讼中发现纠纷适合进行调解,预缴的案件受理费如何进行转换;对于审理中发现存在仲裁条款的案件,如何在无须撤诉的

---

① The alleged conceptions, including "loyalty" "integrity" "efficiency" and "self-discipline" from the two Chinese scholars are too general and vague for the clarification because almost every legal profession requires these kinds of ethics, 参见 Yin Jun, *A Study of International Arbitrators' Substantive Ethical Obligations and Chinese Strategies*,载《学术界》2018 年第 12 期。

前提下及时移交相关仲裁机构;在调解或仲裁中所提交的证据、固定的事实,如何确保能够有效转换为审判所依据的证据与事实;等等。

(五)配套层面的整合度不够

在一则涉外商事纠纷解决过程中,可能涉及证据公证、当事人主体资格认证、诉讼材料翻译、外国法查明等多个配套环节,每个环节的实施机构、对接方式、服务时长及费用各有差异,并无统一平台予以汇集与协调。在涉外纠纷一站式解决机制下,如何使该些配套机制在纠纷处理中相互配合、降低成本并形成良性竞争,如何在不同纠纷解决方式的费用上实现必要减免与鼓励,从而推进涉外纠纷一站式解决机制取得社会认同,有待进一步探索。

三、涉外商事纠纷"诉讼、调解、仲裁"一站式解决机制建设的实践创新与探索

(一)合理设置功能框架和核心流程

1. 纠纷入口:汇集与分导功能

将涉外商事纠纷收集、汇总于该机制框架下,根据纠纷自身的类型和特点,分导并匹配于诉讼、仲裁、调解三种纠纷解决程序中。

2. 纠纷出口:实质性解决功能

无论通过哪种程序,纠纷应当在该机制中得到实质性解决,最大限度降低程序性、流程性内耗,避免当事人讼累。

3. 流程推进:程序切换功能

在纠纷解决流程的推进过程中,根据实际需要,及时转换到最适合的解决程序中,尤其是在保全、执行等环节提供辅助性支持。其核心流程有四项,见图3。

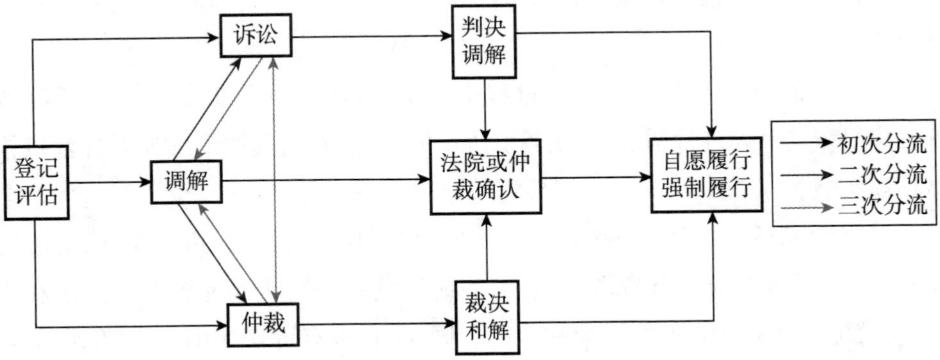

图3　涉外商事纠纷一站式解决工作室流程

（1）核心流程一：纠纷登记与初次分流。鉴于商事纠纷诉调对接的优势与基础，涉外商事纠纷的初次分流以进入调解程序为原则。具体而言，在涉外商事纠纷立案登记后，对纠纷进行集中甄别和评估，考察案由、当事人、标的、纠纷程度、涉外因素详情等情况，结合案件类型与当事人意愿，能进入调解程序的均进入调解程序；个别案件确有必要的，分别进入诉讼或仲裁程序。

（2）核心流程二：纠纷调解与二次分流。进入调解程序的案件，能达成调解协议的，根据实际情况与当事人意愿，通过法院确认或仲裁确认的方式，由法院出具调解书或仲裁机构出具裁决书的方式结案；无法达成调解协议的纠纷，由调解机构固定争议焦点，并主持双方达成新的仲裁协议进入仲裁程序，或者进入诉讼程序。

（3）核心流程三：诉讼或仲裁中的程序转换。案件在诉讼或仲裁程序中，确有必要转换程序的，由法院组织双方形成仲裁协议进入仲裁程序，或者由仲裁机构组织双方排除仲裁条款进入诉讼程序。

诉讼与仲裁各自的优势决定了两者的对接需求。仲裁源于商事领域，其相较于强调司法公开的诉讼而言保密性强，同时具有一裁终裁的效率优势；而诉讼具有更强的强制力保障，并给当事人提供上诉权利。目前，在涉外商事纠纷领域中，仲裁发挥着不可替代的作用：一方面，各国家及地区法系、司法程序迥异，相较于诉讼程序而言，国际基本统一、通行的仲裁程序更易理解与掌握；另一方面，因涉外商事判决需要经过涉外送达、境外调查或执行等司法协助程序，如在诉讼中双方均有意仲裁并能够达成仲裁协议，相比诉讼，将降低当事人的时间与经济成本。因此，在诉、仲衔接条线上做到为当事人提供充分、客观的选择指引，设置便捷、合理的分流与转换通道，将有效使诉、仲二者达到优势互补效果。

同时，当事人的诉讼或者仲裁过程中愿意调解的，经当事人同意，可委托调解机构组织当事人进行调解，达成调解协议的，由法院出具调解书或者仲裁机构出具裁决书。

（4）核心流程四：保全与执行。纠纷处理过程中的保全或执行需求，由法院统一负责。法院整合内部资源，为涉外纠纷一站式解决机制配置专门保全和执行人员，统一负责全流程的保全和执行。同时，在现有诉讼法框架内，负责主导不同程序转换过程中的保全措施平移。

4. 配套辅助:程序保障功能

搭建统一平台,汇集与纠纷解决相关的证据公证、外国法查明、专业翻译、专家咨询等配套与辅助机制,保障纠纷解决程序推进的流畅度与完整度。

(二)构建完善运行载体与配套制度

在一个涉外商事纠纷处理过程中,除核心流程之外,亦需要配套制度的协调与保障,主要为以下五个方面。

1. 形成一站式纠纷解决集中工作载体

以法院为纠纷解决及日常联络提供集中场地,汇聚调解、仲裁、诉讼资源,以法院与仲裁机构、调解组织的合作协议为基础,由三方派驻固定人员入驻,形成软件和硬件上的专门化、统一化的一站式纠纷解决工作载体。配备专业设备设施,借助互联网等技术手段,同步提高纠纷现场解决、远程解决能力,为当事人扩大选择视野、扩充选择资源、提供集中服务,统一纠纷解决水准。

2. 建立涉外商事纠纷类型化分流机制

根据已受理过的纠纷类型与特点,建立涉外商事纠纷类型化分流体系,并以此为依据,明确纠纷分流的具体标准:(1)适宜调解的纠纷类型。如双方有调解意向的纠纷;事实较简单、双方争议不大的纠纷等。(2)适宜仲裁的纠纷类型。如被告的主要财产在境外,可能需要在境外申请执行的纠纷;双方具有仲裁协议,或者约定过仲裁条款,但该仲裁条款被认定无效或约定不明的纠纷;双方均为涉外主体,或者法律关系主要发生在境外的纠纷;其他适宜仲裁的纠纷。(3)适宜诉讼的纠纷类型。如一方下落不明,需要涉外公告送达的纠纷;双方均为境内主体,或者主要财产在境内,或者主要法律关系发生在境内的纠纷;当事人坚持选择诉讼的纠纷;当事人矛盾激化程度较高,不适宜调解或仲裁的纠纷等。

3. 建立争议解决机构名册及专家库建设

探索符合涉外商事纠纷特性的纠纷解决方式,积极拓展争端解决资源。整合具有调解功能的各类解纷资源,统一公布仲裁及调解机构名册、仲裁员及调解员名册、优势争端解决领域、争端解决流程、特点及方式等,引导不同类型的当事人对纠纷情况进行合理评估,从统一名册中便捷地、有针对性地选择适合的解纷机构和方式,提升争端解决的有效性。推进专家库机制建设,将在国际投资、贸易、金融、物流运输、税务、知识产权、法律、争端解决及其他实体产业等各个领域具有专门知识和经验的学者、律师、专业人员等,纳入专家库,积极拓展专家参与涉外商事纠纷解决的渠道和路径；突破现有模式实现诉、仲、调三个条线的专家资源的一库共享，通过专家参审、专家意见、专家研讨等方式，充分发挥各领域专家在纠纷解决中的独特作用。

4. 完善外国法查明机制、法律翻译服务机制等审判辅助性机制

通过一站式纠纷解决工作室与外国法查明、翻译、公证、鉴定等专业机构签订合作备忘录，形成统一服务平台，一方面，方便当事人自主进行选择，缩短服务衔接与反馈时间；另一方面，对专业机构在服务启动、服务程序、意见解释、费用负担、结果记录等方面进行统一规范，将专业水准调校至统一高度。

5. 纠纷解决费用统一机制、远程审判等信息化辅助机制

在涉外纠纷一站式解决机制中平衡诉讼费、调解费、仲裁费计费标准，并确保费用转换环节没有预算及手续上的障碍。在硬件配备上，完善流转衔接、远程解纷、数据分析、信息反馈等功能，更好地辅助一站式纠纷解决工作的开展。同时，加强调解机构、仲裁机构相关信息化平台与法院诉讼电子平台的合理、安全对接，提升当事人在诉讼、调解、仲裁转换时的便捷性。

四、涉外商事纠纷"诉讼、调解、仲裁"一站式解决机制的初步成效

结合世界银行营商环境报告的评价指标，涉外纠纷一站式解决机制自 2019 年 9 月底实际运行以来，目前已经初步取得了一些积极成效。

一是分别与上海财经大学、华东政法大学自贸区法律研究院、上海仲裁委员会、上海国际经济贸易仲裁委员会、上海浦东新区东方调解中心、上海经贸商事调解中心、上海市东方公证处、华东政法大学外国法查明研究中心、上海市外事翻译工作者协会等 14 家专业机构签订合作备忘录，为涉外纠纷一站式解决机制的顺畅运行打下坚实基础。

二是开拓与延展调解模式，有效激发专业调解进一步发挥积极效能，积极探索将商事调解组织的调解笔录与司法确认笔录合二为一，规范流程、简化程序，并增加虚假诉讼告知，在有效防范虚假诉讼风险的同时，进一步发挥专业调解制度优势。通过诉前委托专业商事调解组织进行调解，在截至目前调解成功的个案中，澧贝合伙企业作为外商投资企业，从起诉立案至被告履行付款义务最短可缩短至仅使用 6 天时间，亦即仅花费 6 天时间使系争合同得以执行并实现其合法权益，充分发挥了商事纠纷专业调解制度专业、便捷、有效、友好的优势，对外资企业展现了中国司法的良好形象。

三是依托涉外纠纷一站式解决机制以及信息化平台办理的个案，分别在以

下诉讼程序及环节中实现了增速、提效、降成本:立案环节,平均节省到院立案所需在途时间、立案大厅等待及立案时间为 3.5 小时;在线流传案卷文件,平均缩短案卷材料交换与转递时间 10 ~ 12 天;在线扫描与输入,平均减少原告提交纸质材料约 92 页,减少法院档案扫描 47 页;送达环节,节省传票、诉讼文书邮寄送达所需平均在途时间 8 天及费用人民币 60 元;文书撰写环节,通过智能文书系统自动提取信息 28 次,自动导出财产保全、准许撤诉及解除财产保全等民事裁定书 4 份;归档报结环节,自动生成数字卷宗 195 页,节省书记员整卷归档时间约 2 小时。涉外纠纷一站式解决机制下,以和解撤诉结案的单个案件从原告立案至被告履行付款义务共计使用 46 天,其中工作日仅 30 天,即原告仅使用了 30 个工作日使系争合同得到执行,财产保全措施的采取与解除亦分别在 7 个工作日内完成,从而有效地保障了纠纷双方的平等诉讼权利,帮助涉诉市场主体尽快恢复正常经营,发挥了涉外纠纷一站式解决机制的预期功能。

四是创新探索了与仲裁机构对接的流程。通过邀请仲裁机构三方参与并就纠纷管辖给予专业意见,合理引导当事人并积极促成双方仲裁合意,尊重当事人意愿依法处理并畅通纠纷解决对接渠道,"三步走"的方案,合理构建并畅通与仲裁机构的纠纷对接流程,提升当事人对涉外纠纷一站式解决机制下的纠纷转换方式的信任度与接受度,后续效果良好,运行较为顺畅。

【典型意义】

2018 年 1 月,中央全面深化改革委员会在《关于建立"一带一路"国际商事争端解决机制和机构的意见》中提出推动建立诉讼与调解、仲裁有效衔接的多元化纠纷解决机制,形成便利、快捷、低成本的一站式争端解决中心。2019 年 9 月,上海市浦东新区人民法院自由贸易区法庭率先在全市成立涉外商事纠纷"诉讼、调解、仲裁"一站式解决工作室,探索一站式解决机制。本案系涉外商事纠纷"诉讼、调解、仲裁"一站式解决机制一次有益实践。涉外商事纠纷一站式解决机制,是在涉外商事纠纷解决领域,积极探索涉外商事纠纷多元化解决机制,打通以往在审判、仲裁、调解三种不同程序之间的隔阂和障碍,使各类涉外商事纠纷能根据其实际情况在三种程序之间顺畅转换,实现"能调则调、适仲则仲、当判则判"的良好效果,进一步服务国家"一带一路"建设,服务上海"五个中心"建设,营造稳定、公平、透明、可预期的法治化营商环境。

【案例索引】

案号:上海市浦东新区人民法院(2019)沪0115民初92267号(2019年12月19日)

审判组织:徐劲草

编写人:徐劲草、秦男

司法协助与外国法查明

35

司法协助调查应符合双边条约及中国民事诉讼法律的规定

——越南社会主义共和国平定省法院司法协助调查案

裁判要旨

《中华人民共和国和越南社会主义共和国关于民事和刑事司法协助的条约》(以下简称《司法协助条约》)第12条规定,“缔约双方应根据请求,相互代为调查取证,以及进行与调查取证有关的必要诉讼行为”,受委托方在接受委托调查取证前应审查调查取证请求书及调查取证事项是否符合双边条约及我国民事诉讼法律的相关规定。

基本案情

2014年11月12日,注册于越南社会主义共和国的维斯帕克股份公司(Vinapack,以下简称维纳帕克公司)与注册于中华人民共和国境内的新余海美矿业有限公司(Xin Yu Hai Mei Mining Co.,Ltd.,以下简称新余海美公司)签订了原生塑料颗粒买卖合同,约定由维纳帕克公司向新余海美公司购买原生塑料颗粒25吨,货物总价为33,910美元,交货地为越南的岘港港口,付款方式为信用证支付。2014年12月4日,维纳帕克公司与中国银行胡志明市分行签订信用证合同,由中国银行胡志明市分行开具编号为LC511031400××××的信用证用于结算。

2015年1月2日,新余海美公司托运的货物运抵岘港的仙沙港口,维纳帕克公司在验货时发现货物与合同约定的货物不一致,故于2015年1月8日发送通知书给中国银行胡志明市分行要求暂停转款给新余海美公司。2015年1月9日，维纳帕克公司向越南平定省法院提起诉讼，并要求采取暂时紧急方法。平定省法院于2015年1月12日11时50分向中国银行胡志明市分行送达决定书，要求中国银行胡志明市分行停止向新余海美公司结算信用证，中国银行胡志明市分行回复已于2015年1月12日10时11分将总金额结算给信用证受益人，同时告知信用证在中国国内的结算银行为南洋商业银行(中国)有限公司。

由于对信用证是否已经兑付无法查实，平定省法院委托中国司法机关对结算信用证的南洋商业银行(中国)有限公司送达《要求暂时保留给 Xin Yu Hai Mei Mining Co. ,Ltd. 的支付款》的通知，并就相关问题进行调查。

【法院裁判】

上海市浦东新区人民法院2019年10月18日收到委托后，迅速组织查明了中国《民事诉讼法》对委托调查事项的相关规定，同时查明中、越两国于1998年10月19日签订了《司法协助条约》，第12条第1款、第2款规定："调查取证：一、缔约双方应各根据请求，相互代为调查取证，以及进行与调查取证有关的必要诉讼行为。二、调查取证请求书除应符合本条约第七条的规定之外，还应说明：(一)为取得证言需向被调查人提出的问题，或者关于需询问的事项的说明；(二)需检查的文件或者财产。"在审慎审查了平定省法院提交的材料后，法院认为该调查取证符合条约规定，可以对南洋商业银行(中国)有限公司进行送达及调查取证。

2019年10月25日，承办法官依据《民事诉讼法》的规定，至南洋商业银行(中国)有限公司依法送达及调查取证，根据平定省法院在委托函件中列明的调查问题一一进行了询问，并记录在卷，由被调查人确认签字。调查结束后，法院将调查结果进行了书面回复。

【案例评析】

一、国际民事司法协助的内涵与程序

国际司法协助作为国际合作中的一个重要内容，其价值不仅体现在便利地解决了涉外诉讼程序中的诸如送达、取证等困难，还体现在各国间能以司法合作为契机，促进不同主体之间在其他经济、文化等领域的交往与合作。国际民事司法协助是指在民事案件中，一国法院或其他主管机关，根据另一国法院或其他主管机关的请求,代为或协助进行送达文书,调查取证等诉讼行为,或为外国法院进行民事诉讼提供其他协助,或根据另一国法院或其他主管机关或有关当事人的请求,承认与执行外国法院的民事判决或仲裁裁决。[①] 中国的《民事诉讼法》第27章用8个条文对民事司法协助进行了规定。根据条文的不同规定,司法协助的范围主要包括如下方面:第一,代为送达诉讼文书;第二,代为调查证据;第三,承认和执行外国法院生效裁判;第四,承认和执行外国仲裁机构生效裁决。

外国法院请求我国提供司法协助的依据包括两方面:第一是司法协助的国际条约[②],第二是按照互惠原则。前者既包括两国之间缔结的双边条约,也包括像《海牙送达公约》《关于从国外调取民事或商事证据的公约》(以下简称《海牙取证公约》)这样成员方众多的多边条约,后者则是国际习惯法的一般性原则。对于外国法院提出的司法协助请求如何进行审查,以及处理的程序,《最高人民法院关于依据国际公约和双边司法协助条约办理民商事案件司法文书送达和调查取证司法协助请求的规定》(以下简称《司法协助办理规定》)和《最高人民法院关于依据国际公约和双边司法协助条约办理民商事案件司法文书送达和调查取证司法协助请求的规定实施细则》(以下简称《司法协助办理实施细则》)中进行了详细的规定。

为正确履行国际公约或双边司法协助条约的司法协助义务,《司法协助办理实施细则》规定各级法院都有审查权,应根据规定的标准进行审查。首先,最高人民法院国际司法协助统一管理部门应进行形式和实质的双重审查。形式审查内容包括:(1)有中央机关的转递函或者请求书;(2)请求书中列明的文件清单与实际所附文书是否一致;(3)外国请求送达的司法文书应附有符合公约或条约规定的译文。实质审查的内容包括:(1)请求国是《海牙送达公约》缔约国或者与中国签订的双边民事司法协助条约已经生效;(2)属于《海牙送达公约》或者双边民事司法协助条约规定的范围;(3)属于人民法院的办理范围;(4)不具有《海牙送达公约》或者双边民事司法协助条约中规定的拒绝提供协助的情形;(5)请求方要求采取特殊方式送达的,所要求的特殊方式与我国法律不相抵触,且在实

---

① 参见方媛:《我国国际民事司法协助制度及完善建议》,载《现代妇女(下旬)》2014年第12期。

② 《最高人民法院关于依据国际公约和双边司法协助条约办理民商事案件司法文书送达和调查取证司法协助请求的规定》第1条规定:“人民法院应当根据便捷、高效的原则确定依据海牙送达公约、海牙取证公约,或者双边民事司法协助条约,对外提出民商事案件司法文书送达和调查取证请求。”第2条规定:“人民法院协助外国办理民商事案件司法文书送达和调查取证请求,适用对等原则。”

践中不存在无法办理或者办理困难的情形。

最高人民法院国际司法协助统一管理部门审查合格的,应当制作转递函,与所送达的文书一并转递受送达人所在地高级人民法院国际司法协助统一管理部门。高级人民法院国际司法协助统一管理部门在收到最高人民法院转来的转递函和所送达的文书后,同样应进行形式和实质审查。高级人民法院国际司法协助统一管理部门审查合格的,应当制作转递函,与所送达的文书一并转递受送达人所在地中级人民法院或者基层人民法院国际司法协助专办员。高级人民法院国际司法协助统一管理部门认为由法院办理更为适宜的,可以直接移交法院负责民商事案件司法文书送达工作的部门办理。中级人民法院或者基层人民法院国际司法协助专办员收到高级人民法院转来的转递函和所送达的文书后,亦应当参照同等标准进行审查,审查合格后,及时移交法院负责民商事案件司法文书送达工作的部门办理。

二、中、越涉外民商事送达司法协助机制

在国际民事司法协助领域,《海牙送达公约》《海牙取证公约》是最重要的两个条约,为国际间的司法协助提供了法律依据及操作指引。我国早在 1991 年 3 月 2 日和 1997 年 12 月 8 日已分别加入《海牙送达公约》《海牙取证公约》,成为两个公约的成员方。[①] 越南则在 2016 年加入了《海牙送达公约》,在 2020 年加入了《海牙取证公约》。同为两个公约的成员方,两国可以依据公约的约定进行司法协助。在共同加入的公约之外,我国与越南还签订了司法协助的双边条约。

1998 年 10 月 19 日,我国与越南签订《司法协助条约》,该条约于 1999 年 12 月 25 日生效。《司法协助条约》共五章 34 条,其第 1 条规定,缔约双方应根据条约,在民事与刑事领域相互提供送达文书、调查取证、承认与执行法院民事裁决和仲裁裁决及本条约规定的其他协助。缔约一方在请求对方提供司法协助时,应提出书面的司法协助请求。请求书应包括下列内容:(1)请求机关的名称和地址。(2)如有可能,被请求机关的名称和地址。(3)请求司法协助所涉及的案件和请求协助事项的说明,以及执行请求所必需的其他说明。(4)有关人员的姓名、性别、住址、国籍、职业及出生的地点和时间;如系法人,该法人的名称和地址。(5)有关人员如有代理人,该代理人的姓名、住所等情况。此外,如果被请求

① 《海牙送达公约》自 1992 年 1 月 1 日起对我国生效;《海牙取证公约》于 1998 年 2 月 6 日对我国生效。

方认为请求书中包括的资料尚不足以使其处理该请求，可要求请求方提供补充材料。请求书及其所附文件应由请求机关签署并盖章。

对于缔约方的调查取证请求，接受协助方除应审查请求书以外，还应审查调查取证请求书中是否说明以下问题：(1)为取得证言需向被调查人提出的问题，或者关于需询问的事项的说明；(2)需检查的文件或者财产。如调查取证请求符合《司法协助条约》的约定，且符合中国《民事诉讼法》的相关规定，接受协助法院可以代为调查取证，将结果书面通知请求方，并附所获得的证据材料。

在本案中，法院详细审查了平定省法院提交的材料，认为其材料符合双方之间《司法协助条约》的约定，也符合中国《民事诉讼法》的相关规定，故依法进行了送达及取证，完成了条约约定司法协助义务。

三、"一带一路"背景下提高司法协助效率的重要意义

2013 年 9 月，中国提出共建"丝绸之路经济带"和 21 世纪"海上丝绸之路"的倡议，这是以习近平总书记为中心的党中央为应对全球形势深刻变化、统筹国际国内两个大局作出的具有划时代意义的重大决策。"一带一路"倡议的提出标志着中国"走出去"进入了新的发展阶段，该倡议自提出以来受到了国际社会，尤其是"一带一路"沿线国家的高度关注，加强国际合作、互惠共赢的观念深入人心。在"一带一路"建设繁荣发展的同时，如何营造公平高效的法治环境，以妥善处理在经济交往过程中出现的法律纠纷也成为参与主体的共同诉求。"一方面，沿线沿路国家和地区在政治、经济和文化上的差异性较大，隶属的法系不同，其法律分类与术语、法律表现形式、审判模式与技巧、法律适用规则等迥异，造成同一纠纷在不同国家处理方式不同，判决的结果难以预料，投资者的法律风险无法预测；另一方面，沿线沿路国家法治、宗教、道德、习俗等差别较大，在基础设施、贸易投资等领域的法律法规、税收规定与国内不尽相同，许多国家有关投资贸易立法仍处在不断调整和完善阶段，难以把握交易规则，导致贸易难度进一步加大。"①因此，"'一带一路'沿线国家的跨国民事争议解决机制建设应主要放在协调不同国家间民事管辖权冲突、方便法院送达和取证、有利于民事判决的跨国承认和执行等方面"。②

以习近平新时代中国特色社会主义思想为指导，依法妥善化解"一带一路"

---

① 宋锡祥、朱柏燃：《"一带一路"战略下我国开展国际民商事司法协助的法律思考》，载《上海大学学报(社会科学版)》2017 年第 3 期。

② 袁发强：《"一带一路"背景下国际民商事争议解决机制之建构》，载《求实学刊》2018 年第 5 期。

建设过程中产生的商事争端，在维护司法主权的同时平等保护中外当事人合法权益，是司法机关建设公平公正的法治营商环境，为建设开放性世界经济提供有力司法服务和保障的重要体现。2018 年 1 月 23 日，中央全面深化改革领导小组会议审议通过《关于建立“一带一路”国际商事争端解决机制和机构的意见》，该意见彰显了我国坚持共商共建共享原则，与世界各国开展司法交流合作，推进国际法治发展的决心。推动国际司法协助工作，促进国际司法协助机制高效畅通是人民法院为“一带一路”建设提供司法服务和保障的重要议题。

在国际司法协助层面，我国已经与 39 个国家签订了涉及民商事的双边司法协助协定或条约，其中已经生效的有 38 项。[①] 司法协助条约的缔结为加强国际司法协助提供了法律依据，有利于我国与其他国家之间的法律合作。但同时应看到国际间的司法协作存在效率低、时间长等问题。因此，提高调查取证的效率对提升中国的司法形象和营造良好的法治营商环境具有重要的意义。

【典型意义】

随着“一带一路”建设的深入推进、上海自贸试验区的持续发展，跨国间的商业交往日趋频繁，因商业交往引发的争议也随之增加。无论是国外企业还是国内企业，都希望在优良的营商环境下进行商业活动。因此，对于在国际商事交往过程中产生的商事争议，各国司法机关应该在相互尊重的基础上，加强合作妥善处理商事纠纷。中国法院面对“一带一路”建设过程中产生的商事争议，应在维护司法主权的基础上，平等保护中外当事人合法权利。该司法协助案例为妥善处理国际间的司法协助调查取证提供了可供参考的实践经验。

【案例索引】

案号：上海市浦东新区人民法院（2019）沪 0115 协外调 1 号（2019 年 10 月 26 日）

审判组织：戴姣

编写人：戴姣

① 参见最高人民法院副院长陶凯元在海上丝绸之路（泉州）司法合作国际论坛专题研讨中的发言，载中国新闻网，http://www.chinanews.com.cn，最后访问日期：2021 年 10 月 27 日。

36

外国法院民商事司法协助调查取证请求案件的审查要点与办理思路

——阿根廷共和国布宜诺斯艾利斯自治市商业事务初审国家法院司法协助调查取证案

裁判要旨

国际民商事司法协助调查取证是国际司法协助的重要形式。1970 年《海牙取证公约》是全球首个两大法系国家共同参加的公约，是国际社会域外取证国际合作的法律基础。在该公约项下，与外国法院开展国际民商事司法协助调查取证是我国人民法院的专属涉外司法职能。该类案件由于总体数量较少，办理过程中存在相关规定内容较为概化而缺乏明确审查标准、不属于司法公开范畴而缺少比较参考、涉及国内法适用与国际法适用的统筹衔接、国家安全与公共利益审查标准模糊等若干国际法领域前沿议题，案件办理的高效性、规范性总体不足。为此，浦东法院自贸区法庭研究制定了《依据国际公约和双边司法协助条约审查办理外国司法机关民商事案件代为调查取证请求工作规范》，并对本案高效、成功取证起到重要促进作用。

基本案情

原告：Alcalis De La Patagonia S. A. I. C.

被告：Racing Club Asociación Civil

阿根廷共和国布宜诺斯艾利斯自治市商业事务初审国家法院于 2020 年受理 Alcalis De La Patagonia S. A. I. C. 诉 Racing Club Asociación Civil 一案。该案

中,Alcalis De La Patagonia S. A. I. C. 诉请 Racing Club Asociación Civil 支付 180 万美元,请求基础为因足球运动员 Giovani Andrés Moreno Cardona 转会(转换足球俱乐部)而产生的经济权利的相应转让。由于该足球运动员曾系上海申花联盛足球俱乐部签约运动员,阿根廷法院需要了解上海申花联盛足球俱乐部向该案 Racing Club Asociación Civil 曾经支付的转会价款、罚款或与该球员相关的其他款项支付情况和索赔情况。布宜诺斯艾利斯自治市商业事务初审国家法院于 2021 年 10 月依据 1970 年《海牙取证公约》向我国司法部提出司法协助调查取证请求,经最高人民法院国际合作局、上海高级人民法院转递,浦东法院于 2021 年 12 月 29 日收到(2021)司协函 168 号司法协助调查取证函。

【法院裁判】

收到协助调查取证函后,上海市浦东新区人民法院快速且审慎对该调查取证请求依次进行形式审查与实质审查:首先查明,阿根廷共和国为 1970 年《海牙取证公约》的缔约国,我国与阿根廷共和国之间无双边民商事司法协助条约;其次查明,因受新冠疫情影响,其中央机关依据该公约以电子邮件形式向我国递交司法协助调查取证请求书及附件材料,并逐级转递至浦东法院,符合我国依公约办理司法协助调查取证请求的形式要件;最后查明,前述调查取证请求事项属于 1970 年《海牙取证公约》规定范围,不具有损害我国国家主权、国家安全、公共利益等得以拒绝提供协助的情形,且调查取证办理方式符合我国民事诉讼法的相关规定。因此,本案应当及时回应请求,尽快协助进行调查取证。2022 年 1 月 10 日,本案承办法官前往被调查人上海申花联盛足球俱乐部有限公司经营地址进行材料直接送达及调查取证。在调查取证过程中,承办法官积极向被调查人履行释明义务,就阿根廷法院在函件中列明的内容一一进行调查询问,并制作调查笔录,由被调查人确认签字。2022 年 1 月 17 日,被调查人依法向法院提交调查取证内容的补充佐证材料,浦东法院对材料是否符合我国法律规定的证据形式,是否存在损害国家安全、国家主权、社会公共利益的情形进行后续审查,确保可以对外提交。本案于 2022 年 1 月 21 日成功办结,办理期限仅 23 天。

【案例评析】

无论在任何国家,法院在民商事案件审理中的一项重要任务是,在相关证据的基础上查明、认定案件事实,进而正确适用法律并公平合理地作出判决。对证据的提供、收集、判断和分析使用,实际上构成了整个事实认定活动的核心部分。然而与非涉外案件不同的是,涉外案件中的大量证据往往形成于或存放于受案法院地国境外,受到地理距离、司法主权及法律制度差异的客观影响,当事人的举证能力和法院对事实的查明能力均受到限制,常常需要进行跨域取证。在许多跨国民商事案件中,域外取证结果往往成为决定案件走向的关键因素。然而与此同时,由于各国法律制度、司法文化的差异以及司法主权的要求,各国取证制度之间存在激烈冲突,这种冲突单纯依靠各国国内立法无法解决,通过司法协助的方式对跨国调查取证进行国际协调成为必由之路。1970 年 3 月 18 日,海牙国际私法会议通过《海牙取证公约》。该公约自 1972 年 10 月 7 日正式生效至今,缔约国已达 64 个,成为国际社会域外取证国际合作的法律基础。[①]《海牙取证公约》明确了缔约国之间请求书取证、外交代表和领事取证、特派员取证三种跨域取证方式及具体要求,但基于该公约部分条款的模糊性与时效性,各国在适用公约过程中仍然存在明显分歧与矛盾,如公约的排他性适用问题、美国的证据开示制度与公约的冲突、公约能否适用于仲裁程序等。一些区域性的取证合作文件如《欧盟域外取证规则》《美洲国家取证公约》等对公约内容进行了改良,使该些区域内的取证程序得到进一步简化,适应了信息社会的发展趋势。[②]

我国于 1997 年正式批准加入了《海牙取证公约》,该公约自此成为我国与其他缔约国进行域外调查取证合作的主要法律依据。在此后我国与多国签订的双边民商事司法协助条约中,也多次以该公约内容作为双方司法互助具体实施的参照标准。[③] 于我国而言,依《海牙取证公约》接收外国法院提出司法协助调查取证请求的中央机关是司法部,但真正办理、执行该些请求的主体是各级人民法院。2013 年,颁布施行《最高人民法院关于依据国际公约和双边司法协助条约办理民商事案件司法文书送达和调查取证司法协助请求的规定》(于 2020 年修正),对于办理和对外提出司法协助请求的办理依据、原则适用、方式界限、管理

---

① See Status Table of the Convention of 18 March 1970 on the Taking of Evi-dence Abroad in Civil or Commercial Matters, https://www.hcch.net/en/instruments/conven-tions/status-table/? cid = 82, visited on 19 November 2022.

② 参见乔雄兵:《域外取证的国际合作研究——以〈海牙取证公约〉为视角》,武汉大学出版社 2010 年版,第 67 ~ 76 页。

③ 如在 2014 年生效的《中华人民共和国和波斯尼亚和黑塞哥维那关于民事和商事司法协助的条约》中,较 1988 年生效的《中华人民共和国和波兰人民共和国关于民事和刑事司法协助的协定》而言,关于司法协助调查取证的内容明显更为详细,并与 1970 年《海牙取证公约》具有一致性。

组织等作出安排。同年，最高人民法院印发的《关于依据国际公约和双边司法协助条约办理民商事案件司法文书送达和调查取证司法协助请求的规定实施细则（试行）》同步实施，进一步细化文件转递、专办职责、函件制作、审查标准等办理要素。然而由于我国法院及法官数量众多，对《海牙取证公约》及前述司法解释的理解存在广泛差异，加之司法协助调查取证请求办理并不在法律规定司法公开的范围内，法官在办理取证请求或提出取证请求时并无参照，使全国范围内各级法院办理司法协助调查取证请求的司法实践存在调查取证成功率较低、周期长、效率差、办理或拒绝办理标准不一、对信息化调查需求趋于保守等现象。①

自2020年以来，浦东法院自贸区法庭办理的调查取证请求数量与种类增多，调查取证所涉事实领域由传统国际货物贸易向境外基金、投资、并购延伸，提出请求国家包括越南、德国、美国。经梳理既有调查取证情况、总结已有问题、归纳办理经验，浦东法院自贸区法庭于2021年及时总结并制定《依据国际公约和双边司法协助条约审查办理外国司法机关民商事案件代为调查取证请求工作规范》，旨在进一步强化落实我国缔结或参加的国际公约、条约以及我国法律、司法解释中关于民商事国际司法协助调查取证的规定，保障境内外当事人的程序利益，协助并促进法院高效、规范办理国际司法协助调查取证工作。在该工作规范中，我们首先将办理司法协助调查取证请求的法律依据与原则予以列明，同时明确即使中央机关（司法部）、上级法院依据司法解释对于司法协助调查请求审查在先，下级人民法院仍然需要对调查请求依法进行全面审查，并不应减免审查义务。其次，该工作规范明确整个办理进程应当包括形式审查、实质审查与归档转递三大阶段。其中，形式审查应当包括材料核查、请求基础与依据审查两要素；实质审查应当包括请求事项审查、取证方式审查、证据提交审查三要素，并对各要素中的审查范围与要点逐一进行详述。

就本案而言，经形式审查，阿根廷共和国布宜诺斯艾利斯自治市商业事务初审国家法院依据1970年《海牙取证公约》提出调查取证请求，其请求依据及请求书、附件均符合公约及我国法律、司法解释的规定。

取证前，经实质审查，其请求性质系民商事，用于已经开始或即将开始的司法程序的证据；取证对象并非依据我国法律享有外交特权和豁免权的主体；取证

① 参见刘桂强：《我国民商事域外取证的司法实践：现状、问题与对策》，载《武大国际法评论》2021年第1期。

请求事项属于我国法院及本院职权范围;取证请求对象存在,联系方式清楚;取证请求事项、内容符合我国法律、法规的相关规定;取证请求事项、内容中不含有难以定义的敏感信息;其未提出特殊取证方式,应当依照我国法律规定进行取证。

在取证过程中,承办法官对被调查人详细释明了司法协助调查取证的意义、本次调查取证的内容及被调查人的权利义务,取得了被调查人的充分配合。

取证后,经进一步对调查取得证据的审查,本案待调查事项均已经完成并符合请求书要求;证据材料中不含有明确注明密级的材料;如果对外提交,不存在损害国家主权、安全、泄露国家秘密、侵犯商业秘密等情形;证据符合《民事诉讼法》及《最高人民法院关于适用〈中华人民共和国民事诉讼法〉的解释》、《最高人民法院关于民事诉讼证据的若干规定》等国内法规定的证据形式要件;不需要被调查对象进一步提供翻译文本;证据中不包含难以定义的敏感信息。

后承办法官及时向上级法院转递了包含办理结果转递函、被调查对象的身份证明材料、调查笔录等办理过程性材料、所调取证据材料、工作记录(列明办理依据、办理过程及重要节点、办理结果)等办理文件。在工作规范的指引下,本案办理效率较规范制定前大大提高,亦由于办理流程记载清晰、详细,同步提高了上级法院逐级审核及对外递交的效率。

【典型意义】

该司法协助调查取证案系浦东法院受理外国法院依据《海牙取证公约》提出司法协助调查取证案件中,办理期限首次短于30天的案件(自2017年首次受理以来累计第5件,其余案件办理期限分别为54天、137天、162天、98天),也是浦东法院自贸区法庭于2021年制定《依据国际公约和双边司法协助条约审查办理外国司法机关民商事案件代为调查取证请求工作规范》后办理的首例外国法院请求司法协助调查取证案件。本案所涉纠纷的基础事实发生于2012年至2020年,被调查人作为国内知名足球俱乐部的经营主体,已经过多次主体合并、业务整合与人员变更,事实调查难度较大。为积极践行国际条约义务、审慎履行国际司法协助职责,承办法官依据前述工作规范,充分做好办理程序、审查依据、结果形成等重要调查取证前后节点审查工作,在调查取证过程中向被调查人详细释明国际民商事司法协助调查取证的含义、性质、法律定位及国际交往价值,并充分尊重被调查人在调查取证过程中的合法权益,取得了被调查人的充分信任与配合,大大提高了司法协助调查取证的办理效率,高效并审慎地完成了此次司法协助调查取证。未来,浦东法院自贸区法庭将继续深入研究1970年《海牙取证公约》及我国双边司法协助条约,积极探索我国法院对外提出司法协助调查取证请求的规范化操作模式,在依约履行国际义务的同时,提高使用国际法工具的积极性、规范性、专业性。

【案例索引】

案号:(2021)沪协外调4号(2022年1月20日)

承办人:秦男

编写人:秦男

37

涉外商事审判中外国法查明的途径及方法

——建发公司与艾伯特公司(MB Barter & Trading S. A.)
买卖合同纠纷案

裁判要旨

在审理涉外商事案件过程中,如需适用外国法,我国法院和法官负有查明外国法的职责,不能简单轻易地以"无法查明外国法"为由而适用中国法。在当事人无法提供外国法,法官也无法自行查明的情况下,可以依据上海市高级人民法院与华东政法大学签订的《外国法查明专项合作纪要》(以下简称《纪要》)及《外国法查明专项合作机制操作指引(试行)》的有关精神,委托相关单位和专家进行查明。在涉及瑞士当事人的案件,如果中外双方约定了"单边选择性争端解决条款",即便约定了两种不同的争端解决方式以供单方选择,也应视为有效约定。法院应当要求有权作出选择的一方当事人按照约定作出明确、具体的书面选择,并根据其选择的争端解决方式,对案件管辖(或主管)问题作出处理。

基本案情

原告:厦门建发化工有限公司(以下简称建发公司)

被告:瑞士艾伯特贸易有限公司(MB Barter & Trading S. A.,以下简称艾伯特公司)

2011年4月7日,建发公司和艾伯特公司(登记地位于瑞士楚格州)签订《销售确认书》,合同原文为英文,其中第14条原文为:At seller's option all disputes hereunder shall be settled either before the courts of canton of Zug, Switzerland, or in accordance with the rules of conciliation and arbitration of the international chamber of commerce in Paris, the seat of any arbitration being in Zug. 上述条款经上海上外翻译总公司翻译后的译文为,出售方可以选择将由此产生的一切争议提交瑞士楚格州法院解决或根据巴黎国际商会仲裁调解规则在楚格州进行仲裁。

艾伯特公司提供了瑞士联邦法院的案例(案例号:4A－240/2012),此案中当事人在《销售确认书》第14条中约定了复杂的仲裁条款,同时在第16条中约定在日内瓦法院诉讼。瑞士联邦法院认为当事人达成了仲裁合意,肯定了仲裁协议的效力。艾伯特公司认为,应该参考该案例的意见处理本案争议。

合议庭审查后认为,因瑞士属于联邦制国家,既有联邦的成文法和判例,又有各个州的成文法和判例,应当先查明是否有成文法的规定。因本案中"仲裁协议"约定的仲裁机构位于瑞士,且一方当事人住所地位于瑞士,根据《瑞士联邦国际私法》的规定,本案系国际仲裁,应适用《瑞士联邦国际私法》第12编"国际仲裁"的规定,而非楚格州法律。根据《瑞士联邦国际私法》第7条"仲裁协议"的规定,如果协议双方约定以仲裁方式解决争议,则瑞士法院应当无权对案件进行管辖,除非法院最终认定仲裁协议无效或不具有约束力。但一审法院承办法官未查询到明确规定"或诉或裁"条款效力的瑞士成文法。承办法官通过"瑞士仲裁判决网"(网址:www. swissarbitrationdecisions. com)查询到瑞士联邦法院的案例(案例号:4A－279/2010),在此案中当事人双方在合同第22条约定,"双方可将争议提交到美国仲裁协会的仲裁庭进行仲裁或任何其他美国法院,该仲裁需依照国际商会规则进行裁决"。一方当事人诉至瑞士楚格州法院后,双方产生争议,最终上诉至瑞士联邦法院。瑞士联邦法院认为该仲裁协议缺乏明确的排除法院管辖的意思,故驳回仲裁条款的有效性,法院对该案有管辖权。

为进一步查明瑞士的法律或判例,上海市浦东新区人民法院委托华东政法大学外国法查明中心进行外国法查明。外国法查明研究中心邀请华东政法大学副校长林燕萍、德国汉堡马克思普朗克外国法与国际私法研究所研究人员等国内外专家,查阅并提供了联合国的有关公约、瑞士联邦的民事诉讼法、国际私法等多部法律法规以及多个类似的判例,结合成文法和判例,对于双方系争条款的性质、效力等进行了分析,并出具了《法律意见书》。其法律意见内容涉及:(1)本案所涉及的是一个"单边选择性争端解决条款"的有效性问题。这种条款的有效性在瑞士没有明确规定。在国际上也存在极大争议,尚没有统一的结论,各国法律都没有笼统规定,只能根据个案解决。(2)与本案最为相关的案例是瑞士联邦法院4A－279/2010号判例。该案中,所涉及的同样是“或诉或裁”条款的有效性,而且属于《纽约公约》适用范围。(3)瑞士联邦法院4A－240/2012号判例与本案没有直接关联性。该案合同中分别包含一项独立的仲裁条款和一项独立的管辖权条款,当事人并未对仲裁条款的有效性发生争议,法院需要判断的只是仲裁条款是否具有优先性以及仲裁庭根据仲裁条款所作的裁决是否有效。假如基于上述理由,那么本案中的仲裁条款应属无效。(4)本案系争条款的性质取决于当事人的选择,如果当事人选择仲裁,那么它就是一项仲裁条款;如果当事人选择诉讼,那么它就是一项法院选择条款。如果当事人选择仲裁,根据《法律适用法》第18条规定:当事人可以协议选择仲裁协议适用的法律;当事人没有选择的,适用仲裁机构所在地法律或者仲裁地法律。本案当事人未选择准据法,应依照仲裁机构所在地法律来判断其效力,即瑞士法律。如果当事人选择诉讼。我国现行法律没有明确规定应适用何种法律进行判断,但根据最高人民法院多年实践来看,应适用法院地法,即中国法。(5)如果仲裁条款无效,其中的法院选择条款是否有效?专家认为,根据我国的长期实践,法院选择协议的有效性应依受理案件的法院所在地法律进行判断,本案中应依照我国法律判断其效力。

建发公司主张,建发公司和艾伯特公司于2011年签订了《销售确认书》,艾伯特公司向建发公司提供PTA等原料,但艾伯特公司提供的原料与约定质量不符,在进口过程中被我国张家港海关扣留并责令退货。建发公司诉至法院,请求判令艾伯特公司承担限期退运、返还货款及赔偿损失等责任。

艾伯特公司认为,双方《销售确认书》第14条约定:“出售方(艾伯特公司)可以选择将由此产生的一切争议提交瑞士楚格州法院解决或根据巴黎国际商会仲裁调解规则在楚格州进行仲裁,仲裁地在楚格州。”艾伯特公司认为,此条款根据瑞士法律规定是一个有效条款,具体管辖应由艾伯特公司选择,中国法院对该案无管辖权。据此,艾伯特公司提出管辖权异议。在法院审查过程中,艾伯特公司向法院提交了书面确认函,确认其选择由瑞士楚格州法院处理本案争议。

法院组织双方进行了管辖权异议听证,建发公司认为艾伯特公司的管辖权异议不成立。理由为:双方签订的《销售确认书》第14条约定应属无效仲裁条款。第一,该条款写明是针对“出售方”即艾伯特公司提起诉讼或仲裁的情形,但未约定“买方”即建发公司先提出争议解决时,必须局限于条款约定的机构,故该条款对建发公司没有约束力,仲裁条款的效力与本案管辖权无关。第二,该条款约定了纠纷不仅可以通过诉讼解决还可以通过仲裁解决，属于“或诉或裁”条款，违反了仲裁排除法院管辖的基本原则，应认定仲裁条款无效。第三，艾伯特公司在中华人民共和国上海市浦东新区设立了上海代表处，故建发公司有权向法院起诉。

【法院裁判】

上海市浦东新区人民法院经审理认为，针对本案被告提出的管辖权异议，双方的争议可以从以下几点分层阐述。

第一，关于系争约定条款是否对建发公司具有约束力。双方有关“出售方可以选择将由此产生的一切争议提交瑞士楚格州法院解决或根据巴黎国际商会仲裁调解规则在楚格州进行仲裁”的约定，是一个“单边选择性争端解决条款”，通过该约定，双方同意授予出售方（艾伯特公司）单方决定双方争议解决方式的权利。法院认为，建发公司和艾伯特公司均为法人，系平等的商事交易主体，对于合同文本内容具有平等的协商缔约权利，双方也均未提出缔约过程中存在欺诈或胁迫等情况，因此，该约定应属双方平等协商后达成的一致意见。尽管该约定将选择权授予出售方（艾伯特公司），限缩了建发公司的权利，但因该约定是双方协商一致的结果，且并不足以构成双方权利义务显失公平，建发公司应当恪守。因此，对于建发公司认为该约定对其没有约束力的意见，法院不予采纳。

第二，关于系争约定条款是否属于“或诉或裁”条款，是否违反仲裁排除法院管辖的原则。常见的“或诉或裁”条款实际上是指双方均有选择权，在一方起诉时，另一方要求仲裁；或一方提请仲裁时，另一方要求诉讼，并因此产生管辖权争议。在此情况下，双方在缔约过程中就纠纷解决方式和管辖权问题并未达成唯一、确定的意见。而本案涉及的是一个“单边选择性争端解决条款”，其性质取决于一方当事人（艾伯特公司）的选择，如果当事人选择仲裁，那么它就是一项仲裁条款；如果当事人选择诉讼，那么它就是一项法院管辖条款，而且该选择是唯一的、确定的，与双方均有权选择诉讼或仲裁的情形并不相同。具体到本案而言，艾伯特公司书面发表意见，请求法院将案件移送瑞士楚格州法院进行审理，通过该书面意见可以认定，艾伯特公司已经明确选择由瑞士楚格州法院处理建发公司与艾伯特公司之间的纠纷。在艾伯特公司明确选择瑞士楚格州法院管辖的情况下，本案管辖权争议焦点就是“选择法院管辖条款”对本案管辖权的影响，不属于“或诉或裁”条款，并不违反有关法律的规定。

第三,本案艾伯特公司选择瑞士楚格州法院管辖约定是否有效。对于“单边选择性争端解决条款”的效力问题,应当依据当事人的不同选择,适用不同的准据法。如果艾伯特公司选择仲裁,根据《法律适用法》第 18 条规定:当事人可以协议选择仲裁协议适用的法律。当事人没有选择的,适用仲裁机构所在地法律或者仲裁地法律。如果艾伯特公司选择诉讼,我国现行法律没有明确规定应适用何种法律进行判断,从实践来看,应适用受理案件的法院地法,即中国法。由于艾伯特公司选择瑞士楚格州法院管辖,因此,应适用我国法律判断其效力。根据我国民事诉讼法的有关规定,合同纠纷的当事人可以书面协议选择艾伯特公司住所地、建发公司住所地等与争议有实际联系的地点的外国法院管辖。本案艾伯特公司住所地位于瑞士楚格州,瑞士楚格州法院属于与争议有实际联系的外国法院,且国际货物买卖合同纠纷不属于我国法院专属管辖,双方在合意授权艾伯特公司单方选择权时,明确约定了瑞士楚格州法院的地域管辖,并未违反法律规定,应属有效。

因此,艾伯特公司基于双方约定而取得单方选择权,其选择瑞士楚格州法院处理双方争议与法不悖,法院对本案无管辖权,建发公司向法院起诉不符合起诉条件。由于对本案有管辖权的法院是外国法院,法院无法直接移送,因此,在法院驳回建发公司起诉后,建发公司应当直接向瑞士楚格州法院提起诉讼。

综上,上海市浦东新区人民法院于 2015 年 12 月 30 日作出(2012)浦民二(商)初字第 S3375 号民事裁定:驳回建发公司的起诉。

一审裁定后,建发公司不服向上海市第一中级人民法院提起上诉。上海市第一中级人民法院于 2016 年 4 月 14 日作出(2016)沪 01 民终 3337 号裁定:驳回上诉,维持原裁定。

【案例评析】

本案属于涉外商事案件,因艾伯特公司提出管辖权异议,尚未进入实体审理阶段,仍处于程序审查阶段。艾伯特公司提出,双方合同第 14 条之约定是符合瑞士法律规定的,是有效的约定,建发公司应受该条款约束。对此,合议庭及研讨过程中存在两种不同的观点:少数意见认为,该约定仅能约束出售方(艾伯特公司),对于购买方(建发公司)没有约束力;多数意见认为,该条约定明确“一切争议”,不仅包括出售方作为权利主张方的争议,也包括购买方作为权利主张方的争议,即便购买方主张权利,也应由出售方来选择争议解决方式。由于该约定中涉及"仲裁条款",根据《最高人民法院关于适用〈中华人民共和国仲裁法〉若干问题的解释》第16条:"对涉外仲裁协议的效力审查,适用当事人约定的法律;当事人没有约定适用的法律但约定了仲裁地的,适用仲裁地法律;没有约定适用的法律也没有约定仲裁地或者仲裁地约定不明的,适用法院地法律。"由于双方约定的仲裁地位于瑞士楚格州,要看该约定是否有效,首先要看瑞士法(包括瑞士联邦或楚格州)对此是否有规定,也就是要解决外国法的查明问题。

外国法的查明,也称外国法的证明(proof of foreign law)或外国法内容的确定,是指一国法院在审理涉外民商事案件时,如果依照本国的冲突规范应当适用某一外国法律时,如何查明该外国法关于这一特定问题规定的过程。① 由于世界上各国法律千差万别,任何一个法官都不可能通晓世界各国的法律。因此,当法院在审理涉外民商事案件时,如果依照本国的冲突规范指引应当适用外国法,就必须通过一定的方式和途径来查明外国法的内容。同一案件适用不同国家的法律可能会产生截然不同的结果,如何查明相关外国法的内容就成为法院或者仲裁机构必须解决的重要问题,也成为对当事人诉讼结果具有重大意义的问题。

一、外国法查明的方法

这首先取决于对于外国法性质的认定,即外国法内容是属于"事实问题"还是"法律问题"的认定。对此,各国的观点并不一致,主要有三种意见。

(一)事实说。英美法系国家多持这一观点。他们认为,依照本国冲突规范而适用的外国法对于本国而言,只是一个单纯的事实问题,而非法律问题。美国和英国的司法实践以往均采用这一观点。不过,目前这一观点也有所改变。例如,在英国,原来是由陪审团来决定外国法这一事实问题,现在由法官单独决定。因此,英国学者莫里斯说,外国法虽然是一个事实问题,但是一个特殊类型的事实问题。②

(二)法律说。法国、意大利等国家的学者持这一观点。这种观点认为,本国法院适用外国法,是根据法律关系的本座而适用的,由于本国法和外国法律完全平等,因此,本国法官适用外国法与适用本国法是一样的,没有区别。

(三)折中说。德国、日本和东欧国家持此种观点。该说主张外国法既非单

---

① 参见黄进:《国际私法》,法律出版社1999年版,第297页。

② 参见韩德培主编:《国际私法新论》,武汉大学出版社1997年版,第200页。转引自[美]J. H. C. 莫里斯主编:《戴西和莫里斯论冲突法》,中国大百科全书出版社1998年版,第38页。

纯的事实，也非绝对的法律，而是依本国冲突规范指引需适用的外国法律。从本国法的视角，它属于外国法律；从外国法的视角，它是依据法院地国的冲突规范而被援引的。因此，它既区别于本国法，又不同于外国法，而是一种特殊的事实。所以，查明外国法既不同于"确定事实"的程序，也不同于"确定法律"的程序。

在我国，国际私法学理论界曾有观点认为，由于我国采取"以事实为依据，以法律为准绳"的原则，所以人民法院在审理涉外民商事案件时，无论是事实还是法律都必须查清，外国法是事实问题还是法律问题在我国没有实际意义。但实践中，由于外国法的性质问题涉及案件审理中"举证责任"的分配，上述理论观点在实务操作过程中是存在较大争议的。

《法律适用法》第 10 条第 1 款规定："涉外民事关系适用的外国法律，由人民法院、仲裁机构或者行政机关查明。当事人选择适用外国法律的，应当提供该国法律。"第 10 条第 2 款规定："不能查明外国法律或者该国法律没有规定的，适用中华人民共和国法律。"

从法律规定来看，立法者还是将外国法看作"法律"，多数情况下，应当由法院、仲裁机构或者行政机关依职权查明，只有在当事人选择适用外国法时，当事人才负有提供外国法的义务。

本案是否能够适用中国法。在本案审理过程中，有一种观点认为，本案双方当事人在合同中已经合意选择了瑞士法，应当由当事人自行提供相关的法律或判例，如果当事人无法提供，则应当依据《法律适用法》第 10 条第 2 款"不能查明外国法律"的规定，直接适用我国法律。我们认为，《法律适用法》的规定只是在某些情况下（如双方约定适用外国法）加重了当事人提交法律和判例的义务，但并没有因此而反对或禁止我国法院或法官主动查明相应的外国法。而且，在本案中，双方也提供了瑞士的法律或判例，但是对于瑞士的法律和判例存在争议，法官需要对争议依法作出处理。如果认为当事人自行约定适用外国法，法院就可以回避查明义务，这种理解是不合理的，也是与立法本意不符的。虽然在案件审理过程中，直接适用中国法是最为方便和快捷的方式，但这可能违背当事人的本意，对外也可能有损中国法院公平公正的形象和我国的司法权威。

二、由谁履行外国法的查明义务

由于各国对于外国法性质的认识存在分歧，各国的立法和实践中对于外国法查明责任的规定也不尽相同。外国法的查明责任大致可以分为以下三类。

1. 当事人举证证明，并承担相应的举证责任。认为外国法查明属于事实问题的国家采取这种做法。他们通过确定事实的程序确定外国法的内容,也就是说,外国法的内容必须由当事人像证明案件其他事实一样加以证明,法官并无依职权查明外国法的义务。

2. 法官依职权查明,当事人无须举证。一些欧洲大陆国家采取这种做法,他们认为外国法和本国法一样,都是法律,按照“法官知法”的原则,在应当适用外国法时,只能由法官依职权查明外国法的内容,并依据查明的内容作出判决,当事人对此不承担任何责任。

3. 原则上由法院依职权查明,当事人也有协助义务。德国、日本、瑞士等国采取这种做法。他们主张查明外国法应当采用既不同于查明案件事实,也不同于查明本国法律的方式来进行。

但是,从目前的发展来看,世界各国正在逐步改变完全由当事人举证或者完全由法官依职权查证的做法,而将查明外国法的责任在当事人和法官之间进行分配。这种做法更加合理,并且有利于提高审理涉外民商事案件的效率。

根据《法律适用法》第 10 条的规定,我国采取的是第三种方式,即原则上由法院等适用法律的机构依职权查明,在特定情况下,当事人也负有协助义务。立法的理由在于:第一,外国法的本质仍然属于法律。外国法虽然是基于外国主权而产生,在我国并非当然具有法律效力,但基于我国的冲突规范援引而使其成为“准据法”后,就成为我国法院等机构适用法律的依据。它应该是一种法律,不能因其适用的地域(领域)不同就改变其法律的属性。第二,将外国法看作法律符合我国的诉讼模式。我国法律体系从立法、司法技术上较多采用大陆法系的职权主义诉讼模式,法官在诉讼中发挥着更多的作用。把外国法看作法律,法官可以自行查阅外国法的内容是较为合理的。第三,将外国法完全看作事实问题并不合理。在某些情况下,法官利用自己的学识和掌握的法律资源,可以轻而易举地查明某一外国法,从而缩短外国法查明的过程。比如,《德国民法典》的内容,由于出版物的繁荣和互联网的发达,相关内容已经很容易获得,无须当事人再举证。第四,赋予当事人必要的举证义务则有利于尽快解决争议。在司法实践中,“当案件需要适用外国法时,最需要、最熟悉、最了解该外国法的很可能是当事人,尤其是合同领域中”①。因此,涉外法律关系适用法中也规定了在当事人约定适用外国法律时,有义务提供该法律。

---

① 杜新丽:《国际私法实务中的法律问题》,中信出版社 2005 年版,第 109 页。

三、查明外国法的途径

涉外法律关系适用法并未明确规定。《最高人民法院关于贯彻执行〈中华人民共和国民法通则〉若干问题的意见(试行)》(已失效)第193条规定:对于应当适用的外国法律,可通过下列途径查明:(1)由当事人提供;(2)由与我国订立司法协助协定的缔约对方的中央机关提供;(3)由我国驻该国使领馆提供;(4)由该国驻我国使馆提供;(5)由中外法律专家提供。从司法实践来看,由当事人提供外国法和通过中外法律专家提供外国法的途径使用较多,而其他途径操作难度大,或缺乏对接机制、花费时间长,效果不甚理想。

1. 对于法律规定的正确理解。在实践中,需要解决两个问题:一是是否"仅能"通过上述五种途径查明;二是是否"必须穷尽"上述五种查明途径。对于第一个问题,我们认为,法律规定是"可以通过"的表述,而没有使用"应当通过"或者"必须通过"之类的表述,这说明这些查明途径不是强制性规定,而是一种指引性、指导性的规定,并未禁止当事人和法院采取其他方式查明外国法。只要外国法的内容可以确认,通过何种途径查明不应有所限制。例如,具有权威性的公开出版物、网站等均可以成为外国法查明的途径。对于第二个问题,答案应该也是否定的。从司法解释的条文来看,是选择适用,而非强制性地必须适用。从司法实践来看,上述查明途径本身所需的周期都很长,在法院目前"诉讼爆炸"的客观情况下,如果要穷尽所有手段,显然不现实。因此,我们认为,选择由当事人提供和中外法律专家提供这两种途径进行查明,具有合理性和可行性。一般而言,如果这两种途径无法查明,基本上也无法通过其他方式查明,可以根据法律规定,适用我国法,《最高人民法院关于适用〈中华人民共和国涉外民事关系法律适用法〉若干问题的解释(一)》中也基本采纳了这一观点。[①]

2. 关于委托专门机构和专家进行外国法查明的途径。在当事人无法提供或拒不提供外国法,法官又无法自行查明外国法的情况下,通过何种方式选任和委托法律专家进行查明,法律法规并无明确规定,实践中往往是个案处理,有时会出现"摸着石头过河"的情况。因此,在涉外商事案件的审理过程中,一直存在外国法难以查明的问题,往往会对案件审理周期、法律适用、审理结果等造成不利

---

① 《最高人民法院关于适用〈中华人民共和国涉外民事关系法律适用法〉若干问题的解释(一)》第15条:人民法院通过由当事人提供、已对中华人民共和国生效的国际条约规定的途径、中外法律专家提供等合理途径仍不能获得外国法律的,可以认定为不能查明外国法律……

影响,也在一定程度上影响了法官办理涉外案件的积极性。为破解这一难题,上海市高级人民法院与华东政法大学于 2014 年 12 月底签订了《纪要》,商定由华政外国法查明研究中心选任专家,提供外国法查明服务。《纪要》对于启动外国法查明程序的前提条件、委托程序、查明方式和时间、出具法律意见的方式等进行了规范、详细和具体的规定。① 在本案的审理过程中,由于瑞士的官方语言为德语、法语,当事人也自行提供了相应的法律或判例,但对于对方提供的法律意见、判例及其翻译均有异议。一审法院的主审法官及合议庭成员通过网络、学术论文等多种渠道查询瑞士法,但存在语言不通、法律和判例效力无法确定等多重障碍。在上述困难无法解决的情况下,一审法院依据上述《纪要》,委托华政外国法查明研究中心对有关法律和案例进行查明。该中心也依据《纪要》出具了专家意见,有力地推动了案件审理。

四、关于专家意见的采纳

对于法院依职权委托专家查明的外国法,专家所出具的"法律意见"在性质上类似于"鉴定结论",法院应当综合考虑专家的法律意见和当事人的意见之后,依法作出判断,而不应该直接照搬照抄"法律意见"。

一审法院在合议庭讨论、专题研讨会以及审委会初次讨论的过程中,大多数意见集中在本案争议条款是否属于"或诉或裁"条款,亦因此涉及"涉外仲裁条款"可能无效的问题,需按规定层报上级法院给予批复。而法律意见书对于该案争议条款属于"单边选择性争端解决条款"的定性可以说是"另辟蹊径",既解决了定性问题,也为合议庭解决本案争议开辟了新的思路。专家的法律意见认为,本案系争条款的效力在瑞士并无明确规定或判例,也可以说没有明确的禁止性规定。这一条款的性质取决于当事人的选择,如果出售方选择仲裁,那么就是一项仲裁条款,此时,需要考虑仲裁条款的效力问题;如果当事人选择诉讼,那么它就是一项法院选择条款,引申的含义就是此时不涉及仲裁,无须考虑仲裁条款的效力问题。

因此,合议庭讨论并报审委会再次讨论后,多数意见认为,因瑞士并无法律或判例否定"单边选择性争端解决条款"的效力,在商事案件中,应当尊重当事人意思自治,在艾伯特公司已明确选择由瑞士楚格州法院诉讼解决本案争议,该案

---

① 经过多年实践,2019 年 3 月,在《纪要》的基础上,上海市高级人民法院与华东政法大学又签署了《外国法查明专项合作机制操作指引(试行)》,对《纪要》的内容进行了充实完善。

不涉及涉外仲裁条款效力问题，一审法院可以依法对法院管辖问题作出处理。

五、本案系争的“单边选择性争端解决条款”是否有效

关于这一点，尽管专家意见认为，该条款的效力问题在瑞士以及国际上均无定论，争议较大，往往需要个案处理；但合议庭的意见较为统一，即认为因瑞士并无法律或判例否定“单边选择性争端解决条款”的效力，双方均系商事行为主体，应当秉持“意思自治”原则，双方已通过书面形式达成协议，即应恪守相关约定。且该约定并未剥夺建发公司的诉权，仅仅限缩了建发公司的选择权和主动权，应属有效。另外，由于艾伯特公司通过书面形式确认选择在瑞士楚格州法院通过诉讼解决双方争议，建发公司亦可以依照该书面选择，向瑞士楚格州法院起诉，无损建发公司权利。但在合议庭讨论中，有一种观点认为，艾伯特公司选择权行使的时间应当进行合理规制。本案中，艾伯特公司行使书面选择权的时间是在我国法院受理该案近三年之后，明显超出合理期间，有拖延诉讼之嫌。但合议庭讨论后认为，艾伯特公司行使选择权是在专家出具法律意见书之后，也是在法院查明外国法之后。艾伯特公司较为及时地作出了选择，并未超出合理期限，故可予准许。

【典型意义】

在涉外商事案件审理中，查明外国法是我国法院和法官的职责，不能轻易以“无法查明外国法”为由而适用中国法。在当事人无法提供外国法，法院穷尽合理途径仍无法查明的情况下，才可以依据“无法查明外国法”的规定适用中国法。本案系争合同约定了“单边选择性争端解决条款”，约定的仲裁地是瑞士楚格州，故要认定该条款的效力，就必须查明瑞士法的相关规定。浦东法院在双方当事人均无法提供瑞士法的情况下，没有直接适用中国法，而是通过委托专门的外国法查明机构对案件所涉外国法进行了查明。在此基础上，对合同约定“单边选择性争端解决条款”的效力作出正确认定，对此类案件的审理思路有一定参考价值。

【案例索引】

案号：

一审：上海市浦东新区人民法院（2012）浦民二（商）初字第 S3375 号（2015 年 12 月 30 日）

二审：上海市第一中级人民法院(2016)沪01民终3337号(2016年4月14日)

审判组织：

一审：张宏毅、杨仁感、张高峰

二审：乔林、郑康瑜、俞敏

编写人：张宏毅

38

涉外临时仲裁条款的效力认定

——RK 公司(RK Global Co. , Ltd.)与临馨公司买卖合同纠纷案

裁判要旨

当事人仅约定仲裁员的选任方法,但并未约定具体的仲裁机构和仲裁规则的,构成临时仲裁。根据我国冲突规范的指引,当事人未约定仲裁协议所适用的法律,应当适用仲裁地法律认定仲裁协议的效力。根据外国法查明结果,瑞士法承认临时仲裁协议的效力,故案涉仲裁协议有效,当事人应将争议提交仲裁解决。

基本案情

原告:RK 全球有限公司(RK Global Co. ,Ltd. ,以下简称 RK 公司)

被告:上海临馨贸易有限公司(以下简称临馨公司)

2017 年 11 月 23 日,双方以英文为书面语言,订立《买卖合同》,约定临馨公司向 RK 公司购买印尼动力煤 35,000 公吨(数量 +/ -30% ,由 RK 公司决定);合同项下的货物按 CFR 中国靖江港 60 美元交货;如合同发生争议,双方未在书面异议通知送达后 30 个工作日内解决争议,则应当将争议提交给瑞士苏黎世的 3 名仲裁员进行仲裁。双方应在对方要求的 7 个工作日内指定 1 名仲裁员;第 3 名仲裁员任命由双方指定的 2 名仲裁员指定,如双方指定的 2 名仲裁员在任命第 3 名仲裁员 7 个工作日内未能达成一致,则第 3 名仲裁员的任命应当由苏黎世商会现任主席指定;合同的订立、有效性和履行均受瑞士法律管辖,并按瑞士法律进行解释等。

RK 公司诉称:2017 年 11 月 23 日,双方约定由 RK 公司向临馨公司出口印

度尼西亚煤炭25,000吨,单价为30美元/吨,价格条款为CFR靖江港。2017年12月,RK公司实际发货24,937.69吨,临馨公司清关提货后,仅支付货款25万美元,尚欠498,130.70美元拒不支付。根据《销售公约》的相关规定,临馨公司的行为已构成违约,应当向RK公司支付货款并赔偿RK公司相应的损失。故RK公司诉至法院,请求法院判令临馨公司支付货款并承担相应的资金占用损失。

临馨公司辩称:双方于2017年11月23日签订《买卖合同》,其中第10条约定,如双方未能在通知送达后30个工作日内解决争议,则应将争议提交给苏黎世商会仲裁,并约定了仲裁员的选任规则。本案中,双方当事人虽无《买卖合同》的合意,但仲裁条款作为争议解决条款应当独立适用。故本案不属于法院的受理范围,请求依法驳回RK公司的起诉。

【法院裁判】

上海市浦东新区人民法院经审理认为,本案的争议焦点在于:一是临馨公司在本案中所作出的诉讼行为是否构成应诉答辩或是否应当视为放弃仲裁协议;二是如不构成应诉答辩或放弃仲裁协议,则当事人的仲裁协议是否有效。经审查,法院对本案不具有管辖权,理由如下。

第一,RK公司向临馨公司主张支付货款,其所依据的证据为双方的电子邮件往来,并未向法院提交载有仲裁条款的买卖合同。临馨公司作为答辩方,针对RK公司的诉讼请求及其事实依据进行答辩,系其诉讼权利。其后RK公司向法院提交了案涉买卖合同作为主张诉讼请求的事实依据,而该合同作为载有仲裁条款的关键性证据,对临馨公司的诉讼权利具有重大影响。临馨公司在案涉买卖合同上盖章即表明其知道该合同的存在,RK公司作为主张权利方,应当积极履行举证义务,特别是对案件性质、事实及对相对方的诉讼权利具有重大影响的证据,在没有客观阻却性因素的情况下,应当尽量一次性提出。临馨公司在第一次证据交换中所发表的辩论和质证意见,其所针对的事实依据已然发生变化,故并不构成应诉答辩,亦不应视为放弃仲裁协议。

第二,RK公司为外国法人,故本案属于涉外民事案件。虽然案涉买卖合同对合同适用的法律作出约定,但对涉外仲裁协议效力适用的法律并无明确约定,双方对此亦未达成合意,故根据《法律适用法》第18条的规定,本案应适用仲裁机构所在地或仲裁地法审查涉案仲裁条款的效力。因双方当事人约定本案的纠纷,应当由瑞士苏黎世的3名仲裁员进行仲裁,故可以理解为本案仲裁地为瑞士苏黎世。据此,案涉仲裁条款的效力认定,应当适用瑞士联邦法律。

根据《瑞士联邦国际私法法典》第176条第1款的规定,订立仲裁协议的当事人至少有一方的住址、惯常居所地或住所不在瑞士境内,则在瑞士境内的仲裁庭适用本编条款。据前述条款,瑞士法中的"国际仲裁"应符合两个条件:一是仲裁地在瑞士;二是仲裁协议签订时至少有一方当事人的住所、惯常居所地或者营业机构所在地不在瑞士境内。案涉《买卖合同》明确约定仲裁在瑞士进行,同时RK公司与临馨公司的住所、惯常居所地或者营业机构所在地均不在瑞士境内,案涉《买卖合同》约定的仲裁条款符合上述要件。《瑞士联邦国际私法法典》第179条第2款规定,凡未能约定协议的或者仲裁庭各成员因其他原因未能指定或替换的,可提交至仲裁庭所在地的国家法院。当事人未规定地址的或者仅约定仲裁庭地址位于瑞士境内的,则由接受该提交的国家法院负责。故当事人即使对仲裁庭如何组成未作约定时,仍可依照前述规定,请求由仲裁地的国家法院任命仲裁员,即瑞士联邦法律在国际仲裁中认可临时仲裁的效力。据此,案涉仲裁协议的效力合法有效,案涉纠纷并非法院的受理范围,应当裁定驳回RK公司的起诉。

上海市浦东新区人民法院于2021年9月1日作出(2021)沪0115民初12932号民事裁定:驳回原告RK公司的起诉。宣判后,原告RK公司不服一审裁定,向上海市第一中级人民法院提起上诉,上海市第一中级人民法院于2021年11月16日作出(2021)沪01民辖终1211号民事判决:驳回上诉,维持原判。

【案例评析】

一、临时仲裁制度在我国的发展

(一)临时仲裁的发展背景及现状

所谓的临时仲裁,是指当事人并不约定具体的仲裁机构,直接由双方当事人指定的仲裁员组成仲裁庭对案件进行仲裁。临时仲裁作为仲裁"原初"形式和国际通行惯例,在国际社会中普遍存在并为各国法律和国际公约所认可。相较于机构仲裁而言,临时仲裁由于具有高效、灵活、便捷等特点,在跨境商事纠纷,特别是海商事纠纷中较为常见。但长期以来,对于当事人约定在中国境内进行的临时仲裁,我国司法持否定态度。根据我国《仲裁法》第18条所确立的原则,仲裁协议应当对仲裁机构予以明确,而当事人无法对仲裁机构达成合意的直接后果就是仲裁协议无效,故而排除了临时仲裁在我国适用的可能性。但在2016年12月30日,《最高人民法院关于为自由贸易试验区建设提供司法保障的意见》中,我国司法对临时仲裁的审查标准出现了较大的突破,即由完全不承认到有限度的承认。所谓的有限度承认,体现在以下三个方面:一是当事人仅限于自贸区内的企业;二是仲裁协议必须约定特定的仲裁地点、仲裁规则和仲裁员;三是法院否认临时仲裁协议效力的,必须层报到最高人民法院,由最高人民法院答复后作出裁定。而《横琴自由贸易试验区临时仲裁规则》《中国互联网仲裁联盟临时仲裁与机构仲裁对接规则》等文件的出台,也标志着实务界对于引入临时仲裁的积极态度。但令人遗憾的是,国内临时仲裁制度发展至今,尚未形成体系完整且具有普适性的法律制度与规则体系,而立法制度的付之阙如和廖若晨星的实践案例,使临时仲裁尚未在自贸区内有效落实。[①]

尽管我国临时仲裁制度的构建尚不完善,但在涉外仲裁领域关于临时仲裁的案例并不鲜见。根据检索,当前共有58件与涉外临时仲裁协议有关的案件,适用的法律包括英国法、瑞典法、新加坡法、越南法和中国香港特别行政区法律等多个国家和地区的仲裁法。上述案件在审查仲裁协议的过程中有一个共同特征,即仲裁地大多集中在英国、瑞典或中国香港特别行政区等仲裁业较为发达的国家或地区。通过对准据法的查明,法院能对临时仲裁制度有较为全面的了解,作出准确裁定。

(二)《仲裁法》修改背景下临时仲裁的未来

临时仲裁的自治性与灵活性对临时仲裁程序的稳定性和流畅性提出了更高的要求。一旦合意不足或协议不当,将导致临时仲裁程序陷入僵局。此外,临时仲裁没有专门的机构和人员管理,也使得因当事人约定内容存在瑕疵而导致程序中断、陷入僵局的可能性大大提高。而程序僵局一旦形成,当事人不得不向司法机关或仲裁机构寻求救济以推动仲裁程序的进行。

二、涉外临时仲裁条款的效力认定

(一)临时仲裁条款的识别

准确识别临时仲裁条款并依照准据法认定涉外临时仲裁的效力,对进一步对接国际商事规则具有重要意义。临时仲裁,是指不由任何已设立的仲裁机构

① 参见李建忠:《临时仲裁的中国尝试:制度困境与现实路径——以中国自贸试验区为视角》,载《法治研究》2020年第2期。

进行管理,而是由当事人双方对某个仲裁案件自行创设自己的仲裁规则,因而相较于机构仲裁,临时仲裁更有利于尊重和体现当事人的意思自治,更有利于发挥仲裁程序的灵活性并提高仲裁的效率。临时仲裁的特点在于其主要程序事项完全取决于当事人的意愿,通常只约定了仲裁员的选任办法,而其他的程序性事项则交由当事人达成进一步的合意。因此,临时仲裁对仲裁员的素质要求也比较高,而且仲裁裁决相对不易于为他国承认和执行。

就本案而言,案涉的仲裁条款是一种标准的临时仲裁条款,当事人仅约定了将争议事项交由仲裁裁决并约定了仲裁员的产生办法,但没有对仲裁机构或所适用的仲裁规则达成事前合意。从国际公约、国际惯例方面来看,《纽约公约》规定,仲裁裁决不仅指专案选派之仲裁员所作裁决,亦指当事人提请仲裁之常设仲裁机关所作的裁决。前者所指亦即临时仲裁之裁决。[①] 同时,《纽约公约》既约束缔约国承认与执行机构的仲裁裁决,又要求各国承认与执行临时仲裁裁决。1976 年《联合国国际贸易法委员会仲裁规则》主要是为当事人设立临时仲裁庭而制定。该程序规则可供当事人引用,成为临时仲裁最重要的支柱。[②]

(二)涉外临时仲裁条款准据法的确定

我国《法律适用法》第 18 条规定,事人可以协议选择仲裁协议适用的法律。当事人没有选择的,适用仲裁机构所在地法律或者仲裁地法律。该条对仲裁协议的准据法确定作出了顺序规定,即有约定的从约定,没有约定的适用仲裁地或仲裁机构所在地法。同时,基于仲裁协议的独立性原则,仲裁协议与其所依附的主合同应当分别适用法律。[③] 在本案中,虽然当事人在合同中约定瑞士法作为主合同的准据法,但这一约定并不能视为对仲裁协议准据法作出了约定。由于当事人并未对仲裁协议的准据法作出特别约定,故应当根据仲裁地法认定仲裁协议的效力。

在国际商事仲裁中,仲裁地是一个法律概念,它是指仲裁当事人约定的,或无约定时由仲裁庭、仲裁机构或法院确定的仲裁的法律归属地。[④] 在实践中,仲裁地的确定一般会考察如下因素:当事人和仲裁员的国籍、当事人就基础合同约

---

① 参见曾宪义、林毓辉主编:《国际经济贸易法律大辞典》,华夏出版社 1993 年版,第 687 页。

② 参见曾宪义、林毓辉主编:《国际经济贸易法律大辞典》,华夏出版社 1993 年版,第 687 页。

③ 参见王克玉:《涉外仲裁协议案件中的司法剩余权及法院地法的谦抑性》,载《法律科学(西北政法大学学报)》2015 年第 6 期。

④ Gary B. Born, *International Commercial Arbitration* 1537, Kluwer Law International, 2th ed., 2014.

定的准据法、争议发生地、合同中约定的关键地点、证人所在地、当事人所在地、拟定为仲裁地所在国对仲裁是否持支持态度、是否能平等对待内外国人、当地的服务设施等因素。①

在临时仲裁中,由于当事人通常没有对仲裁规则作出约定,无法根据仲裁规则来确定仲裁地,因此对于仲裁地的确定主要通过审查当事人是否对此达成了合意以及该地点与仲裁之间的联系程度。受法律关系本座的影响,仲裁地的通常表述为"seat of the arbitration"。但随着国际商事交往的日益频繁以及国际仲裁业的不断发展,当事人对仲裁地的表述也呈现多样化,包括"place of the arbitration""suits of the arbitration""forum of the arbitration"等,其目的在于明确当事人将约定地点作为该案仲裁地的明确意图。

本案中,当事人约定将争议事项提交由位于瑞士苏黎世的 3 名仲裁员进行仲裁。根据国际仲裁的惯例,在某地仲裁即确定了在该地进行仲裁实体审理所依据的准据法。故当事人将仲裁的地点状语限定于瑞士苏黎世,可以表明瑞士苏黎世作为仲裁地的意图。同时,当事人关于第三名仲裁员可由瑞士苏黎世商会主席指定的约定也可以印证瑞士苏黎世与仲裁地之间的密切联系。

三、涉外仲裁协议外国法查明的思考

(一)外国法查明的现实困境

查明外国法对于在涉外民商事案件中能否适用是根据冲突规范确定的或当事人选择的外国法十分重要。本案的另一难点在于如何准确查明案涉临时仲裁协议的准据法。根据我国《法律适用法》第 18 条的规定,本案应适用仲裁机构所在地或仲裁地法审查涉案仲裁条款的效力,即适用仲裁地瑞士法的相关规定,认定临时仲裁协议的效力。但在本案的处理过程中,当事人均未能向法庭提供有效的外国法查明结果,如何准确查明瑞士仲裁法的相关规定,成为本案的处理难点。

作为体现冲突规范价值的国际私法的代表性制度,外国法查明是审理涉外民商事案件中一项独特且关键的环节,外国法查明的途径、责任分配以及查明结果的认定与适用等问题直接关系到争议双方的切身利益。② 关于外国法查明,最

① 参见覃华平:《国际商事仲裁中仲裁地的确定及其法律意义——从 BNA v. BNB and another 案谈起》,载《商事仲裁与调解》2020 年第 2 期。

② 参见马明飞、蔡斯扬:《"一带一路"倡议下外国法查明制度的完善》,载《法学》2018 年第 3 期。

高人民法院虽然早在2011年的《法律适用法》及后续的司法解释中作出了相应规定,但客观环境的复杂性导致立法初衷与司法实践存在脱节现象。实践中,适用外国法的案件存在查明难和适用难的现实困境,主要症结在于以下几个方面:一是外国法查明制度的运行高度依赖“当事人提供”与“外国法专家提供”①,而对外国法委托查明的依赖直接导致了外国法查明供给不足,并表现为委托查明的流程多、耗时长,无法满足审限要求;二是非委托外国法查明途径较少,法院自行查询较难;三是委托外国法查明中心查明费用高昂,也无专项经费保障等。总体而言,外国法查明的成本过高是外国法查明制度难的主要成因。故而降低当事人的查明成本,提升外国法查明的供给能力,是解决外国法查明制度失灵的有效路径。

(二)浦东法院应对外国法查明难的有益探索

在当前实践中,人民法院可以通过由当事人提供、已对中华人民共和国生效的国际条约规定的途径、中外法律专家提供等方式进行外国法查明。常见的做法包括以下几种:一是依托专业的外国法查明平台,借助高校教师或是专业的外国法查明机构进行外国法查明。此类做法较为普遍,且经过多年实践,现已形成较为稳定的工作机制。二是当事人自行委托外国法专家进行查明。在招商局物流集团上海奉贤有限公司与温特图尔发动机股份有限公司等所有权确认纠纷案中,温特图尔公司通过委托新加坡律师出具《法律意见书》的方式证明案涉协议符合新加坡法的相关规定,最终得到了法院认可。三是法院自主查明外国法。客观而言,每一个法官的法律知识都是有限的。对于外国法认知的程度和外国法查明能力的局限性导致了实践中很少有法官选择自主查明外国法。但是,近年来随着外国法查明案例的不断增多,以及实践经验的积累,法院自主查明外国法的例子也不再鲜见。例如,在赵某与姜某柏、上海鹏欣(集团)有限公司等出资纠纷案中,法院依职权查明美国法,并当庭经互联网查证认定关键事实。

本案中,浦东法院结合多年的外国法查明实践经验,通过多种途径进行外国法查明。首先是引导当事人进行自行查明。对当事人进行充分释明,引导当事人提交外国法查明的相关法律意见。其次是交叉比对验证。通过类案检索我国法院的生效裁判文书,得出瑞士法承认临时仲裁的初步结论。其后又通过瑞士

① 参见王徽、沈伟:《论外国法查明制度失灵的症结及改进路径——以实证与法经济学研究为视角》,载《国际商务(对外经济贸易大学学报)》2016年第5期。

联邦议会的官方网站，直接查询比对《瑞士联邦国际私法法典》的相关条文，最终准确查明了涉案瑞士法律。本案的处理有效降低了当事人查明外国法的成本，积极应对了当前外国法查明制度中存在的现实问题。

【典型意义】

机构仲裁在我国经历长期发展，各项制度已经趋向完备，但是鉴于机构仲裁自身的局限性，导致其难以满足临港新片区仲裁实践需要。而临时仲裁自主、灵活、便捷的特点正契合临港新片区高度自由、开放、便利的特性，符合临港新片区发展需求。本案通过认可临时仲裁的效力，充分尊重当事人的意思自治，也为临时仲裁制度的发展提供机遇。

外国法查明是涉外诉讼实践中的重要问题之一，随着我国法律体系的逐步完善，外国法查明程序的应用普适度和采信度，可以衡量我国司法程序对当事人意思自治的尊重程度，更能彰显公平和正义。在当前中国实施新一轮高水平对外开放、加强区域合作与经济交往、加快推进“一带一路”建设的背景下，本案法院通过自主查明的方式灵活查明瑞士法，并认可了临时仲裁条款的效力。该案的处理是法院应对外国法查明制度现实困境的有益探索，体现了我国法院对接国际商事通行规则的努力。

【案例索引】

案号：

一审：上海市浦东新区人民法院（2021）沪0115民初12932号（2021年9月1日）

二审：上海市第一中级人民法院（2021）沪01民辖终1211号（2021年11月16日）

审判组织：

一审：吴智永、郭巍、王源超

二审：盛萍

编写人：沈伟杰、郭巍

后　记

浦东法院自由贸易区法庭成立于2013年11月,是我国首个服务于自由贸易区建设的专门法庭。十年来,自贸区法庭聚焦上海自贸区改革创新,积极回应涉外商事审判机制改革需求,先后探索形成上海自贸区司法大数据分析系统、涉外商事纠纷“诉讼、调解、仲裁”一站式解决机制等先进经验,被最高人民法院、国家发改委在全国范围内推广,为营造市场化、法治化、国际化营商环境提供了有力的司法保障。

十年来,浦东法院自贸区法庭积极对接国际通行规则,认真履行国际条约义务,审理各类涉自贸区案件1.6万余件,其中涉外、涉港澳台商事案件1460件,涉及30多个国家和地区。近年来,自贸区法庭先后荣获“人民法院涉外商事海事审判先进集体”“第一批新时代人民法庭建设典型案例”等荣誉,更培育了最高人民法院公报案例、服务保障自由贸易区建设典型案例等一大批具有全国影响力的涉外、涉港澳台和涉自贸区典型案例。本书汇编的38篇案例是自贸区法庭十年精品成果的集中展示,希望有助于国内外学者、法官、律师等法律职业共同体的学习和借鉴。本书成稿之际,要感谢编写组全体成员。其中,黄鑫负责本书的修改审稿工作,沈伟杰、沈佳琳承担本书的编校工作。在此,对他们的付出表示由衷的感谢！同时,感谢法律出版社对本书出版的大力支持！

由于水平有限,本书难免存在疏漏之处,恳请读者批评指正。

编　者

2023年3月